예비 고등학생 &
고등학생을 위한 **1등급 공부 끝판왕**

나만 알고 싶은
공부법!

저자 황대연, 유정걸, 김흥식, 유희정, 박지은, 김해나 기획 정동완, 류승찬

머리글

시대를 살아가는 우리 아이들은 동서고금에 유례가 드물 정도로 학습량이 많습니다. 남들보다 먼저 시작하고, 남들보다 빨리 진행해서, 남들보다 많이 하지 않으면 공부에 대한 의지가 없다고 비난받기 일쑤인 폭력의 시대를 살아갑니다. 어디 그뿐인가요? 불성실한 인생을 산다는 소리까지 듣게 됩니다. 어른들은 '사랑하는 가해자'가 되고, 아이들은 '사랑받는 피해자'가 되고 있는 것입니다.

시대를 살아가는 아이들은 '그렇게 빨리빨리' '그렇게도 많이많이' 공부를 해도 공부를 잘하지 못하는 경우가 많습니다. 왜냐하면 공부를 공부하지 않기 때문입니다. 공부법을 모르고 공부하기 때문입니다. 공부를 공부한다는 말은 교과의 성격과 특징에 따라 텍스트를 다루는 태도, 문제를 분석하고 해결하는 방법 등을 배워야 한다는 말입니다. 더불어 공부를 공부한다는 말은 교과와 상관없이 공부의 본질을 배워 익혀야 한다는 뜻이기도 합니다.

시대를 살아가야 하는 아이들을 어른들이 도와야 합니다. 우리 아이들은 인류가 단 한 번도 겪지 못한 4차 산업혁명의 전환기에 서 있습니다. 태풍의 길목에 선 우리 아이들에게 어른들이 공부했던 어제의 방법을 이야기할 일이 아니라, '공부법'을 배우고 익혀 스스로도 잘하게 할 수 있게 도와야 합니다. 그래야만 이 아이들이 오늘을 견디는 공부에 그치지 않고 내일을 위한 다양한 경험을 할 수 있는 시간을 벌 수 있습니다. 그래야만 우리 어른들이 머지않은 4차 산업혁명의 시대에 우리 아이들의 원망을 사지 않을 것입니다.

시대를 살아가는 아이들에게 이 책을 바칩니다. 이 책이 '절대반지'같은 권능을 가지고 있지는 않습니다. 그러나 전반적인 공부법과 국어, 영어, 수학, 과학, 사회 교과목의 성격과 특징에 따라 공부하는 방법을 제시함으로써, 이것을 배워 익힐 경우 우리 아이들의 내신 및 수능 공부가 수월해질 것입니다. 뿐만 아니라 수행평가와 교내의 다양한 활동에 대한 안내도 받을 수 있습니다. 이 책은 그런 책입니다.

시대를 살아가는 어른들이 다음 시대를 준비하는 우리 아이들을 위해 해야 할 일을 생각하며 **'나만 알고 싶은 공부법 : 1등급 공부 끝판왕'**을 내놓습니다. 이 책을 쓰기 시작하는 순간에서부터 이 책의 마지막 장을 쓸 때까지 내내 잊지 않았습니다.

'나만 알고 싶은 공부법 : 1등급 공부 끝판왕'이 제안하는 공부법이 우리 아이들의 공부를 탁월하게 하길

나만 알고 싶은 공부법 : 1등급 공부 끝판왕 저자 일동

저자 소개

황대연

가정의학과 전문의로 초·중·고등학생들의 건강검진과 다양한 진료 경험을 통하여 학생들의 건강증진과 학업향상 방법에 대하여 연구 중이다. 교육 전문가 봉사 단체 '오늘과 내일의 학교' 강사이며, 건강과 학업의 관계, 기초학력 증진 방안, 성적향상 공부법에 관한 글쓰기와 강의를 하고 있다. 저서로 학업에서 건강의 중요성을 강조한 『옆집아이 성적의 비밀, 건강에 있다』가 있다.

유정걸

시인이자 내신 및 수능 국어 1타 강사로서 지역의 학생과 학부모에게 오랫동안 회자되고 있다. 문해력 향상을 위한 국어 학습의 이성적 논리적 절차를 고안해 학습자가 능동적으로 이해하고 분석하는 틀을 마련한 것으로 유명하다. 또한 높은 수준의 지적 자극과 정서적 경험을 가능하게 하는 독서문화활동을 펼치고 있기도 하다. 『한뼘일기』, 『[칸]을 채우다』, 『몰입-전략-기약하라』 시리즈 등의 편저로 학습자의 이해력과 표현력의 균형을 위해 노력하고 있다.

김흥식

서울대학교 사범대학에서 영어교육을 전공하고 입시 현장에서 아이들의 성장과 성공을 돕고 있다. 절차적 훈련에 의한 학습을 통해 누구나 공부를 잘할 수 있음을 다양한 학습 프로그램을 통해 구현하고 있으며, 학생들의 학습 역량 강화에 힘쓰고 있다. 저서로는 공부에 대한 마음가짐에 대한 지침서 『공부는 마음으로 하는 거란다』가 있다.

유희정

한국교원대학교 사범대학에서 수학교육을 전공하고 수학 공부를 잘하기 위한 방법, 수학과 인공지능 융합 교육에 관심을 갖고 학생들을 지도하고 있다. 아주대학교 교육대학원에서 AI융합교육 석사를 하였으며 현재 동대학교 박사과정 재학중이다. 2022-2023 경기 인공지능 융합교육 연구회 대표교사, 2022 경기 SWAI 교사지원센터 지원단을 역임했다. 저서로『저서로 '고교학점제 시대, 나만 알고 싶은 합격학생부』,『인공지능 사회, 슬기로운 학교생활』이 있다.

박지은

서울교육대학교 초등교육과 과학심화 학사 석사를 졸업하고, 서울시교육청 인터넷강의 꿀맛닷컴에서 과학교과 수업 및 진로진학을 담당한 강사이다. 과학창의재단에서 운영하는 금요일의 과학터치의 위촉강사로 활동했으며 강남서초교육청 관내 영재원을 운영하는 등의 다양한 과학교육활동을 초중등학생들과 일반인을 대상으로 펼치는 교사이다. 영재원 관련 다양한 문제집과 수업 교재들을 집필, 검토한 바 있다.

김해나

한국교원대학교 사범대학에서 윤리교육을 전공하고 학교현장에서 아이들의 꿈을 키워주기위해 노력하고 있다. 비평준화 지역 진학지도를 다년간 담당하면서 학생들의 다양한 진로, 진학 설계 및 지원에 힘써왔으며 EBS 윤리 문제집 검토, 경기도교육청 에듀테크 안내자료 제작 등을 통해 학생들의 학습 컨텐츠 나눔에도 관심을 쏟고 있다. 경기도 교육청 도덕윤리교육연구회, 독서연구회 독서활동 연구 등을 통해 보다 나은 수업 및 학생 지원을 위해 힘쓰고 있다.

정동환

경남 현직 진로상담교사로 교육 전문가 봉사 단체 '오늘과 내일의 학교' 회장이며, EBS 2017-2018 파견교사, 진로진학 대표강사를 역임했다. 베스트 셀러『끝판왕』시리즈,『오답의 모든 것』시리즈 등의 책을 기획했다.『AI 기반 진로진학 My Best 창체교과서』빅데이터 디지털 콘텐츠 기획과 자문을 하였으며 교원연수 티처빌 [과제탐구 마스터 과정], 티셀파 [자존감 수업], [강의의 품격] 등 다양한 원격연수 또한 총괄 기획했다. 특강 및 캠프 운영을 1500회 이상 한 전국구 인기강사이다.

추천사

황채석 前 경상남도교육청 장학관

학생이라면 누구나 공부를 잘하고 싶을 것입니다. 이 책은 대한민국 학생과 학부모를 위한 단순한 지침서가 아닌, 학생이 자신이 원하는 점수를 받을 수 있는 "진짜 되는" 비법이 담겨 있는 책입니다. 이 책에서 저자는 진지하고 진실되게 공부 습관에 대해 고민했으며, 학생들이 자신만의 루틴을 만드는 실천 방법을 제시하고 있습니다. 특히 과목별 1등급 공부법을 구체적으로 알려주어, 저자가 제시한 방법대로 따라하다 보면 안개 속을 걷는 듯한 막막함에서 벗어날 한 줄기 빛을 보는 느낌이 들 것입니다.

권력준 양산부산대학교병원 가정의학과 진료교수

여러분, 여러분이 원하는 과 혹은 원하는 대학에 분명히 갈 수 있습니다. 하지만 가는 길은 부산에서 서울까지 걸어가는 것처럼 열정과 인내가 필요합니다. 다양한 정보를 취사 선택해야 하고, 공부 전략도 세워야 하며, 자신에게 맞는 공부 방법도 개발해야 합니다. 그런데 이제 여러분 앞에 KTX가 도착했습니다. '나만 알고 싶은 공부법 : 1등급 공부 끝판왕'은 초등학생부터 고등학생이 필요한 '공부 정보'를 알차게 제시하고 있으며, 1등급을 위한, 아니 모든 학생을 위한 공부 전략도 체계적으로 담아냈다고 생각합니다. 덧붙여, 학부모님이 학생들을 옆에서 어떤 것을 챙겨줘야 하는지를 상세히 알려주고 있습니다. 여러분, KTX를 타고 꿈을 이루길 바랍니다.

이석재 서울대학교병원 소아안과 임상강사

운은 준비된 자에게 기회가 왔을 때 생긴다는 말이 있습니다. 준비된 자가 되기 위해서는 목표 설정이 명확해야 하며 올바른 공부 습관이 중요합니다. '나만 알고 싶은 공부법 : 1등급 공부 끝판왕'은 올바른 공부 습관을 기르기 위한 훌륭한 교육 지침서 중 하나로, 책 순서와 상관없이 시간이 날 때 부담 없이 읽으며 숙지하면 좋은 내용들로 구성되어 있어 공부를 잘 하고 싶은 학생들에게 강력히 추천합니다.

박준형 경북대학교 사범대학 계약교수

교육학 이론과 실제 사례들이 이해하기 쉽게 잘 설명되어 있고, 적재적소에 제시되어 있어 학생들에게 생동감 있게 다가갈 것입니다. 의지와 열정은 있지만 효율적이고 지속적으로 공부하는 방법을 찾고 있다면 이 책을 꼭 읽어보시기 바랍니다.

이문주 진주동명중학교 교사

나에게 맞는 공부 방법에는 뭐가 있을지에 대해 한번이라도 고민해 본 학생이라면 이 책을 읽어 보기를 권합니다. 이 책에는 어떻게 하면 제대로 된 공부를 할 수 있을지에 대한 현실적인 방법들이 다양한 이론들을 바탕으로 소개되고 있습니다. 처음부터 끝까지 쭉 읽어 보고 여러분들의 마음에 드는 방법을 선택해 보십시오. 이 모든 방법들을 하나도 빠뜨리지 않고 다 실천할 수는 없습니다. 그러나 그 중에서 확실한 것 하나 혹은 두세 가지만 확실히 붙잡고 꾸준히 실천할 수 있다면 여러분은 틀림없이 공신이 될 수 있을 것입니다.

최수연 김해경원고등학교 교사

'1등급을 받는다는 것'은 학생이면 누구나 꿈꾸는 일이 아닐까요? "행복은 성적순이 아니잖아요!"를 외치는 학생들 조차도 1등급을 받으면 어떤 기분일지 상상이 안간다고 합니다. 실제로 학교에서 1등급을 받는 일은 정말 어렵습니다. 과목 전체 인원의 4%에게만 주어지는 1등급. 과연 어떻게 하면 1등급을 받을 수 있는지 학생들은 매우 궁금해 하지만 답을 찾기란 쉽지 않습니다. 이 책은 각 분야의 전문가들이 모여 '공부를 어떻게 하면 쉽게 접근할 수 있을까?'라는 주제로 집필한 집단 지성의 결과물입니다. 학생들의 답답한 목마름을, 그들의 갈증을 어떻게 해결해 주어야 할지, 맑은 샘물을 찾는 여정을 통해 만들어진 책입니다. 공부로 인해 힘들어하는 학생들이 이 책을 접하고 하하호호 웃을 수 있는 그날이 오기를 간절히 바래봅니다.

조현화 향동고등학교 교사

소포클레스는 "스스로 돕지 않는 자에겐 기회도 힘을 빌려주지 않는다."라고 하였습니다. 자신의 앞에 펼쳐질 모든 일들에 대해 겁내지 말고 도전하시기 바랍니다. '나만 알고 싶은 공부법 : 1등급 공부 끝판왕' 은 자신이 부족한 점을 찾아 스스로 연습하고 노력하고자 하는 과정에서 그 시작점을 찾기 어렵고 구체적이고 체계적으로 나아갈 방법을 구하기 쉽지 않을 때 좋은 지침서가 되어 줄 것입니다.

김지현 다산한강중학교 교사

학부모님이나 아이들이 흔하게 묻는 질문 중 하나가 "어떻게 공부해야 내신성적이나 모의고사를 잘 받을 수 있어요?"입니다. 이 책은 가장 흔하지만 답하기 쉽지 않은 이 질문에 가장 정답을 말해줍니다. 공부를 잘하는 학생들은 공통점이 보이는데 각각의 체계적인 학습법을 가지고 시간을 효율적으로 활용하는 점입니다. 공부를 열심히 하는데 내신에서나 수능 모의평가에서 등급이 나오지 않는다면 공부를 하는 방법이 잘못되지는 않았는지 짚어볼 필요가 있습니다. 이 책에서는 과목별로 공부하는 방법을 내신과 수능형을 나누어서 구체적으로 설명하고 있습니다. 문제를 파악하고 출제 경향을 분석하는 것은 시험에서 좋은 결과를 얻기 위해서 중요한 일입니다. 특히, 이 책에서는 내신이나 수능의 출제 유형과 경향, 난이도에 따라서 어떻게 접근하고 해석하고 풀어야 하는지 구체적이고 논리적으로 설명하고 있어서 제시된 방법대로 공부한다면 시험에서 좋은 결과가 있을 것으로 기대됩니다.

고호경 아주대학교 교육대학원 수학교육과 교수

오랜 현장의 경험을 글로 풀어낸 책입니다. 수학교사로서 '아이들이 어떻게 수학을 재미있게 접할 수 있으며, 편안하게 여길 수 있을까'에 대한 여러 가지 전략을 고민한 흔적이 보입니다. 아이들이 수학에 대한 어려움을 만나면 본질을 놓치지 않으면서도 끈기를 가지고 도전해 볼 수 있도록 현장 교사로서의 노하우를 쏟아내고 있기 때문에, 이러한 내용은 수학 관련 학습 상담같은 활동을 하는데 도움이 될 것입니다. 무엇보다도 이 책은 초등부터 고등학생에 이르기까지 연관성을 가지고 수학학습에 대한 주안점이 무엇인지 제시하고 있어서 수학 수업에 대한 동료 멘토 등에서도 좋은 자료로 활용될 수 있으리라 생각합니다.

박일우 서울교육대학교 초등과학교육과 물리학과 교수

초등학생부터 고등학생까지 4차 산업혁명 시대의 필수과목인 과학을 어떻게 공부하면 효과적일까요? 이 책에서는 학생들이 즐겁게 공부하면서도 과학 1등급을 완성하는 '1타'비법과 공부 Know-how를 소개하고 있습니다. 양질의 과학도서와 잡지를 연령별로 자세하게 소개하고, 고등학교에서 초등 중등에서 활동한 탐구 결과물을 어떻게 본인의 진로와 연결할 수 있는지를 자세하게 소개하고 있는 유용한 책입니다.

서상교 SNU 서울병원 대표원장

과학에 관하여 관심을 가지고 높은 수준의 목표를 달성하려는 학생들이라면 반드시 읽어야 할 책입니다. 과학을 잘하기 위해서는 무조건 앞만 보고 열심히 달리는 것이 답일까요? 정확한 방법을 찾는 것이 중요합니다. 이 책은 학생들에게 목표를 달성하기 위해서 무엇을 찾아보고 어떤 과정으로 공부를 해야하는지를 알려주는 아주 유용한 길잡이가 될 수 있을 것입니다. 또한 다양한 과학책과 입시과정이 소개되어 있어 학생들에게 과학을 가르치는 선생님들에게도 큰 도움이 될 것으로 생각됩니다.

신영선 수성고등학교 교사

고등학교 국어 교사로 20년을 지나오고 있습니다. 고등학교에서 입시지도를 하며 중요한 순간, 수학의 벽을 넘지 못해 아쉽게 목표를 달성하지 못한 학생들을 많이 만났습니다. 모든 공부가 그렇겠지만, 초기 학습 결손이 추후의 성취도에 가장 크게 영향을 미치는 교과는 단연 수학일 것이라 생각합니다. 그만큼 기초 개념을 정확히 알고 다음으로 넘어가야 한다는 것이겠지요. 이 책은 수학 교과에 등장하는 많은 개념들이 어떤 위계성과 연계성을 가지고 상급 학년으로 범주화되어 가는지를 명확히 보여주고 있습니다. 또 어렵고 딱딱한 문제풀이식 수험서 형식이 아니라, 다양한 예시와 설명, 그림을 통해 수학을 어떻게 접근하고 공부해야 하는지를 이야기처럼 알려주고 있습니다. 수학을 잘하고 싶은 중·고등

학교 학생들, 수학을 가르치는 일을 업(業)으로 삼고 계시는 많은 선생님들, 저처럼 수학을 너무나 싫어하는 고등학생 자녀를 가진 부모님들께 천천히 정독하실 것을 권하고 싶습니다. 책을 접하고 3일 동안 뒤에서 앞으로 돌아가기를 수차례 반복하면서 다시 고등학생이 된다면, 그때처럼 수학을 어려워하지 않고 공부할 수 있을 것 같다는 생각도 들었습니다. 저자의 열정과 고민의 결과물인 이 책이 많은 분들에게 유용하게 읽히고 활용되기를 바랍니다.

신민경 권선고등학교 교사

수학 기초가 부족한 친구부터 이미 많은 내용을 배워온 친구까지 활용이 가능한 책입니다. 옆에서 친절하게 알려주는 공부 잘하는 친구처럼 각 수준에 맞는 문제집을 소개해주고 단원별 꿀팁을 잘 설명했습니다. 특히 수학 공부 방법을 다른 과목에 빗대어 설명한 점과 단원마다 공부 방법이 상이한 것을 잘 살려서 설명한 점이 인상 깊습니다. 평소 선생님들이 이야기하던 오답을 확인하는 것도 하나하나 상세히 설명되어 있으며, 시험에 나올 만한 문제를 학생들이 스스로 파악할 수 있도록 안내하고 있어 학생은 물론, 학생을 지도하는 교사 관점에서도 큰 도움이 될 것입니다.

안은경 문일고등학교 교사

수학 공부는 어떻게 해야하고 어떤 참고서를 참고해야할까요? 이에 대한 해답을 제공하기 위해 현직 수학교사가 직접 자신의 경험을 바탕으로 수학의 기초부터 시작해서 공부 방법, 시험준비 방법 등 모두를 담았습니다. 수학을 처음부터 다시 시작하고 싶은 학생이 있다면, 수학을 잘하고 싶은데 방법을 모르는 학생이라면 이 책으로 수학을 새롭게 발견하고 수학에 대한 자신감을 가질 수 있길 바랍니다. 수학 공부를 해야하는 모든 학생들에게 적극적으로 추천합니다.

정은영 다르마에듀 수학강사

수학교과서에 대한 이해는 학생들이 무엇을 어떻게 배우는지 알아가는 첫걸음입니다. 고등학교에서 수학이 갑자기 어려워지는 것이 아니라 그 원인은 초등학교와 중학교의 수학 학습에 있다는 것을 기억해야 합니다. 이 책은 학생들의 도약을 위한, 수학의 자신감을 높이기 위한 초등, 중학교의 수학 수학의 핵심과 꿀팁을 짚어주고 있습니다. 또한, 고등학생들에게 그동안 배우고 익힌 개념을 활용하기 위한 전략을 제시해 주고 있어, 학생과 학부모에게 로드맵을 제시해 줄 것입니다.

Contents

Part II 세 문장으로 끝내는 국어 학습법

Part III 영어의 꽃길을 걷다_영어 완전학습법

Part V 과학 1등급 아인슈타인되기_과학 만점학습법

Part VI 사회 1등급 체리슈머되기_사회공부 시간 줄이기

Part I

공부가 되는
R고리즘

메타인지 공부법 Checklist

			관련 페이지
1. 공부를 시작하기가 힘들다.	예	아니요	21
2. 나 자신의 '공부 실력'을 잘 모른다.	예	아니요	23
3. 집에서 공부하는 것이 좋다.	예	아니요	24
4. 하루에 스마트폰을 1시간 이상 사용한다.	예	아니요	26
5. 공부하는 장소가 일정하지 않다.	예	아니요	27
6. 공부를 미루는 습관이 있다.	예	아니요	30
7. 공부할 때 계획 없이 한다.	예	아니요	31
8. 작심삼일이 잘된다.	예	아니요	32
9. 공부할 내용을 분류하지 못한다.	예	아니요	34
10. 앉아서 공부하기가 힘들다.	예	아니요	35
11. 스스로 공부시간표 만들기가 힘들다.	예	아니요	39
12. 현재 자신의 성적에 만족하지 못한다.	예	아니요	41
13. 오늘 계획된 공부를 못할 때가 많다.	예	아니요	42
14. 온라인 강의를 들을 때 집중이 되지 않는다.	예	아니요	43
15. 방학 공부와 학기 중 공부에 차이가 없다.	예	아니요	44
16. 공부할 때 밑줄이나 표시를 하지 않는다.	예	아니요	47
17. 논리적 글쓰기(논술)가 어렵다.	예	아니요	48
18. 평소 글쓰기를 하지 않는다.	예	아니요	49
19. 평소 메모를 잘 하지 않는다.	예	아니요	50
20. 공부할 때 질문을 잘 하지 않는다.	예	아니요	52
21. 수업 시간에 잠이 많이 온다.	예	아니요	54
22. 공부할 때 조용히 공부한다.	예	아니요	55
23. 공부한 내용을 다른 사람에게 설명하기 힘들다.	예	아니요	57
24. 노트 필기에 자신이 없다.	예	아니요	58
25. 복습할 때 수업 시간에 배운 내용을 잘 기억하지 못한다.	예	아니요	63

26. 예습과 복습의 차이를 모른다.	예	아니요	**66**
27. 수업 사이에 있는 쉬는 시간 10분을 그냥 보낸다.	예	아니요	**67**
28. 평소 충분한 잠을 자지 못한다.	예	아니요	**68**
29. 공부할 때 눈으로만 한다.	예	아니요	**71**
30. 공부보다 게임이 좋다.	예	아니요	**72**
31. 복습을 하지 않는다. 또는 복습할 시간이 없다.	예	아니요	**76**
32. 열심히 공부해도 성적이 오르지 않는다.	예	아니요	**78**
33. 알고 있는 내용은 다시 공부하지 않는다.	예	아니요	**79**
34. 나는 기억력이 나쁘다.	예	아니요	**81**
35. 공부한 내용을 잘 외우지 못한다.	예	아니요	**82**
36. 쉬는 시간을 충분히 가지지 못한다.	예	아니요	**86**
37. 여유시간을 어떻게 보내야 하는지 모른다.	예	아니요	**87**
38. 평소 즐기는 취미 활동이 없다.	예	아니요	**88**
39. 평소 음악, 미술 등 예술에 관심이 별로 없다.	예	아니요	**89**
40. 공부와 건강은 별개의 문제라고 생각한다.	예	아니요	**91**
41. 평소 혼잣말을 잘 하지 않는다.	예	아니요	**93**
42. 성공에 대한 기대가 없다.	예	아니요	**94**
43. 자기 자신에게 스스로 칭찬하지 않는다.	예	아니요	**95**
44. 친구들과 서로 칭찬을 주고받은 적이 없다.	예	아니요	**97**
45. 감정 컨트롤이 잘 안된다.	예	아니요	**98**

'**예**'라고 체크한 항목은 관련 페이지로 이동해 자신의 부족한 부분을 확인해 보세요.

총점 예 : 0점   아니요 : 1점

1 단계 : **0~10점** 공부에 전혀 관심이 없는 당신! 공부와 친해지도록 같이 노력해 볼까요?
2 단계 : **11~20점** 공부를 어떻게 하는지 잘 모르는군요! 공부 방법에 대해 차근차근 알아봅시다.
3 단계 : **21~30점** 공부하는 방법을 조금씩 알아가는 단계이군요. 이제부터 진짜 공부를 시작해 봅시다!
4 단계 : **31~40점** 공부하는 방법을 아는 당신도 노력하면 공신이 될 수 있습니다. 화이팅!
5 단계 : **40~45점** 그대는 바로 공신!

1. Ready 공부할 때 웬 준비?
공부에도 준비가 필요하다

어떤 일이든 시작하기 전에는 준비가 필요합니다. 운동선수들은 경기를 시작하기 전 준비운동을 통해 몸을 풉니다. 준비운동 없이 거친 운동경기를 바로 하면 근육에 무리가 가고 뼈를 다치기 쉽습니다. 준비운동이 귀찮아도 꼭 해야 하는 이유가 바로 이 때문입니다. 이처럼 공부를 시작하기 전에도 준비가 필요합니다. 아무런 준비 없이 공부를 시작하면 쉽게 집중력이 떨어지고 금방 공부하기가 싫어집니다. 그러므로 공부를 시작하기 전에는 몇 가지 사항들을 점검해야 합니다. 예를 들어, 어디서 공부하면 가장 효과적인지, 언제 공부하는 것이 집중력이 좋은지, 공부가 잘 안 될 때는 어떻게 해결할 것인지, 공부할 때 방해 요소는 무엇인지, 그리고 공부를 열심히 한 후 자신에게 어떤 보상을 줄 것인지 등을 고려해야 합니다. 여러분 자신의 성향과 학업태도를 고려하여 자신만의 완벽한 공부 준비를 해보세요. 공부 준비를 잘하고 공부하면 공부가 재미있고 공부에 대한 자신감이 커지게 됩니다. 그렇다면 이제 공부를 잘하기 위해서 어떻게 공부 준비를 해야 하는지 알아봅시다.

1) 뭘 망설이니? 그냥 시작해!

어떤 일을 시작할 때 쉽게 시작하는 사람도 있지만, 매우 신중하게 준비하고 시작하는 사람도 있습니다. 준비가 철저할수록 좋지만, 가벼이 시작하는 것도 좋습니다. 중요한 것은 공부를 '시작'하는 것입니다. 여러분이 철저하게 공부 계획을 세웠다 할지라도 지금 공부를 시작하지 않으면 아무 소용이 없습니다. 아리스토텔레스의 명언 중에 'Well begun is half done'라는 말이 있습니다. 공부를 잘하기 위한 첫걸음은 바로 공부를 시작하는 것입니다. 공부를 시작하지 못하는 이유는 다양하지만, 이러한 이유가 없는 사람은 없습니다. 수많은 이유가 있다고 할지라도 계획한 공부를 시작하는 사람이 공부를 잘 할 수 있습니다.

'천리길도 한 걸음부터'라는 우리나라 속담이 있습니다. 아무리 먼 길도 첫걸음을 내디뎌야 결국 그 끝을 향해 갈 수 있다는 말입니다. 공부도 마찬가지입니다. 공부는 끝이 보이지 않는 천리길과 같습니다. 그러나 그 시작은 한 걸음부터입니다. 공부를 시작하며 여러분은 큰 기대를 할 것입니다. 좋은 성적으로 좋은 대학에 진학하고 더 나아가 좋은 직장으로 취업까지 꿈꿀 것입니다. 그러나 이러한 꿈은 여러분이 지금 앉아 있는 바로 이 자리에서부터 시작됩니다. 첫술에 배가 부를 수 없듯이 며칠 열심히 공부한다고 해서 기대했던 좋은 성적이 금방 나올 수 없습니다. 한 걸음 한 걸음씩 나아가다 보면 여러분이 기대하던 좋은 성적을 받을 수 있습니다.

Well begun is
half done

시작이 반이다

많은 사람들이 공부를 마라톤에 비유합니다. 마라톤은 올림픽 경기의 꽃이라고 불립니다. 마라톤은 항상 올림픽 경기 중 제일 마지막에 진행됩니다. 그만큼 사람들은 마라톤을 중요하고 힘든 경기라고 생각합니다. 마라톤 경기를 보면 100m 단거리 선수처럼 전력 질주를 하지 않습니다. 오히려 주위 사람들의 속도를 보며 거기에 맞추어 일정한 속도로 달리는 것을 볼 수 있습니다. 만약 어떤 선수가 마라톤을 100m 달리기처럼 전력 질주를 해서 달린다면 처음 100m까지는 기분 좋게 1등으로 달릴 것입니다. 하지만 좋은 기분도 잠시 그 선수는 곧 지쳐 경기를 포기하거나 완주하지 못할 것입니다. 마라톤 경기를 완주하기 위해서는 잠깐의 전력 질주보다 일정한 속도 유지와 체력 안배가 중요하기 때문입니다. 공부의 시작은 마라톤의 첫걸음으로 생각할 수 있습니다. 그리고 일정한 속도를 유지하여 공부하는 것이 우리가 앞으로 해야 할 일입니다. 공부를 시작하고 꾸준히 공부 속도를 유지한다면 여러분이 원하는 목표에 가까워질 수 있습니다.

우리 모두에게는 과거에 성공하지 못하고 실패한 다양한 경험들이 있습니다. 이러한 경험들은 우리에게 패배감과 열등감을 줄 수 있지만, 새로운 시작을 위한 발판이 될 수 있습니다. 처음부터 잘하는 사람은 아무도 없습니다. 실패하고 좌절을 느끼지만, 거기에서 멈추고 포기하지 않는다면 새롭게 시작할 수 있습니다. 자신의 부족했던 면을 다시 한번 되돌아보고 같은 실수를 반복하지 않도록 하는 것이 진정한 공부의 시작입니다. 어떤 일이든 쉽게 시작하지 못하고 미루는 습관을 가진 사람이 있다면, 가장 쉬운 일부터 시작해 보세요. 그리고 많은 공부량 때문에 부담을 느끼지 않도록 먼저 아주 작은 양으로 나누어 시작할 수 있습니다. 예를 들어 하루에 영어 단어 10개를 외우기가 어렵다면 하루에 1개씩 외우면 됩니다. 그리고 하루에 1개씩 외우는 것이 익숙해졌다면 하루에 2개 또는 3개로 조금씩 늘려나가면 됩니다.

2) 너 자신을 알라

평소 야구를 너무 좋아하고 앞으로 야구선수가 되고 싶어 날마다 야구클럽에 가서 부지런히 연습하는 초등학생이 있었습니다. 그 학생은 자신의 생일을 맞아 부모님과 함께 야구용품점에 갔습니다. 거기에는 다양한 글러브, 배트, 야구공 그리고 운동복들이 진열되어 있었습니다. 그 학
생은 자신이 좋아하는 야구선수가 사용하는 글러브와 배트를 사고 기쁜 마음으로 집으로 왔습니다. 그리고 다음 날부터 새로 산 배트를 들고 야구클럽에 가서 연습했습니다. 그런데 평소에는 타율도 좋고 감독님께 칭찬을 받던 친구였는데 그날따라 타석에 서면 계속 삼진아웃을 당하는 것이었습니다. 이것을 이상하게 생각한 감독님은 그 학생에 무슨 문제가 있냐고 물어봤습니다. 그러자 그 학생은 약간 당황하며 감독님에게 어제 새로 산 배트에 문제가 있는 것 같다고 말했습니다. 어제 생일 선물로 받은 배트로 홈런까지 기대했는데 오히려 계속 삼진아웃을 당하니 기분이 매우 안 좋았습니다. 그때 감독님께서 웃으면서 말씀하셨습니다. "자신에게 맞는 배트를 사용해야 한단다. 아무리 비싸고 좋은 배트라도 자신에게 맞지 않으면 안타를 칠 수 없단다." 그렇습니다. 어제 새로 산 야구 배트는 초등학생이 사용하기에는 무거운 배트였던 것입니다. 그 학생은 자신이 좋아하는 선수가 사용하는 배트를 사용하면 자신도 그 선수처럼 야구를 잘할 것이라고 착각했던 모양입니다.

운동선수들은 항상 자신의 신체 능력을 측정합니다. 자신이 할 수 있는 최대능력을 측정하여 거기에 맞게 운동 프로그램을 짜고 연습합니다. 만약 선수가 자신의 신체 능력을 측정하지 않고 아무렇게나 운동을 하면 그 운동은 엉터리가 됩니다. 선수의 능력보다 너무 쉬운 운동을 하면 능력향상에 도움이 되지 않고 너무 어려운 운동을 하면 부상을 당할 위험이 큽니다. 공부도 이와 같습니다. 자신의 능력보다 너무 쉬운 공부를 하면 성적향상에 도움이 되지 않습니다. 또한 자신의 능력보다 너무 어려운 공부만을 잡고 있으면, 좌절감으로 공부에 대한 흥미를 잃어버리게 됩니다. 운동선수가 자신에게 맞는 운동으로 자신의 기록을 향상하듯 우리도 자신에게 맞는 공부를 해야 성적을 향상할 수 있습니다.

많은 학생들이 위에서 언급한 야구를 좋아하는 학생과 같은 실수를 합니다. 공부를 잘하는 학생들과 똑같이 공부하면 좋은 성적을 받을 수 있을 것이라는 착각을 합니다. 자신의 능력에 맞지 않는 공부를 하는 것은 시간 낭비입니다. 그래서 공부를 시작하기 전 자신의 역량을 먼저 파악하는 것이 중요합니다. 자신의 역량을 파악했다면 자신의 능력보다 조금 어려운 내용으로 공부를 하는 것이 좋습니다. 예를 들면 역도선수가 50kg의 역기를 드는 근력이 있다면 근력 향상을 위해 연습은 50kg으로 시작하여 조금씩 무게를 늘려나갈 것입니다. 이와 같은 방법으로 영어독해 문제를 풀 때 처음에는 대부분 자신이 아는 단어와 문법으로 구성된 문제를 풀고 조금씩 모르는 단어와 문법이 섞인 문제로 넘어가는 것이 좋습니다. 역도선수가 한번에 10kg의 역기 무게를 늘리면 절대로 그 역기를 들 수 없지만 한번에 1kg씩 무게를 높여 연습을 하면 10번의 증량 후에는 60kg의 역기를 들 수 있습니다. 이처럼 여러분도 자신의 공부 능력을 조금씩 늘려나가면 여러분이 목표하는 성적에 도달할 수 있습니다.

3) 바꿔, 모든 걸 다 바꿔

공부를 시작하기 전에 먼저 공부하기 좋은 장소를 만드는 것이 필요합니다. 그래서 여러분의 방을 공부하기 좋은 최고의 장소로 만들기 위해 다음 3가지를 고려해봅시다.

1 책상과 의자를 바꿔라

평소 공부할 때 집중이 잘 안 되는 책상과 의자를 바꾸면 학습의 집중도가 높아집니다. 왜냐하면 새로운 환경에 적응하기 위해 다양한 감각을 사용함으로써 기억력이 향상되기 때문입니다. 만약에 여러분이 집에서 공부하는 것을 좋아한다면, 집중력을 최대로 높일 수 있고 오래 앉아 불편하지 않은 의자로 바꿔야 합니다. 자신이 좋아하는 구조로 책상과 의자를 배치하세요. 독서실이나 학원에서 주로 공부한다면 또래 친구들과 함께 공부할 수 있고, 쉬는 시간이 정해져 있고 개인 조명이 가능한 곳이 좋습니다. 그리고 스터디 모임을 자주 갖는 편이라면 넓은 책상을 사용해야 합니다. 만약 책상과 의자를 바꾸는 것이 경제적인 이유로 쉽지 않다면 위치를 바꿔볼 것을 권합니다. 창가에서 벽으로, 좌에서 우로 위치를 바꿔보세요.

2
벽지 색을 바꿔라

주변의 색은 인간의 감정이나 행동, 인지력에 영향을 미칩니다. 공부방의 벽지, 장판의 색은 학습 의욕과도 연관이 있습니다. 그중에서도 가장 많은 영향을 주는 것은 벽지입니다. 책상과 의자를 3월과 9월에 바꿔서 변화를 줬다면, 6월과 12월에는 벽지의 색을 바꿔보세요. 시각적인 피로도가 완화되며 공부에도 도움을 줄 수 있습니다. 그리고 벽지를 선택할 때는 알록달록한 색상보다는 화이트나 아이보리 계열의 차분한 색상이 공부에 도움이 됩니다. 새로 도배하는 것이 부담스러우면 스티커 형태의 벽지로 부분 변화를 주어도 효과를 충분히 낼 수 있습니다.

3
공부 장소를 바꿔라

방학이나 긴 연휴의 학습 계획이 실패로 돌아가는 여러 가지 이유 중의 하나가 같은 공간에서 계속 공부하기 때문입니다. 방학 첫날은 그 자체가 새로워서 공부가 잘될 수 있습니다. 하지만 차츰 시간이 지나면 스마트폰이나 TV를 보거나, 부엌으로 가서 냉장고 문을 수십 번 열고 있는 자신을 발견하게 됩니다. 오전은 방, 오후는 거실, 저녁은 독서실과 같이 장소를 바꾸면서 공부해보세요. 이동하는 시간에 정리한 내용을 외우고, 새로운 곳에서 다시 집중력을 높이는 습관을 형성하면 시간 활용과 집중력 관리에 큰 도움이 됩니다. 오후에 거실 등의 장소를 추천하는 이유는 공부가 잘 안 되는 시간에는 적당한 소음이 있는 곳이 학습에 도움을 주기 때문입니다. 이것을 '백색소음White Noise'이라고 합니다. 백색소음은 특별한 스펙트럼을 갖고 있는 잡음을 말합니다. 라디오에서 들리는 지지직거리는 소리나 빗소리, 파도 소리 같은 것이 여기에 해당합니다. 한국산업심리학회 연구에 따르면 백색소음은 학생들의 집중력 47.7% 향상 효과와 기억력 9.6% 향상 효과가 있고 스트레스 27.1% 감소되고 학습 시간을 13.63% 단축하는 효과가 있다고 합니다. 따라서, 공부가 잘 안될 때는 공부 장소를 바꿔주면 공부에 대한 집중력을 유지할 수 있습니다.

●● ━━━━ 4) 지배할 것인가? 지배당할 것인가?

　많은 부모와 자녀들이 스마트폰 사용 문제로 갈등을 겪고 있습니다. 어떻게 문제를 해결해야 할지 고민이라는 질문을 받을 때도 많습니다. 학생들은 스마트폰 사용이 공부에 방해가 된다는 사실을 잘 알지만 대부분 스마트폰을 멀리하는 것에 실패합니다. 그래서 먼저 자신의 하루 스마트폰 사용 시간을 측정해 보는 것이 좋습니다. 만약 스마트폰 사용 시간이 하루에 1시간이 넘는다면 먼저 스마트폰 사용 시간을 1시간 이내로 줄여야 합니다. 공부하는 학생은 아무리 스마트폰을 많이 사용한다고 해도 하루에 30분을 넘기면 안 됩니다. 공부하는 학생에게는 스마트폰 사용 시간이 짧으면 짧을수록 좋습니다.

　학생들의 스마트폰 사용 용도를 보면 남학생은 스마트폰 게임이 다수를 차지하고 여학생들은 메신저와 유튜브 사용이 다수를 차지합니다. 간단하게 말해서 스마트폰은 공부에 전혀 도움이 되지 않습니다. 공부를 열심히 하기 위해서는 공부에 방해되는 것을 먼저 제거해야 합니다. 그중에 공부에 가장 방해가 되는 것이 있다면 바로 스마트폰입니다.  공부할 때는 스마트폰을 끄고 휴식 시간에만 잠시 사용할 수 있으면 얼마든지 학생들이 스마트폰을 사용해도 괜찮습니다. 하지만 그런 절제력을 가진 학생들은 매우 드뭅니다. 내가 진짜 공부할 때는 스마트폰과 확실히 거리를 두고 휴식 시간에 잠깐 사용하고 있는지 자신을 한번 객관적으로 평가해보세요. 왜 선생님과 부모님들이 공부를 위해서 스마트폰을 꺼라고 하는지 학생 스스로가 잘 알고 있습니다. 공부 중에 친구에게 전화가 오고 메시지가 오면 거기에 정신이 팔려 공부에 집중이 되지 않습니다. 특히 친구가 가장 중요한 청소년 시기에는 친구들의 전화와 메시지에 즉각적으로 반응하지 않기가 매우 힘듭니다. 따라서 여러분 스스로 스마트폰 사용을 통제하지 못하는 건 매우 자연스러운 현상입니다. 하지만 이런 이유로 절제 없이 스마트폰을 사용하는 것은 정당화되지 않습니다. 스스로 통제할 수 없다면, 선생님과 부모님의 도움을 받아야 합니다.

　스마트폰을 무조건 사용하지 않는다고 공부를 잘하는 것은 아닙니다. 그렇다고 스마트폰을 마음대로 사용해서도 안 됩니다. 따라서 스마트폰을 사용하는 데 있어 절제되고 통제된 가운데 사용해야 합니다. 그래서 먼저 스마트폰 사용 원칙을 정해야 합니다. 스마트폰 사용 시간을 정하고 그 사용 시간에만 이용하고 그 외 시간에는 스마트폰을 전원을 꺼야 합니다. 특히 공부하는 시간에는 스마트폰을 끄고 부모님이나 선생님께 맡겨두는 것이 좋습니다. 내 손에 스마트폰이 있으면 언제든지 켜고 싶은 유혹에 빠질 수가 있습니다. 그리고 잠자리에 스마트폰을 들고 가면 안 됩니다. 평소에도 학업으로 수면시간이 부족한데 스마트폰을 잠자리에 들고 가면 스마트폰 사용으로 수면시간을 뺏기게 됩니다. 잘 때도 스마트폰은 꼭 끄고 알람은 스마트폰이 아닌 알람시계를 사용해서 아침에 기상하는 것이 좋습니다. 공부는 자신과의 싸움입니다. 공부를 잘하기 위해서는 결국 스스로 주변 환경을 통제할 줄 알아야 합니다. 그것이 올바른 공부 습관을 세우는 데 주춧돌이 되기 때문입니다.

●● ━━━ 5) 집, 학교, 도서관

공부는 장소에 따라 '집공집에서 공부하기', '학공학교나 학원에서 공부하기', '도공도서관이나 카페에서 공부하기'의 3가지 스타일로 나눌 수 있습니다.

1. 집에서 공부하기

집에서 공부하기를 선호하는 학생의 경우 자신의 공부방이 가장 공부하기 좋은 장소일 것입니다. 집에서 가족들과 평소에 대화도 많이 나누고 부모님과 형제 자매들과의 관계가 좋아서 집이 편안하게 느껴지기 때문이죠. 집공은 스스로 계획적이고 의지력이 높아야 효과를 볼 수 있습니다. 집공의 장점은 자신의 컨디션을 고려해 스스로 계획을 세우고 실천할 수 있다는 것입니다. 또한 비용과 시간이 경제적입니다. 학원이나 도서관과 집을 오고 가는 시간, 학원에서 친구들과 잡담을 나누는 시간, 학원비, 교통비, 간식비 등을 절약할 수 있습니다. 그래서 집공을 잘하는 학생은 대부분 자기 주도적 학습을 잘하고 학업 성적도 좋은 편입니다. 그러나 대부분 학생은 공부에 대한 의지가 약하고, 기초 개념이 부족한 경우가 많아 집공으로 좋은 성적을 받기가 쉽지 않습니다. 그래서 집에서 공부하더라도 학공, 도공을 병행하는 것이 좋습니다.

2. 학교나 학원에서 공부하기

학공은 경쟁의식과 동기부여가 다소 필요한 학생들이 선택하면 좋습니다. 학생 스스로 시간 계획이나 진도 관리를 할 필요가 없습니다. 선생님이 조력자로서 학생들의 공부를 도와주고 지지해줍니다. 즉 자신만의 힘으로 공부하는 것이 힘든 학생들에게 적합한 공부 방식입니다. 학공의 장점은 현장에서 친구나 선생님에게 모르는 것을 물어볼 수 있고, 단체로 하는 공부이다 보니 잠재적 경쟁의식과 이를 통한 동기부여를 할 수 있다는 것입니다. 그러나 서로에게 도움이 없는 학공은 효과가 떨어집니다. 학공을 할 때는 서로 모르는 내용을 물어보고 서로에게 도움을 준다면 큰 효과를 볼 수 있습니다.

3. 도서관이나 스터디 카페에서 공부하기

최근에 많은 학생이 선호하는 방식입니다. 도서관은 모둠 과제에 대한 다양한 참고자료를 수집하는 계획 단계에서 주로 활용할 수 있습니다. 스터디 카페는 자율적인 분위기에서 대화를 나누고 자료를 공유하며 공부할 수 있는 공동 프로젝트 진행과 검토 단계에서 주로 활용합니다. 따라서 도공은 팀의 리더와 팀원의 관계가 매우 중요합니다. 도공의 장점은 정보 교환이 활발하게 이루어지며 보고서나 공부의 질적 수준을 높일 수 있다는 것입니다. 그러나 공부에 대한 목표 의식과 협동심, 리더십이 부족할 경우 공부의 방향성을 잃어버려 시간만 허비하는 결과를 가져올 수 있습니다. 따라서 도공의 경우 공부의 출발점부터 요구하는 리더십과 배려가 바탕이 되어야 효과를 볼수 있습니다.

　　이처럼 공부의 목적에 맞게 장소를 선택하는 것이 중요합니다. 혼자 공부를 집중적으로 하고 싶을 때는 편안한 분위기의 집공을 하는 것이 좋습니다. 그리고 어느 과목의 기초가 부족하거나 혼자서 이해하기 힘든 어려운 부분이 있다면 학공을 통해 선생님과 친구들에게 도움을 받는 것이 필요합니다. 그리고 스터디 모임을 통해서 공부 스케줄을 공유하고 서로 예습한 내용을 스터디 모임에서 발표하는 형태의 공부는 스터디 카페에서 하는 것이 좋습니다. 따라서 어디에서 공부하는 게 중요한 것이 아니라 공부의 목적에 맞게 공부 장소를 선택하는 것이 더 중요합니다.

2. Routine 공부는 습관이다
루틴으로 승부하라

    요즘 공부를 잘하는 사람을 공신공부의 신이라고 부릅니다. 공신이라는 말은 '공부를 매우 잘하는 사람'을 신으로 과장해 부르는 표현입니다. 그렇다면 어떻게 해야 공신이 될 수 있을까요? 많은 사람들은 공신이 되기 위해서는 머리가 좋거나 특별한 능력이 있어야 한다고 생각하지만, 공신이 되는 비결은 의외로 간단합니다. 그것은 바로 자신만의 공부 방법을 만들고 이것을 '습관화'하는 것입니다. 즉 자신의 공부 루틴Routine을 만들어 날마다 반복한다는 말입니다. 여기서 루틴은 어떤 목적을 가지고 본인만의 규칙을 만들어 습관처럼 행동하는 것을 말합니다. 즉 공신이 되기 위해서는 좋은 머리와 특별한 능력보다는 자신만의 공부 방법과 공부 루틴이 필요하다는 말입니다. 공부 습관이 잘 형성된 학생들은 많은 학생들이 쉽게 포기하는 어려운 과목과 문제들도 자신만의 방법으로 해결해 나갑니다. 습관에 관하여 '세 살 버릇 여든까지 간다'는 속담이 있습니다. 어릴 때부터 좋은 습관을 가져야한다는 의미죠. 이제부터 여러분도 자신만의 공부 습관과 루틴을 만들어 보세요. 좋은 공부 습관과 루틴은 여러분을 공신으로 만들어줄 것입니다.

1) 오늘의 미션, 클리어!

공부하는 학생들에게 가장 치명적인 습관 중 하나는 미루는 습관입니다. 미루는 것은 쉽습니다. 딱 눈감고 모르는 척하면 됩니다. 하루를 미루면 내일 열심히 해서 오늘 못한 것을 보충할 수도 있습니다. 하지만 미루는 것이 하루 이틀을 넘어 며칠 계속되면 해야 할 공부가 점점 늘어나고 쌓여 도저히 감당할 수 없는 지경까지 이르게 됩니다. 그렇게 되면 결국 미룬 공부는 하지 못하고 넘어가거나 포기하게 됩니다. 따라서 미루는 습관은 우리가 철저히 경계하고 우리의 잘못된 습관으로 자리 잡지 않도록 주의해야 합니다.

미국의 심리학 전문지 <사이콜로지 투데이Psychology Today>에 따르면 다섯 명 중 한 명은 자신을 만성적인 미루기 환자로 여긴다고 합니다. 그리고 임상심리학자 윌리엄 너스William J. Knaus의 <심리학, 미루는 습관을 바꾸다>(2014)에서는 '인류의 90%가 미루는 습관 때문에 난처한 일을 겪는다.'고 합니다. 많은 사람들은 자신의 미루는 습관으로 문제가 생긴다는 것을 알고 있습니다. 또한 공부하는 학생들도 미루는 습관 때문에 자신의 성적이 오르지 않는다는 것을 알고 있습니다. 그래서 여러분들은 '오늘 공부는 절대 내일로 미루지 않는다.'는 마음으로 공부해야 합니다. '피곤하니 오늘은 그만하고 내일 하자.', '일단 조금만 더 자고 하자.', '이 드라마만 보고 하자.'라는 유혹이 날마다 여러분에게 찾아옵니다. 만약 너무 공부하기 싫은 마음에 오늘 해야 할 공부를 내일로 미뤘더라도 너무 자책하지 마세요. 내일 다시 힘을 내고 그 유혹을 이겨내면 됩니다. 결국 미루는 습관을 이기는 사람이 공부를 잘하게 됩니다.

미루는 것이 습관인 것처럼 미루지 않는 것도 습관입니다. 미루지 않기 위해서는 철저한 계획이 필요합니다. 먼저 자신의 능력과 실력에 맞는 공부량을 계산한 후, 하루에 끝낼 수 있는 적당한 공부량을 설정하세요. 자신의 능력보다 많은 공부량이 계획되어 있으면, 결국 오늘 공부를 다 하지 못하고 내일로 미루게 됩니다. 또한 학생들은 시간 관리에 실패하는 경우가 많습니다. 공부할 때 어떤 내용은 잘 이해가 안 되고 예상보다 많은 시간이 걸릴 때가 있습니다. 만약 어떤 과목을 공부하는 데 시간이 오래 걸릴 것 같으면, 먼저 다른 과목들을 공부한 뒤 그 과목을 마지막에 공부하는 것이 좋습니다. 잘 안 되는 공부를 계속 잡고 있으면, 계획된 다른 공부에 차질이 생길 수 있습니다.

따라서 공부를 잘하기 위해서는 무엇보다 시간 관리를 잘해야 합니다. 이제 여러분들은 자신에게 알맞은 공부량과 현명한 시간 관리로 오늘 해야 할 공부를 내일로 미루지 않는 학생이 되길 바랍니다.

2) 계획은 수정해야 제맛

어떻게 해야 매일 꾸준히 공부할 수 있을까요? 정답은 계획Planning입니다. 자신의 학습 패턴이나 성향을 파악하고, 자신이 해야 할 공부량을 정합니다. 먼저 한 달이나 주 단위로 나눈 다음 하루 공부할 분량을 정합니다. 그리고 세운 계획대로 공부를 한번 해보세요. 만약 계획한 공부를 다 했는데도 쉬는 시간이 너무 많으면 계획을 다시 세우면 됩니다. 이것은 본인의 능력을 과소평가해서 생긴 일입니다. 전체적인 계획을 수정해서 하루 공부 분량을 늘리면 됩니다. 이와 반대로 하루 종일 쉬는 시간 없이 열심히 공부했지만, 계획된 분량의 공부를 끝내지 못했다면 그것은 하루 공부량이 너무 많은 것입니다. 이때는 공부량을 줄여야 합니다. 처음부터 욕심내서 하루에 많은 양을 공부하려고 하지 마세요. 조금씩 공부량을 늘려나가야 합니다. 어제는 기분이 좋아서 계획된 분량보다 공부를 많이 하고, 오늘 기분이 별로여서 계획된 분량보다 공부를 적게 했다면 그것은 올바른 공부 방법이 아닙니다. 어떠한 상황에서도 계획된 분량을 날마다 지키는 것이 중요합니다.

그리고 자신이 하루 동안 해야 할 공부를 다 한 뒤에는 반드시 쉬어야 합니다. 쉬는 것도 반드시 공부 계획에 포함되어야 합니다. 음악을 듣거나, 스마트폰을 잠시 하면서 공부와 멀어지는 시간을 가지세요. 그래야 내일 다시 공부할 에너지를 보충할 수 있습니다. 사회학자이자 철학자이며 정치경제학자인 존 스튜어트 밀John Stuart Mill은 어린 시절부터 아버지의 철저한 지도로 오랜 시간 동안 많은 양의 공부를 하였습니다. 그는 자서전에 '어린 나로서는 터득할 수 없는 내용도 많았는데, 아버지는 그 내용을 이해하지 못하는 나를 보며 자주 속상해하셨다.'라고 적고 있습니다. 이런 힘든 과정을 겪으면서 20세 약관의 나이에 이미 학자의 지식과 역량을 갖추게 되지만 그에게는 쉬는 시간, 즉 휴식이 없었습니다. 이로 인해 그는 신경쇠약으로 장기간 치료를 받게 됩니다. 아무리 철저히 공부 계획을 세우더라도 쉬는 시간과 휴식이 없으면 그 계획은 잘못된 계획입니다. 왜냐하면 우리는 단지 공부하는 기계가 아닌 풍요로운 삶을 위해 공부하는 인간이기 때문입니다.

●● ⬤⬤⬤⬤⬤ 3) 21일과 66일의 법칙

우리는 살아가면서 많은 습관을 가지고 살아갑니다. 우리가 어떤 행위를 오래 되풀이하는 과정에서 익혀진 행동을 습관이라고 부릅니다. 손톱을 물어뜯거나, 한쪽 다리를 떨거나, 코를 자주 만지는 등 다양한 습관이 있습니다. 그런데 흥미로운 사실은 공부도 습관이라는 것입니다. 그래서 공부를 잘하기 위해서는 공부가 습관이 되어야 합니다. 만약 공부가 습관이 되면 나도 모르게 책상 앞에서 공부하고 있는 자신을 발견하게 될 것입니다.

그렇다면 우리가 어떤 습관을 들이기까지 얼마의 시간이 걸릴까요? 미국의 의사 맥스웰 몰츠Maxwell Maltz는 <맥스웰 몰츠 성공의 법칙>(2010)에서 습관을 바꾸려면 최소 21일이 필요하다는 '21일의 법칙'을 주장했습니다. 이와 관련된 다양한 연구가 이어지다가 영국 런던대의 필리파 랠리Phillippa Lally교수 연구팀은 새로운 행동을 습관화하는 데는 최소 21일이 걸리며, 행동이 습관으로 자리 잡는 데는 66일이 걸린다는 '66일의 법칙'을 발표했습니다. 이것을 공부에 적용한다면 학생들에게 21일은 공부 습관을 뇌에 각인시키는 단계이며, 66일은 몸에 각인시키는 과정이 됩니다. 그래서 약 세 달 동안 노력하면 공부가 습관이 될 수 있습니다.

미국의 수영 황제 마이클 펠프스Michael Phelps는 올림픽 역사상 최고의 선수로 인정받는 인물입니다. 그런데 그는 7살 때 주의력 결핍과 과잉행동장애 판정을 받았고, 9살 때는 부모님의 이혼을 겪는 등 엄청난 스트레스를 받았습니다. 이로 인한 심한 감정 기복으로 경기 전에 긴장을 많이 해서 매번 시합을 망치곤 했습니다. 그러나 11살에 코치인 보브 바우먼Bob Bowman을 만나면서 약물을 통한 치료 대신 습관화 전략을 사용했다고 합니다. 그는 잠들기 전에 2가지 상상을 반복했습니다. 시합장에서 오른손을 쥐었다 펴면서 긴장감이 사라지는 상상과 비디오테이프를 돌려 보듯 수영 경기의 전 과정을 상상했습니다. 이러한 연습을 통해 시합장에서 긴장하지 않는 새로운 습관이 형성된 것입니다.

여러분이 공부를 시작하면 3일차가 되었을 때 '내가 과연 공부를 잘할 수 있을까?'라는 1차 고비가 옵니다. 작심삼일이라는 말이 괜히 있는 것이 아닙니다. 이 고비를 넘기고 7일차가 되면 '내가 제대로 공부를 하고 있는가?'라는 의문이 생기는 2차 고비가 옵니다. 가족이나 친구들의 도움을 받아 이 고비를 극복하면 시간이 흘러 14일차에 이르면서 '이렇게 공부해서 성적이 올라갈까?'라는 3차 고비를 만나게 됩니다. 이 고비까지 넘기고 21일이 지나면 '그래! 나도 할 수 있어!'라는 확신과 공부에 대한 자신감이 생기게 됩니다. 이처럼 대부분 학생들도 3일차, 7일차, 14일차 고비를 경험합니다. 그리고 그 고비를 넘긴 학생들은 공부에 대한 자신감이 생기게 되는데 이는 공부 습관을 뇌에 각인시킨 것이라 할 수 있습니다.

공부 습관을 뇌에 각인시키고 나면 그 후에는 공부 습관을 몸에 각인시켜야 합니다. 공부 습관을 몸에 각인시키기 위해서는 공부해야 하는 시간이 되면 공부하는 자리에 앉아 있어야 합니다. 몸이 쑤시고 엉덩이가 들썩해도 몸은 책상 앞에 있어야 합니다. 이렇게 힘든 약 석 달간의 시간이 지나면 공부하는 습관이 우리의 뇌와 몸에 자리 잡게 됩니다.

21일과 66일

4) 공부는 쪼개기

공부는 쪼개는 것입니다. 갑자기 쪼갠다고 하니 무슨 말인지 도통 알 수가 없다고요? 그렇다면 무슨 말인지 같이 알아봅시다. 여러분이 역사 공부를 한다고 가정해보세요. '조선 시대의 특징'이 오늘 공부할 내용입니다. 그럼 이제 무엇부터 시작해야 할까요? 역사책을 뒤적거리거나 인터넷을 검색할 것입니다. 그나마 공부한 내용이나 연관된 내용을 적은 필기 노트가 있다면 그것을 들추어보겠죠. 그렇게 방황하고 허비하는 시간은 족히 1시간이 될 것입니다. 이것이 바로 많은 학생들이 한 번쯤은 경험해본 무계획 공부법입니다. 따라서 무턱대고 공부를 시작하기 전에 무엇을 어떻게 공부할지 계획해야 합니다.

먼저 '조선 시대의 특징'을 공부하려면 조선 시대의 특징을 시간, 사건, 인물별로 내용을 쪼개야 합니다. 시간별로는 크게 조선 초기, 중기, 말기로 나눕니다. 그리고 초기의 특징을 찾아 적습니다. 이때 시간 순서에 따라 인물과 사건 중심으로 정리합니다. 중기와 말기도 이렇게 나누어 정리합니다. 이렇게 내용을 쪼갠다는 것은 내용을 카테고리별로 정리하고 분류하는 것을 말합니다. 여러분도 공부를 잘하기 위해서는 공부할 때 공부 내용을 먼저 쪼개야 합니다. 그리고 공부할 내용이 쪼개어졌으면 시간에 맞게 분배하세요. 조선 초기는 3시간, 중기는 2시간, 말기는 1시간으로 총 6시간 계획을 세워 하루 만에 모두 공부할지 아니면 2~3일에 걸쳐 공부할지를 결정하세요. 될 수 있으면 빠른 시간에 연결 지어 공부하는 것이 좋습니다. 공부는 연계성이 있어야 내용을 쉽게 이해하고 머릿속에 오래 간직할 수 있기 때문입니다.

그다음은 쪼개어 놓은 내용을 공부할 때 여러분이 계획한 것보다 조금씩 앞서가 보세요. 즉, 자신이 처음 계획했던 것보다 조금 더 공부하라는 말입니다. 1주일간 공부 계획을 세웠다면 하루 동안 해야 하는 공부량이 정해집니다. 그러면 하루 동안 공부할 양을 끝낸 후 계획된 양보다 조금 더 공부하세요. 이렇게 공부를 하면 원래 1주일을 계획했던 공부를 6일 만에 끝낼 수 있습니다. 이렇게 기존 계획보다 하루를 빨리 끝내고 나면 좋은 점이 있습니다. 처음 세웠던 계획보다 하루의 여유가 생기고 그 시간에 다른 공부를 할 수 있습니다. 그리고 갑자기 몸이 아파 하루를 공부하지 못하더라도 날마다 미리 조금씩 공부를 더 했다면 기존의 계획대로 1주일 만에 공부를 끝낼 수가 있습니다.

예를 들어 조선 초기 이성계의 건국 과정을 공부하는 것이 최초의 계획이었다면 조금 더 나아가 그의 아들 이방원이 어떻게 왕이 될 수 있었고, 그로 인해 이성계의 손자인 세종이 어떤 기대와 우여곡절을 거쳐서 왕이 되었는지를 살펴보면 여러분은 만점짜리 공부를 한 것입니다. 이처럼 공부를 조금씩 앞서나가면 다음 공부할 내용에 궁금증이 생기면서 빨리 공부를 하고 싶은 마음이 생기게 됩니다. 지적 호기심이 생기면 여러분의 머릿속에는 역사 공부에 대한 좋은 인상이 남게 됩니다. 그리고 타인에 의한 수동적인 공부가 아니라 자신에 의한 능동적인 공부를 하게 됩니다. 공부의 내용을 쪼개고 조금씩 앞서가기를 실천하면서 점차 정해진 시간에 공부하는 양을 늘려 보세요. 반복해서 연습하면 비슷한 분량을 공부하더라도 시간이 단축되어 같은 시간에 더 많은 내용을 자세하게 공부할 수 있습니다.

5) Everybody, Stand Up!

구글은 직원들에게 파격적인 복지 혜택을 제공하는 것으로 유명합니다. 사내에 의료진과 물리치료사, 마사지사가 늘 대기하고 있습니다. 원하면 언제든 진찰과 척추교정, 마사지를 받을 수 있습니다. 이러한 복지의 결정판은 스탠딩 데스크Standing Desk, 이른바 서서 일하는 책상입니다. 구글뿐만 아니라 페이스북, 트위터 등 IT 기업들은 앞다투어 서서 일하는 문화를 점점 확산하고 있습니다. 그중에서도 스탠딩 데스크 도입에 유난히 적극적인 기업은 페이스북입니다. CEO 마크 저커버그Mark Zuckerberg를 비롯한 다수의 직원이 사용하고 있습니다. 국내에서도 LG전자, 카카오 등 IT 기업을 중심으로 서서 일하는 직원들이 점차 늘어나고 있습니다.

평소 여러분들은 학교에서 오랜 시간 앉아서 수업을 듣고 학원에 가서도 앉아서 공부합니다. 이렇게 장시간 앉아 있는 것은 건강을 해칠 수 있습니다. 생리학자인 마크 해밀턴Marc Hamilton 교수는 실험 참가자들을 하루 종일 의자에 앉아서 지내도록 한 뒤 혈액을 채취해 중성지방 수치를 측정했습니다. 그 결과 콜레스테롤 수치를 잘 관리해온 사람들도 의자에 오래 앉아 있을수록 중성지방 수치가 높게 나타났습니다. 또한 호주에서 성인 남녀 20,000여 명을 대상으로 실시한 연구 결과에 의하면, 하루 11시간 이상을 앉아서 지내는 사람은 4시간 이하로 앉아서 지내는 사람보다 조기 사망할 확률이 40%나 높게 나타났다고 합니다.

예나 지금이나 오후 수업 시간이 되면 졸음을 참지 못하고 꾸벅꾸벅 조는 학생들이 많습니다. 어떤 선생님들은 수업 시간에 졸음이 오면 책을 가지고 교실 뒤에 서서 공부하라고 합니다. 서서 공부하면 졸음이 오지 않고 앉아 있을 때보다 더 집중이 잘되는 경험을 하게 됩니다. 그리고 책을 읽을 때 앉아서 책을 읽는 경우 보다 서서 책을 읽을 때 더 내용 파악이 잘되고 오래 기억에 남는 경우가 많습니다. 그래서 잠이 오거나 집중이 안 될 때는 서서 공부하는 것을 추천합니다. 꼭 스탠딩 데스크가 없어도 가능합니다. 서서 한 손에 책을 들고 책 읽기를 해보세요. 집에서 공부한다면 책상 앞에 서서 큰소리로 읽으면서 공부해보세요. 다음은 효과적으로 서서 공부하는 방법을 소개하도록 하겠습니다.

1. 앉아서 공부하기와 서서 공부하기를 병행합니다.

앉아서 공부하기에 익숙한 여러분이 매시간 서서 공부하는 것은 사실 불가능합니다. 따라서 학생 스스로 서서 공부할 수 있는 시간을 찾는 것이 필요합니다. 예를 들면 2시간 앉아서 공부한 후 1시간은 서서 공부하는 것입니다. 이런 방식으로 자신만의 서서 공부하는 시간을 정해보세요.

2. 식사 후에 서서 공부하기를 실천합니다.

특히 점심이나 저녁을 먹고, 집이나 도서관에서 공부할 때는 식곤증이나 피곤함으로 집중이 안 되고 졸기 쉽습니다. 그래서 그 시간에는 서서 공부하기를 통해 집중력을 높이는 것이 좋습니다.

3. 잘 외워지지 않는 내용을 공부할 때 활용합니다.

앉아서 몇 번을 외워도 머리에 잘 들어오지 않을 때는 일어나서 해당 내용을 읽거나 외워보세요. 방금까지도 여러분을 힘들게 하던 공부 내용이 쉽게 외워지는 경험을 할 수 있습니다.

4. 줄을 서서 기다릴 때 활용합니다.

버스 정류장이나 지하철역에서 버스나 지하철을 서서 기다릴 때 영어 단어장이나 요약 노트를 꺼내 읽어보세요. 짧은 시간에 많은 내용을 볼 수 있고 외울 수 있습니다.

3. Rank 그래서 멋이 중헌디?
우선순위를 정해 공부하라

하루가 어떻게 지나갔는지 모를 만큼 우리는 바쁘게 하루를 보내고 있습니다. 아침 일찍 일어나 등교한 후 정규 수업을 마치고 나면 학원과 도서관으로 발걸음을 옮깁니다. 늦은 밤이 되어서야 집으로 돌아오지만, 또다시 책상 앞에 앉아 공부를 합니다. 이렇게 하루 종일 열심히 공부했지만, 아직도 오늘 해야 할 공부가 산더미처럼 남아있습니다. 대부분 학생들은 공부할 때 최대한 열심히 그리고 최대한 많이 하겠다는 생각으로 시작합니다. 하지만 공부하다 보면 여러 가지 변수로 처음 계획했던 양만큼 하지 못하는 경우가 많습니다. 그러다 보면 그날 꼭 해야 할 공부를 못하고 다음 날로 미루게 되는 경우가 종종 생깁니다. 이는 대부분 학생들이 한번쯤 경험하는 일입니다. 왜냐하면 많은 학생들이 공부의 우선순위를 정하지 않았기 때문입니다. 먼저 해야 할 공부를 하지 못하고 시간에 쫓겨 마음이 급해집니다. 중요한 시험이 코앞에 왔는데 어떤 공부를 먼저 해야 할지 몰라 전전긍긍합니다. 이제 이런 고민을 멈춰야 합니다. 어떤 공부를 먼저 해야 할지 우선순위를 정하고 그다음 공부 시간표를 만들어 그 계획대로 공부하면 됩니다. 우리에게는 시간이 한정되어 있기 때문에 모든 공부를 다 할 수 없습니다. 그래서 우선순위를 정해서 공부하는 학생만이 좋은 성적을 받을 수 있습니다.

1) 공부는 시간표다

하루를 정신없이 지내다 보면 오늘 내가 무엇을 했는지 모르고 잠자리에 들 때가 많습니다. 이렇게 일주일이 지나고 한 달이 지나면, 내가 지금까지 어떻게 공부를 했는지 그리고 무엇을 공부했는지 모르고 그냥 넘어가게 됩니다. 우리가 공부를 초등학교 1학년부터 대학교 4학년까지 또는 대학원까지 공부하게 된다면 무려 16년에서 길게는 20년동안 공부를 하게 됩니다. 짧게 본다면 본격적인 입시 준비를 하는 기간인 중학교 1학년부터 고등학교 3학년까지 6년 동안 집중적으로 공부를 하게 됩니다. 이처럼 우리가 공부하는 시간은 결코 짧은 시간이 아닙니다.

공부를 잘하기 위해서 지금 우리에게 필요한 것은 공부 계획을 정확하게 세우고 실천하는 일입니다. 우리가 공부 계획을 세우고 그 계획을 꾸준히 실천해야 원하는 성적과 목표에 가까이 다가갈 수 있습니다. 앞에서 언급했듯이 공부는 마라톤과 같아서 날마다 계획대로 꾸준히 실천해야 마지막에 우리가 원하는 목적지에 도착할 수가 있습니다. 아무런 계획 없이 앞만 보고 달리다 보면, 우리가 가야 하는 목적지가 아닌 다른 방향으로 달려가는 실수를 범하게 됩니다. 따라서 우리가 공부를 잘하기 위해서는 먼저 공부시간표를 잘 만들어야 합니다. 다음은 공부시간표를 어떻게 만드는지 알아보도록 하겠습니다.

공부시간표 만들기

1. 공부할 목록을 만듭니다.
하루, 일주일, 월 단위로 해야 할 목록을 작성합니다. 영어 과목을 예로 들면 하루에 영단어 10개 이상, 일주일에 영단어 50개 이상, 한달에 200개 이상으로 내가 공부해야 할 목록을 과목별로 만듭니다.

2. 공부하기에 가장 좋은 시간을 정합니다.
스스로 아침형 인간인지, 저녁형 인간인지 생각해 보고 자신이 집중이 잘되는 시간에 공부할 목록들을 배치합니다.

3. 시험 기간에는 시험 맞춤형 시간표를 따로 작성합니다.

시험 맞춤형 시간표를 만들 때는 시험 날짜로부터 시작해서 거꾸로 만듭니다. 시험 맞춤형 시간표에는 D-day를 표시하여 시험까지 남은 시간을 쉽게 확인할 수 있도록 합니다. 그리고 시험 전날까지 시험공부를 모두 마칠 수 있도록 계획표를 작성합니다.

4. 충분한 공부 시간을 확보합니다.

하루에 연속으로 2시간 정도 공부할 수 있는 시간을 정합니다. 연속으로 2시간을 공부할 수 없다면 1시간씩 두 번 공부할 수 있는 시간을 정합니다.

5. 휴식 시간을 반드시 포함해야 합니다.

공부하는 중에 규칙적으로 휴식 시간을 가져야 더 공부를 잘할 수 있습니다. 매시간 50분 공부한 다음 꼭 10분간 휴식하세요.

6. 구체적이고 상세하게 작성합니다.

언제 어디서 어떤 공부를 얼마큼 할지 아주 구체적으로 작성하세요. 계획은 구체적이고 상세할수록 실천하기 좋습니다. 만일 매주 어떤 수업에 일정한 과제가 있다면, 그 과제도 시간표에 포함하는 것이 좋습니다.

7. 여러 과목을 골고루 배치합니다.

한 과목만 계속 공부하면 쉽게 지치고 공부 능률이 떨어집니다. 다른 과목을 번갈아 공부하면 우리 뇌를 환기시키는 효과를 볼 수 있습니다.

8. 색을 이용하여 작성합니다.

수업과 자습 또는 과목별로 색을 이용해 구별하면 시간표가 눈에 더 잘 보이고 활용하기가 쉬워집니다. 색연필이나 컬러 인쇄를 사용해서 가시성을 높여보세요.

9. 작성한 시간표에 따라 실천해 봅니다.

작성한 시간표를 처음부터 정확하게 지킬 수 없습니다. 작심삼일이 되더라도 포기하지 마세요. 새로운 공부시간표에 익숙해지려면 대략 66일이 필요하기 때문입니다.

10. 시간표를 필요에 따라 수정합니다.

시험 기간, 건강 상태, 공부 장소, 계절 등을 고려하여 주어진 상황에 맞게 시간표를 수정하여 사용하는 것이 좋습니다.

11. 작성한 시간표를 책상 앞에 붙입니다.

책상 앞에 공부시간표를 붙여놓고 계획대로 실천하고 있는지 수시로 확인하는 것 좋습니다. 시간을 정확하게 지키는 것이 힘든 학생들은 스마트폰의 스케줄러에 공부시간표를 입력하고 스케줄러에 있는 알람기능을 이용해 보세요.

2) 1등급도 한 걸음부터

　여러분은 현재 성적에 만족하나요? 대부분의 학생들은 성적이 높고 낮음에 상관없이 "아니요."라고 대답합니다. 이처럼 자신의 성적에 만족하지 못하는 학생들은 다음 시험을 기약하며 공부의 '칼'을 연마합니다. 우리가 먼저 해야 할 일은 자신의 실력을 먼저 파악하고 공부 계획을 꼼꼼히 세우는 것입니다. 그리고 다가오는 시험에서 몇 점을 받을지 목표를 정해야 합니다. 자신의 실력을 정확하게 분석하는 것이 쉬운 일은 아닙니다. 많은 학생들은 자신의 실력을 과대평가하거나 과소평가하는 경우가 흔합니다. 그래서 자신의 실력을 정확하게 평가하기 위해서 지난 1년간의 시험점수의 변화를 먼저 확인해야 합니다. 예를 들어 영어과목의 지난 1년간의 시험성적을 확인하고 시험의 평균점수를 계산해 봅니다. 그리고 1년 전의 점수가 평균보다 낮고 지금의 점수가 평균점수 보다 높다면 영어 실력이 점점 좋아지고 있다는 걸 알 수 있습니다. 이와 반대로 1년 전 시험점수가 평균점수보다 높지만 최근 시험점수가 지난 1년 평균 점수보다 낮다면 영어과목의 공부가 더 많이 필요하다는 것을 알 수 있습니다. 따라서 공부를 시작하기 전 무엇보다 중요한 것은 여러분의 각 교과별 실력을 정확히 분석하는 것입니다.

　자신의 각 교과별 실력을 분석을 했다면 그 다음은 목표를 정확하게 세우는 것입니다. 우리가 시험 성적에 대한 목표 점수를 세울 때 장기 목표와 단기 목표로 나눌 수 있습니다. 단기 목표는 곧 다가올 시험, 즉 모의고사, 중간고사, 기말고사 등에 대한 기대점수입니다. 장기 목표는 1년 후 또는 대학수학능력시험에서 최종적으로 이루려고 하는 성적을 말합니다. 나의 현재 실력이 80점 정도 예상된다고 하면 단기 목표는 85점 정도가 좋습니다. 물론 처음부터 90점, 95점을 받고 싶은 게 사람의 마음이지만 자신의 현재 실력을 겸손하게 인정하고 받아들이는 것이 필요합니다. 자신의 현재 상황을 정확하게 파악한 후 여러번의 단기 목표를 이루고 나면 마지막에는 대학수학능력시험 1등급이라는 장기 목표에 도달하게 될 것입니다. 한번에 장기 목표를 이루려고 하면 힘들고 쉽게 좌절합니다. 하지만 단기목표를 가지고 꾸준히 노력하고 작은 성취를 이루어 나가면 결국에는 우리가 목표로 하는 좋은 성적을 받을 수 있습니다. 상상해보세요. 조금씩 시험 성적이 올라가고, 결국 여러분이 원하는 점수를 받게 되는 그날을.

3) 2분 습관 들이기

 '오늘 해야 할 일을 내일로 미루지 마라.' 우리가 어렸을 때부터 수없이 많이 들었던 말입니다. 대다수 사람은 그저 아는 것에서 멈추지만 극소수는 이 말을 직접 실천합니다. 그들이 바로 공신들입니다. 공신들의 특징은 하루의 공부량을 정확히 측정하고 실천함으로써 올바른 공부 습관을 스스로 만들고 지켜나간다는 것입니다. 공부를 잘하기 위해 효율적으로 시간을 관리하는 것은 기본 중의 기본입니다. 그런데 공부는 기본이 가장 어렵습니다. 공부 습관을 잘 만들기 위해서는 스스로 자신의 시간을 잘 운영하여 공부시간표를 짜고, 실천하는 것이 중요합니다. 이를 위해서는 오늘 해야 할 공부의 양과 시간을 정확히 예상하고 실천할 수 있는 적절한 계획이 있어야 하며 무엇보다 '나는 잘 할 수 있다.'는 신념이 있어야 합니다. 공부하면서 힘든 것 중의 하나가 바로 자신과의 약속을 지키는 것입니다. 오늘 해야 하는 공부를 내일로 미루지 않고 하는 것은 자신과의 약속을 지키는 일입니다.

 닐 피오레Neil Fiore의 저서 <내 시간 우선 생활 습관>(2018)에서는 평소 미루는 습관을 '2분 습관 들이기' 연습을 통해 없앨 수 있다고 했습니다. 그는 실패에 대한 두려움, 불완전함에 대한 두려움, 실현 가능성이 없는 믿음에 대한 두려움이 원인이 되어 미루는 습관이 고착된다고 했습니다. 또한 집중이란 스트레스가 있는 상태에서 최대한 현재에 집중해 재빨리 몰입 상태로 옮겨가는 2분 동안의 과정이라고 말했습니다. 이와 같은 2분 습관 들이기를 연습하여 공부를 시작하고 빨리 집중하는 데 도움을 받을 수 있습니다. 우선 바른 자세로 의자에 앉거나 책상다리를 하고 자리에 앉습니다. 그리고 숨을 고르게 쉬면서 머릿속에 아무것도 없는 진공 상태를 만듭니다. 이렇게 머리를 맑게 하고, 마음을 진정시키는 데 약 2분이면 충분합니다. 이렇게 준비된 상태로 공부를 시작하면 집중력이 높아집니다. 공부를 시작하기가 힘들고 집중하기가 힘들다면 먼저 2분 정도 공부 준비를 하고 시작해 보세요. 그리고 계획된 공부를 차근차근하다 보면 나도 모르게 평소 쉽게 공부를 미루던 습관이 계획을 잘 지키는 습관으로 변해 있을 것입니다. 만약 오늘 계획된 공부를 아직 다 못했다면 바로 지금 시작하세요.

4) 온라인online과 오프라인offline

인터넷을 이용한 온라인 강의가 교육계에 큰 파장을 일으키고 있습니다. 과거의 온라인 강의는 일부 전공자들이 자신들만의 용어로 학습 내용을 설명하는 방식으로 진행되었습니다. 하지만 최근에는 온라인 강의가 활성화되면서 다양한 강의 방식이 등장하고 있습니다. 이러한 추세에 따라 사교육도 발 빠르게 각종 회원제를 통해 자신들만의 인기 강사를 내세워 학생들의 필요를 공략하고 있습니다. 학생들의 부족한 부분을 보강해주는 방식에서 출발한 온라인 교육이 이제는 학습의 전 분야에 적용되고 있습니다. 요즘에는 학습에 유용하고 활용 가능한 무료 온라인 강의 콘텐츠가 많이 개발되고 있습니다. 그중에 칸 아카데미Khan Academy, 무크MOOC, 알트스쿨Alt School, 테드TED 등이 각광을 받고 있습니다. 칸 아카데미는 수학과 과학을 중심으로 하는 동영상을 지원하고 있습니다. 미국의 학년별 수학을 기초로 하여 구성되었으며 수학적 원리와 다양한 동영상을 지원해 수학을 쉽고 재미있게 배울 수 있습니다. 무크와 알트스쿨은 대학 강의 시스템에서 출발한 것으로 중고등학교 학습에 직접적인 도움이 되지는 않습니다. 하지만 대학교 진학으로 고민하는 학생들에게 전 세계 명문대의 강의를 엿볼 수 있는 기회를 제공한다는 점에서 한번쯤은 살펴볼 필요가 있습니다. 테드는 전 세계의 유명 인사들이 하는 강의를 모아놓은 곳으로 영어 공부에도 도움이 되고, 세계적인 석학들의 강의도 들을 수 있는 고품격 강의 지원 시스템입니다.

무료 온라인 강의 콘텐츠

칸 아카데미 Khan Academy · 무크 MOOC · 알트 스쿨 Alt School · 테드 TED

공부는 교과서라는 기본 위에 단단한 기둥을 세워나가는 공사와 같습니다. 다양한 모양의 기둥 중에서 온라인 강의도 매우 중요한 부분입니다. 오프라인 강의에서 놓칠 수 있는 개념, 지식, 문제 풀이 등을 다시 듣고, 볼 수 있는 온라인 강의는 여러분의 부족한 부분에 분명히 도움을 줍니다. 그러나 온라인 강의는 듣고, 보기만 해서는 효과가 미미합니다. 한 손에 펜을 잡고, 중얼거리면서 따라 말하고 적으며 공부해야 합니다. 그리고 이어폰을 끼고, 노트에 내용을 적으면서 되풀이해 말하고 정리해야 합니다. 혼자 말하기와 같은 방식으로 자신에게 질문과 답변을 해보세요. 오늘 배운 수업 내용이 잘 이해되지 않을 때, 관련 동영상을 다시 볼 수 있다는 것은 무척 매력적인 일입니다. 따라서 우리가 공부할 때는 온라인 강의와 같은 디지털 방식과 메모와 같은 아날로그 방식을 모두 활용하는 것이 좋습니다.

●● ⬤⬤⬤⬤⬤ 5) 방학 공부법은 따로 있다

학생들의 공부 실력을 한층 업그레이드할 수 있는 기간이 바로 방학 기간입니다. 여름방학과 겨울방학을 모두 합치면 두 달 가량 됩니다. 1년의 1/6이나 되는 방학 기간에 여러분은 어떻게 공부를 하며 보내나요? 방학 때도 평소 학교 다닐 때와 다름없이 공부하고 있다면, 지금 당장 공부를 멈추고 방학에 맞는 공부 계획을 먼저 짜야 합니다. 방학이 다가오면 문제집이 많이 팔린다고 합니다. 뭔가를 해보기는 해봐야겠고, 학생들이 하기 가장 쉬운 방법이 문제집을 사서 무작정 문제를 푸는 것입니다. 그러나 이 방법은 최악의 방법입니다. 책상에 있는 새로운 문제집은 오히려 여러분에게 좌절과 굴욕을 안겨줄 수 있습니다.

많은 학생들은 방학이 가까워져서야 계획을 세웁니다. 평상시 못했던 공부를 방학 때 다 하겠다는 생각에 실천 가능성이 거의 없는 공부시간표를 작성합니다. 이것은 말 그대로 '빛 좋은 개살구'일 뿐입니다. 방학이 시작되면 하루나 이틀은 정말 열심히 공부합니다. 그렇게 3일째가 되면 공부가 하기 싫어지고 결국 작심삼일이 되고 맙니다. 이처럼 방학 동안의 공부를 평소 학교에 다닐 때처럼 하면 백이면 백 모두 실패를 경험합니다. 따라서 방학에는 평소 자신의 공부 습관을 잘 분석하여 방학에 맞는 공부 계획을 짜야 합니다.

먼저 방학에는 평소 학교에 다닐 때보다 스스로 공부하는 시간을 많이 가져야 합니다. 방학은 스스로 공부하는 습관을 키울 수 있는 매우 중요한 시간입니다. 만약 학원에 다니는 친구들이라면 학원 수업을 제외하고 혼자 공부할 수 있는 시간을 확인하고 시간표를 짜는 것이 좋습니다. 그리고 방학 동안 학원에 가지 않고 도서관에서 공부할 계획을 세우고 있는 학생이라면

요일별로 공부할 교과를 정하는 것도 도움이 됩니다. 월요일은 영어, 화요일은 수학, 수요일은 국어를 하루 단위로 공부하면 반복되는 공부의 단편성과 지겨움에서 벗어날 수 있습니다.

　그리고 방학에는 충분한 휴식을 해야합니다. 평소 학기 중에는 학교 수업 후 학원 또는 온라인 강의 등으로 휴식 시간이 충분히 가지지 못했습니다. 그러므로 방학 기간에는 날마다 충분한 휴식을 해야합니다. 방학까지 휴식하지 못하고 공부를 한다면 방학이 끝나고 다시 학기가 시작될 때 더 이상 공부를 할 수 없는 번 아웃burn out 상태가 됩니다. 방학 기간에는 건강을 위해 하루에 1시간 이상 꼭 운동하고 1시간 정도는 휴식을 가지는 것이 좋습니다. 운동은 가벼운 걷기, 산책 등이 좋습니다. 또 주말이 되면 첫째 주는 취미 활동으로 영화 보기, 둘째 주는 친구들을 만나서 놀기, 셋째 주는 가족과 여행하기 등으로 방학 기간 몸과 마음을 재충전하는 기간으로 삼아야 합니다.

4. Read & Write 똑바로 읽고 정확하게 쓰자

공부의 기본은 읽기와 쓰기다

공부를 잘하려면 어떻게 해야 하느냐는 질문을 학생들과 학부모로부터 많이 받습니다. 당연히 공부를 잘하기 위해서는 다양한 능력이 필요합니다. 그중 가장 기본이 되는 것은 바로 읽기와 쓰기입니다. 공부 잘하는 학생들의 공통적인 특징은 바로 글을 잘 읽고 잘 쓴다는 것입니다. 반면에 공부를 못하는 학생들은 교과서의 내용을 반복해서 읽어도 정확하게 이해하지 못해 힘들어합니다. 평소 글 읽기와 글쓰기를 즐기는 학생들은 교과서의 내용을 빠르고 정확하게 이해합니다. 또한 배경지식이 풍부해 문제를 어려워하지 않고 쉽게 풀어냅니다. 언어능력은 글을 읽고 정확하게 이해하는 능력과 논리에 맞게 자기의 생각을 표현하는 능력을 말합니다. 이러한 언어능력은 시험뿐만 아니라 프로젝트형 수행평가가 일반화되면서 학생이라면 반드시 길러야 할 능력 중 하나가 되었습니다. 그러나 이러한 능력은 짧은 시간에 만들어지는 것이 아닙니다. 꾸준한 독서와 글 쓰는 연습을 통해서만 만들어집니다. 공부할 시간도 없는데 무슨 독서와 글쓰기냐고 생각할 수도 있습니다. 그러나 공부의 기본은 읽기와 쓰기입니다. 지금부터 글 읽기와 글쓰기를 시작해 보세요. 늦었다고 생각할 때가 가장 빠른 때입니다.

1) 밑줄 쫙!

일반적으로 사람은 만 5세를 전후하여 글을 읽고 쓰기 시작합니다. 그 후 평생 글을 통해 지식을 배우고 자기 생각을 다른 사람에게 전달합니다. 아주 오래전에는 대다수의 사람들이 문맹이었습니다. 그래서 교육을 받기 위해서는 스승의 문하로 들어가 스승의 말과 가르침을 통해 지식을 배웠습니다. 그러나 지금은 거의 모든 사람들이 글을 읽고 쓸 수 있습니다. 사람들은 정보를 정확하고 빠르게 전달하기 위해 글을 사용하고 있고, 글을 통해 모든 지식이 전달되고 있습니다. 그러므로 정확한 지식을 얻기 위해서는 글 읽기를 잘해야 합니다. 최근에는 스마트폰을 통해 시간과 장소에 상관없이 필요한 정보를 쉽게 찾아 읽을 수 있습니다. 또한 메신저의 발달로 전화 통화보다 메신저를 이용한 글을 주고받는 것이 더 익숙한 세상이 되고 있습니다.

이처럼 우리는 모두 글을 읽고 쓸 수 있지만, 글을 읽고 이해하는 능력은 사람마다 천차만별입니다. 왜 사람마다 글을 읽고 이해하는 능력에 차이가 생기는 것일까요? 그것은 바로 글의 중요한 내용을 찾고 요약하는 능력의 차이라고 할 수 있습니다. 많은 학생들이 공부할 때 책을 그냥 쭉 읽어 내려갑니다. 책을 다 읽은 후 어떤 내용이 있었는지 다시 기억해  보면 머리에 남은 것이 몇 가지 되지 않습니다. 하지만 공부를 잘하는 학생은 글을 읽을 때 중요한 부분이 어디인지 밑줄을 치거나 표시하고 글에서 말하고자 하는 내용이 무엇인지 요약합니다. 글을 읽을 때 중요한 내용에 줄을 그으면 필요할 때 빠르게 찾아서 볼 수 있고 글을 요약하고, 문제를 푸는 데 도움이 됩니다.

대학수학능력시험의 언어영역과 외국어영역은 글을 읽고 사고하는 능력을 평가합니다. 긴 지문을 제시하고 그에 따른 문제들을 줍니다. 내용이 생소하고 어려운 긴 지문을 그냥 쭉 읽다 보면 무슨 말을 하는지 모르는 경우가 대부분입니다. 그래서 이때 필요한 것이 평소 글을 읽을 때 중요한 부분에 밑줄을 그으며 읽는 연습을 하는 것입니다. 먼저 책이나 글을 읽을 때 자신이 중요하다고 생각되는 부분에 밑줄을 치고 표시하세요. 그리고 밑줄 친 내용을 이용하여 2~3문장으로 요약하는 연습을 합니다. 평소 글에 밑줄을 치고 읽은 적이 없는 학생들은 밑줄 치는 것이 어려울 수 있습니다. 이런 학생들은 먼저 글을 읽고 문제를 푼 다음 문제에 해당하는 글의 내용을 찾아 밑줄을 그어 보세요. 일반적으로 문제로 만들어진 내용이 글에서 중요한 부분입니다.

공부를 하는 것은 논리력을 키우는 과정입니다. 논리적 사고를 발달시키기 위해서는 글 읽기 뿐만 아니라 글쓰기를 병행해야 합니다. 먼저 다음 문제를 읽고 이에 대한 자기의 생각을 정리해 노트에 적어보세요.

> 폭력은 어떤 상황에서도 정당화될 수 없는가?

> 모든 사람을 존중해야 하는가?

> 정치에 관심을 두지 않고도 도덕적으로 행동할 수 있는가?

위 문제들은 우리나라 교육과정에서는 다루지 않는 내용과 문제형식(서술형 글쓰기)으로 여러분들에게는 너무 어렵게 느껴질 수도 있습니다. 그런데 이 세 문제는 200여 년의 역사를 가진 프랑스의 고등학교 졸업시험 '바칼로레아Baccalauréat'의 철학 부문 기출 문제입니다. 며칠 동안 시행되는 논리적 글쓰기(논술) 결과에 따라 대학 입학 여부가 결정됩니다. 이 시험은 학생들이 자기 생각을 다른 사람에게 논리적으로 설명하고 설득시킬 수 있는지를 알아보는 논리력 테스트입니다. 그만큼 논리적 사고가 공부의 핵심이라는 것을 말해줍니다. 바칼로레아Baccalauréat 시험을 치는 프랑스인들은 '어떤 문제나 현상에 대해 자기 생각을 자유롭게 말할 수 있다.'는 사실에 대단한 자부심을 가지고 있습니다. 프랑스의 번화가에 있는 카페나 식당에서는 바칼로레아에서 다룬 내용을 주제로 학생과 어른들이 토론하는 모습을 자주 볼 수 있습니다.

논술은 어떤 문제에 대한 자기 생각을 논리적으로 적는 긴 글입니다. 일주일에 한 번 정도는 글쓰기 하는 시간을 가지세요. 처음부터 잘하는 사람은 없습니다. 글의 진행이 이상하게 흘러가도 괜찮습니다. 처음에는 A4 용지 절반 정도만 적어보세요. 처음에는 잘되지 않지만 꾸준한 연습을 하면 점점 더 많이 적을 수 있습니다. 그리고 신문의 사설이나 논술과 관련된 글도 많이 읽으세요. 논리적으로 글을 쓰는 데 많은 도움이 됩니다.

평소에 자신만의 바칼로레아를 꾸준히 연습한다면 앞으로 어떠한 문제가 나와도 거침없이 논리적인 글을 쓸 수 있습니다. 스스로 문제를 던져보고, 그에 대한 자기 생각을 기승전결 구조의 글로 써보세요. 논리적으로 글을 쓰기 위해서는 조직적이고 창의적인 생각을 할 수 있는 역량을 길러야 합니다. 일주일에 한 문제씩 선정해 글을 쓰고 친구들과 자신이 쓴 글을 바꾸어 읽어보세요. 문제의 정답은 없습니다. 자기 생각을 논리정연하게 적으면 됩니다. 이렇게 적은 자신의 글들을 포트폴리오로 만들어 정리해 놓으세요. 대학입시 논술시험과 면접에 큰 도움이 될 것입니다.

●● ━━━ 3) 나도 이제부터 SNS 인플루언서

최근 스마트폰 보급률이 93%를 넘어서면서 대다수의 학생들이 스마트폰을 사용하고 있습니다. 학생들의 스마트폰 사용에 관한 조사에 따르면 하루 SNS 사용 평균 시간이 1시간을 넘는다고 합니다. 지금도 많은 학생들이 SNS에 댓글을 달고 자기 생각과 글을 남기기도 합니다. 그러나 무분별한 SNS 사용은 학생들에게 공부에 방해가 될 뿐 아니라 개인의 사생활이 침해당하는 심각한 문제가 발생할 수도 있습니다. 과거 한 케이블 방송의 경연 프로그램 출연자 중에는 과거 SNS상의 행적이 문제가 되어 누리꾼들에게 과도한 신상털기를 당한 사례가 있습니다. 그 외에도 이슈가 되는 사안과 관련된 사람들의 SNS 신상털기는 그 정도가 심각한 상황입니다. 평소 자신의 생각과 가치관을 표현한 글 때문에 한순간에 많은 사람으로부터 공격을 당하는 사례가 빈번하게 발생하고 있습니다.

SNS의 역기능이 큰 것은 사실이지만, 일부 SNS 글들은 많은 사람에게 감동을 주기도 합니다. 최근 페이스북, 인스타그램 등을 통해 사람들에게 감동을 선사하는 SNS 시인이 있습니다. 그 시인은 시집 <걱정하지 마라>(2015)의 저자 '김동혁'입니다. SNS에서 필명 '글 배우'로 활동 중인 그는 A4 용지에 직접 손 글씨를 쓰고 그것을 벽에 붙여 독자들이 친근함을 느끼게 합니다. 그는 여러분들과 마찬가지로 자신의 꿈에 대해 고민하는 시기를 겪었고 지금도 고민하고 있습니다. 그래서 그 누구보다 학생들의 마음을 잘 압니다. 학생들은 자신의 상황과 비슷하고 자신의 마음을 알아주는 그의 글에 자기도 모르게 감정이입이 됩니다. 그는 SNS를 시작한 지 단 5개월 만에 페이스북 팔로워 수가 20만 명에 육박했고, 인스타그램 친구가 7만 명을 돌파한 SNS 유명 시인이 되었습니다. 그는 사람들의 고민을 직접 들어주며 개별적으로 사람들에게 위로와 함께 짧은 시를 직접 써주곤 합니다.

여러분도 이제 스마트폰으로 게임만 하지 말고 여러 가지 주제에 대한 자기 생각을 정리하여 SNS에 글을 남겨보길 권합니다. 글을 쓴다는 것은 사고를 다양하게 하는 과정입니다. 또한 글쓰기를 통해 글을 읽는 능력을 키울 수 있습니다. 인터넷에 쓴 글에는 무거운 책임감이 동반된다는 사실을 기억하고 SNS에 자기 생각을 논리정연하고 부드럽게 표현해 보길 바랍니다.

●● ━━━━ 4) 또렷한 기억보다 희미한 연필 자국

천재 과학자 알베르트 아인슈타인Albert Einstein이 호텔 짐 배달원에게 팁 대신 건넨 메모 2장이 경매에서 매우 큰 금액으로 팔려 이슈가 된 적이 있습니다. AFP 통신에 따르면 이스라엘 예루살렘 위너스 경매장에서 아인슈타인의 메모 2장은 각각 156만 달러(약 17억 6,000만 원), 24만 달러(약 2억 7,000만 원)에 팔렸다고 합니다. 이 메모는 아인슈타인이 1922년 일본 도쿄를 방문했을 당시 일본인 호텔 짐 배달원에게 팁 대신 건네준 것이라고 합니다. 156만 달러짜리 메모에는 독일어로 다음과 같은 내용이 적혀있습니다.

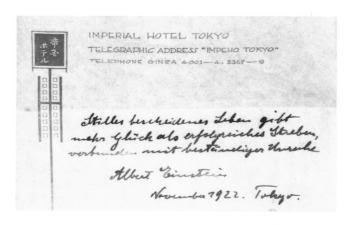

"
성공을 추구하며 끊임없이 불안해하는 삶보다 평범하고 조용한 삶이 더 많은 기쁨을 가져다준다.
"

아인슈타인의 메모가 큰 금액으로 거래된 것을 볼 때 위대한 인물의 메모가 그만큼 가치가 있다는 것을 알 수 있습니다. 조선 시대에도 메모하는 습관이 인생에 크나큰 영향을 미친 학자가 있었습니다. 그는 바로 조선 후기의 실학자이며 만학晩學의 대표자 이익李瀷입니다. 그는 붕당 정치로 인해 형 이잠李潛을 잃고 젊은 나이에 시골로 귀향해 칩거합니다. 시간이 흘러 가세가 기울었지만, 학문에 뜻을 두어 마흔이 넘은 나이에 관직 생활을 시작하게 됩니다. 바쁜 관직에 있을 때도 항시 붓과 벼루를 옆에 두었다고 합니다. 책을 읽다가 번뜩 떠오르는 생각이 있으면 그 순간을 놓치지 않고 즉시 그것을 적었다고 해서 이를 '묘계질서妙契疾書'라고 부릅니다. 이러한 메모 습관은 이수광이나 박지원 같은 정조 시대 실학자들에게 큰 영향을 주게 됩니다.

메모 방식은 여러 가지가 있습니다. 메모할 때는 주로 글, 음성, 이미지를 중심으로 메모를 합니다. 대부분 글을 사용하지만, 자세하고 매우 긴 강의나 어려운 주제에 대한 세미나는 강의자의 음성을 녹음하거나 발표 자료의 이미지를 사진 기능으로 캡처하여 수집하기도 합니다. 앞에서 이야기한 실학자 이익처럼 몰입 중에 찰나의 아이디어를 메모한 경험이 누구나 한 번쯤은 있을 겁니다. 번뜩 무엇인가 생각나는 순간에 메모하지 않으면 잠시 후에 모두 잊게 되죠. 이렇게 메모는 이러한 찰나의 순간을 잊지 않도록 만들어주는 방법입니다. 우리가 공부하면서 메모를 이용하면 많은 도움을 받을 수 있습니다. 공부하다 번뜩 떠오르는 내용이나 생각을 메모지에 적어놓고 나중에 따로 시간을 내서 그 내용을 찾아보는 것은 좋은 공부 방법입니다. 따라서 메모를 잘 활용하는 학생이 공부를 잘 할 수 있습니다.

요즘 학생들은 에버노트와 같은 스마트폰 앱을 많이 사용합니다. 무엇이든지 메모하고, 언제든지 기록할 수 있도록 해주는 만능 수첩이자 보관함이죠. 글, 음성, 이미지, 스크랩 등 다양한 기능을 이용해 메모할 수 있으며 무엇보다도 메모를 다른 사람과 공유할 수 있어 친구들과의 협업도 가능하므로 모둠별 과제나 보고서 작성에 유용하게 활용할 수 있습니다.

메모는 우리의 기억을 지배합니다. 메모하는 사람에게는 기적이 일어납니다. 메모의 힘을 기억하고 이제부터 항상 어디서나 메모하는 여러분이 되길 바랍니다.

5) 하브루타 Havruta!

공부에 대한 학생들의 열의나 학습 관련 시스템은 대한민국이 세계 그 어느 곳과 비교해도 뒤지지 않습니다. 이런 열의와 시스템도 중요하지만, 그보다 더 중요한 것은 공부를 어떻게 하느냐입니다. 세계에서 공부를 가장 잘하는 민족을 뽑으라고 한다면 바로 유대인입니다. 이들은 유일신이 자신들을 선택했다는 선민의식, 즉 매우 높은 자존감을 가진 민족입니다. 유대인은 높은 자존감을 바탕으로 공부하는 데 탁월한 능력을 보여줍니다. 그중 큰 역할을 하는 전통적인 교육 방법이 있는데 그것은 바로 '하브루타 Havruta'입니다. '하브루타'는 '우정', '동료' 등을 뜻하며, 파트너와 함께 토론을 통하여 서로에게 좋은 영향을 주고받는 학습법을 일컫는 말입니다. 하브루타의 핵심은 질문과 토론입니다. 서로 질문을 주고받으며 논쟁하는 유대인의 전통적인 토론 교육 방법으로 유대교 경전인 <탈무드>를 공부할 때 주로 사용됩니다. 이는 동급생이나 가족, 선생님과의 대화를 통해 자기주도 학습 능력을 향상하고 사고력과 창의력을 높이는 학습법입니다.

하브루타의 효과는 교실에서 실제로 증명되고 있습니다. 국내의 한 연구 결과에서는 3개월 동안 하브루타 방식으로 수업을 진행한 반 학생들이 일반 수업을 받은 학생들보다 기초탐구능력, 통합탐구능력, 과학탐구능력이 훨씬 높게 나타났습니다. 그리고 하버드대에서 발표한 하브루타의 학습 효과가 주입식 교육보다 무려 14배가 높다는 연구 결과도 주목할 만합니다. 한 통계에 따르면 1901년 노벨상이 제정된 이래 지금까지 유대인 수상자의 수가 무려 190여 명이나 된다고 합니다. 세계 인구의 0.2%에 불과한 유대인이 노벨상 전체 수상자의 약 20% 이상을 차지하고 있습니다. 특히 2013년에는 화학상, 물리학상, 생리의학상 분야 12명의 노벨상 수상자 중 6명이 유대인이었습니다. 미국 인구의 2%밖에 안 되는 유대인이 실리콘밸리에서 주도적 역할을 할 수 있는 것은 그들의 창의력과 단결력 덕분입니다. 역사적으로 유대인은 많은 박해를 받았습니다. 이러한 이유로 생존을 위해서는 서로 도우며 단결해야 했죠. 그들의 이런 민족성은 오늘날 실리콘밸리에서도 그대로 드러나고 있습니다. 세계 각국에서 활동하는 유대인이 거미줄 같은 네트워크를 형성하는 데 결정적인 역할을 한 것은 바로 하브루타입니다. 주제에 대한 선입견이나 편견 없이 서로의 의견을 나누는 그들의 공부 방식이 구글, 야후, 유튜브, 트위터와 같은 실리콘밸리의 거대 왕국을 만들었다고 해도 과언은 아닐 것입니다.

5. Reorganize 공부는 편집이다
공부는 나의 것으로 만드는 과정이다

　많은 학부모님과 상담을 하면서 자주 받는 질문 중 하나는 "우리 아이는 성실하고 열심히 공부하는데 왜 성적이 안 나올까요?"라는 말입니다. 그 학생들의 생활을 들어보면 학교 정규 수업을 마치면 학원에서 수업하고 집으로 온 뒤 밤 늦게까지 과외도 합니다. 학교 수업 시간에는 선생님의 설명을 하나도 놓치지 않으려고 열심히 필기도 합니다. 우리가 보기에는 정말 성실하고 모범적인 학생인데 왜 성적은 잘 나오지 않는 것일까요? 그 이유를 알기 위해서는 그 친구들이 공부하는 방법을 확인해봐야 합니다. 그 학생들은 선생님이 가르쳐 준 내용의 토씨 하나 틀리지 않으려고 열심히 외웁니다. 그런데 공부한 내용을 이해하고 논리적인 순서나 인과관계를 추론해보고 궁금한 것은 스스로 질문하고 답하는 소위 능동적으로 공부하는 모습을 찾아볼 수 없습니다. 주입식 수업에 길들어져 선생님이 가르쳐 준 것만 달달 외우는 수동적인 공부만 하는 것이었습니다. 단지 열심히 외우기만 할 뿐 공부의 내면화가 없었던 것이죠. 공부를 잘하기 위해서는 암기 후 문제를 푸는 수동적인 공부에서 스스로 묻고 답하고 정리하는 능동적인 공부로 바꿔야 합니다. 이런 능동적인 공부를 공부의 내면화 과정이라고 합니다. 공부의 내면화는 공부한 내용을 자신의 것으로 재구성하는 것을 말합니다. 재구성한다는 것은 외부에서 전달되는 가치나 지식의 본질을 훼손하지 않고 그것을 자기 나름의 방식으로 재해석하여 저장한다는 뜻입니다. 이렇게 내면화된 지식만이 자신의 것이 됩니다. 공신들은 모두 공부의 내면화 과정을 통해 공부를 잘하게 된 것입니다. 여러분도 이제부터 수동적 공부를 벗어나 능동적 공부로 전환하길 바랍니다.

1) 수업 시간에 듣지 마라

중학교부터 급격히 늘어나는 학습량 때문에 많은 학생들이 수면 부족에 시달립니다. 아직 성장하고 있는 사춘기 학생들에게 충분한 수면은 건강한 삶을 위한 기본 조건입니다. 그러나 학교와 학원을 갔다 온 뒤 온라인 강의까지 듣고 나면 밤 10시가 훌쩍 넘는 게 현실입니다. 평소 수면 부족으로 인해 생기가 넘쳐야 할 학교 수업에서는 졸고 있는 친구들이 여기저기 보입니다.

수업 시간에 잠이 오는 것은 생리적 현상입니다. 그래서 졸리는 것을 자기 스스로 조절할 수 없습니다. 그래도 잠이 온다고 해서 수업 시간마다 졸고 있으면 안 됩니다. 수업 시간에 잠이 오는 이유는 여러 가지가 있습니다. 일반적으로 우리는 재미가 없고 관심이 없는 것을 할 때 집중하지 못합니다. 집중하지 못하면 머리에 다른 잡념이 생기거나 잠이 오게 되는 것이죠. 그래서 수업 시간에 그냥 멍하게 선생님의 선생님의 설명을 듣고만 있으면 잠이 옵니다. 특히 어려운 공부나 관심 없는 내용을 공부할 때는 더욱더 그렇습니다. 학생들이 수업 시간에 졸면 당연히 공부를 잘할 수 없습니다. 나중에 온라인 수업으로 부족한 부분을 보충하겠다고 생각하는 것은 우리가 밥은 먹지 않고 간식으로 식사를 대신 하겠다는 잘못된 생각과 같습니다. 그래서 수업 시간에 졸지 않기 위해서 여러 가지 방법을 이용해서 졸음을 예방해야 합니다.

먼저 수업 시간에 관망하지 말고 참여해야 합니다. 선생님 설명을 듣고 궁금한 것이 있다면 질문을 하고 적극적으로 발표하는 것이 좋습니다. 수동적인 수업은 집중도 잘 안 되고 학습 효과가 적습니다. 적극적이고 능동적으로 수업에 참여해야 졸리지도 않고 수업에 집중할 수 있습니다. 그리고 선생님은 적극적인 학생에게 관심이 가고 하나라도 더 가르쳐 줍니다.

다음은 수업 시간에 몸을 움직여야 합니다. 가만히 앉아서 듣고 있으면 잠이 오게 마련입니다. 그래서 몸을 가볍게 움직이고 손으로는 선생님이 설명하는 것을 받아 적어야 합니다. 그래야 수업에 집중이 되고 잠이 오지 않습니다. 그리고 쉬는 시간에는 간단한 스트레칭을 하며 몸을 움직여야 합니다. 계속 앉아 있으면 혈액순환이 되지 않고 머리로 올라가는 혈액량이 줄어들어 뇌에 필요한 산소공급이 감소하여 잠이 오는 것이죠. 그래서 잠이 올 것 같으면 쉬는 시간에는 잠깐 바람도 쐬고 화장실도 다녀와야 합니다.

마지막으로 가장 중요한 것은 충분한 수면시간을 가지는 것입니다. 의학적으로 청소년기에 필요한 수면시간은 최소 6~8시간입니다. 그래서 공부를 늦게까지 하거나 게임이나 스마트폰 사용 때문에 충분히 잠을 자지 못하면 건강도 해치고 수업 시간에 집중력이 떨어져 학업 성적도 나빠지게 됩니다. 우리가 공부를 잘하기 위해서는 열심히 공부하는 것뿐만 아니라 충분한 휴식, 정기적인 식사, 꾸준한 운동이 필요합니다. 위에서 언급한 3가지 방법을 사용해 수업시간에 졸지 않도록 노력해 봅시다.

관망하지 말고
참여하기

몸을 움직이기

충분한 수면시간 갖기

2) 수다쟁이가 공부를 잘한다

먼저 EBS의 <공부의 비밀>이라는 다큐멘터리에 나온 내용 일부를 잠깐 소개합니다. 먼저 실험에 참여한 학생들을 무작위로 A와 B의 2개의 그룹으로 나눕니다. 그리고 A그룹은 조용히 공부하게 했고, B그룹은 시끄럽게 말하며 공부하게 했습니다. 그 후 실험에 참여한 학생들을 대상으로 공부한 내용을 시험 쳤습니다. 시험 결과 조용히 공부한 A그룹은 10점 만점에 평균 6.5점을 받았으나, 시끄럽게 말하며 공부한 B그룹은 10점 만점에 평균 8.5점을 받았습니다. 이 실험 결과는 우리에게 새로운 사실을 말해주고 있습니다. 우리는 평소 공부할 때 시끄럽게 떠들면 공부에 방해가 되니 '조용히 집중해서 공부해라.'라는 말을 많이 듣고 있습니다. 그런데 이 실험 결과는 우리의 생각과 반대로 조용히 공부하는 것보다 시끄럽게 말하면서 공부하는 것이 학습에 더 도움이 된다고 말해주고 있습니다.

학습 효율성 피라미드

5%	강의 듣기
10%	읽기
20%	시청각 수업 듣기
30%	시범이나 현장 견학
50%	집단 토의
75%	실제 해보기
90%	서로 설명하기

학습 피라미드 이론을 살펴보면 더욱더 확실히 알 수 있습니다. 학습 피라미드Learning pyramid 는 다양한 방법으로 공부한 다음, 24시간 후에 머릿속에 남은 기억의 비율을 피라미드로 나타 낸 것입니다. 이 피라미드를 통해 강의 듣기는 5%, 읽기는 10%, 시청각 교육은 20%, 시범이 나 현장 견학은 30%의 기억률을 나타내고 있습니다. 이에 따르면 학교나 학원의 강의식 교육 은 학습 효율성이 겨우 5%에 불과합니다. 학생들이 책상에 앉아 열심히 읽으면서 공부하는 것 이 10%, 지금까지 강조해온 시청각 교육 역시 20%로 미미합니다. 이처럼 수동적 학습 방법은 효율성이 매우 떨어집니다. 그에 비해 토론은 50%, 직접 해보는 것은 75%, 다른 사람을 가르치는 것은 90%의 효율성을 나타냈습니다. 단순한 계산으로는 친구를 가르치는 방법으로 1시간 공부 한 학생과 같은 효과를 얻으려면 읽기는 9시간, 강의식 수업으로는 18시간을 공부해야 합니다.

유대인이나 핀란드 학생들은 우리나라 학생들보다 공부 시간이 많지 않음에도 학습 효율성 이 높습니다. 그 이유는 공부할 때 '참여적 학습법'으로 공부하기 때문입니다. 우리는 선생님의 강의와 설명을 듣는 수업이 대부분이지만, 그들은 친구들과 토론하면서 서로를 가르치는 방식 으로 수업을 진행하기 때문입니다. 우리는 앞에서 설명한 학습 피라미드를 통해 단순히 듣는 공부와 서로 설명하는 공부의 학습 효율성 차이를 알고 있습니다. 소위 '공부의 신'이라고 불리 는 공신들은 자기 주도적 학습법으로 공부하면서 배운 내용을 곧바로 메모지나 수첩에 적어놓 습니다. 그리고 그들은 직접 선생이 되어 배운 내용을 다른 사람에게 설명하기도 하고 칠판에 적기도 하면서 공부의 내면화를 실천하고 있습니다. 여러분도 이제부터 공부한 내용을 입으로 직접 말하고, 친구에게 설명하고, 노트에 글을 쓰면서 공부하세요. 공부한 내용을 꼭 친구에게 설명할 필요는 없습니다. 공부하는 장소에 친구가 없다면 자신에게 스스로 설명하거나, 인형이나 좋아하는 연예인의 사진을 보며 공부한 내용을 설명할 수 있습니다. 진짜 공부는 단순히 듣고 외우는 것이 아니라 공부한 내용을 다른 사람에게 자기 말로 직접 설명하는 것입니다.

3) 오늘부터 나도 선생님

누구를 가르친다는 것은 재미있는 경험입니다. 가르치는 재미에 빠지게 되면 공부가 재미있어 집니다. 자신이 어떤 내용을 이해하지 못했다면 다른 사람에게 설명할 수 없습니다. 교사가 되어서 어떤 내용을 설명할 때, 우리의 머리에서는 다양한 생각을 하게 됩니다. 따라서 직접 교사가 되어 다른 사람에게 설명하는 방법은 최고의 공부 방법입니다. 교사가 되어 다른 학생에게 어떤 내용을 설명하기 위해서는 머리에서는 다양한 과정이 진행됩니다. 가르칠 내용을 다른 사람에게 어떻게 설명할 것이지, 어떤 내용을 더할 것인지, 어떤 내용은 뺄 것인지 머리에서 복잡한 사고의 과정이 일어납니다. 그리고 교사가 되어 입으로 전달한 내용은 한 번 더 머릿속에서 체계적으로 정리가 됩니다. 우리가 단순히 공부할 때 공부 내용을 한번 읽어보고 넘어가는 경우가 많습니다. 하지만 다른 사람에게 설명하고 가르치기 위해서는 그 내용을 여러 번 읽고 완전히 이해해야 합니다. 이런 과정을 통해 자연스럽게 그 내용이 자신의 것이 되는 것입니다. 그래서 자신이 직접 가르친 내용은 쉽게 잊어버리지 않습니다.

먼저 자기만의 공부 노트를 만들어 가상의 인물에게 그 내용을 설명해 보세요. 내용을 설명하다 보면 제대로 기억이 나지 않는 부분도 있고 설명을 제대로 못 해 막히는 부분도 있습니다. 교사가 되어 설명하기를 해보면 자신의 논리와 지식의 부족함을 느끼게 됩니다. 이를 통해 우리는 공부 앞에서 겸손해질 수 있습니다. 처음에는 모두 다 서툴고 부족합니다. 그렇지만 그것을 수정하고 보충해서 다시 설명해 보세요. 조금씩 발전되는 자신의 모습을 보게 될 것입니다. 이렇게 직접 교사가 되어 설명하면 공부한 내용이 '장기기억'으로 남게 됩니다. 가상의 인물에게 설명하는 것이 익숙해지면 그룹 활동을 통해 내가 공부한 것이나 연구한 것을 친구에게 설명해 보세요. 그리고 수업이나 프로젝트 활동에서 망설이지 말고 발표하고 자주 설명할 기회를 만드 세요. 마지막으로 친한 친구들과 스터디 모임을 만들어 돌아가면서 1일 교사를 해보세요. 서로 모르는 부분을 설명해주는 교사가 된다면 공부가 더욱더 재미있을 것입니다.

4) 노트는 나의 힘

일본 도쿄대가 합격생을 발표하는 날부터 일본 열도는 분주해집니다. 왜냐하면 도쿄대 합격 생의 필기 노트를 사기 위해 관련 업체가 발 빠르게 움직이기 때문이죠. 도쿄대 합격생의 노트 를 구하고자 하는 수험생들로 인해 이들 업체는 많은 수익을 거두고 있다고 있다고 합니다. 일 본은 노트 필기를 매우 중요하게 여기는 나라입니다. 초등학생 시절부터 정기적으로 교사가 각 과목의 필기 노트를 꼼꼼하게 평가합니다. 이처럼 노트 정리는 일본에서 중요한 공부법 중의 하나로 여겨집니다.

많은 학생들이 노트 필기를 하고 있습니다. 노트 필기는 선생님이 말하는 내용을 다 받아 적 는 게 아닙니다. 노트를 정리한다는 것은 선생님이 가르쳐 준 중요한 내용을 요약해서 정리하 는 것입니다. 여러분도 시험 기간이 되면 공부 잘하는 친구의 노트를 빌리기 위해 동분서주한 경험이 있을 것입니다. 그때 공부를 잘하는 학생들의 노트를 보면 무언가 정리가 잘되어 있는 느낌을 받습니다. 누가 보아도 쉽게 그 내용을 알 수 있고 자신만의 기호와 형식으로 요약되어 있습니다. 공부를 잘하는 학생들의 노트 정리 방식은 개인에 따라 조금씩 다를지라도 일관된 공통된 점이 있습니다. 그것은 바로 노트의 내용이 구조화 방식으로 일목요연하게 정리되어 있다는 것입니다. 따라서 노트 정리에서 중요한 것은 구조화를 잘하는 것입니다. 왜 구조화를 해야 할까요? 답은 우리의 머리에 있습니다. 뇌는 수많은 신경세포로 이뤄진 복잡한 회로입니다. 이렇게 복잡하게 연결된 뇌는 구조화 방식으로 정리된 내용을 잘 저장(입력)하고 필요할 때 잘 기억(인출)합니다. 그래서 우리는 공부를 할 때 공부 내용을 구조화해서 정리하고 외우는 것이 효과적입니다. 이제 구조화를 이용한 4가지 노트 정리법을 알아보도록 하겠습니다. 어떤 노트 정리법이 자신에게 맞는지 확인해 보고 연습해 봅시다.

노트 정리법1 **마인드 매핑** Mind Mapping

마인드 매핑은 1970년대 초 영국의 토니 부잔 Tony Buzan 이 만든 공부법으로 이미지와 키워드, 색과 부호 등을 사용해서 내용을 구조화하는 방법입니다. 지금은 전 세계에 널리 퍼진 공부법으로 학생들이 가장 많이 사용하는 노트 정리법 중 하나입니다.

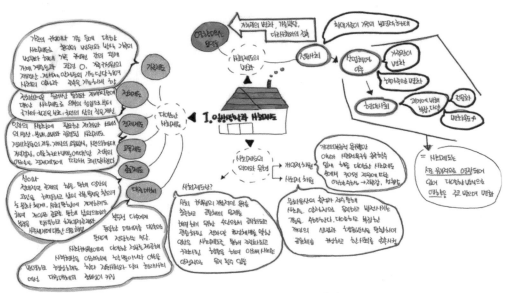

출처 <드디어 공부가 되기 시작했다> (2018)

비주얼 싱킹은 글과 그림을 이용해 생각, 정보를 기록한 것을 말합니다. 비주얼 싱킹의 장점은 이해가 쉽고, 시간이 절약되며 오래도록 기억할 수 있다는 것입니다. 특히나 몇십 장 분량의 내용을 한 장으로 요약 정리할 수 있다는 점이 가장 큰 장점입니다.

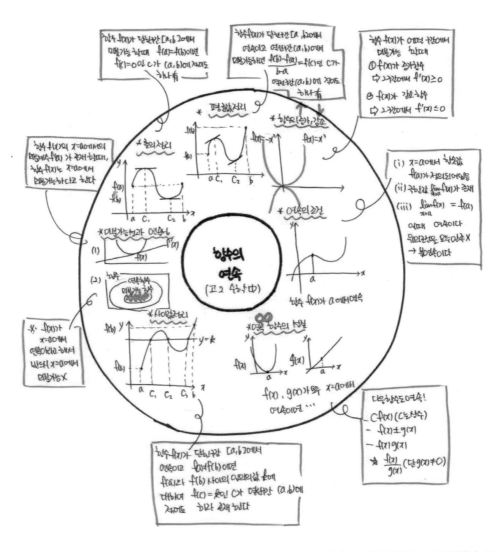

출처 <드디어 공부가 되기 시작했다>(2018)

노트 정리법3 **코넬식 노트**Cornell Notes **정리법**

　코넬식 노트 정리법은 1950년대 코넬대학 교육학 교수 월터 포크Walter Pauk가 고안한 노트 필기법입니다. 코넬식 노트 정리법은 5R과 4개의 영역을 활용하는 것이 특징입니다. 코넬식 노트의 구성은 키워드 영역, 제목 영역, 필기 영역, 요약 영역으로 나뉩니다.

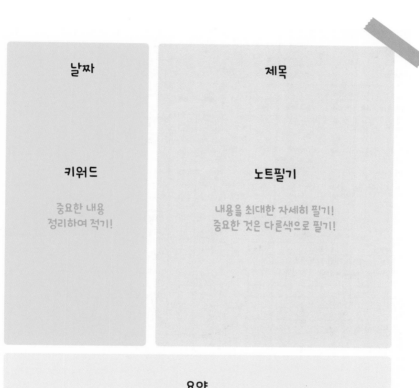

프랭클린 플래너는 최소한 1년 계획을 세울 수 있도록 설계된 노트입니다. 양식은 매우 종류가 많고, 매년 바뀌고 있습니다. 따라서 형식보다는 어떻게 내용을 계획하고 꾸준히 기록하느냐가 핵심입니다. 스마트폰으로 사용할 수 있는 앱도 있으니 사용해보세요.

출처 <드디어 공부가 되기 시작했다>(2018)

앞에서 다룬 마인드 매핑Mind Mapping, 비주얼 싱킹Visual Thinking, 코넬식 노트Cornell Notes, 플랭클린 플래너Franklin Planner의 공통점은 키워드, 조직화, 가독성으로 요약할 수 있습니다. 이러한 3가지 요소를 적용해 자신의 노트를 정리하고 꾸준히 공부하면 좋은 결과가 여러분을 기다리고 있을 것입니다.

5) 공부는 바둑의 복기復棋다

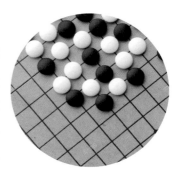

공부는 무엇을 외우고 기억하는 것부터 시작됩니다. 특히 우리나라 중, 고등학교에서는 많은 양의 지식을 가르치고 그것을 잘 외웠는지 평가하고 있습니다. 그래서 공부한 내용을 잘 기억하고 잘 외우는 학생이 좋은 성적을 받기에 유리합니다. 우리의 기억은 단순히 사실만을 반복해서 외우는 것보다 공부할 때 상황과 공부한 내용이 같이 묶여서 기억될 때 머리에 오래 남게 됩니다. 그래서 우리가 공부할 때 어디서 공부했는지 어떤 상황에서 공부했는지가 중요합니다. 공부의 내용이 특정한 상황과 함께 우리의 머리에 저장되면, 나중에 그때 상황을 회상하면 공부했던 내용도 같이 기억나게 됩니다. 이런 방법은 이해가 잘 안 되고 잘 외워지지 않는 내용을 공부할 때 사용할 수 있습니다. 예를 들어 정말 잘 안 외워지는 내용이 있다면 그 내용을 공부할 때 자신의 정말 좋아하는 사탕 또는 초콜릿을 먹습니다. 그리고 다음에 그 내용을 복습하거나 시험을 칠 때 먼저 자신이 좋아하는 사탕과 초콜릿을 머리에 떠올리며 공부했던 내용을 머릿속에서 천천히 떠올려 보는 것입니다. 이렇게 특정한 상황 또는 조건을 공부한 내용과 인위적으로 연결해 그 공부한 내용을 쉽게 기억나게 하는 방법입니다.

오래전 어느 학교의 국어 선생님이 교과서에 나오는 시를 가르치면서 자신의 사랑 이야기를 학생들에게 말해주었다고 합니다. 사춘기 시절 학생들에게는 선생님의 사랑 이야기는 수업 시간에 학생들의 집중력을 올려주는 좋은 소재입니다. 선생님의 사랑 이야기를 들었던 학생들이 졸업하고 오랜 시간이 지나 동창회에서 이야기를 나눌 때 그 국어 선생님의 이야기를 하면서 그때 들었던 선생님의 사랑 이야기와 그 시가 생각났다고 합니다. 이처럼 특정한 상황과 공부한 내용이 서로 연결되어 저장되면 오랜 시간이 지나도 그 내용이 잊혀지지 않고 머릿속에 남아있게 됩니다. 여러분들도 이제부터 공부했던 내용이 잘 생각나지 않을 때는 먼저 공부 하던 상황을 먼저 기억해보세요. 그리고 그때 어떤 내용을 공부했는지 천천히 생각하세요.

어떤 상황을 잘 기억하는 학생은 수업 시간을 전체적으로 복기復棋하는 방법으로 공부하면 좋습니다. 복기는 바둑에서 주로 사용하는 방법입니다. 바둑 대국이 끝난 뒤, 해당 대국의 내용을 검토하기 위하여 두었던 순서대로 다시 두는 일을 말합니다. 이 방법은 마치 드라마 재방송을 보는 것과 비슷합니다. 머릿속에서 수업의 처음부터 마칠 때까지 장면을 기억해보는 것입니다. 선생님이 수업 시간에 어떤 내용을 가르치셨는지 순서대로 복기하면서 자연스럽게 그 내용을 복습하게 됩니다. 그래서 수업 시간에 선생님이 어떤 말씀을 했는지 메모를 해놓으면 수업 시간을 복기하는 데 많은 도움이 됩니다. 그 예로 공신들의 공부 비법 중에 흥미로운 방법 하나가 있는데 바로 수업 시간에 선생님이 하는 유머나 재미있는 말도 모두 메모로 남겨 놓는 것입니다. 이 메모들은 선생님이 어떤 내용을 설명했는지를 빨리 기억나게 도와줍니다. 수업 시간을 복기하는 것이 익숙하지 않은 학생들은 처음부터 전체 수업을 복기하기보다는 먼저 수업 중 특별히 인상에 남는 장면만을 복기하는 것이 좋습니다.

6. Review 내 머릿속의 지우개
복습으로 공부를 완성하라

공부를 열심히 했는데도 성적이 제자리인 학생은 먼저 자신의 공부 방법을 점검해야 합니다. 특히 공부에서 가장 중요한 부분을 놓치고 있지는 않은지 확인해야 합니다. 공부에서 가장 중요한 부분은 누가 뭐라 해도 복습입니다. 복습은 공부한 것을 온전히 내 것으로 만드는 시간입니다. 복습의 시간과 방법에 따라 학생들의 성적에 큰 차이가 있습니다. 특히 수업을 들은 뒤 곧바로 하는 복습이야말로 가장 효과적인 방법입니다. 공부한 내용이 기억에서 사라지려고 할 때 다시 복습하면 그 내용이 다시 생각나고 이전보다 조금 더 오래 기억됩니다. 그러나 시간이 지나면 또 기억에서 사라지게 되죠. 이때 다시 복습하면 짧은 시간과 적은 노력으로도 공부한 내용을 기억할 수 있습니다. 이것 바로 복습의 원리입니다. 반복된 복습으로 되살아난 기억은 한 번 복습했을 때보다 몇 배 더 오래 기억됩니다. 그런데 많은 학생들이 새로운 내용의 공부는 열심히 하지만 배운 내용은 이미 알고 있다는 착각에 복습하지 않는 경우를 많이 보게 됩니다. 에빙하우스Hermann Ebbinghaus의 망각곡선에 따르면 공부를 하고 1일이 지나면 공부한 내용의 약 70%는 기억에서 사라져 버립니다. 한마디로 복습 없는 공부는 공부하지 않은 것과 같습니다. 공부는 복습으로 완성됩니다. 여러분도 복습의 중요성을 간과하지 말고 복습을 통해 공부를 완성하기 바랍니다.

1) 예습할래? 복습할래?

공부는 수업 시간 전후를 기준으로 예습과 복습으로 나눌 수 있습니다. 예습은 학교 수업 전에 공부할 내용을 미리 공부하는 것이죠. 그리고 복습은 수업을 마친 후 공부한 내용을 다시 보는 것입니다. 그래서 예습과 복습은 공부 방법이 다릅니다. 예습은 아직 배우지 않은 내용을 미리 보는 것이기 때문에 깊이 있는 공부를 하기보다 앞으로 어떤 내용을 배울지 훑어보는 단계입니다. 그래서 예습 시간은 너무 길면 안 됩니다. 예습 시간이 너무 길면 모르는 내용 때문에 공부에 대한 스트레스가 커집니다. 그리고 예습을 너무 많이 하면 정작 수업 시간에 재미가 없어집니다. 그래서 예습은 드라마의 예고편 정도로 생각하는 게 좋습니다. 예고편을 보면 다음 편을 보고 싶은 마음이 커집니다. 예습도 마찬가지입니다. 예습을 하면 수업 시간에 어떤 내용이 나올지 기대가 되고 집중력도 높아집니다. 이것이 예습의 효과입니다. 예습은 주로 공부를 잘하는 학생들에게 유용합니다. 공부를 잘하는 학생들은 예습을 통해서 미리 스스로 공부를 하고 수업 시간에는 그 내용을 복습하는 방식으로 공부를 합니다. 그래서 예습은 어느 정도 실력이 있고 스스로 공부를 계획적으로 잘하는 학생들에게 추천합니다. 하지만 예습이 어려운 학생은 예습을 안 해도 됩니다. 예습에 너무 목매지 마세요. 예습을 하면 좋지만, 안 해도 무방합니다.

그러나 복습은 예습과 다릅니다. 수업 시간에 선생님과 수업을 한 후 배운 내용을 다시 한번 확인하고 내가 이해하지 못한 부분이 있다면 그 부분을 집중적으로 공부하는 시간입니다. 그래서 복습은 반드시 해야합니다. 복습은 수업이 끝나고 최대한 이른 시간 안에 해야합니다. 가장 이상적인 방법은 수업한 당일에 바로 복습하는 것입니다. 수학 같은 경우는 복습하는 데 시간이 오래 걸립니다. 기본개념을 다시 한번 이해하고 공식이 있다면 외워야 하고 그와 관련된 문제도 풀어봐야 합니다. 만일 복습을 며칠 뒤로 미루게 되면 그동안 복습해야 할 양이 산더미처럼 늘어나게 됩니다. 그리고 막상 복습하려고 할 때는 며칠 전 수업 시간에 했던 내용이 기억이 나지 않아 복습이 제대로 되지 않습니다. 따라서 복습은 당일에 하는 것이 원칙입니다. 공부 실력의 유무를 떠나 복습을 해야 공부를 잘 할 수 있습니다. 복습 없이는 좋은 성적을 기대할 수 없습니다. 공부를 잘하기 위해서는 복습에 목숨을 걸어야 합니다.

2) 5분의 기적

'티끌 모아 태산'이라는 속담을 들어보았을 것입니다. 문자 그대로 먼지같이 작은 티끌이 계속 모이면 크고 높은 산인 태산이 될 수 있다는 뜻이죠. 우리 생활 속에서 이런 티끌과 같은 것들을 모아서 태산을 이룰 수 있는 것이 있습니다. 그게 바로 시간입니다. 우리가 하루 24시간을 살아갈 때 쉽게 무시하고 넘어갈 수 있는 짧은 시간들이 많이 있습니다. 이러한 짧은 시간들을 잘 활용하면 큰 시간을 투자한 만큼의 효과를 볼 수가 있습니다. 학교에서 수업과 수업 사이에 쉬는 시간이 10분 있습니다. 이 짧은 시간을 허투루 보내는 경우가 대부분입니다. 그런데 이 짧은 10분을 1년 동안 모아보면 얼마나 긴 시간이 될까요? 보통 학생들은 2개월의 방학을 제외하면 약 10개월을 학교에서 공부합니다. 학교에서 최소 하루에 쉬는 시간이 5번, 한 달을 4주, 20일로 어림잡아 계산해보면 10분 × 5회 × 20일 × 10개월 = 10,000분이 됩니다. 약 7일이라는 시간입니다. 중학교와 고등학교 기간을 합해서 계산해보면 총 6주, 한 달 반이라는 시간이 나옵니다. 이렇게 보면 상당히 많은 시간입니다. 그리고 쉬는 시간뿐만 아니라 점심시간도 있습니다. 식사를 빨리 마치고 나오면 20분에서 30분의 여유시간이 있습니다. 이 시간들이 모이면 상당히 많은 시간이 됩니다. 이런 자투리 시간을 잘 활용하면 상당한 효과가 있습니다. 쉬는 시간 10분 중 5분을 활용하고 점심시간 20분을 활용하면 하루에 약 50분 정도 시간이 생깁니다. 50분을 활용하면 그날 공부를 일찍 마치고 여유롭게 하루를 마무리할 수도 있고, 부족한 잠을 50분 더 잘 수도 있습니다. 쉬는 시간은 짧기 때문에 시간이 오래 걸리는 공부는 할 수가 없습니다. 그래서 짧은 시간에도 할 수 있는 영어 단어를 외우거나 수업 내용을 짧게 복습하는 것이 좋습니다.

이밖에 예상치 못했던 자유시간이 생겼을 때 그 시간을 효과적으로 사용하려면 어떻게 해야 할까요? 평소에 자유시간에 대한 계획을 세워 놓지 않으면 자유시간에 무엇을 해야 할지 모르고 얼렁뚱땅 시간을 보내게 됩니다. 그래서 예정에 없던 자유시간이 생기면 무엇을 할지 미리 계획해 놓으세요. 문학 작품 읽기, 영어 신문 읽기, 자막 없이 영어 드라마 보기 등 평소에는 하고 싶었지만, 시간이 없어 하지 못했던 공부와 관련된 활동을 해보세요. 슬럼프 기간에는 공부보다는 과감히 소설책이나 잡지 등을 읽으면서 휴식을 취하는 것도 공부의 능률을 높이는 좋은 방법입니다.

이렇게 자투리 시간을 잘 활용하면 성적에 많은 도움이 됩니다. 메가스터디에서 성적이 급상승한 재수생을 대상으로 설문조사를 했습니다. 여기서 우리가 눈여겨볼 점은 쉬는 시간을 활용해 공부한 학생이 48.4%나 되고, 이 시간에 수학(54.9%)과 영어(29.1%)를 집중적으로 공부했다는 것입니다. 성적이 좋아진 재수생들의 비결은 바로 자투리 시간의 소중함을 깨닫고 그 시간을 잘 활용했다는 것입니다. 이제부터 여러분도 자투리 시간의 소중함을 알고 잘 활용하여 좋은 성적을 받기 바랍니다.

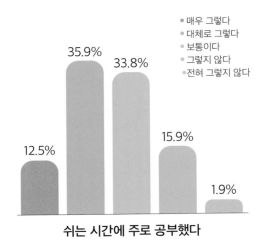

쉬는 시간에 주로 공부했다

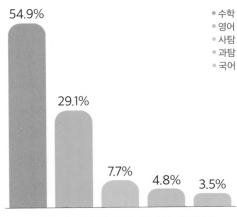

자투리 시간에 주로 공부한 영역은?

● ● ━━━ 3) 일단 먼저 자라!

'잠을 자기 전에 복습하는 게 좋을까? 자고 일어나서 복습하는 게 좋을까?' 이런 궁금증에서 출발한 실험이 있습니다. 의학 전문 매체 메디컬 익스프레스에 의하면 리옹대 심리학과 스테파니 마차Stephanie Mach 교수팀은 수면과 반복 학습을 결합하면 기억력에 어떤 영향을 주는지 알아보기 위해 40명을 두 그룹으로 나누어 단어 학습과 기억력을 측정했습니다. 1차 학습에서는 프랑스어-스와힐리어 단어 각각 16개씩을 무작위 순으로 7초 동안 보여주고 외우게 한 뒤 스와힐리어 단어를 보여주면 그에 맞는 프랑스어를 답하게 했습니다. 이후 다시 단어를 4초간 보여준 뒤 다시 묻고 답하는 방식으로 16개 단어를 모두 맞힐 때까지 공부를 시켰습니다. 1차 학습이 끝나고 12시간 뒤 다시 시험을 보고 16개 단어를 모두 맞힐 때까지 복습을 시켰습니다. 이때 한 그룹은 오전에 1차 학습을 하고 당일 저녁에 복습을 시켰고, 다른 그룹은 1차 학습을 저녁에 한 뒤 잠을 자고 다음 날 오전에 복습을 시켰습니다. 1차 학습 때엔 두 그룹 모두 16개 단어를 다 맞혀 정답률과 학습 시간에 차이가 없었습니다. 그러나 12시간 뒤에 본 시험에서는 중간에 수면을 한 그룹은 16개 단어 중 평균 10개를 맞혔지만, 비수면 그룹은 7.5개 단어를 맞히는 데 그쳤습니다. 또한 16개 단어를 모두 맞히기까지 반복 학습을 한 횟수도 수면 그룹은 평균 3회였으나 비수면 그룹은 평균 6회였습니다. 특히 일주일 뒤에 치른 시험에서 수면 그룹은 평균 15개 단어를 기억했지만, 비수면 그룹은 11개 단어만 기억했으며, 이런 장기기억력의 차이는 6개월 뒤에도 이어졌습니다. 이를 정리하면 공부와 복습 사이에 잠을 자면 복습에 드는 시간이 줄어들고 배운 것을 더 오랫동안 기억할 수 있다는 것입니다.

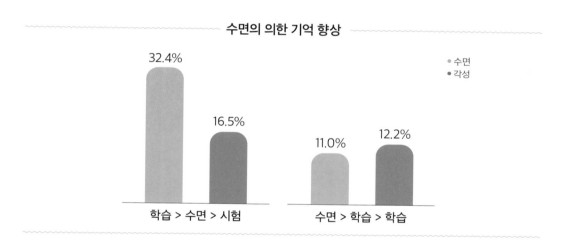

튀빙겐대의 플리할W. Plihal과 본J. Born 교수팀은 짝을 이루는 낱말 24쌍을 학습하게 해서 수면과 기억의 관계를 밝히는 실험을 했습니다. 위의 그래프에서 '수면'은 학습과 수면을 병행한 그룹, '각성'은 계속 깨어 있는 그룹을 나타냅니다. 첫 번째 실험은 수면 그룹은 학습과 시험 사이에 잠을 자게하고 각성 그룹은 학습과 시험 사이에 잠을 자지 못하게 했습니다. 두 번째 실험은 수면 그룹은 수면을 먼저하고 학습 후 시험을 치고 각성 그룹은 수면 없이 학습 후 시험을 치게 하였습니다. 그래프를 보면 첫 번째 실험 '학습 > 수면 > 시험' 순으로 실험을 진행했을 때는 수면 그룹의 기억 재생률이 각성 그룹과 2배 가까이 차이가 나는 반면 두 번째 실험 '수면 > 학습 > 시험' 순으로 진행했을 때는 거의 차이가 나지 않았습니다. 이를 통해 수면이 학습한 기억을 장기기억으로 전환하는 데 큰 영향을 준다는 것이 밝혀졌습니다.

시카고대의 티모시 브런Timothy Brann 박사는 아침 학습형 그룹과 야간 학습형 그룹을 나눠 실험을 진행했습니다. 우선 2개 그룹에 학습을 시키고 학습 직후, 12시간 후, 24시간 후에 기억이 어느 정도 남아있는지 측정했습니다. 그 결과 야간학습형의 그룹이 확실히 성적이 좋았습니다. 연구팀은 "아침에 학습한 그룹은 학습한 내용이 안정되기 전에 오후 활동에 들어가기 때문에 기억이 정착되지 않는다."라고 말했습니다. 반면 밤에 학습한 그룹은 학습한 후 수면에 들어가기 때문에 그 내용이 머릿속에 기억으로 정착되는 것입니다. 이처럼 수면이 기억에 중요한 역할을 한다는 것을 알 수 있습니다. 다시 말해 우리가 잠을 잘 때 우리의 뇌는 자는 것이 아니라 낮에 공부했던 내용을 차곡차곡 정리하고 있는 것입니다. 그래서 우리의 뇌가 공부했던 내용을 잘 정리할 수 있도록 충분한 수면시간을 가져야 합니다.

4) 손은 눈보다 강하다

시험을 볼 때 '분명히 공부하면서 어디서 봤는데'하는 생각은 나지만 시험 마칠 때까지 그 내용이 생각나지 않아서 답답했던 경험들이 누구에게나 있을 것입니다. 이러한 현상은 공부할 때 책의 내용을 구경하듯 보았기 때문에 내용이 나의 것이 되지 않아 생기는 현상입니다. 대다수의 학생들은 공부할 때 시각에 의존합니다. 눈은 감각기관 중 반응 속도가 가장 빠르지만, 반대로 뇌에 남는 기억은 가장 짧습니다. 즉 기억에 남는 잔상이 적다는 것입니다. 두뇌는 다양한 정보를 눈과 여러 감각기관을 통해 입력합니다. 그리고 유의미하게 들어온 정보 외에는 대부분 지워버립니다. 우리의 뇌는 꼭 필요한 정보만 남기고 기억하기 때문입니다. 정보는 대부분 눈으로 얻는 듯 보이지만, 실제로 정보를 습득하는 과정은 오감을 통해서 이루어집니다. 그중에서도 손을 사용하는 촉각이 큰 부분을 차지합니다. 공부의 신이라 일컫는 이들과 'IT의 제왕' 스티브 잡스, 빌게이츠, 마윈 등은 하나같이 메모광이라는 공통점이 있습니다. 눈으로 보고 머리로만 생각하면 그 내용이 금방 사라져 버립니다. 그러나 손으로 글을 적고 메모를 하면 그 내용을 머리로만 외우는 것보다 더 잘 기억되고 그 기억이 사라지더라도 메모를 통해 다시 확인 할 수 있습니다.

철학자 칸트는 손을 '눈에 보이는 제2의 뇌'라고 했습니다. 즉, 손을 쓰면 두뇌 활성이 더 왕성해집니다. '두뇌 활성을 얼마나 잘하느냐'가 공부의 핵심이죠. 공부할 때 눈으로 보기만 하면 많은 것을 놓치게 됩니다. 그래서 눈으로만 공부하는 것이 아니라 손과 같이 공부해야 합니다. 손으로 직접 쓰면서 공부하면 속도는 느리지만 머리로 그 내용을 다시 생각하고 쓰기 때문에 복습의 효과가 있습니다. 그리고 손으로 글을 적으며 공부하면 눈으로 공부할 때보다 집중력이 높아집니다.

눈으로 하는 공부는 수동적인 공부가 되기 쉽습니다. 특히 온라인 강의를 볼 때 더욱 그렇습니다. 그래서 손에는 필기구를 들고 선생님이 설명한 것 중에 중요한 내용을 적으면서 공부해야 합니다. 손으로 중요한 내용을 요약해서 적을 때 우리 머릿속에는 활발한 두뇌활동 일어나고, 이것은 이해력 향상으로 연결됩니다. 이제 눈으로만 보는 심심한 공부는 그만하고, 손을 사용하여 적극적으로 공부하는 것은 어떨까요?

5) 게임인 듯 게임 아닌 게임 같은 공부

학생들에게 공부할 때 가장 방해가 되는 것이 무엇이냐고 물어보면 대부분 '게임'이라고 답합니다. 특히 스마트폰이나 컴퓨터로 하는 게임들은 공부의 가장 큰 적입니다. 그런데 만약 공부를 게임 하듯이 하면 대다수의 학생들은 공부의 신이 될 수 있습니다. 그만큼 게임을 공부보다 더 열심히 한다는 말이죠. 그렇다면 우리는 왜 이렇게 게임을 열심히 할까요? 그 이유를 먼저 알아봅시다.

1. 점수와 레벨에 목숨을 겁니다. ▸▸▸▸▸▸

"밥 먹어라.", "일찍 자라."라는 부모님의 말씀은 들리지 않습니다. 그 순간 여러분은 게임에 몰입해 있습니다. 이 판만 이기면 레벨이 올라가기 때문입니다. 주위에서는 "그깟 레벨이 뭐라고?" 말하지만, 게임을 하는 사람에게 레벨은 삶의 목표가 되어 버립니다.

2. 계속 업데이트가 됩니다. ▸▸▸▸▸▸

게임은 1.0버전에서 시작해서 1.5나 2.0버전으로 정기적으로 업데이트를 합니다. 이를 통해 유저들은 새로운 캐릭터나 맵을 다운받아 사용하게 됩니다. 게임이 싫증 나거나 재미가 반감될 때 이러한 업데이트가 이루어집니다. 그러니 게임을 계속할 수밖에 없는 거죠.

3. 스릴Thrill과 서스펜스Suspense가 있습니다. ▸▸▸▸▸▸

게임의 난이도에 따라 새로운 공략법이나 전술, 전략을 시도하게 합니다. 그렇게 시도한 공략법이 성공했을 때 사용자는 스릴을 느끼죠. 또한 난이도가 높아질 때 느끼는 긴박감은 유저들을 자극하여 게임에 푹 빠지게 만듭니다.

4. 각 판에는 미션이 있습니다. ▸▸▸▸▸▸

게임에는 단기 목표와 장기 목표가 있습니다. 단기 목표는 각 판의 미션을 클리어하는 것입니다. 단순하며 일회적입니다. 그에 비해 장기 목표는 나의 레벨을 계속 올리는 것입니다. 그렇기에 복잡하고 지속적입니다. 단기 목표를 수행하면 장기 목표로 연결되도록 모든 시스템이 구성되어 있기 때문에 장기 목표를 위해 최선을 다합니다.

5. 재미가 있습니다. ▸▸▸▸▸▸

게임은 재미있습니다. 처음부터 여러분의 마음을 확 끌어당깁니다. 그래픽, 스토리, 캐릭터 등이 매우 자극적이고 상세합니다. 그렇게 하지 않으면 그 게임은 인기가 없어 사람들에게 금방 잊혀지기 때문입니다.

6. 운도 중요합니다. ▸▸▸▸▸▸

특히 온라인 기반으로 하는 RPGRole Playing Game에서는 실력도 중요하지만 득템좋은 아이템을 얻는 것 상황에 따라 게임의 승패가 좌우됩니다. 아무리 게임 초보자라도 득템을 통해 한 번에 역전이 가능하고 레벨을 금방 따라잡을 수 있습니다. 소위 한방의 짜릿함과 즐거움을 느낄 수 있습니다.

7. 기술을 연마하고 내공을 쌓아야 합니다. ▸▸▸▸▸▸

게임은 철저히 등급별 게임 룰을 따릅니다. L게임의 경우, 등급이 브론즈-실버-골드-플래티넘-다이아-챌린저-마스터로 나누어져 있어 같은 급의 유저나 한 단계 위 또는 아래 유저만 같이 게임을 할 수 있습니다. 브론즈가 실버와는 게임을 할 수 있어도 골드와는 게임을 같이 할 수 없다는 말입니다. 이러한 구조이기 때문에 시간과 노력을 투자하여 상위 등급으로 승급되는 것에 집착하는 것입니다.

8. 몰입하게 합니다. ▸▸▸▸▸▸

말이 좋아서 몰입이지, 게임을 하는 학생은 미쳐 있습니다. 주변에서 아무리 불러도, 배에서 '꼬르륵' 소리가 나도, 옆에서 그릇이 깨지거나 누가 울어도 들리지 않습니다. 이처럼 게임은 마약과도 같은 몰입 현상 즉 중독 현상을 보입니다.

위에서 언급한 게임의 특성인 레벨, 강화, 스릴, 미션, 재미, 운, 등급, 몰입이라는 8가지 키워드를 적용한 게임형 공부법으로 공부하면 어떨까요? 게임을 무조건 공부의 적으로만 간주하던 기존의 상식에서 벗어나 게임의 매력적인 요소를 공부에 적용하여 학생들에게 공부의 매력에 빠지게 만드는 것이죠. 공부에 중독성과 오락성을 가미한다면 학생들이 흠뻑 빠질 수 있습니다. 자 이제 게임 같은 공부를 하러 가볼까요?

게임처럼 공부하는 8가지 방법

1. 점수를 레벨화한다.
이번 시험에서 자신이 목표로 하는 점수를 적어놓고 달성하도록 독려하라.

2. 지속적인 업데이트를 한다.
처음에는 영어 스펠링이 3~5개인 단어를 50개 외우는 것을 목표로 하고 이를 달성하면 이번에는 스펠링이 6~8개인 단어를 외우는 데 도전하자.

3. 스릴과 서스펜스를 적극 활용한다.
지금 외워야 하는 내용을 5분 안에 외우기에 도전해보자.

4. 각 미션을 달성한다.
'하루에 영어 단어 100개 외우기' 등과 같은 공부 계획을 세워 단계별로 미션을 달성하고 성공을 경험하도록 하자.

5. 재미있게 공부한다.
영어 단어를 외울 때 카드 문제 맞히기 같은 놀이방식을 활용하자

6. 운을 활용한다.
공부하다 보면 도저히 풀 수 없는 문제가 있다. 그럼 찍어보자. 정답을 확인하고 맞았다면 기분 좋게 문제 풀이를 확인하자.

7. 공부 기술을 연마하고 과목별 내공을 쌓는다.
공부에 있어서는 노트 정리가 기본이다. 각 과목별 용어, 공식, 단어 등의 내용을 정리하고 요약하라.

8. 몰입한다.
공부에 미쳐 보자. 공부의 무아지경을 경험해야 한다. 그러면 공부의 매력에 푹 빠질 것이다.

7. Repeat 한 번 보고 두 번 보고 자꾸만 보고 싶네
Practice makes perfect!

어느 학교에 컴퓨터 게임을 정말 잘하는 학생이 있었습니다. 그 친구의 게임 실력은 다른 친구들과는 차원이 달랐습니다. 그래서 그 학생은 컴퓨터 게임을 좋아하는 친구들의 선망의 대상이었습니다. 많은 친구들이 어떻게 하면 게임을 잘 할 수 있는지 그 비결이 무엇인지 알려달라고 종종 물어보곤 했습니다. 그런데 그 학생의 대답은 예상외로 간단했습니다. 밥도 거른 채, 배고픈 줄도 모르고 모니터를 쳐다보면서 오랜 시간 컴퓨터 앞에 앉아 키보드를 두들겼다고 합니다. 반복하지 않으면 익숙해질 수 없습니다. 그리고 익숙하지 않으면 잘할 수 없습니다. 게임을 잘하기 위해서는 게임을 반복해서 익숙해지면 됩니다. 운동을 잘하기 위해서는 연습을 반복해서 익숙해지면 됩니다. 공부도 이와 마찬가지입니다. 공부를 잘하기 위해서는 반복해서 공부하면 됩니다. 너무 간단한 원리입니다. 그런데 많은 학생들이 이렇게 간단한 방법을 따르지 않습니다. 사람을 망각의 동물이라고 합니다. 왜냐하면 우리의 기억은 일정 시간이 지나면 저절로 사라져 버리기 때문이죠. 따라서 우리가 열심히 공부한 내용도 시간이 지나면 자연스럽게 잊어버리게 됩니다. 그러나 우리는 반복을 통해 망각을 기억으로 바꿀 수 있습니다. 반복하지 않으면 공부한 모든 것은 사라집니다. 명심하세요. 공부는 반복입니다.

1) 다시보기와 즐겨찾기

반복 학습이라는 말을 들어본 적이 있나요? 같은 내용을 계속 반복해서 익숙하게 만든다는 것이죠. 우리가 하는 모든 일이 대부분 반복 학습입니다. 우리가 태어나 처음으로 반복 학습하는 일 중의 하나는 걸음마입니다. 어린 아기가 걷기 위해 얼마나 많이 넘어지고 다시 일어서기를 반복했는지 알고 있나요? 아기가 걸음마를 배우기 시작할 때부터 하루 평균 20번씩 넘어지고 걸을 때까지 대략 2,000번에서 3,000번을 넘어진다고 합니다. 수많은 시행착오와 실패를 반복해서 결국에는 걷게 되는 거죠. 아기가 말을 배울 때도 마찬가지입니다. 처음 1년은 아무 말도 하지 못합니다. 엄마와 아빠와 가족의 말만 듣고 있습니다. 그렇게 1년이 지나면 겨우 '엄마', '아빠'라는 한 단어를 말하기 시작합니다. 그리고 또 2년이 지나야 어느 정도 우리가 알아들을 수 있는 말을 하기 시작합니다.

이처럼 우리는 태어날 때부터 반복 학습을 하며 살아가고 있습니다. 그중에 하나인 공부도 마찬가지입니다. 처음부터 공부를 잘하는 사람은 아무도 없습니다. 아기가 처음 걸음마를 배울 때, 아기가 처음 말을 하기 시작할 때처럼 우리도 공부하면서 어설픈 실수를 반복하게 됩니다. 이것은 실패가 아니고 우리가 성장하는 하나의 과정입니다. 아기가 한번 넘어졌다고 한번 말실수를 했다고 걷는 것을 포기하고 말하기를 포기한다면 정상적으로 성장할 수 없습니다. 이와 마찬가지로 우리도 공부 한번 못했다고 포기하면 평생 공부를 잘 할 수 없습니다. 결국 반복연습을 통해 우리가 자연스럽게 걷고 말을 하듯 공부도 반복학습을 통해 잘할 수 있습니다.

한 권의 책을 4번 정도 보면 구성되어 자연스럽게 외워집니다. 대부분 '공부의 기본은 반복'이라고 말합니다. 그 예로 사시 최연소 합격, 외시 차석, 행시 수석, 하버드대에 이어 예일대 법학석사, 컬럼비아대 법학박사, 미국 4개 주 변호사, 세계 최대 로펌

머릿속에 그 내용이 유의미하게 담깁니다. 공부를 잘하는 사람들은 대부분 '공부의 기본은 반복'이라고 말합니다. 그 예로 사시 최연소 합격, 외시 차석, 행시 수석, 하버드대에 이어 예일대 법학석사, 4개 주 변호사, 세계 최대 로펌

B&M 근무 등 다양한 이력을 가지고 있는 고승덕 씨는 공부를 잘할 수 있는 비법으로 '반복'과 '노력'을 꼽았습니다. 스스로 머리가 나쁜 사람이라고 말하는 그는 같은 책을 7번 이상 본다고 합니다. 이렇게 같은 내용을 다시보기와 즐겨찾기를 하는 것이 공부의 핵심입니다. 그리고 <7번 읽기 공부 실천법>(2015)의 저자 야마구치마유山口真由는 도쿄대를 수석으로 졸업하고, 재학 중

에 사법 시험과 1급 공무원 시험에 연달아 합격한 뒤 변호사로 활동 중입니다. 그는 하루 4시간 씩 꾸준히 공부하여 좋은 성적을 냈다고 말합니다. 우리나라 학생들의 하루 평균 공부 시간보다 한참 부족함에도 매일 꾸준히 공부하여 좋은 성적을 냈다는 것은 주목할 만한 사실입니다.

'에빙하우스의 망각곡선'이라는 것이 있습니다. 독일의 심리학자 헤르만 에빙하우스Hermann Ebbinghaus는 기억력에 있어서 반복의 효과에 대한 실험을 무려 16년간 했습니다. 그가 여러 실험을 통해 얻은 결과는 크게 2가지로 정리할 수 있습니다. 첫째, 한 번 종합하여 반복하는 것보다 일정한 시간 간격을 두고 반복하는 것이 기억에 효과적이라고 합니다. 그의 주장에 따르면 10분 후부터 망각이 시작되는데 1시간 후에는 약 50%, 하루 후에는 약 70%, 한 달 후에는 약 80%를 망각한다고 합니다. 따라서 기억을 오랜 시간 유지하기 위해서는 주기적 반복이 필요하다고 합니다. 둘째, 반복은 그 주기가 매우 중요합니다. 10분 후에 복습하면 1일 동안 기억되고, 1일 후에 복습하면 일주일 동안 지속되며 일주일 후에 복습하면 1달 동안, 1달 후에 복습하면 6개월 이상 기억된다고 합니다. 이처럼 우리가 공부하고 난 뒤 반복하지 않으면 공부했던 내용이 머리에서 모두 사라지게 됩니다. 따라서 우리가 공부했던 내용을 머리에 잘 정리하고 오랫동안 기억하기 위해서는 주기적인 복습이 필요한 것입니다.

여기서 우리가 공부를 못했던 이유 한 가지를 찾을 수 있습니다. 많은 학생들이 학교 공부, 학원 공부, 온라인 강의 등 많은 시간을 공부하지만 정작 공부했던 내용을 다시보기와 즐겨찾기할 시간이 없었기 때문입니다. 공부했던 내용을 자신의 것으로 만들기 위해서는 복습이 필요한데, 복습 없이 계속 새로운 내용만 공부하다 보니 며칠이 지나면 공부했던 내용 전혀 기억이 나지 않는 것입니다. 이제 공부의 방법을 바꿔야 합니다. 그날 공부한 내용은 그날 꼭 복습해야 합니다. 먼저 자신의 공부시간표를 확인해 보고, 평소 복습할 시간이 없었다면 학원 공부, 온라인 공부 등을 줄이고 스스로 복습하는 시간을 가지세요. 복습 없는 공부는 가짜 공부입니다. 이제부터 진짜 공부를 하세요.

2) 성적은 계단이다

　한라산, 지리산처럼 높은 산을 등산해 본 적이 있나요? 등산하기 위해서는 먼저 정상까지 가는 코스를 확인하고 예상 시간과 거리를 확인합니다. 그리고 산 아래 입구에서부터 한 걸음씩 정상을 향해 걸어갑니다. 처음에는 풀잎 냄새와 시냇물이 흐르는 소리가 반겨주고 콧노래가 저절로 나오고 피톤치드 향으로 기분마저 상쾌합니다. 그런데 시간이 지나면 몸에서 땀이 흐르고 숨이 가빠집니다. 오르막과 내리막이 반복되면서 심장의 박동은 더욱더 빨라지고 거친 숨소리만 들립니다. 숨이 턱 밑까지 차오를 때는 포기하고 싶은 생각이 간절합니다. 그럴 땐 잠깐 휴식하면서 준비했던 간식도 먹고 앉아서 다시 숨을 고릅니다. 어느 정도 쉬고 나면 다시 정상을 향해 출발합니다. 정상이 멀지 않은 곳에는 항상 마지막 고비가 있습니다. 눈앞에 끝없이 펼쳐진 계단들을 보면 한숨이 저절로 나옵니다. 그래도 정상이 눈앞에 있기에 포기할 순 없습니다. 마침내 정상에 도착하면 산 아래에서는 볼 수 없었던 멋진 풍경이 눈 앞에 펼쳐집니다. 이런 멋진 풍경을 감상하고 있으면 정상까지 올라오면서 힘들었던 기억들은 모두 다 사라져 버립니다.

　위에서 묘사한 등산 과정은 공부 과정 매우 비슷합니다. 등산처럼 처음에는 기쁜 마음으로 공부를 하다가도 중간에 만나는 어려움으로 포기하고 싶은 마음이 들기도 합니다. 그러나 그 어려운 과정을 참고 정상에 도착한 사람만이 눈 앞에 펼쳐진 멋진 풍경과 벅찬 감동을 보고 느낄 수 있습니다. 공부도 등산처럼 꾸준한 속도를 유지하면서 올라가야 합니다. 뛰어서 정상에 갈 수 없습니다. 정상이 잘 보이지 않지만 한 계단 한 계단 오르다 보면 결국 정상에 도달할 수 있습니다. 공부도 등산처럼 내가 지금 어디쯤 왔는지 모르는 경우가 많습니다. 지금 가는 길이 잘못된 길은 아닌지 걱정될 때도 있습니다. 그럴 때에는 걱정하지 말고 등산로에 있는 표지판을 보고 가면 됩니다. 지금 공부를 열심히 하고 있지만, 성적이 잘 나오지 않고 내가 제대로 하고 있는지 걱정된다면 선생님에게 면담을 요청해보세요. 선생님께서 길의 표지판 역할을 해주실 겁니다.

　다수의 학생들은 대학입시를 위해 내신에 전력을 다합니다. 내신이 바로 점수이기 때문입니다. 학교 시험점수가 학생들에게 미치는 영향은 매우 큽니다. 비록 수시평가나 수행평가를 강조한다고 할지라도 필기시험에 대한 학생들의 관심도는 상대적으로 매우 높습니다. 이번 시험에서 여러분의 영어 성적이 5등급이 나왔다고 가정해봅시다. 정말 열심히 노력했다면 이 결과에 만족할 수 있을까요? 오히려 스티그마Stigmata 현상이 일어날 수도 있습니다. 오히려 '난 해도 안되는구나!'라고 좌절하게 됩니다. 만약 지난번 시험에서는 4등급을 받았는데, 이번 시험점수는 5등급이 나왔습니다. 열심히 노력했는데도 점수가 떨어졌습니다. 공부할 의욕은 사라지고 좌절감을 느낄 것입니다. 모든 학생들은 공부하고 성적을 기대할 때 1차 함수모형을 기대합니다. 즉 공부한 시간만큼 성적이 나오길 바라지요. 그런데 성적은 직선이 아닌 계단 형태로 나타납니다. 어느 정도 성적이 오르고 나면 정체 구간이 존재합니다. 그 구간에서는 등산에서처럼 잠깐 휴식하고 다시 올라갈 준비를 하는 구간입니다. 지금 열심히 공부하고 있는데 성적이 안 나오더라도 슬퍼하지 마세요. 곧 정체 구간을 끝나면 다음 계단으로 올라갈 수 있습니다.

3) 모르는 것은 반복, 아는 것은 시험

  분산 학습Distributed Practice이란 공부를 일정한 시간 간격을 두고 반복하는 공부 방법입니다. 『Psychological Science in the Public Interest』 vol. 14(2013)에 발표된 논문 「효과적인 학습 기법으로 학생들의 학습을 향상하기: 인지심리학과 교육심리학을 통한 유망한 방향들」에서는 10가지 실험을 통해 각 학습 기법의 유용성을 평가했습니다. 10가지 학습 기법 중에서 '분산 학습'과 '연습 시험'이 효과가 가장 좋은 것으로 나타났습니다. 분산 학습의 효과를 측정하기 위해서 먼저 스페인어 번역을 배우는 학생들을 3그룹으로 나눈 뒤 모두 스페인어 번역 수업을 받게 하였습니다. 그리고 배운 것을 복습하는 세션을 총 6번 하도록 하였습니다.

그룹1 — 여섯 세션을 간격 없이 연이어 학습

그룹2 — 세션마다 1일 간격을 두고 학습

그룹3 — 세션마다 30일 간격을 두고 학습

  실험 진행 2일 차에 테스트하였고 집단1 > 집단2 > 집단3 순으로 정답률이 높았습니다. 그러나 6번의 세션을 모두 마치고 난 뒤 30일 후에 최종 테스트를 했을 때는 30일 간격으로 학습한 그룹이 가장 높은 정답률을 보였습니다. 즉, 집중 학습(그룹 1)보다 분산 학습(그룹 2, 3)이 배운 내용을 더 오래 기억을 할 수 있게 합니다.

카피크Karpicke와 뢰디거Roediger III는 '반복 학습과 반복 시험의 효과The Critical Importance of Retrieval for Learning'(2008)를 비교하는 실험을 시행했습니다. 실험은 4개의 그룹으로 나누어진 학생들에게 동부 아프리카에서 사용하는 스와힐리어 단어 40개를 보여주고 40개의 단어를 다 외우게 했습니다. 그리고 각 그룹마다 아래와 같은 조건으로 실험을 진행했습니다.

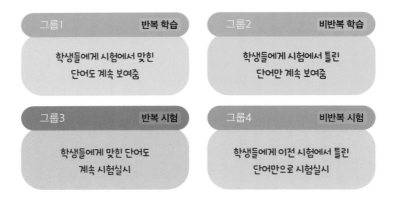

그리고 일주일 후에 각 그룹마다 40개의 단어 중 몇 개를 외우고 있는지 시험을 쳤습니다. 그 결과 정답률(%)에서 반복 시험(그룹3)과 비반복 시험(그룹4) 사이에는 80:30으로 큰 차이가 있었지만 반복 학습(그룹1)과 비반복 학습(그룹2) 사이에서는 통계적으로 유의미한 차이가 없었습니다. 즉 한번 외운 내용은 반복 학습보다는 반복 시험을 통해 공부하는 것이 더욱 효과적인 것으로 나타났습니다.

일반적으로 학생들이 공부하는 습관을 살펴보면, 시험이 다가올수록 공부 시간이 급격하게 늘어납니다. 평소에는 공부를 많이 하지 않다가 시험 기간에만 집중적으로 학습을 한다는 것입니다. 흔히 이런 것을 벼락치기라고 합니다. 이런 공부 패턴은 공부를 못하는 학생들이 시험점수만 조금 올리려고 하는 방법입니다. 시험 전 한꺼번에 너무 많은 양을 공부하면 우리 머리는 모든 내용을 다 처리하지 못합니다. 쉽게 표현하면 용량초과로 머리가 멈춰버립니다. 그러나 진짜 공부를 잘하는 학생들은 벼락치기를 하지 않고 평소에 미리 공부합니다. 시험 기간에 상관없이 자신의 계획에 따라 공부하고 쪽지 시험, 미니테스트, 모의고사 등을 이용해 자신이 공부했던 내용을 확인합니다. 공부 잘하는 학생들은 이미 분산 학습과 반복 시험을 실천하고 있습니다. 이제 여러분들도 공부할 때는 다음과 같은 방법으로 하시기 바랍니다. 모르는 내용은 일정 시간 후 반복하는 '분산 학습'으로 공부하고, 알고 있는 내용은 '연습 시험'을 통해서 그 내용을 확인하세요.

4) 공부, 너는 나의 의미

공부는 기억력과의 싸움입니다. 그 싸움에서 우위를 점하고 싶다면 기억을 잘하는 방법을 찾으면 됩니다. 잠시 눈을 감고 예전에 있었던 일들을 자유롭게 떠올려 보세요. 그중 절대로 잊을 수 없는 일들이 있을 것입니다. 오랜 시간이 지났지만, 그 일이 지금도 내 기억 한편에 남아있는 이유는 바로 나에게 의미 있게meaningful 기억되었기 때문입니다. 우리에게 의미가 없는 것은 기억에서 쉽게 사라집니다. 그러나 나에게 특별한 의미가 있는 기억은 장기기억으로 넘어가 오랜 시간이 지나도 잊혀지지 않습니다. 10년 만에 만난 친구가 어린 시절의 추억을 회상할 때, 똑같이 겪은 일을 한 친구는 또렷한 기억이 있지만 다른 한 친구는 전혀 기억하지 못하는 경우가 있습니다. 한 친구에게는 그 일이 의미 있게 기억되었지만 다른 친구에게는 의미 없이 기억에서 사라져 버린 것입니다. 공부도 마찬가지입니다. 자신에게 의미 있게 공부한 내용은 오래도록 기억되지만, 자신에게 무의미하게 반복된 내용은 잘 외워지지 않고 쉽게 잊어버립니다.

우리 뇌는 컴퓨터의 메모리와 같습니다. 공부하면 수많은 정보가 머리로 들어옵니다. 이러한 정보들 중 나에게 의미 있는 정보들은 구조화되고 정리되어 머리에 기억되지만 불필요하다고 생각되는 사건, 통계, 인물, 문자, 숫자 등은 머릿속의 지우개가 뇌에서 모두 지워버립니다. 따라서 공부를 할 때는 막연히 그냥 외우는 것이 아니라 의미 있게 외워야 합니다. 새로운 내용을 기존의 관련된 내용과 연결을 한다든지, 자신이 경험했던 상황과 연결을 한다든지, 자신의 잘 알고 있는 내용과 연결을 해서, 새로 공부한 내용에 의미를 부여해야 합니다. 지금부터 공부할 때 무작정 외우지 말고 그 내용을 잘 외울 수 있는 방법을 찾아 사용하도록 합시다.

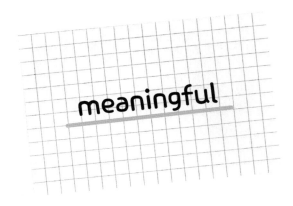

　우리가 공부할 때 가장 중요한 것 중 하나가 공부한 내용을 잘 외우는 것입니다. 암기를 잘하면 공부에 많은 도움이 됩니다. 공부를 잘하는 친구들을 보면 수업 시간에 배운 내용을 잘 외우고 그 외운 내용으로 시험에서 좋은 성적을 받습니다. 이렇게 잘 외운다는 것은 기억을 잘한다는 말입니다. 일반적으로 기억은 감각기억, 단기기억(작업기억), 장기기억 3가지로 구분됩니다. 감각기억은 외부 환경으로부터 들어오는 수많은 정보를 사람이 이해할 수 있는 정보로 바꾸는 과정을 말합니다. 지금 밖에서 들려오는 노래, 시계 소리, 자동차 소리, 창문 넘어 들어오는 햇빛 등 전부 우리의 눈, 코, 입 등의 감각기관을 통해 우리의 머리로 들어옵니다. 그래서 감각기억으로 불립니다. 감각기억으로 들어온 정보들은 매우 짧은 시간에 사라집니다. 감각기억으로 들어온 정보들 중 우리가 선택적으로 주의집중하면 그 정보는 단기기억(작업기억)으로 전환됩니다. 감각기억에서 단기기억으로 넘어 올 때 주의집중이라는 일을 하기 때문에 이것을 작업기억이라고도 부릅니다. 장기기억은 감각기억이나 단기기억에 비해 상당히 오래 저장됩니다. 우리는 단기기억에 있는 내용들을 여러 가지 방법을 이용하여 의미화한 후 장기기억으로 전환합니다. 공부의 과정이 바로 단기기억을 장기기억으로 바꾸는 과정이라고 할 수 있습니다. 수업 시간에 배운 내용은 우리가 집중을 통해 단기기억으로 들어갑니다. 그리고 복습을 통해서 장기기억으로 바뀌는 것이지요.

　단기기억에서 장기기억으로 넘어가기 위해서는 노력이 필요합니다. 단기기억에서 머물고 있던 정보들은 일정 시간이 지나면 사라지게 됩니다. 쉬운 예로 바꾸어 말하면, 우리가 컴퓨터에서 작업을 열심히 하고 난 뒤 디스크에 저장하지 않고 전원을 종료해 버리면 작업했던 내용이 모두 사라져 버립니다. 이처럼 단기기억은 우리가 수업 시간에 공부한 내용이라고 생각하면 됩니다. 선생님이 설명해주신 내용을 집중하여 그 내용을 우리의 단기기억에 넣어 놓습니다. 그런데 우리가 이것을 복습하여 자기 것으로 만들지 않으면 즉 장기기억으로 저장하지 않으면 컴퓨터 작업을 실컷 한 후 저장하지 않고 컴퓨터 전원을 꺼버리는 것과 같습니다. 그래서 수업 시간에는 다 이해한 것 같은데 시간이 지나서 다시 그 내용을 보면 하나도 생각나지 않는 이유는 바로 공부한 내용을 단기기억에서 장기기억으로 바꾸지 못했기 때문입니다. 이제 공부를 잘한다는 것이 단기기억을 장기기억으로 바꾼다는 것, 즉 암기를 잘한다는 것이라고 이해했다면 암기를 잘할 수 있는 다양한 방법을 소개해 보겠습니다.

1. 앞 글자 연결하여 외우기

역사나 과학 공부를 할 때 자주 사용하는 암기법입니다. 대표적인 것으로 조선 왕의 계보 외우기가 있습니다. '태조-정종-태종-세종…순종' 27명의 왕 이름을 모두 외우기보다는 '태정태세 문단세…고순'과 같이 앞 글자를 연결하여 외우면 시간도 단축되고 여러분의 기억에 오래 남습니다.

2. 나만의 스토리 만들기

앞 글자 연결하여 외우기의 보조 암기법이라 할 수 있습니다. 대표적인 것으로 '원소주기율표' 외우기가 있습니다. 원소주기율표는 103개나 외워야 해서 중간에 헷갈리거나 잊어버리기 쉽습니다. 이를 해결하기 위해서는 앞 글자 외우기 중간에 나만의 스토리를 만들어야 합니다. 예를 들어 33번 비소-34번 셀레늄-35번 브로민-36번 크립톤-37번 루비듐 부분을 스토리로 만들면, '비(가수)가 셀레(여자)를 부러(브로)워하다 크립톤(남자)에게 루비를 주었다'로 만들어 외울 수 있습니다. 이렇게 스토리를 만들어 외우면 쉽게 잊어버리지 않습니다. 재미있고 조금은 유치하게 만들어야 합니다. 그래야 더 오래 기억됩니다.

3. 통째로 외우기

말 그대로 통으로 외우기입니다. 영어 단어는 다 아는데 문장이 해석이 안 될 때가 많습니다. 특히 영어 속담이 여기에 해당됩니다. 이럴 때 하는 가장 좋은 방법은 영어 문장을 분석하고 이해한 다음 문장 전체를 외우는 것입니다. 특히 언어영역은 문장 전체의 관용구를 외우는 것이 공부에 큰 도움이 됩니다. 처음에는 너무 양이 많다고 생각하기 쉽습니다. 그래서 먼저 단어가 5개 이하로 된 문장에서 시작해 점차 단어의 숫자가 많은 문장을 외우기에 도전해야 합니다. 이때 영어 문장과 비슷한 한자성어도 함께 연결하여 외우면 좋습니다.

4. 시각화로 외우기

많은 양의 공부 내용을 정리할 때나 수업 시간에 필기한 내용을 노트에 다시 정리할 때 주로 사용합니다. 그 예로 영어 수업을 들을 때 읽기만 하는 것이 아니라, 책에서 다룬 내용이나 머릿속에 있는 지식을 마인드맵을 이용해 노트에 정리하면 효과를 볼 수 있습니다.

앞에서 소개한 방법 말고도 메모하기, 친구에게 설명하기, 표 만들기, 노래 가사 만들기, 공통점과 차이점 찾기, 무지개색 형광펜 사용하기 등 다양한 방법이 있습니다. 그러나 중요한 것은 여기에서 소개하는 암기법은 방법일 뿐, 내가 실천하지 않으면 아무 소용이 없습니다. 무엇보다 자신에게 잘 맞는 암기법을 찾고 그것을 변형시켜 자신만의 암기법을 만드세요. 그리고 자신만의 암기법으로 암기의 달인이 되길 바랍니다.

8. Retreat 잘 놀아야 잘 공부한다
휴식도 전략이다

 공부계획표를 만들 때 의욕이 넘친 나머지 휴식 시간 없이 연속해서 공부 시간만 계획하는 학생들이 있습니다. 계속해서 공부하는 것보다 중간에 휴식을 취하는 것이 훨씬 효율적이란 것을 알고 있지만, 막상 공부계획표에 휴식 시간을 넣으려고 하면 괜히 공부를 안 하고 노는 것 같아 불안하고 공부할 시간도 모자란다는 생각에 휴식 시간을 따로 배정하지 않는 경우가 있습니다. 그러나 우리는 공부하는 기계가 아니기 때문에 휴식 시간이 필요합니다. 휴식을 통해 회복하고 공부를 다시 시작하면 훨씬 집중도 잘 되고 효과적으로 공부할 수 있습니다. 휴식 시간은 공부 중간에 가지는 짧은 쉬는 시간과 하루 공부를 끝내고 가지는 자유시간 그리고 1주일 공부 후 가지는 여가餘暇시간을 구별해야 합니다. 공부 사이에 잠깐 가지는 짧은 쉬는 시간은 다음 공부를 위한 잠깐 멈춘 상태입니다. 그래서 쉬는 시간에는 가벼운 체조로 창문을 열고 환기한 후 심호흡을 하거나 잠깐 누워서 눈을 감고 아무것도 하지 않거나 의자를 뒤로 젖혀서 편하게 쉬는 것이 좋습니다. 짧은 쉬는 시간에는 스마트폰이나 인터넷 사용, TV를 보는 것은 공부의 흐름에 방해가 됩니다. 그래서 하루 공부를 끝낸 뒤 가지는 자유시간에 30분 이내의 TV 시청, 스마트폰 게임, SNS 사용은 공부 스트레스를 해소하는 데 도움이 될 수 있습니다. 그리고 1주일 동안 공부를 열심히 하고 하루 또는 반나절 정도는 공부와 멀어지는 여가시간을 가지는 것이 필요합니다. 왜냐하면 충분한 휴식 시간이 우리의 뇌를 공부할 수 있는 상태로 만들어주기 때문이죠. 따라서 공부를 잘하기 위해서는 휴식도 잘해야 합니다. 상황에 맞는 적절한 휴식을 잘 활용하는 여러분이 되길 바랍니다.

1) 쉬는 것도 공부다

알베르트 아인슈타인 의과대학의 로미나 바로스Romina M. Barros 박사팀은 학생 11,000명을 대상으로 시행한 '쉬는 시간과 학업태도의 관계에 관한 연구' 결과를 발표했습니다. 이 연구에 따르면 하루에 한 번, 15분 이상 쉬는 시간을 가진 학생들은 쉬는 시간을 거의 갖지 않거나 아예 갖지 못한 학생들에 비해 수업 시간에 더 나은 태도를 보였다고 합니다. 그리고 성별, 학교, 학생 수 등 다른 요인들과 상관없이 쉬는 시간만 학업태도에 영향을 주는 것으로 나타났습니다. 즉 학생들의 학업 태도가 좋아지려면 학생들에게 충분히 쉴 수 있는 시간이 주어져야 한다는 것입니다. 그러나 실제로 많은 학생이 평소에 학업 때문에 충분한 휴식 시간을 누리지 못하는 것으로 드러났습니다. 한 연구 조사에 따르면 학생들의 30% 이상이 쉬는 시간을 가지지 않는 것으로 나타났습니다.

우리가 공부를 더 잘하기 위해서는 공부를 계속하는 것이 아니라 공부를 멈추고 쉬어야 합니다. 점심 식사와 저녁 식사를 하고 난 뒤 바로 공부하지 말고 가벼운 운동이나 산책을 하는 것이 좋습니다. 쉬는 시간이 너무 길어지면 곤란하지만 적당한 휴식은 공부할 때 집중력을 높여주는 역할을 합니다. 따라서 쉬는 시간도 공부하고 있는 시간이라고 생각해야 합니다.

쉬는 시간에 음악 듣기가 학습에 도움이 된다는 재미있는 발표가 있습니다. '뇌 과학, 음악을 만나다.'라는 주제로 창의리소스센터에서 진행한 제26회 융합카페에서 다음과 같은 발표를 했습니다. 서울대 작곡과 이석원 교수는 '음악은 뇌에 어떤 영향을 미치는가?'라고 질문하며 음악과 뇌의 상관관계에 관한 연구 결과를 제시했습니다. 그는 전문 연주자들은 소뇌와 운동 피질의 크기가 일반인들에 비해 크다고 말합니다. 지속적인 음악적 자극이 실제 뇌에 영향을 준다는 것입니다. 그리고 좌뇌와 우뇌를 연결하는 뇌량의 크기 역시 음악가들이 일반인과 비교해 10% 정도 크다고 합니다. 이는 연주자들이 왼손과 오른손의 동기화 연습을 많이 하기 때문이라고 생각됩니다. 이렇게 음악이 뇌의 발달에 상당한 영향을 주는 것으로 보입니다. 우리도 이제 쉬는 시간에 의미 없이 떠들고 시간을 보내는 것 보다 정서 함양에 좋고 뇌의 발달에 도움이 되는 음악을 듣는 것은 어떨까요?

2) 놀 때는 잘 놀아라!

일반적으로 학생들에게 공부는 재미가 없습니다. 그런데 주변을 둘러보면 가끔 공부를 재미있게 하는 친구들을 보게 됩니다. 그들의 모습을 유심히 살펴보면 한가지 공통점을 발견할 수 있습니다. 바로 놀 거 다 놀고 공부도 잘한다는 것입니다. 우리가 놀지 않고 공부만 한다고 공부를 잘하고 성적이 좋아지는 것이 절대 아닙니다. 공부를 잘하기 위해서는 공부하고 난 뒤 재미있게 놀아야 합니다. 칼을 계속 사용하면 칼날이 무뎌집니다. 무뎌진 칼을 계속 사용하다 보면 결국 칼을 사용할 수 없게 되죠. 그래서 주기적으로 칼을 가는 시간이 필요합니다.

예전에는 공부와 노는 것을 엄격히 구분했습니다. 노는 것은 공부하고 남은 시간에나 허용되는 일종의 사치처럼 생각했죠. 그래서 부모 세대는 맹목적으로 공부가 목적이 되는 삶을 강요받았습니다. 그러나 현재 여러분은 부모 세대처럼 맹목적인 공부를 할 필요가 없습니다. 공부는 자신을 위해서 하는 것입니다. 이것이 바로 우리가 '공부'하는 목적입니다. 그렇다면 우리는 어떻게 하면 공부를 잘할 수 있을까요? 그것은 바로 잘 노는 것입니다. 잘 놀아야 공부할 힘이 생깁니다. 다음은 잘 놀기 위한 5가지 실천 방법을 소개해 보겠습니다.

1 가족과 함께 노세요.
다 같이 모이는 주말이나 저녁 식사 후에 거창한 놀기가 아닌 대화를 통해 서로의 생각과 관심을 알아가는 것이 중요합니다. 간단한 보드게임이나 윷놀이 등도 좋습니다. 학창 시절에는 놀이를 통해 가정의 행복을 많이 경험하는 것이 중요합니다.

2 예술적 감성을 키우세요.
예술의 근본적인 가치는 감동입니다. 감동은 생각과 행동을 바꿉니다. 또 창조적인 생각과도 연결됩니다. 예술성이 뛰어난 영화 한 편을 가족과 함께 보면 감동과 가족애를 느끼는 귀한 놀이가 됩니다.

3 놀 때는 TV와 인터넷을 끄세요.
많은 학생들이 식사, 공부, 잠을 잘 때도 손에서 스마트폰을 내려놓지 않습니다. 그러나 놀이 시간만큼은 스마트폰에서 벗어나야 합니다. 어떠한 놀이든 놀이 자체에 집중하는 것이 중요합니다.

나이, 학력, 성별에 상관없이 즐길 수 있는 놀이가 좋습니다. 놀이가 너무 복잡하거나 어려워서는 안 됩니다.

혼자 방에 앉아서 하는 놀이보다는 2명 이상이 함께하는 놀이를 권장합니다. 청소년 시절에 놀이를 통해서 협동심과 이해심 등을 키워야 합니다. 인터넷 게임보다는 운동장이나 공원에서 친구들과 축구, 피구 등을 하는 것이 정서 발달에 좋습니다.

3) 취향 저격

여러분은 취미와 여가 활동으로 무엇을 하고 있나요? 음악 감상, 영화 보기, 산책하기, 만화책 보기, 수다 떨기 등 다양할 것입니다. 그러나 학년이 올라갈수록 시간이 없다는 이유로, 공부에 더 집중해야 한다는 이유로 이런 소소한 즐거움을 포기하는 학생이 많습니다. 그러나 공부를 잘하기 위해서는 이러한 취미와 여가 활동이 꼭 필요합니다. 취미와 여가 활동 없이 공부만 하면 점점 스트레스가 쌓여 집중력이 떨어지고 공부에 대한 흥미가 사라지게 됩니다. 공부로 인한 스트레스와 확실하지 않은 미래에 대한 불안감을 이겨내기 위해서는 무엇보다 여가 시간을 이용하여 취미 활동을 즐길 줄 알아야 합니다. 취미 활동은 시간 낭비라기보다 오히려 공부로 인해 힘들고 지쳐 있는 우리들에게 작은 즐거움과 삶의 활력소가 됩니다.

취미 활동은 주로 하루 공부를 끝낸 자유시간이나 일주일 공부를 다 한 뒤 주말을 이용해야 합니다. 공부와 공부 사이에 쉬는 잠깐의 쉬는 시간에는 취미 생활을 하기 어렵습니다. 그리고 그 짧은 시간에 취미 활동을 하게 되면 공부에 오히려 방해됩니다. 따라서 취미 활동은 모든 공부를 마치고 난 뒤 마음에 여유가 있을 때 하는 것이 좋습니다. 그리고 취미 활동은 공부에 방해가 되지 않는 것으로 하는 것이 좋습니다. 주로 산책, 조깅, 수영, 등산 등 가벼운 운동이나 영화감상, 쇼핑, 친구들과 만나서 놀기 등 여유를 즐길 수 있는 활동이 좋습니다. 그리고 취미는 그날 하루에 끝내고 미련이 남지 않는 것이 좋습니다. 특히 스마트폰, 컴퓨터 게임은 여가 활동에 좋지 않습니다. 대부분 게임은 하루 만에 끝내기가 어렵고 중독성이 심해 공부를 하는 시간에도 게임이 생각나기 때문입니다. 그리고 게임은 원래 경쟁적이고 승부욕을 자극하기 때문에 스트레스를 더욱더 쌓이게 합니다. 그래서 스트레스를 풀기 위해 게임을 하면 대부분 더 스트레스를 받게 됩니다.

여가 시간을 즐기는 방법에는 여러 가지가 있습니다. 그중에서 '나'와 '우리'가 할 수 있는 여가 시간을 나누어 즐기는 것이 필요합니다. 우선 온전히 '나'를 위한 여가 시간을 보낼 줄 알아야 합니다. 혼자 음악을 들으면서 흥얼거리기도 하고, 혼자 옥상에 올라가서 시원한 바람과 따스한 햇볕을 쬐는 등 자신만의 여가 시간을 즐길 줄 알아야 합니다. 공부에 지친 나의 몸과 마음을 치유할 수 있는 오직 나만의 여가 시간을 가지는 것이 공부에도 긍정적인 영향을 미칩니다. '나'만의 여가 시간 만큼 '우리'의 여가 활동도 중요합니다. 학교의 동아리 활동이나 학급에서 이루어지는 장기자랑, 체육대회 등에 적극적으로 참여해보세요. 인간은 사회적 동물인 만큼 자신이 속한 공동체 안에서 자신의 존재감을 인정받아야 행복을 느낄 수 있습니다. 스포츠클럽이나 동아리 활동 등을 통해 친구들과 관계를 잘 형성하는 것 또한 공부를 잘할 수 있는 하나의 방법임을 명심하시기 바랍니다.

4) 감성이 곧 지능이다

외국의 명문 대학들은 신입생을 뽑을 때 그 학생이 얼마나 다양한 봉사 활동과 예술 활동을 했는가에 주목합니다. 이러한 이유로 교육 선진국들은 방학 기간에 다양한 예술 캠프를 권장하고, 학생들은 이러한 활동에 몇 주씩 참여합니다. 이에 비해 우리나라의 교육과정은 일부 교과에 너무 편중되어 있습니다. 고등학교 3학년이 되면 학교 교과목 시간표에서 예체능 시간은 사라집니다. 모든 교과가 대학수학능력시험 위주로 재편됩니다. 방학이 가까워지면 학원의 국영수 집중반이 기하급수적으로 늘어납니다. 그리고 대학에 진학하게 된 후에는 전공과목의 비중이 커지면서 공부 편식 현상이 더 심해지게 됩니다. 이러한 공부 편식 현상을 우려하는 다양한 의견들이 있습니다. 그 내용을 한번 살펴보도록 하겠습니다.

1. 노벨상을 받은 과학자와 일반 과학자의 차이는 무엇일까요?

로버트·미셸 루트번스타인Robert & Michele Root-Bernstein 미국 미시간주립대 교수 부부의 <생각의 탄생 Sparks of Genius>(2007)에서는 그 차이를 '예술'이라고 말합니다. 이들은 과학 분야에서 노벨상을 수상한 510 명과 일반 과학자와 교수 등을 비교한 결과, 노벨상 수상자들이 음악가가 될 가능성이 4배, 미술가는 17배, 소설가나 시인은 25배, 공연예술가가 될 가능성은 22배나 높다는 통계를 제시했습니다. 즉 노벨상 수상자들은 예술, 문학 등의 예체능 분야에 취미를 뛰어넘는 수준으로 몰두하는 것을 알 수 있습니다. **"과학자들이 문제를 해결하는 데 음악, 미술 등의 예술이 열쇠와 같은 구실을 했다. 새로운 방식의 해결책을 찾아야 성공하는 21세 기에는 예술 교육이 매우 중요하다."**라고 강조하고 있습니다.

2. 프랑스의 물리학자인 아르망 트루소Armand Trousseau는

"모든 과학은 예술에 닿아 있다. 모든 예술에는 과학적인 측면이 있다. 최악의 과학자는 예술가가 아닌 과학자이며 최악의 예술가는 과학자가 아닌 예술가이다."라고 말했습니다.

3. 숙명여대 교육심리학과 송인섭 교수는

"성취를 100%로 보면 지적인 부분이 50%, 경험적 부분이 30%, 육체적 부분이 20%를 차지한다. 이 3가지가 조화를 이룰 때 사람은 심리적인 안정감을 얻고 사고의 폭도 넓어진다. 이렇게 되면 부모가 강요하지 않아도 아이 스스로 학습에 몰입한다."라고 말하고 있습니다.

4. 대교문화재단 이사장이자 서울대학교 명예교수인 문용린 교수는

"우리 교육이 기술과 지식을 전달하는 교육에서 소질과 적성을 개발하는 교육으로 바뀌어야 한다."라고 강조합니다. 아이들은 호기심과 탐구력을 본능적으로 가지고 있어 자신이 하고 싶은 분야의 공부는 저절로 즐겁게 몰두한다는 것입니다.

이와 같은 국내외 여러 학자의 의견을 살펴볼 때 학생 시절부터 음악, 미술, 체육에 대한 다양한 경험과 예술적 감성을 체험해야 성인이 되었을 때, 이 경험들이 전문적인 지식과 합쳐져서 큰 힘을 발휘할 수 있습니다. 여러분도 지금부터 예술 활동에 적극적으로 참여해보세요. 자신에게 맞는 예술 체험이나 예술 동아리 활동을 통해 예술적 감성지수를 높여야 합니다. 예술이 곧 공부입니다. '아는 것이 힘'이었던 시대에서 '상상하는 것이 힘'이 되는 시대로 변하고 있습니다. 상상력의 원천은 예술입니다. 예술 활동을 통해 공부를 더욱 잘할 수 있습니다. 감성지수가 지능지수를 높여줍니다.

5) 두 마리 토끼

아무리 열심히 공부해도 건강하지 못하면 좋은 성적을 기대하기는 어렵습니다. 그리고 건강에 문제가 있으면 공부를 아무리 하고 싶어도 할 수가 없습니다. 우리가 공부를 열심히 하는 이유는 더 나은 삶을 살기 위한 것입니다. 그런데 더 나은 삶을 살기 위해서는 공부도 필요하지만 가장 중요한 것은 바로 건강입니다.

옛날부터 전해 내려오는 명언 중 하나인 윌리엄 캠든William Camden의 '일찍 나는 새가 벌레를 잡는다. The early bird catches the worm'라는 말을 여러분들도 어린 시절부터 자주 들어보았을 겁니다. 실제로 기성세대는 일찍 일어나서 일하고 공부하는 것을 자랑스럽게 생각했습니다. 그러나 요즘 세대는 새벽에 일찍 일어나 공부하든, 밤늦게 공부를 하든 어떤 방법으로 공부를 하든지 자신에게 맞는 방식으로 공부를 하면 된다고 생각합니다. 그래서 최근 중요하게 여기는 것은 일찍 일어나 공부를 했느냐가 아니라 건강을 유지하고 공부를 잘하기 위해 얼마나 충분한 시간을 잤느냐입니다. 저녁에 학원을 마치고 10시가 훌쩍 넘은 시각에 집으로 돌아오는 학생들에게 일찍 자고 일찍 일어나라고 하면 과연 몇 명이나 지킬까요? 사실 불가능합니다. 따라서 자신의 공부 상황에 맞게 수면시간을 조절하여 건강을 잘 유지해야 합니다. 이는 각종 시험에서도 매우 중요한 부분을 차지합니다. 몸의 컨디션이 나쁜 상태에서 시험을 치면 자신의 실력이 제대로 발휘될 수 없기 때문입니다.

학생들의 건강 상태와 학업과의 관계에 관한 국내외 많은 연구가 있었습니다. 국내 연구 결과에서는 체력 수준이 높은 학생일수록 학업 성적이 높고, 특히 심폐지구력과 근력 및 근지구력이 학업성취와 상관관계가 있다고 말합니다. 외국의 연구 결과에서도 마찬가지로 건강하지 못한 학생들은 학업에 곤란을 겪고 성적 또한 저조하다고 말하고 있습니다. 이처럼 공부와 건강은 뗄 수 없는 불가분의 관계에 있습니다. 학년이 올라갈수록 공부량은 많아지고 운동 부족으로 학생들의 건강 상태는 점점 나빠집니다. 그러나 공부를 위해 건강을 놓지면 결국 공부도 놓치게 됩니다. 따라서 공부를 잘하려면 건강해야 하고 건강해야 공부도 잘할 수 있습니다. 공부를 잘하는 최고의 비결은 바로 건강입니다. 건강하고 공부도 잘해서 두 마리 토끼를 모두 잡는 여러분들이 되길 바랍니다.

9. Resilience 중요한 것은 꺾이지 않는 마음
회복탄력성으로 공부에 자신감을 가져라

회복탄력성이라는 말을 들어본 적이 있나요? 최근 많이 사용되는 심리학 용어입니다. 회복탄력성 (resilience)은 라틴어 resiliens에서 유래되었는데 접두사 re(again 다시)와 어근 sil(spring 튀어오르다) 로 이루어져 있습니다. 이 말의 뜻은 '다시 튀어 오르다.'는 의미입니다. 우리의 상황에 맞추어 쉽게 설명하면 실패했을 때 좌절하지 않고 다시 일어설 수 있는 능력을 말합니다. 또한 다양한 시련과 역경 그리고 실패 등이 주는 좌절감과 무기력을 이겨 낼 수 있는 마음의 근력을 의미합니다. 실제로 많은 사람들이 실패와 시련을 경험하고 난 뒤 그것을 발판삼아 더욱더 성장하는 경우를 보게 됩니다. 회복탄력성은 그 누구보다 공부하는 학생들에게 꼭 필요합니다. 여러분들이 공부할 때 많은 스트레스를 알게 모르게 받게 됩니다. 산더미같이 많은 공부량과 부족한 시간은 우리의 마음에 여유를 없애고 불안과 초조함을 느끼게 합니다. 그리고 열심히 공부한 만큼 원하는 성적이 나오지 않을 때 좌절감을 느끼고 포기하고 싶은 마음이 들기도 합니다. 그러나 이러한 감정에 휘둘리지 않고 다시 공부를 할 수 있게 도와주는 것이 바로 회복탄력성입니다. 회복탄력성이 큰 학생은 어려움이 와도 쉽게 극복하고 다시 학업에 정진할 수 있습니다. 어려운 시험을 치고 있을 때 시험 시간이 30분 남았을 경우 '아직도 30분이 남았다.'라고 최선을 다해 시험에 임하는 학생과 '겨우 30분 남았다.'라고 절망하고 포기하는 학생의 차이는 바로 회복탄력성 차이에 있습니다. 이제부터 공부할 때 힘들더라도 긍정적인 마음으로 최선을 다하는 여러분이 되길 바랍니다.

●● ●● ━━━━ 1) 혼잣말의 달인

교육학에는 내면의 성숙함과 자존감을 높이는 방법들이 많이 제시되어 있습니다. 자기 사랑, 작은 성공 경험들, 이상 실현의 즐거움, 선물이나 눈에 보이는 외적 보상물 등이 성숙함과 자존감을 높이는 방법들입니다. 그중 다른 방법보다 효과가 좋으며 세계적으로 성공한 사람들이 활용하는 방법이 있습니다. 그것은 바로 '셀프 토크'라고 불리는 '자기와의 대화'입니다. 셀프 토크의 방법은 간단합니다. 자신의 이름을 부르고, 자신과 대화를 하는 것입니다. 처음에는 낯설고 생소하게 느껴질 수도 있습니다. 스스로 자신의 가장 친한 친구가 되고, 잘했을 때 칭찬해주는 사람이 되고, 슬플 때 위로해주는 사람이 되어주는 것입니다. 타인에게 말하듯 자신에게 말을 걸면, 복잡한 생각이 정리되고, 자신의 단점을 발견하게 되어 부족한 부분을 채워나갈 수 있습니다. 명상이나 요가, 영성 치료 등이 바로 자신과의 대화를 위한 방법들입니다. 어색하지만 지금 '누구야(본인 이름), 안녕!'하고 스스로 자신에게 말을 걸어보세요.

심리학자 루이스 B. 스미스Lewis B. Smith는 저서 <칭찬의 기적>(2011)에서 칭찬은 '인정해주는 것'이라고 했습니다. 우리는 누구나 주위 사람으로부터 인정받기를 원합니다. 그렇지만 그에 앞서 자신에게 인정받는 것이 더 중요합니다. 결과를 떠나 내가 노력한 일에 대해 스스로 먼저 칭찬하고 인정해주세요. 스스로 인정받을 때 낮아진 자존감이 회복되고 자신이 처한 어려움도 극복할 수 있습니다. 자기와의 대화로 전 국민에게 감동을 안겨준 사례가 있습니다. 바로 2016년 리우데자네이루 올림픽 남자 펜싱 에페 결승전에서 '나는 할 수 있다!'라고 스스로 자신을 격려해 경기에서 역전승으로 금메달리스트가 된 박상영 선수입니다. 그는 결승전에서 상대에게 단 1점만 더 주면 경기가 끝나는 상황에서 연속 5득점을 하여 금메달을 손에 거머쥐었습니다. 자신에게 '나는 할 수 있다!'라고 한 격려의 말이 위기의 시합 상황에서 자신에게 큰 힘을 준 것입니다. 이것이 바로 셀프 토크의 힘입니다.

여러분들은 '하면 된다.'라는 정신으로 마음먹은 것은 반드시 해내는 의지의 한국인입니다. 이러한 장점을 여러분 자신에게 칭찬해 보면 어떨까요? 계획한 하루의 공부 분량을 다 마친 후 자신에게 "잘하고 있어!"라고 칭찬해 보세요. 그리고 "나는 앞으로 잘 될 거야."라고 말해보세요. 때로는 잘 안되고, 실패해도 "나는 잘 할 수 있다."라고 스스로 다짐하세요. 이제부터 자신을 칭찬하면서 하루를 시작하고 자신을 격려함으로 하루를 마무리하세요. 칭찬의 힘이 여러분을 더 긍정적이고 더 자신감이 넘치는 사람으로 변화시킬 것입니다.

●● ⬭⬭⬭ 2) I'm still hungry

"성공하려면 우선 성공을 기대하라." 미국의 TV 방송 '권능의 시간'으로 유명한 로버트 H. 슐러Robert Harold Schuller 목사의 명언입니다. 우리가 성공하기 위해서는 먼저 성공한 자신의 모습을 마음속에 그려야 합니다. 마음속에 있는 성공한 자신의 모습을 노트에 구체적으로 적어 보세요. 그리고 성공을 위해 지금 어떤 노력이 필요한지 생각하고 그것을 실천해야 합니다. 꿈을 꾸는 사람만이 꿈을 이룰 수 있습니다.

코빙턴과 오멜리히Covington & Omelich(1987)는 성공 욕구를 가진 학생들에 관한 연구 결과를 발표하였습니다. 성공 지향적 학생들은 학습에서 호기심을 만족시키려 하고, 학습 자체에 대한 열정이 있으며, 자신의 실력을 연마하려는 욕구가 강하게 나타난다고 하였습니다. 즉 성공하고 싶어 하는 학생들이 더욱더 공부를 열심히 한다는 것입니다. 이와 관련하여 김주영의 <꿈을 이루게 하는 101가지 성공노트>(2004)에 기록된 예화를 하나 소개합니다. 1983년 프랑스 테니스 오픈 대회가 파리에서 개최되었습니다. 세계 랭킹 1위 마르티나 나브라틸로바Martina Navratilova와 45위 호프 바트Hof Bate의 경기가 열렸습니다. 나브라틸로바는 2년 동안 35전 전승을 기록하고 있었고, 당시 호프 바트의 나이는 17세였습니다. 약 16,000명의 관중이 지켜보는 가운데 경기가 시작되었고 1세트는 6:4로 나브라틸로바의 승, 2세트는 6:0으로 호프 바트의 승으로 3세트가 이어졌고 결국 호프 바트가 승리했습니다. 경기가 끝난 후 승리의 비결을 묻는 말에 그녀는 이렇게 답했습니다. "나는 이기기 위해서 싸웠다." 호프 바트의 승리를 향한 열정이 게임을 이기게 한 것입니다. 여러분도 이처럼 공부를 잘해서 성공하겠다는 열정이 있어야 공부를 잘 할 수 있습니다.

2002년 한일 월드컵에서 우리나라 대표팀 감독을 맡았던 히딩크Guus Hiddink감독이 한 유명한 말이 있습니다. "I'm still hungry." 나는 여전히 배고프다. 그 당시 우리나라는 16강에서 승리하고 8강에 진출하였는데 일본은 16강에서 탈락했습니다. 이러한 결과로 우리나라 선수들과 우리나라 사람들이 너무 빨리 만족하는 것을 보고 히딩크 감독은 8강에 만족하는 것이 아니라 더 높은 곳을 바라보고 있다는 말을 비유적으로 한 것입니다. 그 결과 우리나라 대표팀은 아시아 국가 최초로 월드컵 4강이라는 신화를 만들어 낼 수 있었습니다. 우리도 이처럼 지금 여러분이 있는 위치에 만족하지 말고 더 높은 곳을 바라보아야 합니다.

먼저 우리는 공부를 시작하기 전에 공부를 통해 성공할 수 있다는 기대를 가져야 합니다. 성공에 대한 확신 없다면 공부를 열심히 할 이유도 없습니다. 성공에 대한 확신이 있다면 공부가 아무리 힘들어도 그 힘든 과정을 견뎌낼 수 있습니다. 그리고 무엇보다 공부가 나에게 정말 필요한지 생각해봐야 합니다. 만약 공부가 나의 성공과 무관하다면 굳이 공부할 필요가 없습니다. 나의 성공을 위한 다른 길을 찾아가는 것이 더 현명한 선택일 것입니다. 그래서 공부를 시작하기 전 왜 내가 공부를 해야 하는지를 알아야 합니다. 여러분의 삶에서 공부가 성공의 열쇠라고 생각한다면 미래에 성공할 자신의 모습을 기대하고 그 꿈을 위해 도전하세요.

3) 칭찬은 코끼리도 춤추게 한다

칭찬은 코끼리도 춤추게 합니다. 실제로 서울동물원에서는 코끼리에게 칭찬을 하고 있습니다. 사육사들은 두 명씩 팀을 이뤄 코끼리에게 먹이를 주며 칭찬하는 역할과 발톱을 손질하는 역할을 각각 나누어 수행합니다. 그들의 지시에 따라 코끼리들이 제자리에 머무르며 대형 난간에 발을 올리는 행동에 성공하면 친근한 목소리로 "좋아! 좋아!"와 "stay!"를 반복하며 코끼리들을 칭찬합니다. 이렇게 긍정적 강화 훈련이 원활하게 진행되고 나서 사육사들은 코끼리 발에 물을 뿌려가며 발톱을 꼼꼼히 손질합니다. 이러한 칭찬으로 안전사고가 많이 줄었다고 합니다.

이처럼 칭찬은 긍정적 강화 훈련에 매우 중요한 부분을 차지합니다. 우리도 공부를 잘하기 위해서는 칭찬이 필요합니다. 그러나 칭찬할 때도 방법이 있습니다. 시험에서 좋은 성적을 받은 학생이 "잘했다, 참 똑똑하구나!"라며 '지능'을 칭찬받는 경우와 "잘했다, 참 열심히 노력했구나!"라고 '노력'을 칭찬받는 경우를 비교해 보면 그들의 학습 태도가 매우 다르게 나타납니다. 지능을 칭찬받은 학생은 어려운 문제를 접했을 때 '이 문제는 어려워서 나의 머리로 풀 수 없는 문제야!'라고 한계를 짓고 포기하지만, 노력을 칭찬받은 학생은 '이 문제가 어렵지만 내가 더 노력해 이 문제를 풀어야지'라며 계속 도전합니다. 따라서 칭찬할 때도 학생의 특정한 능력보다는 학생의 노력과 성실함을 칭찬하는 것이 좋습니다.

파멜라 버틀러Pamela E. Butler의 <행복을 부르는 자기 대화법>(2016)에서는 자기 자신을 지지해주는 자기 대화는 외국어처럼 새로 습득해야 하는 언어라고 말하고 있습니다. 외국어를 습득할 때 여러분은 어떤 노력을 하나요? 아마도 많은 시간을 투자하고 연습할 것입니다. 그리고 유창하게 사용할 수 있을 때까지는 끊임없이 반복할 것입니다. 이처럼 자기 칭찬과 자기 대화도 끊임없는 연습과 노력이 필요합니다.

자기 칭찬은 자신에 관한 긍정적 이미지를 만들어 자긍심을 높여줍니다. 모리스 로젠버그Morris Rosenberg에 따르면 자긍심이 높으면 자신의 가치와 능력을 긍정적으로 인식하여 "난 할 수 있다.", "나 자신에 만족한다."와 같은 말을 많이 한다고 합니다. 긍정적이고 자긍심이 높으면 자기 확신도 강해집니다. 그리고 칭찬은 자신에 대한 긍정적 이미지를 만들어 공부에 대한 자신감을 심어 줍니다. 이제부터 공부를 시작할 때 먼저 자신의 노력과 앞으로 이룰 성공에 대해 다음과 같이 칭찬해보세요. "지금까지 열심히 했고, 앞으로 더 잘할 거야, 조금만 더 힘내자 파이팅!"

4) 당신은 칭찬받기 위해 태어난 사람

우리가 공부를 잘하기 위해서는 스스로 많은 노력을 해야합니다. 그런데 자신의 노력으로 공부를 잘하는 방법 말고도 타인에 의해 공부를 잘 할 수 있다는 것을 아시나요? 그 대표적인 예가 바로 로젠탈 효과입니다. 로젠탈 효과Rosenthal Effect란 긍정적 기대감이 좋은 결과를 만들어 낸다는 심리학적 용어입니다. 하버드대 사회심리학과 교수인 로버트 로젠탈과 초등학교 교장인 레노어 제이콥스는 '교실에서의 피그말리온Pygmalion in the Classroom'(1968)이라는 연구를 통해 미국 샌프란시스코에 있는 한 초등학교에서 아래와 같이 실험을 진행하고 결과를 발표했습니다.

먼저 실험 전 전교생을 대상으로 지능검사를 시행했습니다. 그리고 검사한 지능지수에 상관 없이 무작위로 20%의 학생을 뽑아 그 명단을 담임 교사에게 주었습니다. 그리고 그 명단에는 '이 학생들은 지적 능력이나 학업성취 향상 가능성이 크다고 판명된 학생'이라는 거짓 정보를 선생님들에게 주었습니다. 8개월 후 다시 전교생을 대상으로 지능검사 시행했습니다. 그리고 지능검사 점수를 처음과 비교해 보았을 때 놀라운 결과가 나타났습니다. 명단에 속한 학생들은 일반 학생들보다 평균점수가 높게 나타났을 뿐 아니라 8개월 전보다 지능지수가 큰 폭으로 향상되었기 때문입니다. 이 연구에서는 이 결과를 교사의 격려가 아이들에게 자신감을 주고 성공에 대한 확신을 주었기 때문이라고 분석하고 있습니다.

위의 내용을 보면 선생님이 공부를 잘할 것이라고 기대한 학생들이 공부를 잘한다는 것입니다. 선생님들과 학생들의 기대심리가 이러한 결과를 만든 것입니다. 선생님이나 부모에게 기대나 격려와 같은 긍정적인 말을 들으면 그 기대에 부응하고자 노력하게 됩니다. 주위의 사람들이 학생들에게 각자에게 맞는 기대와 잘할 수 있다는 믿음을 준다면 그 학생들은 그 기대와 믿음을 저버리지 않기 위해 노력할 것입니다. 우리 모두 이와 같은 경험들이 있습니다. 부모님이나 선생님께 칭찬 또는 격려를 받으면 더 잘하기 위해 노력했던 기억들이 우리 모두에게 있을 것입니다. 여러분은 사랑받기 위해 태어난 사람인 동시에 칭찬과 격려를 받기 위해 태어난 사람입니다. 우리에게는 충고보다는 격려가 비난보다는 칭찬이 필요합니다.

앞에서 언급했듯이 좋은 칭찬은 결과보다는 과정을 칭찬하는 것입니다. 훌륭한 칭찬은 똑똑한 머리를 칭찬하기보다는 노력을 칭찬합니다. 가족이 식사하는 시간에도 다양한 이야기를 나누며 서로 칭찬과 격려를 해야합니다. 식사 시간에 가족이 모이기 힘든 가정에서는 간단한 문자나 손편지로 칭찬을 해보세요. 학교에서는 반 친구들과 칭찬 릴레이를 하는 것도 효과적입니다. 그리고 공부할 때 친구들이 여러분에 대해 긍정적인 기대를 하도록 만들어야 합니다. 그러기 위해서 먼저 친구들과 서로의 장점을 이야기해 보세요. 그리고 자신의 공부 방법과 그 방법으로 인한 성과를 알려주세요. 나에 대한 친구들의 기대가 공부를 하는 데 큰 도움이 될 것입니다.

●● ⬤⬤⬤⬤ 5) Don't worry, Be happy!

인간은 희로애락喜怒哀樂을 느끼는 감정의 동물입니다. 그래서 공부도 감정에 의해 좌우되는 경우가 많습니다. 공부는 감정의 바다에 떠 있는 배와 같습니다. 바다의 상태에 따라 방향과 속도가 달라집니다. 공부는 감정이 흔들리거나 불안할 때보다 기쁘고 편안한 상태에서 해야 좋은 결과를 얻을 수 있습니다. 예를 들면, 아침에 엄마와 다투고 나오면 그날 하루는 공부가 잘 안 됩니다. 또 같은 반 친구와 문제가 있으면 마음은 온통 그 문제로 가득 차 있어 수업 시간에 집중이 전혀 안 됩니다. 그리고 평소에 좋아하던 선생님에게 꾸지람을 들으면 기분이 우울해져 공부하기가 싫어집니다. 여러분 모두 이러한 경험들은 가지고 있을 것입니다. 그래서 공부할 때 감정컨트롤이 매우 중요합니다.

2012년 한국청소년패널(KYPS)이 초등학교 4학년 남녀 학생 2,448명의 데이터를 분석하여 부모, 교사 및 또래와의 관계가 학업성취에 미치는 영향을 분석했습니다. 그 결과 학생과 부모, 교사, 친구와의 관계가 학업성취에 영향을 미치며, 그 영향력은 교사(20%), 친구(12%), 부모(9%) 순으로 나타났습니다. 선생님은 학교에서 학생들에게 가장 큰 영향력을 미칩니다. 학교는 사회의 축소판입니다. 그 사회의 구성원 중에서 가장 많은 접촉과 감정 교류가 일어나는 관계가 바로 사제지간입니다. 따라서 과목별 선생님이나 담임선생님과 바람직한 인간관계를 맺는 것이 무엇보다 중요합니다. 좋은 관계를 맺은 선생님의 수업과 그렇지 못한 선생님의 수업을 비교하면 집중력이나 이해력에서 큰 차이가 있습니다. 정서적으로 안정적인 상황에서 공부할 때 여러분의 공부 실력이 크게 도약할 수 있습니다. 공부를 하기 전, 먼저 공부를 해서 좋았던 기분이나 혹은 공부를 통해 얻거나 이루고자 하는 것들을 생각해 보세요. 이런 즐거운 마음으로 공부를 해야 공부를 잘할 수 있습니다.

Part II

세 문장으로 끝내는
국어 학습법

국어 Checklist

1. 국어는 공부해도 성적이 오르지 않는다고 생각한다.	예	아니요	**104**
2. 국어는 공부하지 않아도 적당히 성적이 나온다.	예	아니요	**104**
3. 국어를 못하면 다른 과목도 못할 수 있다고 생각한다.	예	아니요	**104**
4. 국어 공부의 학습 시간이 수학 학습 시간의 1/3 정도 된다.	예	아니요	**118**
5. 국어 공부는 문제 풀이에 앞서 독해와 감상 훈련을 해야 한다고 생각한다.	예	아니요	**125**
6. 이성적이고 논리적인 절차에 따라 시를 감상하고 있다.	예	아니요	**134**
7. 이성적이고 논리적인 절차에 따라 소설을 감상하고 있다.	예	아니요	**135**
8. 이성적이고 논리적인 절차에 따라 독서(비문학) 지문을 독해하고 있다.	예	아니요	**138**
9. 정답을 파악하기 위해 물음(발문)과 선택지, 그리고 보기까지 꼼꼼하게 읽는 편이다.	예	아니요	**119**
10. 정오답의 근거를 정확하게 설명할 수 있다.	예	아니요	**126**
11. 시를 읽고 주제문을 작성할 수 있다.	예	아니요	**134**
12. 소설을 읽고 주제문을 작성할 수 있다.	예	아니요	**135**
13. 독서(비문학) 지문을 읽고 주제문을 작성할 수 있다.	예	아니요	**138**
14. 시를 읽으면서 스스로 표현상의 특징을 파악할 수 있다.	예	아니요	**126**
15. 소설을 읽으면서 스스로 서술상의 특징을 파악할 수 있다.	예	아니요	**126**
16. 독서(비문학) 지문을 읽으면서 스스로 논지전개방식을 파악할 수 있다.	예	아니요	**126**
17. 글을 핵심정보와 보조정보를 구별해 읽으면서, 정보의 중요도에 따라 감상 및 독해의 속도를 조절할 수 있다.	예	아니요	**158**
19. 국어 공부를 위해 하루 50분 이상 노력한다.	예	아니요	**170**

총점 예 : 2점   아니요 : 1점

35점 이상: 국어 교과의 목표와 성격에 따라 학습하고 있습니다. 이성적이고 논리적인 절차에 따라 문제를 해결하는 훈련만 하면 최고의 국어 학습자로 성장할 수 있음을 기약할 수 있습니다.

34점-27점: 국어 학습자로서 열심히 하고 있습니다. 다만 국어 공부는 스스로 읽고 분석하고 이해하는 전략적인 학습이 필요합니다. 선생님의 설명, 참고서의 해설에 의존하지 않고 스스로 분석한 것을 표현하는 연습을 하면 훌륭한 국어 학습자로 성장할 것을 기약할 수 있습니다.

26점-20점: 국어 학습에 몰입해야 할 때입니다. 모든 공부가 정보를 분석하고 이해하는 일입니다. 문학과 독서(비문학)의 감상과 이해를 위한 개념 학습을 먼저 한 후에 이성적이고 논리적인 절차에 따라 읽고 분석하여 이해하는 훈련을 전략적으로 진행해야 할 때입니다. 아직 늦지 않았습니다. 지금 당장 몰입해서 전략적으로 읽고 전략적으로 표현하는 훈련을 하면 좋은 국어 학습자로 성장할 수 있음을 기약할 수 있습니다.

19점 이하: 늦었다고 생각할 때가 가장 빠를 수 있습니다. 지금까지 공부를 안 해서 잘하지 못하는 게 아닙니다. 배움이 부족해서가 아닙니다. 국어 학습자답게 스스로 읽어 본 경험이 적기 때문입니다. 지금 당장 어떤 국어 학습서라도 집어 드세요. 그리고 스스로의 힘으로 끝가지 학습해 보세요. 이것만 해낸다면 좋은 국어 학습자로 성장할 수 있음을 기약할 수 있습니다.

1. 국어, 몰입할 때
국어는 도끼다, 도구로써의 국어 공부'

-'다음 글을 읽고 물음에 답하시오.'

> **세 문장으로 끝판왕이 되는 국어 학습법**
>
> 1. 다음 글을 읽고 물음에 답하시오.
>
> 2. 모든 글의 내용과 형식이 주제에 수렴하고, 모든 문제의 정답이 주제로부터 확산된다.
>
> 3. 동일의미의 이질적 표현 유사표현의 이질적 의미

공부에는 왕도(王道)가 없다는 말이 있습니다. 이 말은 모든 것을 갖추고 편안하게 공부하면서 빠르고 쉽게 원하는 수준에 이를 수 없다는 뜻입니다. 그렇습니다. 공부에는 왕도가 없고 왕관을 쓰고자 하는 이의 인내만 있을 뿐입니다. 숱한 실패와 좌절을 견디는 것이 공부의 길입니다. 따라서 이 책 역시 왕도를 제시할 수는 없습니다. 하지만 교과목의 성격에 따라 빠르고 쉽게 목표에 도달하는 방법은 있습니다. 이 책은 여러분이 의외라고 생각할 만큼 간단한 국어 방법을 알리기 위해 썼습니다.

아닐 걸요. 대부분이 그 방법을 알고 있으나, 해 보지 않았겠지요. 아니, 하기는 했는데 조금 해 보다가 안 되는 것 같아서 금방 그만 두진 않았나요?

명심해야 합니다. 우리가 몰라서 잘하지 못하는 게 아닙니다. 우리가 덜 배워서 공부를 잘하지 못하는 게 아닙니다. 알고 있는데, 배우긴 했는데 스스로 해 본 적이 없거나 해 본 경험이 적기 때문입니다

그래서 이 책은 매우 빠르고 쉬운 길을 제시하되, 여러분이 배운 것을 능동적이고 지속적으로 익히는 과정에서의 인내를 요구합니다. 아직 국어 공부를 제대로 시작하지 않은 친구들이라면 이 책이 말하는 **세 문장 국어 학습법**을 배워 익히는 인내의 시간을 견디면 공부의 왕도로 향하는 자신을 발견할 지도 모릅니다. 인내 후의 그 길은 생각보다 훨씬 편할 겁니다. 여러분은 우선 이 길을 중도에 포기하지 않겠다는 다짐만 하고 다음 페이지들을 넘기면 됩니다.

국어 공부에 **몰입**하는 **전략**을 배우고 익혀서 성장과 성숙 그리고 성취와 성공을 **기약**하는 길을 향한 출발! 지금 시작합니다.

편견과 불편한 진실

국어를 공부하고 가르치는 사람으로서 학생과 학부모들이 국어 공부에 대한 **편견**과 불편한 **진실**을 이야기하는 것을 자주 듣습니다. 여러분은 그 **편견**에서 자유로울까요? 그리고 국어 공부와 관련해 뜬소문처럼 떠도는 **불편한 진실**에 대해서 어떻게 생각하나요?

> 국어는 공부해도 성적이 오르지 않는다.

> 국어는 공부하지 않아도 적당한 성적이 나온다.

다음 질문에 대해 생각해 보세요. 혹시 이렇게 생각했거나 이런 말을 들어본 적이 있는지 진지하게 생각해 봅시다. 생각에만 그치지 말고 글로 여러분의 생각을 표현해 보세요. 머릿속으로 그려 보거나 입엣말로 웅얼거리는 일보다 직접 적는 일이 생각을 확실하게 정리하는데 도움이 되거든요. 지금 당장 필기구를 들고 여러분의 생각을 정리하세요. 국어 공부를 잘하게 되는 王道(왕도)의 출발입니다.

국어는 공부해도 성적이 오르지 않는다.
내 생각
그렇게 생각한 까닭은?

> **국어는 공부하지 않아도 적당한 성적이 나온다.**

내 생각

그렇게 생각한 까닭은?

그렇습니다.

편견이든 **불편한 진실**이든 국어는 공부해도 성적이 잘 오르지 않지요. 하지만 특별히 공부를 하지 않아도 적당한 성적이 나옵니다. 이상하죠? 공부를 해도 성적이 잘 오르지 않는데, 하지 않아도 적당한 점수 정도는 나온다? 앞뒤가 안 맞는 소리 아닐까요? 국어는 제대로 공부하면, 아니 국어 공부의 근본을 알고 공부하면 성적이 아주 많이 오릅니다. 특별히 공부하지 않아도 성적이 나오는 건 중학교 내신 시험 정도이겠지요. 한국인이라면 특별히 공부를 하지 않아도 누구나 80점은 받아요. 그 정도에 만족할 친구라면 당장 이 책을 덮길 바랍니다.

최근 국어는 수학만큼 어렵거나 수학보다 어려워져서 공부를 하지 않으면 결코 좋은 점수를 받을 수 없는 과목이 됐습니다.

이 책의 국어 학습법을 배워 익히면 여러분이 노력한 것에 비해 더 좋은 점수를 받을 수 있어요. 혹은 아무리 못해도 노력한 만큼 성적이 오를 겁니다. 이 책이 제시하는 세 문장 국어 학습법에 익숙해지기 위해 노력하세요. 성취도 A와 내신 및 수능 1등급을 **기약**하는 **전략**을 소개할 거니까요.

국어는 도끼다, 도구로써의 국어 공부

이번에는 다른 질문을 해 보겠습니다. 이번에도 여러분의 생각을 반드시 글로 정리해 보기 바랍니다. 생각을 정리하는 일에 글로 표현하는 것보다 좋은 게 없으니까요!

> 혹시 수학, 과학, 영어, 사회 선생님으로부터 '수학, 과학, 영어, 사회'를 못하는 이유가
> '국어'를 못하기 때문이라는 말을 들어본 적이 있나요? 선생님들은 왜 그런 말을 했을까요?

> 국어 교과의 중요성이 무엇일까요? 이 부분에 대한 이해가 있어야 국어 공부에 몰입할 수 있습니다.
> 자신의 생각을 직접 적어 봅시다. 적을 때, 생각이 정리됩니다.

국어는 다양한 글을 읽고 이해해서 말과 글로 표현하는 공부입니다. 글을 읽고 이해하는 일은 단순히 글자를 읽고, 다른 사람의 말을 듣는 일보다 훨씬 많은 에너지가 필요합니다. 글을 읽고 분석해 이해하려면 뇌의 활성화가 일어나야하기 때문입니다. 뇌가 활성화되려면 에너지가 필요합니다. 그런데 우리 뇌는 생존에 적합하게 진화해 와서, 에너지 소비를 극도로 꺼립니다. 필요 이상의 에너지를 쓰기 싫어하는 게 뇌의 성격인 겁니다. 그래서 뇌가 읽는 일을 싫어하고, 읽은 후 분석하고 이해하는 일은 더 싫어합니다. 여러분이 읽기를 싫어한다면 뇌가 생존하기에 적당히 진화해 온 결과이므로 너무 실망할 필요가 없습니다. 게다가 읽고 분석하고 이해하여 자신의 생각과 느낌을 글로 표현하는 데에는 더 많은 에너지가 필요해서 뇌는 여러분에게 이런 활동을 하지 말라고 꼬드깁니다. 뇌가 꼬드김에 넘어간 이후에는 읽고 생각하고 분석하고 이해하여 말하고 쓰는 일을 필요 없는 일이라고 여겨 가지치기를 해 버립니다. 그렇게 되면 우리는 분석하고 이해하는 힘을 더 이상 기를 수 없고, 공부를 많이 해도 더 이상 똑똑해지지 않는 이상한 일을 경험하게 되지요.

반대로 읽고 분석하고 이해한 것을 말하고 쓰는 뇌에는 생각의 고속도로가 생겨요. 뇌가 극도로 싫어하는 일을 기분 좋게 받아들이고 실행하면 뇌에서 좋은 호르몬이 분비되고, 뇌의 신경세포 간의 연결이 활발해져 머리가 좋아집니다. 많이 읽고, 많이 생각하고, 많이 표현해서 좋아진 뇌는 매우 효율적으로 정보를 분석할 수 있습니다. 이렇게 되면 뇌는 많은 에너지를 쓰지 않아도 분석하고 이해하는 일을 잘하게 되지요. 그같은 뇌는 힘을 덜 들이고, 시간을 덜 쓰고도, 힘을 더 들이고 시간을 많이 쓰는 뇌보다 신속하고 정확하게 정보를 분석하여 이해할 수 있는 거랍니다. 이런 의미에서 국어 공부는 여러분의 뇌를 좋아지게 하는 도구이며, 여러분의 국어 공부뿐만 아니라 모든 공부를 잘하게 하는 수단이 되는 거죠.

1) 해설서와 답지를 제공하는 국어시험

수능에서 국어는 1교시입니다. 수능 1교시라는 말은 단순히 시험 순서를 뜻하지 않아요. 시험 전체 일정에 몰입을 시작하는 순간이어야 합니다. 이미 수능을 치른 사람이나 치를 학생들은 1교시 시험의 중요성을 아주 잘 알고 있답니다. 1교시 시험의 결과가 남은 과목의 시험 결과에 미칠 영향이 너무 크거든요.

따라서 이 책을 펼치자마자 **몰입**해서 정독해 주기 바랍니다. 최근 수능 국어가 숨이 막힐 정도로 어려워진 데다 1교시에 치르는 시험이라는 사실을 떠올린다면 지금 당장 국어 공부에 몰입해야 합니다. 왜냐하면 국어 시험은 수능 1교시라는 의미를 넘어서 공부 1교시이기 때문입니다. 그리고 수능이라는 시험이 정보를 분석하고 이해하여 문제 상황을 해결하는 추론력을 평가하는 시험이라고 할 때, 정보를 분석하고 이해하는 공부는 국어 교과에서 비롯하기 때문입니다. 국어 공부는 국어라는 교과 학습을 뛰어넘는 공부 그 자체이므로 모든 학습에 우선해 **몰입**해야 합니다.

답지와 해설서를 제공하는 국어 시험

국어가 어렵다는 말을 도무지 이해하지 못하는 사람들이 있습니다. 국어 공부를 그닥 하지 않는데도 늘 좋은 점수를 받는 친구들이 더러 있거든요. 그들은 타고난 머리로 분석하고 이해하는, 조금 밥맛 떨어지게 하는 사람들일까요? **수능은 보통 사람이면 누구나 잘할 수 있게 설계한 시험입니다.** 타고난 머리의 천재적 인물이 아니어도 수능에서 고득점을 받을 수 있고, 수능 국어는 더더욱 그렇답니다.

그런데 왜 여러분은?
국어 시험지는 희한합니다. 희한한 국어 시험은 평범한 그 누구도 비범한 어떤 사람만큼 잘할 수 있답니다. 글자를 읽고 글뜻을 이해한 사람이라면 누구나 탁월해지는 거예요. 왜냐하면 시험지에 답지와 해설서가 다 들어 있기 때문입니다. 시험지가 우리를 그렇게 만들어 준다니까요. **해설서와 답지를 주고 치는 시험, 국어가 유일합니다.** 이제 그 해설서와 답지를 확인해 볼까요.

다음 글을 읽어 봅시다.

정답 <u>**1문단에서 알 수 있듯이**</u>, 바실리카 형식은 평면도상 긴 직사각형 모양을 하고 있는데, 이는 고대 로마 제국 시대에서 비롯된 것이다. 이것은 원래 시장이나 재판소와 같은 공공 건축물에 쓰였던 것이다. 그러므로 바실리카식 성당이 종교적 기능을 가진 로마 시대 건축에서 유래했다는 것은 적절하지 않다.

오답피하기 ① <u>**1문단에서**</u>, 서양 건축 예술의 역사는 성당 건축을 빼놓고는 이해할 수 없다고 하였다. ② <u>**1문단에서 알 수 있듯이**</u>, 4세기경부터 출현한 바실리카식 성당은 이후 평면 형태의 부분적 변화를 겪었다. ④ <u>**3문단에서 알 수 있듯이**</u>, 성직자의 위상이 높아지고 종교 의식이 확대됨에 따라 트란셉트라는 공간이 추가되었고, 이때부터 건물은 더욱 웅대하고 화려해졌다. ⑤ <u>**4문단을 보면**</u>, 실내의 벽과 천장에는 천국과 지옥 이야기 등을 담은 그림을 채워 넣었다고 하였다.

윗글은 모의고사 해설서의 내용입니다. 국어뿐만 아니라 어느 과목이든 이런 해설서가 있기 마련입니다. 그런데 국어 시험지는 별도의 해설서가 있는 것은 물론 국어 시험지가 해설서 그 자체입니다. 황당무계한 소리 같지만 이보다 확실하게 국어 공부의 동기를 자극하는 말이 없으므로, 우선 믿고 따라 와 주세요. 여기에서 말하는 해설서가 무엇인지 학인하기 위해 우선 국어 시험지의 해설서에서 눈에 띄게 많은 표현을 찾아보세요.

문단에서 알 수 있듯이/1문단에서,/2문단에서 알 수 있듯이/3문단에서 알 수 있듯이,/4문단을 보면,

해설서의 이같은 표현은 정오답의 근거가 본문에 표현돼 있다는 뜻입니다. 정말로 그런지 본문을 통해 다시 확인해 봅시다. 만일 해설서의 설명을 본문에서 분명하게 확인할 수 있다면, 여러분도 국어의 본문이 해설서와 답지 그 자체라는 말에 수긍할 것입니다.

서양 건축 예술의 역사는 성당 건축을 빼놓고는 이해할 수 없다. 여러 시대에 걸쳐 유럽의 성당은 다양한 양식으로 변화해 왔다. 하지만 그 기본은 바실리카 형식에서 크게 벗어나지 않았다. **평면도상 긴 직사각형 모양을 하고 있는 이 형식은 고대 로마 제국 시대에서 비롯된 것으로** 원래는 시장이나 재판소와 같은 공공 건축물에 쓰였던 것이다. **4세기경부터 출현한 바실리카식 성당은 이후 평면 형태의 부분적 변화를 겪으면서 중세 시대에 절정을 이루었다.**

바실리카식 성당의 평면을 살펴보면, 초기에는 동서 방향으로 긴 직사각형의 모습을 하고 있다. 서쪽 끝 부분에는 일반인들의 출입구와 현관이 있는 나르텍스가 있다. 나르텍스를 지나면 일반 신자들이 예배에 참여하는 네이브가 있고, 네이브의 양 옆에는 복도로 활용되는 아일이 붙어 있다. 동쪽 끝 부분에는 신성한 제단이 자리한 앱스가 있는데, 이곳은 오직 성직자만이 들어갈 수 있다. 이처럼 나르텍스로부터 네이브와 아일을 거쳐 앱스에 이르는 공간은 세속에서 신의 영역에 이르기까지의 위계를 보여 준다.

시간이 흐르면서 **성직자의 위상이 점차 높아지고 종교 의식이 확대됨에 따라 예배를 진행하기 위한 추가적인 공간이 필요하게 되었다.** 이에 따라 바실리카식 성당은 앱스 앞을 가로지르는 남북 방향의 **트란셉트라는 공간이 추가되어 열십자 모양의 건물이 되었다.** 이때부터 건물은 더욱 웅대하고 화려해졌는데, 네이브의 폭도 넓어지고 나르텍스에서 앱스까지의 길이도 늘어났으며 건물의 높이도 높아졌다.

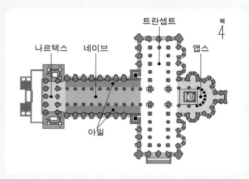

절정기의 바실리카식 성당은 외부에서 보면 기둥이나 창 등을 통해 하늘을 향한 수직선이 강조된 인상을 준다. 이는 신에게 가까이 가려는 인간의 욕망이 표현된 것이다. **출입구 쪽의 외벽과 기둥에는 신이나 성인의 모습을 새겨 넣기도 하고, 실내의 벽과 천장에는 천국과 지옥 이야기 등을 담은 그림을 채워 넣기도 하였다.** 특히 벽면에는 스테인드글라스로 구성된 커다란 창을 사람의 키보다 높게 설치하여 창을 통과한 빛이 다양한 색채로 건물 내부 공간에 풍부하게 퍼지도록 하였다. 이는 서양의 중세인들이 모든 미의 원천을 신이라고 보고 빛은 신의 속성을 상징한다고 보았던 것과 관련되어 있다. 이처럼 바실리카식 성당은 기능적 공간으로만 존재한 것이 아니라, 건축을 중심으로 조각, 회화, 공예 등이 한데 어우러져 당대의 미의식을 표현한 종합예술로서의 성격을 지니고 있다.

바실리카식 성당에 대한 설명으로 적절하지 <u>않은</u> 것은?

① 서양 건축 예술의 역사를 이해하는 데 중요한 건축물이다.

② 4세기경에 출현하여 이후 부분적 변화를 겪었다.

③ 종교적 기능을 가진 로마 시대의 건축에서 유래했다.

④ 성직자의 위상이 높아지면서 웅대해지고 화려해졌다.

⑤ 실내의 벽과 천장을 종교적 예술 작품으로 장식하였다.

윗글의 해설서와 본문에 밑줄 친 내용을 문제의 선택지와 비교해 보세요. **동일한 의미**를 나타내는 **표현**들을 그대로 본문에서 확인할 수 있습니다. 그러니까 국어 시험은 해설지서를 받고 시험을 치르는 일이 아닐 수 없습니다. 이같은 경향이 독서(비문학)에서만 나타나는 것이 아닙니다. 문학에서도 지문 안에 해설과 답을 주고 있거든요.

정답 **(가)의 2연에는** 고향 가까운 나룻가를 오가는 행인에게서조차 온기를 느끼고 싶어 하는 화자의 안타까운 모습이 나타나 있다. (나)에서 화자는 고향집을 '나의 부모인 농부 내외와 그들의 딸이 사는' 집이라고 표현하고 있는데, 여기에서 화자가 익숙한 시선에서 벗어나 고향집을 낯선 시선으로 바라보고 있음을 알 수 있다.

오답피하기 ② **(가)의 4연 '아직도 무덤 속에 조상이 잠자고'에서** 조상이 있는 공간은 화자가 회복하고 싶은, 화자의 뿌리인 고향을 의미하고 있다. 그러나 '무덤 속에' 잠자는 조상을, 권위가 지속되는 것으로 이해하기는 어려우며, 화자가 고향을 벗어나고자 한다고 보기도 어렵다. 또한 (나)의 화자는 고향을 가난이 지속되는 공간으로 인식하고 있지만 이곳을 벗어나고자 한다고 보기는 어렵다. ③ **(가)의 화자는 '행인의 손을 쥐면 따뜻하리라.'라고** 생각하고 있으며, '주인집 늙은이'와 슬픈 심정을 나누기도 한다. 따라서 각박한 인심에 좌절하는 것으로 볼 수 없다. 또한 (나)에서 세상의 변화나 인심에 대한 내용은 찾아보기 어렵다. ④ (가)의 화자는 고향을 잃은 신세이며 (나)에서 화자는 공장에서 일하는 아버지의 고된 삶을 안타깝게 바라보고 있다. 그러나 이를 통해 삶의 무상함을 드러낸다고 보기는 어렵다. ⑤ **(가)에서 '전나무 우거진 마을'**은 화자의 마음 속 고향의 모습이자 화자가 회복하고자 하는 고향을 형상화한 것이다. 따라서 자연과의 조화를 화자가 내세우는 가치라고 단정하기는 어렵다. 또한 (나)의 화자는 농부인 아버지가 공장에서 밤늦도록 일을 하며 '차비 정도를 버는' 것을 안타깝게 바라보고 있으므로 산업화를 통한 농촌의 변화를 희망한다고 보기 어렵다.

윗글 역시 기출 문제의 해설서인데, 독서(비문학)의 해설서처럼 눈에 띄게 많은 표현이 있습니다.

> **(가)의 2연에는**/(나)에서 화자는 고향집을 '**나의 부모인 농부 내외와 그들의 딸이 사는**' 집이라고 표현
> 하고 있는데/**(가)의 화자는** '**행인의 손을 쥐면 따듯하리라.**'라고/(가)에서 '**전나무 우거진 마을**'은

이처럼 국어는 문학이든 독서(비문학)든 정오답의 근거가 본문에 표현돼 있습니다. 다시 한번 시의 본문을 통해 확인해 봅시다.

(가)
흙이 풀리는 내음새
강바람은
산짐승의 우는 소릴 불러
다 녹지 않은 얼음장 울멍울멍 떠내려간다.

진종일
나룻가에 서성거리다
행인의 손을 쥐면 따듯하리라.

고향 가차운 주막에 들러
누구와 함께 지난날의 꿈을 이야기하랴.
양귀비 끓여다 놓고
주인집 늙은이는 공연히 눈물지운다.

간간이 잰나비 우는 산기슭에는
아직도 무덤 속에 조상이 잠자고
설레는 바람이 가랑잎을 휩쓸어간다.

예제로* 떠도는 장꾼들이여!
상고(商賈)하며 오가는 길에
혹여나 보셨나이까.

전나무 우거진 마을
집집마다 누룩을 디디는 소리, 누룩이 뜨는 내음새……

- 오장환, 「고향 앞에서」 -

* 예제로 : 여기저기로.

(나)

    귀향이라는 말을 매우 어설퍼하며 마당에 들어서니 다리를 저는 오리 한 마리 유난히 허둥대며 두 엄자리로 도망간다. **나의 부모인 농부 내외와 그들의 딸이 사는 슬레이트 흙담집**, 겨울 해어름의 집 안엔 아무도 없고 방바닥은 선뜩한 냉돌이다. 여덟 자 방구석엔 고구마 뒤주가 여전하며 벽에 메주가 매달려 서로 박치기한다. 허리 굽은 어머니는 냇가 빨래터에서 오셔서 콩깍지로 군불을 피우고 동생은 면에 있는 중학교에서 돌아와 반가워한다. 닭똥으로 비료를 만드는 공장에 나가 일당 서울 광주 간 차비 정도를 버는 아버지는 한참 어두워서야 귀가해 장남의 절을 받고, 가을에 이웃의 텃밭에 나갔다 팔매질 당한 다리병신 오리를 잡는다.

- 최두석, 「낡은 집」 -

    국어 시험이 갈수록 어려워지고 있는 것이 사실이긴 합니다. 하지만 위에서 확인한 것처럼 **국어 시험지에는 해설서와 답지가 함께 주어집니다.** 일단 그렇게 생각하고 **몰입**하여 읽는 학습 태도를 만든다면 국어를 잘하기 위한 준비를 마련한 겁니다. 어렵다고 생각하면 주눅이 들기 마련이고, 주눅이 들면 읽어서 이해하고 분석하는 에너지 생성이 안 되잖아요? 그러니까 **해설지와 답지를 제공받는 시험이니 나는 누구보다 잘할 수 있다는 마음으로 국어 공부를 하자는 겁니다.** 그렇게 **몰입**하는 순간 여러분의 국어 공부는 절반의 성공을 거둔 셈인 것이죠. 잘할 수 있다는 자신감은 무슨 일을 하든지, 잘하기 위해 먼저 챙겨야 할 강력한 무기가 되거든요.

2) 1.2 국어, 한 줄이면 충분하다

한 줄로 설명할 수 있는 국어

(1) 다음 글을 읽고 물음에 답하시오.

서양 건축 예술의 역사는 성당 건축을 빼놓고는 이해할 수 없다. 여러 시대에 걸쳐 유럽의 성당은 다양한 양식으로 변화해 왔다. 하지만 그 기본은 바실리카 형식에서 크게 벗어나지 않았다. 평면도상 긴 직사각형 모양을 하고 있는 이 형식은 고대 로마 제국 시대에서 비롯된 것으로 원래는 시장이나 재판소와 같은 공공 건축물에 쓰였던 것이다. 4세기경부터 출현한 바실리카식 성당은 이후 평면 형태의 부분적 변화를 겪으면서 중세 시대에 절정을 이루었다.

(2) 다음 글을 읽고 물음에 답하시오.

(가)

흙이 풀리는 내음새

강바람은

산짐승의 우는 소릴 불러

다 녹지 않은 얼음장 울멍울멍 떠내려간다.

(3) 다음 글을 읽고 물음에 답하시오.

국어에서는 일반 어휘처럼 문법 형태소에서도 하나의 형태가 여러 의미로 쓰이거나 여러 형태가 하나의 의미로 쓰이는 현상을 발견할 수 있다. 가령, 전자로는 현대 국어에서 명사 '높이'에 쓰인 명사 파생 접사 '-이'와 부사 '높이'에 쓰인 부사 파생 접사 '-이'를 예로 들 수 있다. 명사 파생 접사 '-이'는 여러 의미로 쓰인다. 예컨대 '놀이'에서는 '…하는 행위'의 의미를, '구두닦이'에서는 '…하는 사람'의 의미를, '연필깎이'에서는 '…하는 데 쓰이는 도구'의 의미를 나타낸다. 후자로는 현대 국어의 명사 파생 접사 '-이'와 '-음'을 예로 들 수 있다. 중세 국어에서도 명사 파생 접사 '-이'와 부사 파생 접사 '-이'가 존재하였다. 가령, 현대 국어의 '길이'와 마찬가지로 '기리(길- + -이)'의 '-이'는 형용사 어간에 붙어 명사도 만들고 부사도 만들었다. 또한 '-이'는 '사리(살- + -이)'처럼 동사 어간에 붙어 '…하는 행위'의 의미를 나타내기도 하였으나, '…하는 사람', '…하는 데 쓰이는 도구'의 의미를 나타내지는 않았다.

윗글 (1)-(3)은 우리가 흔히 접하는 국어 시험지 양식으로 문학, 독서(비문학), 문법 문제의 본문을 여러분에게 보여드렸습니다. 숨은그림찾기 하는 심정으로 본문에서 공통적으로 제시하고 있는 표현을 찾아봅시다.

다시 한 번 읽어 보고 그것이 무엇인지 찾아볼까요?

찾았나요? 안 보인다고요?
눈을 부릅뜨고 다시 한 번 살펴봅시다. 볼 줄 알면 찾을 수 있습니다.
볼 줄만 안다면 누구나 잘할 수 있는 과목이 국어입니다.
글자까지 똑같은 표현이 있습니다.
그것은 바로?

다음 글을 읽고 물음에 답하시오.

다음 글을 읽고 물음에 답하시오.

국어 시험지에 똑같은 표현으로 반복되는 유일한 문장이 「**다음 글을 읽고 물음에 답하시오.**」입니다. 우리는 이 문장이 의미하는 바를 통해 국어 공부를 어떻게 해야 하는지를 분명히 해야 합니다. 이 문장은 문맹에서만 벗어나면 누구나 문해할 수 있다는 가능성을 보여주고 있거든요. 왜냐하면 「**다음 글을 읽고 물음에 답하시오.**」는 **국어가 '물음'에 '답'하기 위해 읽어야 할 '다음 글'을 선별하는 공부임을 말하기 때문입니다.**

3) 백전백승을 위한 지피지기, '읽어야 할 다음 글'의 정체

지피지기면 백전백승, 읽어야 할 다음 글의 정체

> 다음 글을 읽고 물음에 답하시오.

이제 「다음 글을 읽고 물음에 답하시오」를 더 자세히 살펴봅시다. 우선 **다음 글을 읽고**라고 했는데, 읽어야 할 다음 글이 무엇일까요? 너무 당연한 질문에 어이가 없다구요? 하지만 곰곰이 생각해 봅시다. 여러분이 지금까지 **물음에 답하기 위해 읽었던 글**이 무엇이었는지? 여러분이 지금까지 잘못 알고 있거나, 덜 알고 있는 건 아닌지 생각해 보자구요.

> **물음에 답하기 위해 읽어야 할 다음 글이 무엇일까요?**
> 직접 쓰면서 지금까지 여러분이 물음에 답하기 위해 읽었던 다음 글에 대해 생각해 봅시다.

다음 글은 여러분이 읽기 힘들어 하는 본문만을 말하는 것이 아닙니다. 정답을 맞히기 위해서 읽어야 할 다음 글은 '지문, 어휘 풀이, 줄거리, 지시문, 물음(발문), 보기, 답(선택지)'등입니다. 두 번 말하면 입 아픈 소릴 왜 하냐구요? 그렇지요? 정말 당연한 소린데, 대부분의 학생이 물음에 답하기 위해 읽어야 할 **다음 글**에 **몰입**해서 **전략**적으로 읽지 않기 때문에 하는 소리입니다. 대부분의 학생들은 읽어야 할 **다음 글**의 일부에만 신경을 쓴다는 게 문제이기 때문입니다.

> **다음 글을 읽고 물음에 답하시오.**
>
> 국어란 **다음 글을 읽는** 일이 우선이어야 한다.
> **다음 글을 읽을** 줄 알아야 물음에 답할 수 있다.
> 물음에 답하기 위해 읽어야 할 다음 글을 선별하는 일이 독해이고 감상이다.
> 물음에 답하기 위해 읽어야 할 다음 글을 선별하는 방법을 배우고 익혀야 한다.
> 물음에 답하기 위해 읽어야 할 다음 글에는 지문, 물음, 답, 보기, 어휘 풀이, 줄거리 등이 있다.

4) 다음 글 읽기의 주의사항

물음에 답하기 위한 '다음 글 읽기'의 주의사항

다음 글 → 지문(본문)

물음에 답하기 위해 읽어야 할 **다음 글** 중에서 가장 중요한 것이 본문입니다. **지문(본문)** 읽기에 대한 이야기는 다음 장에서 자세히 다루기로 합니다.

다음 글 → 물음(발문, 문두)

혹시 **문제**를 잘못 읽어서 틀린 경우가 없었나요? 분명히 있었을 겁니다. 학생들이 **오답 선택의 이유**로 부모님과 선생님에게 하는 **변명 1등**이 문제를 잘못 읽었다는 소리입니다. 그러니까 **물음에 답하기 위해서는 물음을 잘 읽어야** 하는 거죠. 그렇다면 물음을 잘 읽는 방법이 무엇일까요?

국어의 발문(물음)은 3단계로 구성돼 있으므로, 이것에 주의해야 오답을 정답이라고 오해하는 일이 없어요.

위 글과 <보기>를 통해 이끌어 낼 수 있는 반응으로 가장 적절한 것은?

위 글과 <보기>를 통해	이끌어 낼 수 있는 반응	가장 적절
발문의 범위	발문의 핵심	발문의 형식적 조건

1. 발문의 범위

국어 문제를 보면 '(가)-(다)에서, (A)에 대한, ⓐ-ⓔ 중에서' 같은 표현이 나옵니다. **물음에 답하기 위해 읽어야 할 다음 글의 범위**를 설정하는 일입니다. 범위 설정을 잘못할 경우는 **물음에 답하기 위해 읽어야 할 다음 글**의 의미를 축소하거나 확장해 분석한 것이 되므로 오답을 낼 수밖에 없습니다. 문제 읽기의 출발이 **읽기의 범위**를 설정하는 일이므로 주의해야 합니다. **당연한 일**이 근본입니다. **근본**에 충실해야 심화, 발전이 가능해요.

2. 발문의 핵심

발문의 핵심은 이른바 문제 유형을 말합니다. 위의 예제에서 말하는 **반응**이 무엇을 의미하는지 알아야 해법의 전략을 수립할 수 있습니다. 만일 반응을 과학에서 말하는 자극에 대한 현상이라고 이해한다면 **발문의 핵심**을 잘못 이해한 것이므로 정답을 선택할 수 없습니다. 이처럼 대부분의 학생들이 무엇을 묻는지 모르는 상태에서 문제를 푸는 경우가 많습니다. 그래서 분석하고 이해해서 답을 선택하는 것이 아니라 감이 오는 선택지를 찍는 일이 많은 겁니다. **발문의 핵심 역시 답하기 위해 읽어야 할 다음 글이라는 사실을 기억해야 합니다.** 발문의 핵심에는 색깔 펜으로 밑줄을 긋고, 동일한 문제유형의 해결 방법을 배워 익혀야 합니다.

긍정형	부정형	가장
적절한 것은?	적절하지 않은 것은?	가장 적절한 것은?

채점 후에 학생들이 많이 하는 말이 하나 더 있습니다. 적절하지 않은 것을 적절한 것으로 잘못 읽고 풀었다는 소리 말입니다. 정확한 답을 내기 위해서는 **다음 글인 문제**를 잘 읽어야 하는데 잘못 읽었다는 거지요. 그러나 그렇게 말하는 건 자신의 바보스러움을 스스로 폭로하는 일입니다. 만일 적절하지 않은 것을 적절한 것으로 봤다면 정답은 네 개일 텐데 그 중 하나만 선택했으니 말입니다. 잊지 맙시다. **물음(발문)도 독해하고 분석해야 할 다음 글입니다.** **가장 적절한 것**이라는 형식은 더 주의해야 합니다. 독서(비문학)보다는 문학에서 **가장 적절한**이라는 표현이 더 많이 쓰입니다. 이런 물음(발문)의 경우 **정답처럼 보이는 매력적 오답**이 있습니다. 발문의 범위, 발문의 핵심을 꼼꼼하게 살핀 후 선택지 모두를 읽고 정답을 선택해야 합니다. 일부 선택지를 읽고 답을 선택한 경우 이후에 나오는 선택지의 정답을 놓칠 수 있기 때문입니다.

이처럼 **물음 역시 본문만큼 중요합니다.** 답하기 위해서 읽어야 할 다음 글에는 본문만 있는 게 아니라 **물음도 있다는 사실을 기억합시다.**

다음 글 → 선택지(답지)

본문과 발문(물음)을 읽는 이유는 **답**하기 위해서입니다. 결과적으로 시험지의 **다음 글**을 읽는 까닭은 **답**을 선택해야하기 때문인 거죠. 따라서 **선택지야말로 가장 잘 분석해야 할 다음 글입니다.** 그러나 본문을 읽는데 힘을 다 쏟았기 때문일까요? 선택지를 쓱 보고 선택하는 경우가 많습니다. 국어의 선택지는 문장으로 구성돼 있고, 문장은 여러 단어들로 짜입니다. 단어는 개념이므로, 문장은 여러 개념이 결합된 완결된 정보입니다. 그래서 **선택지의 특정한 단어로 정답 여부를 판단할 수 없습니다.** 문장 전체의 뜻, 문장 내 정보간의 관계를 고려해서 정답을 선택해야 합니다.

선택지는 **발문의 형식적 조건**에 따라 **적절한 내용**과 **적절하지 않은 내용**으로 나뉩니다. 이때 **적절한 선택지**는 본문에서 제시한 동일한 의미를 이질적으로 표현하고, 적절하지 않은 선택지는 본문과 유사하게 표현하지만 이질적인 의미입니다.

───────────────── 적절한 선택지 ─────────────────

본문

수학적 지식이나 논리학 지식은 중심부 지식의 한가운데 있어 경험에서 가장 멀리 떨어져 있지만 그렇다고 **경험과 무관한 것은 아니라는 것이다.**

진종일
나룻가에 서성거리다
행인의 손을 쥐면 **따뜻하리**라.

선택지

논리학 지식이나 수학적 지식이 중심부 지식의 한가운데에 위치한다고 해서 **경험과 무관한 것은 아니다.**

(가)의 화자는 낯선 **행인에게서 친근감을 기대**하고 있고

동일의미의 이질적 표현

이처럼 적절한 선택지는 본문과 **동일한 의미**를 **이질적 표현**으로 구성합니다. 표의 본문과 선택지의 같은 색은 **동일한 의미**가 **이질적**으로 표현된 것을 말합니다.

────────────────── 부적절한 선택지 ──────────────────

(본문)

현대사회에서도 연민은 커질 수 있으며, **연민의 가치 또한 커질 수 있다.**

내 벗이 몇이나 하니 수석과 송죽이라
동산에 달 오르니 그 더욱 반갑구나
두어라 이 다섯밖에 두어 무엇하리
<제1수>

구름 빛이 좋다하나 검기를 자주 한다
바람 소리 맑다 하나 그칠 적이 많다
좋고도 그칠 적 없기는 물뿐인가 하노라
<제2수>

(선택지)

사회가 위험해지면 **연민은 많아진다.**

화자는 <제1수>에서 **자연물**들을 각각 **대비** 시키고 있어.

유사표현의 이질적 의미

'연민'과 '연민의 가치' 그리고 '많아진다'와 '커진다'는 **유사표현**이지만 **이질적 의미**입니다. '구름, 바람, 물'과 '자연물' 그리고 '좋고도 그칠 적 없기는 물뿐'과 '대비'는 **동일한 의미의 이질적 표현**이지만 이것은 <제1수>가 아니라 <제2수>에 표현됐습니다. 이처럼 국어의 '부절적한 선택지'는 본문에서 제시한 정보를 일부 수정, 교체, 첨가해서 왜곡해 버리거나, 본문에서 제시한 정보 간의 관계를 왜곡하는 방법으로 '유사하게 표현'한다는 사실에 주의해야 합니다.

출제자는 이런 방식으로 선택지를 생성하므로 **물음에 답하기 위해 제대로 읽어야 할 다음 글에서 선택지가 매우 중요**하다는 사실을 기억해야 하겠습니다.

▶ **다음 글→보기**

물음에 **답**하기 위해 읽어야 할 **다음 글**에는 **보기**도 있습니다. 특히 <보기>는 다음 글인 본문을 읽기 전에 먼저 읽어야 하고, 읽은 후에 본문과 관련해 읽으면 물음의 답을 선택하는데 큰 도움을 받을 수 있습니다.

우선 문학의 경우에는 <보기>부터 읽어야 합니다. <보기>가 윗글 감상의 기준과 근거에 해당하는 **준거**이기 때문입니다. **<보기>는 다음 글을 읽기 전에 물음에 답하기 위한 필수 정보를 충분히 제공해 줍니다.** 그러므로 반드시 <보기>의 핵심 정보를 선별한 후 본문을 읽어야 합니다.

고향을 떠난 사람들이 고향을 각박하고 차가운 현실과 대비되는 공간으로 인식하고, 그곳으로 복귀하려는 것을 귀향의식이라고 한다. 이때 고향은 공동체의 인정과 가족애가 살아 있는 따뜻한 공간으로 표상된다. 이들의 기억 속에서 고향은 평화로운 이상적 공간으로 남아 있기도 하다. 그러나 고향으로 돌아가더라도 고향이 변해 있거나 고향이 고향처럼 느껴지지 않을 때 귀향은 미완의 형태로 남게 된다.

오장환의 <고향 앞에서>와 최두석의 <낡은 집>을 한 SET로 묶은 문제의 <보기>입니다. 그중 <고향 앞에서>의 해설과 윗글의 <보기>를 비교해 보기 바랍니다.

이해와 감상의 길잡이

이 시는 <향토 망경시(鄕土望景詩)>라는 제목으로 발표하였다가 <고향 앞에서>로 개제(改題)한 작품이다. 고향이 있어도 그 품에 안길 수 없는 사람은 고향을 잃은 자나 다름없다. 이 상실감은 그 무엇으로도 채울 수 없는 비극적인 것이다. 고향에 대해 가지는 그리움의 정서는 모든 인간에게 가장 근원적이고 보편적인 정서로 마음 속에 깊이 자리잡고 있기 때문이다. 고향은 모든 사람들에게 삶의 안식처요, 인간 존재의 근원이며 포근한 어머니의 품이다. 따라서, 고향을 눈앞에 두고서도 갈 수 없는 화자의 처지는 깊은 회한과 자책을 동반할 수밖에 없다. 화자는 고향 근처의 주막에서 자신이 떠난 동안의 슬픈 고향 소식을 전해 들으며 집집마다 누룩을 띄워 술을 빚는, 전나무 우거진 고향 마을은 이미 이 지상에서 사라지고 없음을 실감한다. 변하지 않는 것은 조상의 무덤밖에 없다. 고향은 고향이로되 그리던 고향은 아닌 것이다. 완전한 고향을 찾지 못하고 고향을 바라보며 떠돌이 장꾼들에게 고향의 정취만이라도 확인하려는 화자의 모습이 눈물겹기만 하다. 독특한 감각적 표현을 바탕으로 고향에 대한 그리움의 정서를 잘 형상화한 시다. 고향을 버리고 살아왔기에 고향이 있어도 갈 수 없는 화자의 쓸쓸한 모습이 선연하게 떠오른다. 고향을 버린 자가 느끼는 정신적 상실감이 당시의 시대적 현실과 결부되어 가슴 아프게 다가온다. 오장환의 시에는 '귀향 회귀(歸鄕回歸)'의 모티프를 가진 작품이 많은데 이 작품도 그 가운데 하나다. 1940년대 많은 사람들이 고향을 버리고 만주와 중국 등지로 떠돌던 우리 민족의 시대적 아픔과 그로 인한 그리움의 정서를 독특한 감각적 표현과 현재법을 사용하여 형상화한 작품이다.

김태형, 정희성 엮음 [현대시의 이해와 감상]-문원각

<보기>와 [현대시의 이해와 감상]의 내용을 비교해 보세요. 앞에서 국어가 해설서와 답지를 제공하는 시험이라고 한 말이 틀림없음을 확인할 수 있을 겁니다. 물음에 답하기 위해서는 다음 글인 물음과 답과 본문 그리고 <보기>를 분석해야 하는 것입니다.

다음 글 → 어휘 풀이

　물음에 답하기 위해 **다음 글을 읽다** 보면 뜻을 모르는 어휘가 제법 많습니다. 그런데 그 뜻을 모르더라도 맥락을 통해 파악할 수 있는 경우가 많은데 유독 특정 어휘의 뜻만 본문 아래 **풀이**해 둔 것을 봅니다. 물음에 답하기 위해 읽어야 할 다음 글에 모르는 어휘가 많은데, 이상하게도 특정한 어휘만 풀이해 두었다면 그 **어휘 풀이는 물음에 답하기 위해 반드시 알아야 하는 뜻**입니다.

선택지	본문	어휘풀이
② '시운'이 '**일락배락**' 하는 것에서 화자는 역사의 영광과 고난을 깨닫고 있다.	어찌하여 시운(時運)이 **일락배락*** 하였는가	* **일락배락**:흥했다가 망했다가.

　선택지는 화자가 **영광과 고난**을 깨닫고 있다고 진술했는데, 이는 본문의 **시운이 일락배락**이라는 표현에 대한 분석입니다. 그런데 일락배락 옆에 *가 붙어 있지요. 그것은 본문 아래 **어휘 풀이**가 있다는 표시입니다. 이 내용은 정철의 <성산별곡>의 일부인데 고전시가 작품에는 도저히 무슨 뜻인지 모르는 어휘가 매우 많이 나옵니다. 그런데, 본문 아래 **어휘 풀이**는 꼴랑 몇 개 안 나와서 낭패입니다. 하지만 이 **꼴랑 몇 개의 어휘 풀이가 물음에 답하기 위해 반드시 읽어야 할 다음 글이라는 사실**을 확인할 수 있습니다. 일락배락은 **흥했다가 망했다가**로 풀이 되는데 선택지와 비교해 보세요. **흥했다**와 **망했다**는 동일한 의미를 가진 **영광**과 **고난**의 **이질적 표현**으로 나타나 있지요. **어휘 풀이**가 없으면 결코 알 수 없는 뜻이 **선택지의 답**으로 자리한 겁니다. 이처럼 **어휘 풀이는 물음에 답하기 위해 읽어야 하는 다음 글 중 하나**입니다.

　우리는 지금까지 국어 시험을 **물음에 답하기 위해 읽어야 할 다음** 글에 관한 것이라고 규정했습니다. 그리고 **읽어야 할 다음 글**에 대해 이야기했습니다. 이것은 마치 올라야 할 산을 정한 후 산세를 먼저 살피고 산에 오를 준비를 하는 일과 비슷합니다. 그런데 오를 산이 매우 높다면 산에 오르기 위한 비장한 각오가 필요합니다. 이처럼 우리도 읽어야 할 **다음 글**이 무엇인지 알았으니 다음 글을 읽을 각오가 필요합니다.

　아무리 국어 시험이 어려워졌다고 해도 물음에 답하기 위한 다음 글의 정체를 알게 된 이상 국어라는 높은 산에 오를 수 있다는 확신을 가지기 바랍니다. 게다가 국어 시험이 평가하는 사고 유형까지 알게 되면, 여러분의 다짐과 각오가 성취와 성과로 실현될 거예요.

5) 식은 죽 먹기보다 쉬운 마음먹은 대로 읽는 다음 글

마음먹은 대로 읽는 다음 글

여러분이 가지고 있는 국어 문제집의 해설서를 보면 **개괄적 정보, 세부 정보, 핵심 정보, 추론적 정보**라는 표현이 있습니다. 이것들은 출제자가 평가하려는 사고력의 유형이자 문제유형이라고 하겠습니다. 이를 누구나 알 만하게 쉽게 표현하면 **개괄적 정보**는 글 전체에서 추려낸 일종의 간추린 내용이고, **세부 정보**는 본문의 특정 정보입니다. 또 **핵심 정보**는 주제, 제목, 논지에 해당하는 내용입니다. **추론적 정보**는 개괄, 세부, 핵심 정보의 관계를 파악하거나, 글 속에 표현된 내용을 근거로 표현되지 않은 내용을 추리하여 이해한 내용입니다. 그러므로 **우리는 다음 글을 전체적으로 간추려 읽고, 특정해 읽고, 중심 내용을 파악하며 읽어야 합니다.** 한마디로 다 읽어야 한다는 겁니다. 국어 시험에는 출제와 무관한 정보를 주지 않으므로, 글의 일부만 읽고 문제를 해결할 수 있다는 희망을 가지는 순간 절망하게 될 것입니다. 따라서 우리는 몰입해야 합니다. 다음 글을 읽기 시작하는 순간부터 다음 글을 다 읽을 때까지 몰입을 유지해야만 물음의 답을 선택할 수 있습니다.

그렇다면 **몰입**을 위한 방법은 무엇일까요?

2. 국어, 전략이 필요할 때
'모든 글의 내용과 형식이 주제에 수렴하고, 모든 문제의 정답은 주제로부터 확산한다.'

국어, 전략이 필요할 때

이제부터는 효율적인 몰입을 위한 **전략**을 알아봅시다. 독해와 감상의 **전략**이 좋으면 국어 공부가 훨씬 수월하기 때문입니다. **물음에 답하기 위해 다음 글을 읽는 일이 국어 공부**라는 사실을 거듭해서 이야기했습니다. 다만 여기에서 말하는 글이란 글자가 아니라 **글 뜻**입니다. 읽는다는 것은 눈이 기호를 인식한다는 점이 아니라 글자가 말하는 뜻을 사고하는 일을 말합니다. 혹시 국어가 어렵다면 **글 뜻**을 이해하는 일을 두고 하는 말일 겁니다. 이제 글 뜻을 가장 쉽게 이해하는 **전략**을 짜 봅시다.

중고교 내신 국어 시험은 보통 서른 문항 전후에서 출제됩니다. 모의고사와 수능은 마흔다섯 문항이 출제되고요. 그런데 이 문제들을 가만히 들여다보세요. 모르고 보면 서른세 문제이고 마흔다섯 문제인데 알고 두면 두 문제밖에 없다는 사실을 깨닫게 돼요.

지금부터 **전략**적 태도로 국어 문제를 살펴봅시다. 두 문제의 정체를 알고 국어 공부를 하는 것이 마흔다섯 문제에 초점을 맞춰 다음 글을 읽는 것보다 훨씬 **전략**적이기 때문입니다.

1) 딸랑 두 문제만 출제하는 국어시험

(1) 딸랑, 내용을 묻다!

먼저 답하기 위해 읽어야 하는 다음 글인 물음(발문)을 살펴보면서 이 문제를 생각해 봅시다.

문학
(가), (나)에 대한 **이해**로 가장 적절한 것은?
'그리움'에 대한 시적 의미를 중심으로 하여 (나)를 감상한 **내용**으로 가장 적절한 것은?
<보기>를 참고하여 (나)를 감상한 **내용**으로 적절하지 **않은** 것은?
화자의 태도를 중심으로 하여 (가) ~ (다)를 감상한 **내용**으로 가장 적절한 것은?
윗글에 대한 **이해**로 적절하지 **않은** 것은?
<보기>는 인물의 이동 경로를 구조화한 것이다. 이를 참고하여 윗글을 이해한 **내용**으로 적절하지 **않은** 것은?

독서(비문학)
윗글의 **내용**과 일치하지 **않는** 것은?
윗글을 바탕으로 할 때, <보기>의 실험에 대한 **이해**로 적절하지 **않은** 것은?
윗글을 바탕으로 할 때, <보기>의 [가]에 들어갈 **내용**으로 적절한 것은?
<보기>는 [A]의 내용을 그래프로 나타낸 것이다. 위 글과 관련지어 이해한 **내용**으로 옳지 **않은** 것은?
㉠과 관련된 **설명**으로 적절한 것은?
<보기>를 읽고 ㉠ ~ ㉤에 대해 추론한 **내용**으로 적절하지 **않은** 것은?

눈치를 챘나요? 물음(발문)에 따라 세부적인 문제 유형이 많긴 하지만, 크게 보자면 국어 문제는 딱 두 개뿐인데 그 중 하나? 아직도 모르겠다면 이번에는 물음에 답하기 위해 읽어야 하는 다음 글 중 하나인 선택지를 살펴봅시다.

<table>
<tr><th>문학</th><th>독서(비문학)</th></tr>
<tr><td>

⑤ 화자는 '손'의 말을 빌려 '주인'을 '진선'에 비유하며 '주인'의 흥취 있는 삶을 흠모하고 있다.

② 1연에서 '눈물의 찌꺼기'가 '남아 빛나고 있다.'는 것으로 보아, 화자가 유년 시절에 대한 부끄러운 감정을 가지고 있음을 알 수 있군.

④ 희준은 갑숙이의 행적에 대해서 안승학보다도 잘 알고 있다.

① 건우 할아버지와 윤춘삼의 이야기에 대한 '나'의 태도로 보아, '나'의 이야기는 조마이섬 사람들에 대한 공감을 담아낸 것임을 알 수 있어.

② '봄이 또 하나 느는 것을 대견하게 생각'하는 것으로 보아, 글쓴이는 과거를 부정하고 미래를 지향하고 있어.

</td><td>

③ '의리천'에서 인간 행위의 자율성이 잘 발휘되면 천의 경지에 도달할 수 있다.

④ 공리주의를 억제하고 도덕적 개인주의를 수용한다.

③ ㉠과 ㉡은 모두 행정 담당자 주도의 정책 결정을 보완하기 위해 도입되었다.

② 찬성 측과 반대 측의 견해가 대립하는 것을 보니, 행정에 대한 주민들의 신뢰가 높아진다는 사실을 확인할 수 있군.

① 문명은 최적의 도전에 대한 성공적 응전에서 나타난다.

④ 모든 음악은 언어로 의미가 전달될 수 있으며, 해석의 명료성이 무엇보다 중요하다.

</td></tr>
</table>

위에서 제시한 **물음과 답**을 통해 **국어의 문제는 내용 이해에 대한 사고력을 평가하는 시험임을 알 수 있습니다.** 결국 국어 시험의 거의 모든 문제는 물음에 답하기 위해 **다음 글의 내용**을 이해하는 일입니다.

(2) 딸랑, 형식을 묻다!

남아 있는 문제 유형이 하나 더 있어요. 찾아볼까요?

<table>
<tr><th>문학</th><th>독서(비문학)</th></tr>
<tr><td>

㉠~㉤에 대한 **설명**으로 적절하지 **않은** 것은?

[A]와 [B]에 대한 **이해**로 적절한 것은?

윗글의 **서술상 특징**으로 가장 적절한 것은

윗글에 대한 **설명**으로 가장 적절한 것은?

</td><td>

윗글에서 사용한 필자의 **글쓰기 전략**으로 적절한 것은?

윗글의 **내용 전개 방식**으로 가장 적절한 것은?

</td></tr>
</table>

어라.... 이번에도 내용을 묻는 문제 같지요? 문학의 발문은 대체로 **설명, 이해**로 표현돼, 내용을 묻는 물음(발문)과 크게 달라 보이지 않기 때문입니다. 하지만 독서(비문학)는 **글쓰기 전략, 내용 전개 방식**이라고 진술돼 있어 발문의 핵심이 다릅니다. 그래서 선택지를 다시 한 번 읽어 보면서 국어의 두 가지 문제 유형을 확실하게 확인합시다.

그새 잊은 건 아니지요? 여러분은 지금 국어의 문제 유형을 크게 보면 두 가지뿐인데, 그 중 하나가 **내용**을 묻는 것이므로 나머지 하나가 무엇인지를 살펴보고 있는 중입니다.

문학	독서(비문학)
배경의 묘사를 통해 인물의 심리를 암시하고 있다. **극적인 반전**을 통해 작품의 분위기를 고조시키고 있다. **공감각적 표현**을 활용하여 현실과 이상의 거리감을 좁히고 있다. **특정 시어를 장음으로** 읽도록 유도하여 시어의 의미와 낭송의 호흡을 조화시키고 있다.	**구체적 증거를 활용하여** 통념이 잘못된 것임을 증명하고 있다. **비유적인 예를 통하여 문제를 제기**하고 이를 반박하고 있다. **상반된 이론을 절충**하면서 논지를 종합하고 있다. **구체적 사례를 활용하여** 내용에 대한 이해를 돕고 있다.

위의 표를 통해 나머지 하나가 글의 **형식**을 묻는 문제 유형이라는 사실을 알 수 있습니다. 이처럼 **국어 문제를 크게 보면 내용과 형식을 묻는 단 두 문제인 것입니다.** 따라서 **물음에 답하기 위해 다음 글을 읽을 때는 다음 글의 내용과 형식을 분석하는 전략적 몰입이 필요합니다.** 명심하세요, 다음 글의 **내용**과 **형식**을 분석해야 합니다.

2) 주제 파악 좀 하고 삽시다

주제 파악 좀 하고 삽시다. 제발

이제 글의 뜻을 가장 쉽게 이해하는 방법에 대해 본격적으로 이야기해 볼게요. 아재개그를 한 마디해 볼까요? '수학을 잘하려면 네 분수를 잘 알아야 하고, 국어를 잘하려면 네 주제를 파악해야 한다.' 이런 말 들어 본 적 있죠. 여러분이 아재는 아니어도 여러 번 들어봤을 만한 말 장난입니다.

그런데 국어를 잘하려는 사람들에게 주제를 파악하라는 말은 결코 말장난이 아닙니다. 국어를 가르치거나 공부하는 이들에게 그 말은 개그는커녕 명언이지요. 우리가 **글을 읽는 궁극적 목적이 작자와 필자가 다음 글에 표현한 주제를 파악하는 일이므로, 다음 글의 내용과 형식을 분석해 주제를 파악하는 일이 국어 공부에 몰입하는 최고의 전략인 거죠.**

읽기에서 주제가 중요한 까닭을 쓰기의 과정을 통해 알아보려고 합니다. 사실 읽기와 쓰기는 따로 떼 내어 이야기할 수 없답니다. 우리가 글을 쓰려고 할 때 제일 먼저 고려하는 일이 주제를 정하는 것입니다. 그러니까 **글쓴이는 주제를 효과적으로 표현하는 것을 가장 중요하게 여기고, 출제자는 가장 중요한 정보를 문제로 내므로 읽는이는 주제를 정확하게 파악하는 것을 가장 중요하게 여겨야 하는 것이지요.**

먼저 일반적인 글쓰기의 단계를 살펴봅시다.

계획하기

1. 글의 **주제**: 예상 독자의 수준, 흥미나 관심, 글의 목적을 고려하여 결정한다.
2. 글의 목적(**주제**): 글의 목적(**주제**)에 따라 글의 종류를 결정한다.
3. 예상 독자: 나이, 성별, 직업, 지식수준을 고려해야 한다. 그리고 대상이 일반 독자인지 특정 독자인지 고려해야 한다.

내용 생성하기

1. 자유로운 사고 과정을 통한 내용 생성

마인드맵: 핵심어를 중심으로 일정한 기준에 따라 생각을 엮어 나가는 방법

브레인 스토밍: 한 가지 **주제**에 대해 정해진 형식이 없이 머릿속에 떠오르는 대로 자유롭게 생각해 보는 방법

2. 자료 수집: **주제**를 뒷받침하는 인터넷 검색 활용하기, 신문, 잡지나 서적 찾아보기, 방송매체 찾아보기 등의 방법을 활용한다.

내용 조직하기

1. 구상한 내용(**주제**)과 수집한 자료들을 정리하고 적절히 배치한다.

2. 일반적으로 개요를 작성하는 단계이다.

3. 개요 : 글 전체의 짜임과 흐름을 한눈에 볼 수 있도록 정리한 것

표현하기

1. 개요에 따라 내용을 적절하게 서술하며 효과적인 표현 방법을 활용하여 글을 쓴다.

2. 유의 사항 : 글의 내용(**주제**)에 맞는 효과적인 문체와 표현 방법을 활용한다.

3. 또 내용을 보조할 자료도 적극 활용한다.

고쳐쓰기

1. 쓴 글이 **주제**, 목적, 독자에 어울리는지를 확인하고 필요하면 글쓰기 계획 또는 개요를 수정하여 글을 쓴다. 고쳐 쓸 때에는 글 전체 **주제**와 관련된 사항을 먼저 점검하고 구체적인 사항을 점검한다.

2. 글의 전체 수준(**주제** 중심)에서 고쳐쓰기 – 문단 수준에서 고쳐쓰기 – 문장, 단어 수준에서 고쳐쓰기

보셨다시피 글쓰기의 시작부터 마지막에 이르기까지 전 과정이 **주제**에 의해 계획하고, 실행하고, 검토하는 일입니다. 글쓰기를 시작하면서 **주제**를 정하고 난 뒤, **주제**에 걸맞은 자료를 수집하고, 수집한 자료 중 **주제**를 잘 뒷받침하기 위한 자료를 선정하고, 선정한 자료가 **주제**를 효과적으로 드러낼 수 있게 구조를 설계하고, 설계한 개요에 따라 글을 쓰고, 쓴 글이 **주제**에 알맞게 쓰였는지 퇴고하는 일이 글쓰기 단계입니다. 이렇게 글쓰기의 전 과정이 **주제**에 수렴하므로 읽기도 **주제** 파악을 위해 집중해야 합니다.

이처럼 글의 내용과 형식이 **주제**에 수렴하므로, 모든 문제의 정답도 **주제**로부터 확산됩니다. 출제자가 할 일이 없어 독해와 감상에 '자잘한' 정보를 묻지 않습니다. 출제자는 글쓴이가 강조한 내용을 독자가 제대로 이해했는지를 묻거든요, 그런 의미에서 모든 **문제의 정답은 글의 핵심 정보인 주제로부터 확산됩니다.** 이렇게 **전략적으로 몰입**해서 **다음 글**의 주제를 파악하고, **주제**를 바탕으로 물음에 답할 수 있는지 알아볼 차례가 됐습니다.

단정적으로 말하자면 문제의 형식, 발문의 표현이 아무리 다양하고, 혹은 선택지의 표현이 아무리 다양해도 그것은 **주제**의 뜻과 일치하든지 불일치하든지 두 경우밖에 없다는 사실입니다.

다음 글을 읽고 물음에 답하시오.

가을 연기 자욱한 저녁 들판으로
상행 열차를 타고 평택(平澤)을 지나갈 때
흔들리는 차창에서 너는
문득 낯선 얼굴을 발견할지도 모른다.
그것이 너의 모습이라고 생각지 말아 다오.
오징어를 씹으며 화투판을 벌이는
낯익은 얼굴들이 네 곁에 있지 않느냐.
황혼 속에 고함치는 원색의 지붕들과
잠자리처럼 파들거리는 TV 안테나들
흥미 있는 주간지를 보며
㉠ <u>고개를 끄덕여 다오.</u>
농약으로 질식한 풀벌레의 울음 같은
심야 방송이 잠든 뒤의 전파 소리 같은
듣기 힘든 소리에 귀 기울이지 말아 다오.
확성기마다 울려 나오는 힘찬 노래와
고속도로를 달려가는 자동차 소리는 얼마나 ㉡ <u>경쾌하냐.</u>
예부터 인생은 여행에 비유되었으니
맥주나 콜라를 마시며
㉢ <u>즐거운 여행을 해 다오.</u>
되도록 생각을 하지 말아 다오.
놀라울 때는 다만
'아!'라고 말해 다오.

보다 긴 말을 하고 싶으면 ⓓ <u>침묵해 다오.</u>
침묵이 어색할 때는
오랫동안 가문 날씨에 관하여
아르헨티나의 축구 경기에 관하여
성장하는 GNP와 증권 시세에 관하여
ⓔ <u>이야기해 다오.</u>
너를 위하여
그리고 나를 위하여.

- 김광규, 「상행(上行)」 -

김광규의 <상행>이라는 시입니다. 이 시의 주제를 검색하면 대체로 일상에 안주하며 **소시민적으로 살아가는 자신의 삶에 대한 반성 혹은 잘못된 근대화에 대한 비판, 독재 권력과 근대화에 대한 비판적 인식과 소시민적 의식에 대한 반성, 소외된 농민의 고통에 무관심한 소시민의 속물적 태도에 대한 비판** 등으로 진술한 것을 확인할 수 있습니다. 어쨌거나 **소시민적 삶에 대한 반성과 시대 비판**이 주를 이루고 있습니다.

대표 유제

<보기>를 바탕으로 시적 화자와 대상과의 관계를 분석했을 때, 적절하지 <u>않은</u> 것은?

> **보기**
>
> 　이 시는, **급속하게 진행되는 산업화의 과정에서 파생된 현실의 부정적 상황을 도외시한 채 쾌락과 이익만을 추구하는 인간 군상에 대한 비판의식**을 드러내고 있다. 시인은 삶에 대한 진지한 고뇌와 자각이 인간의 삶을 좀 더 바람직한 방향으로 전환하게 하는 계기가 됨을 시적 화자의 목소리를 통해 말하고 있다. 이 작품에서의 '너'를 시적 대상이자 청자라고 할 때, 아래와 같이 나타낼 수 있다.

① A는 **개인주의적 태도에 대한 자기 성찰**의 필요성을 '너'에게 일깨워 주고 있다.

② B는 **사회 이면에 존재하는 근본 문제에 대해 고민**하는 인물의 모습을 형상화하고 있다.

③ C는 사회 **현실을 외면한 채 자신의 욕망에만 집착하는 현대인**의 모습을 나타내고 있다.

④ A는 B의 인식 변화를 통해 '너'가 직면하고 있는 현실이 개선될 것으로 기대하고 있다.

⑤ A는 '너'가, C로 대표되는 삶의 유형으로부터 벗어나 **냉철한 인식을 지니도록 요청**하고 있다.

여기에서는 작품을 치밀하게 분석해 감상하지 않아도 됩니다. 우선 **물음에 답하기 위해 읽는 다음 글 중 하나인 <보기>**가 검색을 통해 확인한 **주제**와 비교할 때 거의 같다는 것을 확인했지요? 이처럼 <보기>는 먼저 읽어서 본문의 핵심정보에 대한 단서를 마련해야 할 다음 글이 분명합니다. 그리고 읽어야 할 또 다른 다음 글들인 적절한 내용의 선택지는 표현이 다소 이질적이긴 하나 동일한 의미(주제)에 수렴하고 있다는 사실을 알 수 있습니다. 이 문제의 물음에서 시의 주제를 직접 묻지 않았지만, 결과적으로 적절한 선택지는 모두 주제에 관한 내용입니다. **시인이 시의 모든 내용과 형식을 주제에 수렴시키고, 출제자는 모든 문제의 정답을 주제로부터 확산합니다. 따라서 문제를 푸는 여러분들은 읽을 때는 주제 파악에 초점을 맞추고, 문제를 풀 때는 주제를 기준으로 적절성 여부를 판단해야 합니다.**

3) 삼위일체, 「주제=보기=선택지」

(1) 시 주제 파악, 딸랑 하나만 '화자'

시문학의 주제, <보기>의 외적준거 그리고 선택지의 비교를 통해 시문학 감상에서 주제가 얼마나 중요한지 다시 한 번 확인해 봅시다. 다음 표에서와 같이 이 작품의 주제는 <보기>의 외적준거와 본문과 선택지에서 동일한 의미가 이질적으로 표현되고 있습니다.

주제	<보기>	선택지
'일상에 안주하며 소시민적으로 살아가는 자신의 삶에 대한 반성'	급속하게 진행되는 산업화의 과정에서 파생된 현실의 부정적 상황을 도외시한 채 쾌락과 이익만을 추구하는 인간 군상에 대한 비판의식	개인주의적 태도에 대한 자기 성찰
'잘못된 근대화에 대한 비판',		사회 이면에 존재하는 근본 문제에 대해 고민
'독재 권력과 근대화에 대한 비판적 인식과 소시민적 의식에 대한 반성'		현실을 외면한 채 자신의 욕망에만 집착하는 현대인
'소외된 농민의 고통에 무관심한 소시민의 속물적 태도에 대한 비판'		냉철한 인식을 지니도록 요청

(2) 소설 주제 파악, 딸랑 하나만 '인물'

소설의 **주제** 역시 물음에 답하기 위해 읽는 다음 글을 통해 파악해야 할 중요한 정보일까요? 다음 글을 읽고 주제문을 작성해 봅시다. **글을 쓰고 읽는다는 것은 다음 글의 주요 내용과 형식을 주제에 수렴하는 일입니다. 글을 읽기 시작하면 주제를 파악하기 위해 힘을 쏟아야 합니다.**

다음 글을 읽고 물음에 답하시오.

병국이가 민씨에게 말을 붙였다. / "저, 아저씨."

"오, 자네군. 요즘도 새와 더불어 살고 지내는가?"/ 민 씨가 병국의 깨진 안경을 보았다.

"새와 더불어 살다니?"/ 안경잡이가 민 씨를 보고 물었다.

"공장 폐수가 흘러내려 동진강이 오염되자 철새가 날아오지 않는다잖아."

"나도 신문에서 그런 기사는 읽었어."

"그것도 다 저 친구가 신문사에 자료 제공을 한 걸세."

"그, 제가 부탁한 책 왔어요?"/ 병국이가 민 씨에게 물었다.

"주문서를 띄우긴 띄웠는데 아직 안 왔을걸. 참, 책 이름이 뭐랬지?"

"마거릿 미드 여사가 지은 『조용한 봄』이라구요."

"맞아, 그랬군. 아직 안 왔네. 일주일쯤 후에 한 번 더 들러 주게."

"『조용한 봄』이라, 사춘기 애들이 읽는 연애 소설이겠군."/ 안경잡이가 아는 체했다.

"에끼, 이 사람아. 공해로 인하여 새들이 멸종되는 관찰 기록을 쓴 거라니까, 아마 그렇지?" 민 씨가 병국이를 쳐다보았다.

"안녕히 계셔요."/ 병국은 그 물음에 대답을 않고 되돌아서고 말았다.

병국이가 서점을 나가자 민 씨가 낮은 목소리로 안경잡이에게 말했다.

"저 젊은 친구 말야, 자네 모르나?"

"몰라."

"한때 수재로 소문났잖은가? 외양은 저 꼴을 하고 다녀도 똑똑한 녀석이야. 그런데 그 있잖은가, 대학교 데모로 말일세……."

병국은 정배 형의 학교로 전화라도 한 통 걸까 하고 공중전화 박스를 찾았다. 퇴근 시간 무렵이라 개펄로 같이 나갈 수 있겠느냐고 권해 볼 심산이었다. 그럴 사이 마침 버스 정류소에 도착했고, 웅포리행 차가 와서 올라타고 말았다. 제일 뒷좌석이 비어 있었다. 뒷자리에 앉아 병국은 등받이에 머리를 기대고 눈을 감았다. 그는 잠을 자듯 그렇게 늘어져 있었다. 눈앞에 수백 마리의 도요새 무리가 바다와 하늘 사이 무공 천지를 가르며 점점이 날고 있었다. 날개를 파닥파닥 상하로 쳐대며 바람에 쫓기듯 삐라처럼 남으로 남으로 떠내려가고 있었다. 그런데 병국의 눈앞에 한 마리의 도요새가 무리에서 떨어져 나와 힘없이 처져 날더니 저공으로 떨어져 내려오기 시작했다. 이윽고 낙오된 새는 지쳐 더 날 힘을 잃고 꽃잎 지듯 바다로 향해 떨어졌다. 암흑천지의 밤이었다. 파도는 높았고 바람은 드세었다. 멀리로 깜박깜박 등대 불빛이 보였다. 도요새 무리는 등대 불빛을 향해 곧장 날아가고 있었다. 그러나 어둠 속에 가린 등대의 몸체를 미처 피하지 못한 몇십 마리의 새가 등대벽에 머리를 박고 떨어졌다. 다시 낮이었다. 강 하구와 벼를 베고 난 논바닥에서 도요새 무리가 쉬고 있었다.

하늘 높이 점처럼 떠 있던 매 한 마리가 갑자기 수직으로 쏜살같이 떨어져 왔다. 매는 미처 날 틈을 못 찾고 쫓음 걸음을 하는 도요새 한 마리를 쉽게 포획했다. 포획당한 도요새가 매의 날카로운 발톱에 몸통이 찍힌 채 애처롭게 울 동안 다른 도요새 무리는 재빠르게 창공으로 날아올랐다. 또 사냥꾼이 도요새를 수렵하고, 중금속에 오염된 폐수와 그 폐수 속에 살고 있는 먹이가 도요새의 새로운 적으로 부상되었다. 자유로운 삶의 터를 찾아 고통의 길고 긴 도정 중에 나는 그렇게 낙오되는 도요새가 아닐까. 대열에서 낙오되는 그 수효가 몇백 마리, 아니 몇천 마리 중의 하나일지라도 내가 바로 그 하나가 되어 죽어버린 것이 아닐까. 설령 이렇게 숨쉬며 살아있어도 혼이 빠져버린 가사상태일지도 몰라. 스스로를 괴롭히는 자책이 꼬리를 물고 그의 얼을 뽑았다.

"종점이에요. 손님은 안 내리셔요?"

병국이가 눈을 뜨니 버스 안내원이었다. 버스 안은 비어 있었다.

(중략)

해주집 술청에는 불이 켜져 있었고 가게 문도 반쯤 열려 있었다. 가게 문 안으로 들어서려다 병국은 그만 발걸음을 묶었다. 안에서 아버지의 목소리가 들렸기 때문이었다.

"물론 히, 힘든 문제지요. 그렇다고 이 세월이 세상 끝날까지 갈 건 아니잖아요."

아버지는 벌써 엔간히 취해 있었다.

"아무래도 내 평생 통일은 글렀네. 생이별한 처자식은 영영 못 볼 것 같아. 삼십 년을 하루같이 기다려 오다 백발이 다 된 마당 아닌가. 사람 목숨도 한계가 있는데 살면 언제까지 산다구."

강 회장의 허탈한 목소리였다.

"형님, 역사란 바, 반드시 그렇지만은 않아요. 세상의 변혁이란 아무도 예, 예측을 못 해요."

"에끼, 이 사람아. 마른 땅에 물 고이랴. 남북한 서로가 닮은 점이 있어야지. 평화 통일은 어렵네, 내남 없이 강병책만 일삼으니 언제 가서 형 아우 하고 지낼 것이며, 양보하는 맘들을 가지겠는가."

"허허, 형님도. 요즘 바, 밤잠이 없다 보니깐 한밤중에 문득 잠이 깨지요. 그러면 세상이 온통 쥐, 쥐 죽은 듯 조용하고 깜깜한 게 영 갑갑증이 나서 못 견딥니다. 시간은 또 왜 그렇게 더, 더디게 가는지, 원. 이 생각 저 생각 하다 보면 그만 아주 날이 안 새, 샐 것 같은 맘까지 들거든요. 무, 무슨 재주로 세상이 온통 환해지고 자던 사람을 다 깨워 놓을까, 하고 생각하면 세상 이치가 묘하다 이 말씀입니다. 그러나 어김없이 새, 새벽은 찾아오지요, 이 고비만 넘기면 토, 통일도 그렇게 찾아옵니다. 설령 내가 죽을 때까지 고향 땅 못 밟는다 해도 아들놈은 바, 반드시 이 애비 뼈를 거기다 옮겨 묻어 줄 거예요."

"아우, 자넨 그렇게 새벽같이 통일이 올 거라고 믿는다 이 말이군."

"다른 사람은 관두고라도 형님하고 저하고 매, 맺힌 구천의 한만 합치더라도 하늘이 필경 그 원을 드, 들어줄 겁니다. 새벽이 그렇게 오듯이……."

술집 안으로 들어가 그들 사이에 섞일까 어쩔까 하다가 병국은 무거운 발걸음을 되돌리고 말았다. 저들의 맺힌 한에 그 자신의 말이 아무런 도움이 못 될 것임을 알기 때문이었다.

바다와 하늘은 이제 잔광마저 어둠에 묻혀 지워져 버렸고 저 멀리 장진포 쪽의 등대만이 빤하게 불을 켜고 있었다. 그런데 병국의 눈앞에 홀연히 한 마리의 도요새가 날아올랐다. 도요새의 유연한 비상은 날개를 아래 위로 움직여 나는 날개치기의 비행이 아니었다. 날개를 펼친 채로 기류를 교묘하게 이용하여 나는 돛 역할의 비행이었다. 맞바람의 상승 기류를 타고 동그라미를 그리며 공중 높이 올라갔다가 바람을 옆으로 받아 활공으로 미끄러져 내려오는 섬세한 율동이 눈앞에 잡힐 듯 떠올랐다. 도요새야, 너는 동진강 하구를 떠나 어디에다 새로운 도래지를 개척했느냐? 병국이가 낮은 소리로 중얼거리며 도요새를 따라갔다. 그러자 도요새의 비행은 그의 눈앞에서 곧 사라지고 말았다. 병국은 종점 쪽으로 걸음을 빨리했다.

- 김원일, 「도요새에 관한 명상」 -

내가 생각한 주제:

글을 읽는 궁극적인 목적은 주제를 파악하는 일입니다. 머릿속에 떠올리거나 입으로 웅얼거리지만 말고 주제문을 직접 작성해서 자신의 생각을 정리해 보는 일이 국어 학습의 근간임을 잊으면 안 됩니다. '내가 생각한 주제'와 비교해 가며 오답을 가려내고 정답을 확실하게 선택해 봅시다.

김원일의 <도요새에 관한 명상>은 1970년대 **산업화의 과정에서 개발 독재가 은폐한 환경 오염에 대한 문제와** 우리 **민족의 비극인 분단의 실상**을 드러낸 작품입니다. 새 떼의 집단 폐사를 통해 경제 성장의 논리가 환경을 파괴하는 실상과 **북에 두고 온 가족을 그리워하는 아버지**의 모습을 통해 분단 문제를 다루고 있습니다. 그래서 이 작품의 주제는 **'산업화로 인한 환경 오염 문제 비판과 민족의 비극적 현실에 대한 인식 그리고 문제 해결을 위한 공동체적 해결 방법의 모색'**이라고 할 수 있습니다.

윗글의 다음 문제를 봅시다. 여러분이 읽은 윗글의 내용을 주제와 관련지어 읽으면서 주제와 가장 거리가 먼 선택지를 찾으면 됩니다.

윗글의 인물에 대한 설명으로 적절하지 <u>않은</u> 것은?

① '강 회장'과 **'아버지'는 실향민으로서의 한**을 지니고 있다.
② '민 씨'는 **'병국'의 과거와 현재의 삶**을 드러내는 역할을 한다.
③ '아버지'는 유추의 방법을 활용하여 '강 회장'을 설득하고 있다.
④ **'병국'과 '아버지'는 모두 자신이 처한 현실에 대해 괴로워하고** 있다.
⑤ '병국'은 '아버지'의 말로 인해 자신이 하는 일에 강한 신념을 갖게 된다.

주제	선택지
산업화로 인한 환경 오염 문제 비판과 민족의 비극적 현실에 대한 인식	'아버지'는 실향민으로서의 한 '병국'의 과거와 현재의 삶 '병국'과 '아버지'는 모두 자신이 처한 현실에 대해 괴로워하고

　　시문학과 마찬가지로 내용을 묻는 물음(발문)의 정답은 **주제** 자체이거나 **주제**를 이질적으로 표현하고 있음을 쉽게 확인할 수 있습니다. 그러므로 우리의 **감상은 철저하게 주제의 파악에 초점을 맞춰야 합니다. 국어 문제 유형은 내용과 형식으로 크게 나눌 수 있고, 그것들은 주제에 수렴합니다. 내용을 묻든 형식을 묻든 우리가 정답을 선택하는 근본적인 기준은 핵심정보인 주제인 것이지요.**

(3) 독서(비문학) 핵심정보 파악, 딸랑 하나만 '중심화제의 핵심 속성'

　　이번에는 독서(비문학) 지문을 읽어 봅시다. 비문학은 문제 유형이 다양해서 모든 물음과 답(선택지)이 주제를 직간접으로 표현하지는 않지만 정보의 성격을 고려할 때 핵심정보에 대한 이해 없이 해결할 수 있는 문제는 없습니다. 따라서 **물음에 답하기 위해 읽어야 하는 다음 글인 독서(비문학)도 핵심정보에 해당하는 주제 파악이 매우 중요합니다.**

다음 글을 읽고 물음에 답하시오.

교류분석은 자아 상태라는 개념을 기초로 하여 인간 관계에서 발생하는 의사교류를 분석하는 것이다. 다시 말해 교류분석은 인간의 의사소통을 좀 더 원활히 하기 위한 연구라 할 수 있다. 이 분석을 통해 교류의 당사자들은 자기 자신, 그리고 상대방의 행동과 태도를 인지하고 이해할 수 있는 능력을 향상시킬 수 있기 때문이다. **교류분석의 기본 방법은 자아구조분석과 의사교류분석이다.**

에릭번(Eric Berne)은 욕구와 상황에 따라 개인이 사용하는 **세 가지 자아 상태**가 있다고 가정하였는데, 이 세 가지 자아 상태를 부모자아, 성인자아, 아동자아라고 부른다. 자아구조분석 단계에서는 세 가지 자아 상태의 내용과 기능에 주목한다. 부모자아 상태는 자기 자신 혹은 타인에게 보살피는 자세를 취하거나 가르치려는 자세를 취하는 자아 상태이고, 성인자아 상태는 객관적이며 합리적인 자아 상태이다. 반면에 아동자아 상태는 미숙하고 자기중심적이다.

의사교류분석 단계에서는 앞에서 분석한 자아 상태의 상호 교류를 화살표로 나타내는 연습을 한다. 발신 내용이 보호적이거나 비판적일 때는 부모자아, 사실에 입각해서 사물을 판단하거나 상대에게 냉정히 전달할 때는 성인자아, 감정적·충동적으로 반응하거나 반대로 상대의 기분을 해치지 않으려 할 때는 아동자아 상태에서 교류를 시작하는 것이다. 한편 이렇게 발화된 내용은, 상대에게 지지를 구하거나 원조를 얻으려는 경우는 부모자아, 상대에게 사실이나 정보를 구하거나 전달하는 경우 또는 이성에 의한 합리적 판단을 요구하는 경우는 성인자아, 상대의 감정을 자극하거나 감정에 호소하는 경우, 또는 상대를 약한 자로 대하는 경우는 아동자아로 향하게 된다. **이러한 분석을 통해 타인에 대한 반응 방법을 관찰하고 점차 자신의 비생산적인 교류 방법을 의식적으로 통제할 수 있게 된다. 어떤 주어진 상황에서 이루어지는 교류는 보완적 교류, 교차적 교류, 저의적 교류 중 하나이다.**

보완적 교류는 당신의 어떤 자아 상태가 상대방의 어떤 자아 상태에 보낸 자극에 따라 원하는 반응을 하는 것이다. 즉, 당신의 세 가지 자아 상태와 상대방의 세 가지 자아 상태가 서로의 욕구를 충족시키는 평행선을 이루는 교류다. 이러한 교류는 인정이나 어루만짐이 서로에게 보완적이기 때문에 대화가 계속된다. ㉠ 교차적 교류는 상대방이 원하는 욕구가 무시되거나 잘못 이해되어 나타나는 반응의 교류다. 당신이 원하지 않는 반응을 얻었을 때 당신은 당황할 것이다. 대화는 상대방의 욕구가 무엇인가를 파악하여 이루어져야 한다. 상대방의 욕구를 무시하고 엉뚱한 반응을 하면 대화가 중단된다. 저의적 교류는 이중적인 메시지가 동시에 전달되는 교류를 말한다. 사회적으로 수용되는 의사소통의 이면에 심리적인 의도가 깔려 있는 교류로, 대화하는 사람이 이중적 메시지를 보내는 경우에 해당한다. 또한 동시에 두 가지 자아 상태가 관여한다는 점에서 보완적 교류, 교차적 교류와 다르다.

교류분석은 역기능적 대인 관계의 양상이 왜 생겼고 반복되는지를 설명함으로써 이러한 문제를 발견하고 수정하고자 한다. 이러한 문제는 한번 만들어지면 변화할 수 없는 것이 아니라 노력에 의해서 변화될 수 있는 것이다.

내가 생각한 주제:

주제문을 직접 작성해 보는 것, 설마 빠뜨리지는 않았겠지요. **모든 글의 내용과 형식이 주제에 수렴하므로 모든 문제의 정답은 주제로부터 확산됩니다.** 따라서 독자가 주제 파악을 위해 노력하지 않는 것은 시간과 노력의 낭비라는 점입니다. 윗글은 **인간의 의사소통을 좀 더 원활히 하기 위한 연구인 교류분석을 통해 대인관계에 발생하는 문제의 해결책을 모색**하는 글입니다. 그것이 곧 주제라고 할 수 있겠지요.

대표 유제

윗글을 어떤 질문에 대한 답이라고 할 때, 그 질문으로 가장 적절한 것은?

① 세 가지 자아 상태에는 어떤 것이 있을까?
② 이중적 메시지를 보내면 어떤 결과가 발생할까?
③ 사회적으로 수용되는 메시지에는 어떤 것이 있을까?
④ 사람들 사이에서 대화가 계속되는 이유는 무엇일까?
⑤ **역기능적 대인 관계를 개선하기 위한 방법**은 무엇일까?

우리는 독자로서 주제 파악을 위해 노력했고, 물음의 답을 찾는 이로서 **주제**와 관련된 답을 매우 쉽게 선별해 냈습니다. 한 문제만 더 살펴 본 후 **효과적인** 다음 글의 **주제**를 파악하기 위한 효과적인 읽기의 **전략**을 수립해 봅시다.

다음 글을 읽고 물음에 답하시오.

영국의 역사가 아놀드 토인비는 『역사의 연구』를 펴내며 역사 연구의 기본 단위를 국가가 아닌 문명으로 설정했다. 그는 예를 들어 영국이 대륙과 떨어져 있을지라도 유럽의 다른 나라들과 서로 영향을 미치며 발전해 왔으므로, 영국의 역사는 그 자체만으로는 제대로 이해할 수 없고 서유럽 문명이라는 틀 안에서 바라보아야 한다고 하였다. 그는 문명 중심의 역사를 이해하기 위한 몇 가지 가설들을 세웠다. 그리고 방대한 사료(史料)를 바탕으로 그 가설들을 검증하여 문명의 발생과 성장 그리고 쇠퇴 요인들을 규명하려 하였다.

토인비가 세운 가설들의 중심축은 **'도전과 응전' 및 '창조적 소수와 대중의 모방'** 개념이다. 그에 의하면 환경의 도전에 대해 성공적으로 응전하는 인간 집단이 문명을 발생시키고 성장시킨다. 여기서 중요한 것은 그 환경이 역경이라는 점이다. 인간의 창의적 행동은 역경을 당해 이를 이겨 내려는 분투 과정에서 발생하기 때문이다.

토인비는 이 가설이 단순하게 도전이 강력할수록 그 도전이 주는 자극의 정도가 커지고 응전의 효력도 이에 비례한다는 식으로 해석되는 것을 막기 위해, 소위 '**세 가지 상호 관계의 비교**'를 제시하여 이 가설을 보완하고 있다. **즉 도전의 강도가 지나치게 크면 응전이 성공적일 수 없게 되며, 반대로 너무 작을 경우에는 전혀 반응이 나타나지 않고, 최적의 도전에서만 성공적인 응전이 나타난다는 것이다.**

이렇게 성공적인 응전을 통해 나타난 문명이 성장하기 위해서는 그 후에도 지속적으로 나타나는 문제, 즉 새로운 도전들을 해결해야 한다. 토인비에 따르면, 이를 해결하기 위해서는 그 사회의 **창조적 인물들이 역량을 발휘해야** 한다. 그러나 이들은 소수이기 때문에 응전을 성공적으로 이끌기 위해서는 다수의 대중까지 힘을 결집해야 한다. 이때 대중은 일종의 **사회적 훈련인 '모방'을 통해 그들의 역할을 수행**한다.

물론 모방은 모든 사회의 일반적인 특징으로서 문명을 발생시키지 못한 원시 사회에서도 찾아볼 수 있다. 여기에 대해 토인비는 모방의 유무가 중요한 것이 아니라 **모방의 작용 방향이 중요하다**고 설명한다. 문명을 발생시키지 못한 원시 사회에서 모방은 선조들과 구세대를 향한다. 그리고 죽은 선조들은 살아 있는 연장자의 배후에서 눈에 보이지 않게 그 권위를 강화해 준다. 그리하여 이 사회는 인습이 지배하게 되고 발전적 변화가 나타나지 않는다. 반대로 모방이 창조적 소수에게로 향하는 사회에서는 인습의 권위를 인정하지 않으므로 문명이 지속적으로 성장한다.

내가 생각한 주제:

윗글은 토인비가 주장한 문명의 발생과 성장에 대한 글입니다. 세 번째 문단에서 최적의 도전에 성공적인 응전이 나타나고, 이후 지속적 성장을 위해서는 사회가 사회적 훈련인 모방을 익힌 소수의 창조적 인물을 향해야 한다고 합니다. 글의 핵심 정보를 확인하고 문제를 확인해 봅니다.

대표 유제

윗글에 나타난 '토인비의 견해'에 대한 이해로 적절한 것은?

① **문명은 최적의 도전에 대한 성공적 응전에서 나타난다.**
② 모방의 존재 여부는 문명의 발생과 성장의 기준이 된다.
③ 역사는 국가를 기본 단위로 연구해야 제대로 이해할 수 있다.
④ 환경의 도전이 강력할수록 그에 대한 응전은 더 효과적으로 나타난다.
⑤ 선조에 기대어 기성세대의 권위가 강화되는 사회는 발전적 변화를 겪는다.

역시 **정답은 주제로부터 확산됐습니다.**

이처럼 **국어 시험은 물음에 답하기 위해 다음 글에 몰입하되, 정답 선별을 위한 효율적인 전략으로써 주제라는 마스터키를 활용해야 합니다.** 국어 공부는 이렇게 학습자가 능동적으로 글을 읽고 핵심정보를 선별해야 하는 배움과 익힘의 과정이어야 합니다. 선생님이 다음 글을 먼저 읽고 잘 이해한 내용을 학생이 경청해서 기억하는 공부가 결코 아닌 거죠. 참고서의 밑줄마다 상세하게 풀이한 내용과 형식을 반복해서 읽고 기억하는 공부가 아니라는 사실을 명심하고 또 명심해야 합니다. 학습자가 스스로 다음 글에 제시한 정보를 분석하고 이해하여 문제 상황을 해결하는 추론력을 강화해야 하는 시험인 것입니다. 그러기 위해서 **우리는 다음 글에 몰입해야 하며, 전략적으로 주제를 활용할 수 있어야 합니다.**

> **모든 글의 내용과 형식이 주제에 수렴하고**
> **모든 문제의 정답은 주제로부터 확산된다.**

지금부터가 진짜입니다. 더 **몰입**하되, 더 **전략**적으로 나머지 글을 읽어 주기 바랍니다. 국어 학습법의 핵심인 **주제**가 무엇인지에 집중하면서 말입니다.

글의 핵심정보인 주제를 어떻게 파악해야 할까요? 신속하고 정확하게 주제를 파악하는 방법이 있습니다. 지금부터 그 방법을 이야기할 텐데, 오해와 착각은 금물입니다. 간단하면서도 정확하다고 하니 한 번 '쓱' 보고 '쓱' 들으면 '쓱' 해결할 수 있다고 생각하면 안 됩니다. 여러분의 눈은 다음 글에 **몰입**하고, 여러분의 머리는 주제를 파악하기 위한 **전략**을 활용해야 하며, 여러분의 손은 **주제문을 직접 작성**해야 합니다. 여러분이 **직접 필기구를 들고 독해와 감상의 원리에 따라 읽고 주제문을 작성하는 연습이 꾸준하게 이어질 때 신속하면서도 정확하게 주제를 파악할 수 있습니다.**

화자 중심의 시의 주제 파악

먼저 **주제 파악**을 위한 시문학의 감상은 다음과 같은 절차에 따라 진행해야 합니다.

Step 1
시적 상황 파악하기

시의 **주제**를 파악하기 위한 첫 단계는 **시적 상황**을 파악하는 일입니다. **시적 상황**은 화자 및 대상의 처지를 말합니다. **시적 상황**을 파악해야 시적 화자의 정서와 태도를 구체적으로 확인할 수 있고 시어의 함축적 의미를 이해할 수도 있습니다.

Step 2
시적 화자의 정서 파악하기

정서는 화자의 감정이나 느낌의 상태, 생각을 말합니다. 특히 정서는 시인이 **주제**를 드러내기 위해 화자를 통해 전달하는 시의 핵심정보입니다.

Step 3
시적 화자의 태도 파악하기

시적 상황과 화자의 정서를 파악했다면 시적 화자의 **태도**를 파악해야 합니다. 시적 화자의 태도란 화자의 정서가 표출된 상태로 화자가 인생이나 대상에 갖는 태도를 말합니다. 긍정적인지, 부정적인지, 비판적인지, 우호적인지 등으로 파악할 수 있습니다. 시적 화자의 태도를 파악할 때 비로소 시의 **주제**가 드러납니다.

누가 모른답니까? 이 같은 시 감상의 절차를....

문제는 문학의 감상 원리로써, 문학 개념으로 이 같은 감상 절차를 배우고도 **다음 글**인 시를 스스로 읽고 분석하고 이해해서 **주제문**을 작성해 보지 않는다는 점입니다.

다음 단계에 따라 주제를 파악하는 연습을 해 봅시다.

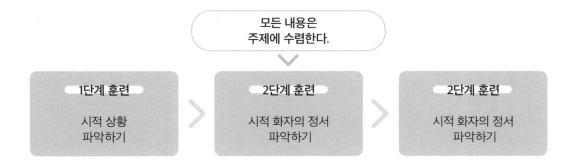

주제를 파악하는 일이 어려운 것이 아니라, 스스로 시도해 보는 일이 어렵습니다. 한 번 해 보면 시문학의 감상이 시시해지는 수준에 금방 이를 수 있습니다.

여러분의 교과서에 수록된 시를 다음과 같은 절차에 따라 감상해 보세요. 이 책에서처럼 표를 만들어 작성할 것도 없습니다. 그냥 여러분의 교과서 **본문에 시적 상황을 쓰고, 그것을 바탕으로 정서와 태도를 파악한 후 주제문을 작성하면 됩니다.**

이 훈련은 그동안 여러분이 선생님의 설명을 받아쓰기하던 수동적 독자에서 벗어나 스스로 이해하고 감상하는 능동적 독자로 나아가는 길입니다.

첫사랑

고재종

흔들리는 나뭇가지에 꽃 한 번 피우려고
눈은 얼마나 많은 도전을 멈추지 않았으랴

싸그락 싸그락 두드려 보았겠지
난분분 난분분 춤추었겠지
미끄러지고 미끄러지길 수백 번,

바람 한 자락 불면 휙 날아갈 사랑을 위하여
햇솜 같은 마음을 다 퍼부어 준 다음에야
마침내 피워 낸 저 황홀 보아라

봄이면 가지는 그 한 번 덴 자리에
세상에서 가장 아름다운 상처를 터뜨린다   -《쪽빛 문장》

✄ 어휘 풀이
난분분(亂紛紛) 눈이나 꽃잎 따위가 흩날리어 어지러움.
햇솜 당해에 새로 난 솜.

✄ **다음 절차에 따라 작품을 감상해 봅시다.**

step1

시적 상황: 화자 및 대상의 처지를 분석해 써 봅시다.	
근거가 되는 시어 및 시구	
시적 상황	

step2

화자의 정서 및 태도: 화자의 내면 심정(마음, 심리), 대상 혹은 상황에 대한 태도를 분석해 써 봅시다.	
근거가 되는 시어 및 시구	1. 2. 3.
화자의 정서 및 태도	1. 2. 3.

시의 **주제문은 화자와 시적 대상이 놓인 처지에서 느끼는 화자의 정서와 태도**입니다.

문학을 수학 공식처럼 표현하긴 어렵지만 주제문 작성을 위한 훈련을 반복하기 위해 다음과 같은 공식으로 작성해 보기 바랍니다.

step3

시의 주제 = 시적 상황 + 화자의 정서 및 태도	
주제:	

인물 중심의 주제문 파악

다음으로 **주제** 파악을 위한 소설문학의 감상은 다음과 같은 절차에 따라 진행해야 합니다.

Step 1
인물의 성격 파악하기

시의 **주제**가 화자를 중심으로 표현된다면 소설의 **주제**는 사건의 핵심에 놓여 있는 인물을 통해 형상화됩니다. 인물은 외부에서의 관찰 대상이면서 동시에 내적 속성을 지닌 대상이기도 합니다. 이러한 내적 속성을 지닌 대상이 바로 **성격**이라고 할 수 있는데, 소설 감상의 출발은 바로 인물의 성격 파악에 있습니다.

Step 2
인물의 심리 파악하기

대화와 행동을 통해 드러나는 인물은 **심리** 상태에 따라 대화의 성격이나 행동이 다르게 나타납니다. 이처럼 소설 속 인물은 자신의 **심리** 상태에 따라 일정한 행위를 하게 되므로, 소설을 제대로 감상하려면 인물의 **심리** 파악이 중요합니다. 소설의 **주제**는 **주동인물 및 반동인물의 성격과 심리** 그 자체라고 해도 과언이 아닌 겁니다.

Step 3
사건과 갈등 파악하기

인물의 성격과 심리를 파악한 후에는 그것들을 중심으로 **사건의 흐름과 갈등**을 파악하는 일이 중요합니다. 소설은 갈등의 문학인 만큼 다음 글인 소설을 읽을 때에는 그 작품에서 갈등의 원인이 무엇인지, 또 갈등이 어떻게 심화되는지, 그리고 그 갈등이 어떻게 해결되는지를 파악하며 읽을 때 **주제**를 파악할 수 있습니다.

이때 소설의 사건은 일정한 구조에 따라 제시됩니다. 우리가 그동안 소설을 인물을 중심으로 읽은 것은 소설의 사건이 특정 인물을 중심으로 한 **갈등**과 관련해 제시된다는 점 때문이었습니다. **사건의 흐름을 통해 갈등이 전개되는 양상**을 파악해야 **주제**를 이해할 수 있습니다.

이 또한 여러분이 모를 리 없겠지요? 다만 이 같은 소설 감상의 절차에 따라 지속적이고 적극적인 이해와 감상 훈련을 한 적이 없거나 드물겠지요. 하지만 시의 감상에서처럼 문학의 감상 원리로, 문학의 개념으로 배웠지만 **다음 글인** 소설을 읽고 **주제문**을 작성해 보지 않는다는 점이 문제입니다. 이제 한 번 해 봅시다. 소설도, 시처럼 읽어서 머리로 알게 된 것을 가슴으로 느겼다면 손발로 실행해야 합니다. 읽어서 머리로 알고 가슴으로 느끼는 것이 배움이라면 손발로 실행하는 일은 익힘입니다. 공부를 잘하는 친구들은 배운 것을 익히기 위한 절차에 성실합니다. 공부를 잘하고 싶은 친구들이라면 배운 것을 손발로 실행하는 훈련을 꾸준히 해야 합니다.

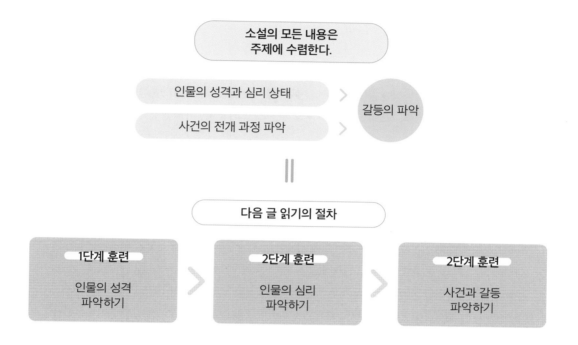

주제를 파악하는 일이 어려운 것이 아니라, 스스로 시도해 보는 일이 어렵습니다. 한 번 더 강조합니다. 이 같은 훈련을 지속적으로 할 경우 소설의 감상이 소소해지는 수준에 이를 수 있습니다. 시는 시시하게, 소설은 소소하게 읽는 경지에 오르기 위해 스스로 읽어 분석하고 이해한 것을 반드시 글로 써 봅시다.

여러분의 교과서에 수록된 소설을 다음과 같은 절차에 따라 감상해 봅시다. 여러분의 교과서, 평가문제집 본문에 **인물의 성격과 심리**를 직접 써 보고, 그것을 바탕으로 **사건과 갈등**을 파악한 후 **주제문을 작성**하면 됩니다.

이 훈련은 여러분이 그동안 선생님의 설명을 받아쓰기하던 수동적 독자에서 벗어나 스스로 이해하고 감상하는 능동적 독자의 지위로 스스로 향하는 길입니다. 비로소 여러분은 공부 당하지 않고 스스로 공부하는 사람이 됩니다.

복덕방

이태준

안 초시는 한나절이나 화투패를 떼다 안 떨어지면 그 화풀이로 박희완 영감이 들고 중얼거리는 『속수국어독본』을 툭 채어 행길로 팽개치며 그랬다.

"넌 또 무슨 재술 바라구 밤낮 화투패나 떨어지길 바라니?"

"난 심심풀이지."

그러나 속으로는 박희완 영감보다 더 세상에 대한 야심이 끓었다. 딸이 평양으로 대구로 다니며 지방 순회까지 하여서 제법 돈냥이나 걷힌 것 같으나 연구소를 내느라고, 집을 뜯어고친다, 유성기를 사들인다, 교제를 하러 돌아다닌다 하느라고, 더구나 귀찮게만 아는 이 아비를 위해 쓸 돈은 예산에부터 들지 못하는 모양이었다.

"얘? 낡은 솜이 돼 그런지, 삯바느질이 돼 그런지 바지 솜이 모두 치어서 어떤 덴 홑옷이야. 암만해두 샤쓸 한 벌 사입어야겠다."

하고 딸의 눈치만 보아 오다 한번은 입을 열었더니,

"어련히 인제 사 드릴라구요."

하고 딸은 대답은 선선하였으나 셔츠는 그해 겨울이 다 지나도록 구경도 못 하였다. 셔츠는커녕 안경다리를 고치겠다고 돈 1원만 달래도 1원짜리를 굳이 바꿔다가 50전 한 닢만 주었다. 안경은 돈을 좀 주무르던 시절에 장만한 것이라 테만 오륙 원 먹는 것이어서 50전만으로 그런 다리는 어림도 없었다. 50전짜리 다리도 있지만 살 바에는 조촐한 것을 택하던 초시의 성미라 더구나 면상에서 짝짝이로 드러나는 것을 사기가 싫었다. 차라리 종이 노끈인 채 쓰기로 하고 50전은 담뱃값으로 나가고 말았다.

"왜 안경다린 안 고치셌어요?"

딸이 그날 저녁으로 물었다.

"흥……."

초시는 말은 하지 않았다. 딸은 며칠 뒤에 또 50전을 주었다. 그러면서 어떻게 들으라고 하는 소리인지,

"아버지 보험료만 해두 한 달에 3원 80전씩 나가요."

하였다. 보험료나 타 먹게 어서 죽어 달라는 소리로도 들리었다.

"그게 내게 상관있니?"

"아버지 위해 들었지, 누구 위해 들었게요 그럼?"

초시는 '정말 날 위해 하는 거면 살아서 한 푼이라두 다오. 죽은 뒤에 내가 알 게 뭐냐' 소리가 나오는 것을 억지로 참았다.

"50전이문 왜 안경다릴 못 고치세요?"

초시는 설명하지 않았다.

"지금 아버지가 좋고 낮은 것을 가리실 처지야요?"

그러나 50전은 또 마코* 값으로 다 나갔다. 이러기를 아마 서너 번째다.

"자식도 소용없어. 더구나 딸자식…… 그저 내 수중에 돈이 있어야……"

초시는 돈의 긴요성을 날로날로 더욱 심각하게 느끼었다.

(중략)

초시는 이날 저녁에 박희완 영감에게서 들은 이야기를 딸에게 하였다. 실패는 했을지라도 그래도 십수 년을 상업계에서 논 안 초시라 출자(出資)를 권유하는 수작만은 딸이 듣기에도 딴 사람인 듯 놀라웠다. 딸은 즉석에서는 가부를 말하지 않았으나 그의 머릿속에서도 이내 잊혀지지는 않았던지 다음 날 아침에는, 딸 편이 먼저 이 이야기를 다시 꺼내었고, 초시가 박희완 영감에게 물은 이상을 시시콜콜히 캐어물었다. 그러면 초시는 또 박희완 영감 이상으로 손가락으로 가리키듯 소상히 설명하였고 1년 안에 청장*을 하더라도 최소한도로 50배 이상의 순이익이 날 것이라 장담 장담하였다.

딸은 솔깃했다. 사흘 안에 **연구소 집**을 어느 신탁 회사에 넣고 3천 원을 돌리기로 하였다. 초시는 금시발복*이나 된 듯 뛰고 싶게 기뻤다.

"서 참위 이놈, 날 은근히 멸시했것다. 내 굳이 널 시켜 네 집보다 난 집을 살 테다. 네깟 놈이 천생 가쾌*지 별거냐……"

그러나 신탁 회사에서 돈이 되는 날은 웬 처음 보는 청년 하나가 초시의 앞을 가리며 나타났다. 그는 딸의 청년이었다. 딸은 아버지의 손에 단 1전도 넣지 않았고 꼭 그 청년이 나서 돈을 쓰며 처리하게 하였다. 처음에는 팩 나오는 노염을 참을 수가 없었으나 며칠 밤을 지내고 나니, 적어도 3천 원의 순이익이 오륙만 원은 될 것이라, 만 원 하나야 어디로 가랴 하는 타협이 생기어서 안 초시는 으슬으슬 그, 이를테면 사위 녀석 격인 청년의 뒤를 따라나섰다.

1년이 지났다.

모두 꿈이었다. 꿈이라도 너무 악한 꿈이었다. 3천원 어치 땅을 사놓고 날마다 신문을 훑어보며 수소문을 하여도 거기는 축항*이 된단 말이 신문에도, 소문에도 나지 않았다. 용당포(龍塘浦)와 다사도(多獅島)에는 땅값이 30배가 올랐느니 50배가 올랐느니 하고 졸부들이 생겼다는 소문이 있어도 여기는 감감소식일 뿐 아니라 나중에 역시 이것도 박희완 영감을 통해 알고 보니 그 관변 모 씨에게 박희완 영감부터 속아 떨어진 것이었다. 축항 후보지로 측량까지 하기는 하였으나 무슨 결점으로인지 중지되고 마는 바람에 너무 기민하게 거기다 땅을 샀던, 그 모 씨가 그 땅 처치에 곤란하여 꾸민 연극이었다.

돈을 쓸 때는 1원짜리 한 장 만져도 못 봤지만 벼락은 초시에게 떨어졌다. 서너 끼씩 굶어도 밥 먹을 정신이 나지도 않았거니와 밥을 먹으러 들어갈 수도 없었다.

"재물이란 친자 간의 의리도 배추 밑 도리듯 하는 건가?"

탄식할 뿐이었다. 밥보다는 술과 담배가 그리웠다. 물론 안경다리는 그저 못 고치었다. 그러나 이제는 50전짜리는커녕 단 10전짜리도 얻어 볼 길이 없다.

추석 가까운 날씨는 해마다의 그때와 같이 맑았다. 하늘은 천 리같이 트였는데 조각구름들이 여기저기

널리었다. 어떤 구름은 깨끗이 바래 말린 옥양목*처럼 흰빛이 눈이 부시다. 안초시는 이번에도 자기의 때 묻은 적삼 생각이 났다. 그러나 이번에는 소매 끝을 불거나 떨지는 않았다. 고요히 흘러내리는 눈물을 그 더러운 소매로 닦았을 뿐이다.

*마코: 일제 강점기 때의 담배 이름.
*청장: 장부를 청산한다는 뜻으로, 빚 따위를 깨끗이 갚음을 이르는 말.
*금시발복: 어떤 일을 한 다음 이내 복이 돌아와 부귀를 누리게 되는 것.
*가쾌: 집 흥정을 붙이는 일을 직업으로 가진 사람.
*축항: 항구를 구축함. 또는 그 항구.
*옥양목: 빛이 썩 희고 얇은 무명의 한 가지.

✕ **다음 절차에 따라 작품을 감상해 봅시다.**

step1

	심리, 관계	근거가 되는 대화, 서술
주동인물		
중심인물		

step2

	성격, 태도	근거가 되는 대화, 서술
주동인물		
반동인물		

step3

사건과 갈등, 인물 관계	인물의 성격 및 심리, 태도를 분석한 후 갈등을 중심으로 인물 간의 관계를 파악해 봅시다.
주동인물	주인공의 심리, 성격 태도+갈등의 원인과 해서
반동인물	

어려운 게 아니라 낯선 것일 뿐입니다. 할 수 없었던 게 아니라 하지 않았던 것뿐이지요. 이제 **물음에 답하기 위해 다음 글의 핵심정보인 주제를 스스로 파악하는 훈련을 해야 합니다.** 여러분 뇌가 신경세포의 연결을 촉진해서 여러분이 똑똑해지는 놀라운 경험을 하게 될 것입니다. 국어 공부는 여러분의 머리를 좋아지게 할 수 있습니다.

화제와 화제에 대한 속성을 중심으로 한 주제 파악

마지막으로 독서(비문학) 지문을 논리적 절차에 따라 읽고 핵심정보인 **주제**를 파악하는 훈련법을 알아봅시다. 최근에는 시중의 평가 문제집에 문단의 중심문장을 직접 적고 글 전체의 **주제**를 파악해 적을 수 있게 구성한 경우를 더러 볼 수 있습니다. 그러나 학습자들은 독해의 단계적 훈련을 할 수 있는 그런 문제집을 사 놓고도 문제만 풀 뿐 **물음에 답하기 위해 읽는 다음 글**을 능동적으로 분석하고 이해하는 일을 게을리 합니다. 그래서 **다음 글**을 읽어도 무슨 소리인지 모르고 물음에 답하는 과정에서 끊임없이 다음 글을 다시 읽는 문제가 생기는 겝니다. **다음 글을 읽고 물음에 답하는** 것이 문제를 푸는 절차이지, 물음에 답하고 다음 글을 읽지 않습니다. 다음 글을 스스로 분석하고 이해할 줄 알면 문제의 답은 쉽게 선별할 수 있는 것입니다.

거듭해서 강조하고 있습니다. 우리가 다음 글**을 읽을 때 가장 중요한 활동은 핵심 정보를 이해하는 일**입니다. 이해하려면 사실을 바탕으로 확인하는 일이 우선입니다. 그래서 독해의 과정을 볼 때, 중심 내용 파악하기는 **문장의 중심 내용 파악하기와 문단의 중심 내용 파악하기, 글 전체의 중심 내용 파악하기**로 구분해 볼 수 있습니다. 글 전체의 중심 내용 파악하기가 우리가 다음 글을 읽는 목적인 **주제** 파악입니다.

이 역시 어려운 일이 아닙니다. 가장 먼저 해야 할 국어 공부이고, 늘 해야 하는 국어 공부이며, 마지막까지 해야 하는 일입니다. 대부분의 우리는 몰라서 안 하는 것이 아니라, 아는 데 안 되는 경우가 많습니다.

독해의 절차

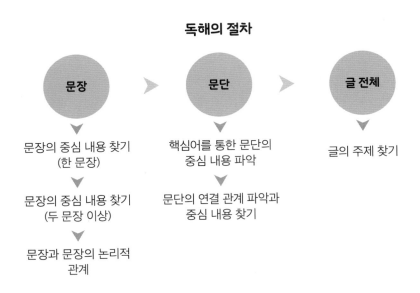

독해의 절차를 더 세분화해 훈련하는 방법을 안내할 수도 있으나, 지면의 한계도 있거니와 이 정도의 방법으로 익히기만 해도 핵심정보를 이해하는 데에 충분합니다. 다음 글을 독해의 절차에 따라 분석해 봅시다.

*다음 글을 절차에 따라 분석해 봅시다.

수요의 법칙에 따르면 어떤 상품의 가격 변화에 따라 그 상품의 수요량은 변화한다. 수요의 가격 탄력성은 가격이 변할 때 수요량이 변하는 정도를 나타내는 지표다. 가격 변화에 따른 수요량의 변화가 민감하면 탄력적이라 하고, 가격 변화에 따른 수요량의 변화가 민감하지 않으면 비탄력적이라고 한다.

수요의 가격 탄력성에 영향을 주는 대표적인 요인에는 세 가지가 있다. 첫째, 대체재의 존재 여부이다. 어떤 상품에 밀접한 대체재가 있으면, 소비자들은 그 상품 대신에 대체재를 사용할 수 있으므로 그 상품 수요의 가격 탄력성은 탄력적이다. 예를 들어 버터는 마가린이라는 밀접한 대체재가 있기 때문에 버터 가격이 오르면 버터의 수요량은 크게 감소하므로 버터 수요의 가격 탄력성은 탄력적이다. 반면에 달걀은 마땅한 대체재가 없으므로, 달걀 수요의 가격 탄력성은 비탄력적이다. 둘째, 필요성의 정도이다. 필수재 수요의 가격 탄력성은 대체로 비탄력적인 반면에, 사치재 수요의 가격 탄력성은 대체로 탄력적이다. 예를 들어 필수재인 휴지의 가격이 오르면 아껴 쓰기는 하겠지만 그 수요량이 급격하게 줄어들지는 않는다. 그러나 사치재인 보석의 가격이 상승하면 그 수요량이 감소한다. 셋째, 소득에서 지출이 차지하는 비중이다. 해당 상품을 구매하기 위한 지출이 소득에서 차지하는 비중이 높을수록 수요의 가격 탄력성은 커진다. 소득에서 차지하는 비중이 큰 상품의 가격이 인상되면 개인의 소비 생활에 지장을 초래할 수 있으므로 그만큼 가격 변화에 민감하게 반응할 수밖에 없다.

그렇다면 수요의 가격 탄력성은 어떻게 계산할 수 있을까? 수요의 가격 탄력성은 수요량의 변화율을 가격의 변화율로 나눈 값이다.

수요의 가격 탄력성

$$= \frac{\text{수요량의 변화율}}{\text{가격의 변화율}}$$

$$= \frac{\text{수요량의 변화분/기존 수요량}}{\text{가격의 변화분/기존 가격}}$$

예를 들어 아이스크림 가격이 10% 인상되었는데, 아이스크림 수요량이 20% 감소했다고 하자. 이 경우 수요량의 변화율이 가격 변화율의 2배에 해당하므로 수요의 가격 탄력성은 2가 된다. 일반적으로 수요의 가격 탄력성이 1보다 크면 탄력적, 1보다 작으면 비탄력적이라 하고, 수요의 가격 탄력성이 1이면 단위 탄력적이라 한다.

수요의 가격 탄력성은 총수입에 큰 영향을 미친다. 총수입은 상품 판매자의 판매 수입이며 동시에 상품에 대한 소비자의 지출액인데, 이는 상품의 가격에 거래량을 곱한 수치로 산출할 수 있다. 일반적으로 수요의 가격 탄력성이 비탄력적인 경우 가격이 상승하면 총수입도 증가하지만, 수요의 가격 탄력성이 탄력적인 경우 가격이 상승하면 총수입은 감소한다.

예를 들어 어느 상품의 가격이 500원에서 600원으로 20% 상승할 때 수요량이 100개에서 90개로 10% 감소했다면, 이 상품 수요의 가격 탄력성은 비탄력적이다. 이때 총수입은 상품의 가격에 거래량을 곱한 수치이므로 가격 인상 전 50,000원에서 인상 후 54,000원으로 4,000원 증가하게 되는 것이다. 그러므로 수요의 가격 탄력성을 파악하는 것은 판매자에게 매우 중요한 일이다.

중심화제	

문단의 중심 내용	
1문단	
2문단	
3문단	
4문단	
5문단	
주제문	

문단의 중심 내용 정리를 보지 않고 다음을 작성해 봅시다.
몰입의 힘을 기르기 위한 훈련입니다.
본문의 정보를 자유롭게 정리해 봅니다. 마인드맵, 표 등을 활용해 정보를 구조화해 봅시다.

독서(비문학)의 **주제문**은 **중심화제에 대한 핵심적인 개념, 견해, 이론과 법칙, 관점, 특성**으로 표현할 수 있습니다. 제재의 성격에 따라 핵심 정보가 달라질 수 있는데 다음을 참고하면 보다 쉽게 핵심정보인 **주제문**을 직접 적을 수 있습니다.

먼저, 인문학 제재입니다. 종합대학의 인문대학을 생각해 보면 쉽습니다. 인문 제재에서는 심리, 철학, 윤리, 지리, 역사… 등을 다룹니다. 인문학이란 인간과 인간의 삶에 대한 통찰을 다루는 학문으로 여기에는 **인문학자들의 인간과 인간 삶의 본질에 대한 견해**와 그것을 **개념화 한 특정 용어의 의미**가 핵심입니다. 출제자는 본문에 진술한 **인문학자들의 인간과 인간 삶의 본질에 대한 견해와 개념화한 특정 용어의 의미**를 제대로 이해했는지에 대해 출제하므로 우리는 여기에 방점을 두며 읽고 이해해야 하겠습니다. 그것이 곧 **주제**입니다.

다음으로, 사회학 제재에서는 정치, 경제, 외교, 언론, 환경, 인구… 등을 다룹니다. 특히 사회 현상을 학문적으로 고찰하고, 사회의 온갖 문제를 인식해 해결책을 제시하는 학문입니다. 수능 국어의 기출 문제를 살펴보면 출제자가 포커스를 맞춰 출제하는 내용은 사회 현상에 대한 **사회 과학적 이론과 사회 과학적 이론에 토대를 둔 사회적 문제점에 대한 해결책**이므로 수험생은 이러한 내용에 특히 유의해야 합니다. 그것이 곧 **주제**입니다.

자연과학 제재에서는 물리, 화학, 생명 과학, 천문학… 등을 다룹니다. 이 제재에 이르면 동공이 확대되고 맥박이 빨라지는 걸 느낄 정도로 어려운 지문이 많죠. 과학 제재의 포커스는 **과학 원리, 이론, 법칙**입니다. 실제 이 제재에서는 무슨무슨 '론, 원리, 이론, 설, 현상, 법칙'이라는 용어가 흔히 쓰입니다. 또한 그런 원리를 논리적으로 뒷받침하기 위해 **전제, 가설, 실험** 등이 나옵니다. 당연히 출제의 포커스는 **과학 원리, 이론, 법칙과 전제, 가설, 실험**이지요. 그것이 곧 주제입니다. 과학 제재는 글자만 읽어서는 절대 정답을 낼 수 없습니다. 글뜻을 이해하는 능력이 필요하지요. 때문에 우리는 평소 다음 글을 이해하기 위해 사고력을 길러야 하는 겁니다.

기술공학 제재는 과학 제재와 유사한 속성이 있습니다만 구별됩니다. 자동차, 항공, 전자, 통신, 건축, 기계… 등을 다룹니다. 과학이 이론, 원리 자체를 목적으로 한다면 기술은 그것들을 수단으로 삼아 상품, 제품, 장치를 개발하는 것이 목적이지요. 그래서 기술 제재의 핵심은 **기술적**

방법과 그것을 제품, 상품, 장치, 구조물 등에 **적용, 응용, 사용, 활용**한 것입니다. 출제의 포커스는 **방법과 적용**인 것이지요. 그것이 곧 **주제**입니다.

독서의 마지막 제재는 예술학입니다. 영화, 연극, 음악, 미술, 사진… 등을 다루는 이 제재의 주요 소재는 '예술가, 작품, 특정 예술 장르'입니다. 출제자가 포커스로 삼는 정보는 예술가, 작품, 장르에 나타난 **예술관**과 **창작 경향(창작 기법)**입니다. 틀림없이 이 같은 내용을 출제의 핵심으로 삼는 것입니다. 그것이 곧 **주제**입니다.

간단하게 정리하자면 다음과 같습니다.

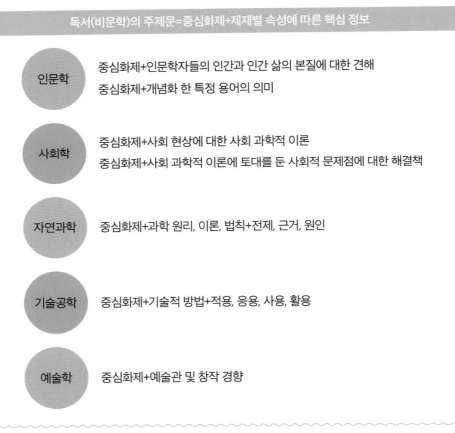

독서(비문학)의 주제문=중심화제+제재별 속성에 따른 핵심 정보

인문학
중심화제+인문학자들의 인간과 인간 삶의 본질에 대한 견해
중심화제+개념화 한 특정 용어의 의미

사회학
중심화제+사회 현상에 대한 사회 과학적 이론
중심화제+사회 과학적 이론에 토대를 둔 사회적 문제점에 대한 해결책

자연과학
중심화제+과학 원리, 이론, 법칙+전제, 근거, 원인

기술공학
중심화제+기술적 방법+적용, 응용, 사용, 활용

예술학
중심화제+예술관 및 창작 경향

지금까지 제재의 성격을 고려한 독해의 핵심 선별법을 일러 드렸습니다.

공부가 배움에 그치면 성취하지 못합니다. **배운 것을 익히면서 성장과 성숙을 거듭하며 성취하는 일이 공부**이기 때문입니다. 다시 당부합니다. 알긴 알겠는데 쓰려고 하니까 막상 어떻게 써야 할지 모르겠다는 변명은 이제 더 이상 하면 안 됩니다. 여러분이 이 책을 읽고 있는 이유는 국어 공부를 어떻게 해야 하는지 몰라서가 아니라 그동안 알고도 안 했기 때문입니다. **배운 것을 익힐 때에 공부가 비로소 되는 겁니다.**

머릿속에, 입에 떠오르고 웅얼거려지는 생각을 직접 표현해야 여러분의 읽기 능력이 강해집니다.

> 핵심정보
> 주제문

우리는 지금까지 **물음에 답하기 위해 다음 글의 내용과 형식이 주제에 수렴하고, 모든 문제의 정답이 주제로부터 확산된**다는 사실을 확인해 왔습니다. 다음 글을 분석하는 더 구체적인 방법과 더 좋은 방법이 있을 수도 있습니다. 그러나 아무리 대단한 방법도 여러분이 직접 해 보지 않으면 소용없습니다. 보검(寶劍)이 칼집에 들어있기만 하다면 그것은 도축장의 도(刀)보다 못한 것일 테지요.

3. 국어, A와 1등급을 기약할 때
동일한 의미의 이질적 표현, 유사 표현의 이질적 의미

다음 글에 몰입한 결과로 여러분은 글의 핵심정보인 주제문을 **전략**적으로 이해할 수 있게 됐습니다. 이런 노력을 거듭했다면 이제 여러분이 원하는 결과를 기약할 수 있습니다. 그래서 이 책에서 안내하는 국어 학습법의 마지막은 **성취도 A와 내신 및 수능에서 1등급을 기약하는 방법**입니다.

글을 쓰기 전, 글을 쓸 때, 글을 쓰고 난 후 퇴고할 때 가장 중요하게 생각하는 것이 글의 **통일성**입니다. 앞서 모든 글의 내용과 형식이 주제에 수렴한다고 했는데 이것이 통일성과 관련이 있습니다. 통일성이란 글의 다양한 요소들이 글 전체 속에서 하나로 파악되는 성질이기 때문입니다. 다시 말하자면 **물음에 답하기 위해 읽을 다음 글의 내용이 주제를 향하여 수렴하도록 하는 성질**을 의미하는 것입니다. 글의 **통일성**을 확보하기 위해서는 한 문단을 이루고 있는 문장들은 문단의 중심 내용과 직접적인 관련이 있어야 하며, **주제와 연관성**이 없는 내용이 포함될 경우 통일성이 없으므로 삭제하거나 수정해야 합니다. 얼핏 독서(비문학)만 그런 것 같지만 문학도 마찬가지입니다. **시문학의 경우 시어의 함축적 의미, 시적상황, 화자의 정서와 태도, 시어의 이미지, 어조 등 모든 내용이 주제에 수렴됩니다.** 시 역시 통일성에 의해 쓰이고, 읽힙니다. 소설문학도 마찬가지입니다. **동일한 인물의 성격과 심리와 태도를 물음에 답하기 위해 읽어야 할 다음 글의 핵심정보라고 할 때 동일 인물의 다른 대사, 행동, 표정, 사건은 주제를 위해 형상화된 인물에 초점이 맞춰져 있습니다.**

1) 시의 통일성

> 동일한 의미의 이질적 표현
> 유사 표현의 이질적 의미

통일성에 기반한 글은 다양한 표현들이 유기적으로 결합해 동일한 의미를 형성합니다. 여러분이 어렵게 생각하는 고전시가 역시 그렇습니다. 이제 우리는 **물음에 답하기 위해 읽는 다음 글의 핵심정보인 주제가 동일의미의 이질적 표현으로 제시된다**는 사실을 확인합니다.

*다음 글을 절차에 따라 분석해 봅시다.

> (가) 산중에 벗이 없어 한기(漢紀)*를 쌓아 두고
>
> 만고 인물을 거슬러 헤아리니
>
> 성현도 많거니와 호걸도 많고 많다
>
> 하늘 삼기실 제 곧 무심할까마는
>
> 어찌하여 시운(時運)이 일락배락* 하였는가
>
> 모를 일도 많거니와 애달픔도 그지없다
>
> 기산(箕山)의 늙은 고불 귀는 어찌 씻었던가*
>
> 박 소리 핑계하고* 조장(操狀)*이 가장 높다
>
> * 한기 : 책.   * 일락배락 : 흥했다가 망했다가.
> * 기산의 ~ 씻었던가 : 기산에 숨어 살던 허유가 임금의 자리를 주겠다는 요임금의 말을 듣자, 이를 거절하고 귀를 씻었다는 고사.
> * 박 소리 핑계하고 : 허유가 표주박 하나도 귀찮다고 핑계하고.

이 책이 국어 공부를 본격적으로 시작하는 중학생이나 고등 저학년을 대상으로 한다면, 윗글을 읽은 친구들은 도대체 이 글이 무슨 소리인지 도통 모를 수도 있습니다. 하지만 본문의 모든 **표현이 서로 다르지만 동일한 의미에 수렴**된다는 사실을 환기하면 상황이 달라집니다. 어떤 글의 다양한 단어와 구절과 문장은 핵심적인 의미에 수렴합니다. 여러분이 볼 때 다른 단어로

표현됐다고 해도 그것은 전체적인 뜻을 고려하면 같다는 소리입니다. 게다가 다음 글인 시문학의 경우에는 **시적상황과 화자의 정서 및 태도가 핵심정보인 주제에 수렴된다**는 이전 단계의 내용을 고려해 다시 한 번 읽어 보면 처음 보는 고전시가의 뜻도 스스로 이해할 수 있습니다.

시의 주제=시적상황+화자의 정서 및 태도

산중에 벗이 없어 **한기(漢紀)*를** 쌓아 두고
만고 **인물을 거슬러 헤아리니**

먼저 시적 상황을 파악해 봅시다. 시적상황은 화자 및 대상의 처지를 말합니다. 이 시에서 화자는 **산 속에서 <한기>라는 책을 읽으며 책 속에 나오는 역사적 인물을 생각하고** 있습니다. 시적상황은 시문학 감상에 있어 매우 중요한 정보입니다. 다음 대목을 이어서 읽어 봅시다.

(가) 산중에 벗이 없어 한기(漢紀)*를 쌓아 두고
　　 만고 인물을 거슬러 헤아리니
　　 성현도 많거니와 **호걸도** 많고 많다
　　 하늘 삼기실 제 곧 무심할까마는
　　 어찌하여 시운(時運)이 일락배락* 하였는가
　　 모를 일도 많거니와 애달픔도 그지없다
　　 기산(箕山)의 늙은 고불 귀는 어찌 씻었던가*
　　 박 소리 핑계하고* 조장(操狀)*이 가장 높다

3행 이하의 '의미'는 무슨 뜻인가요? 이질적 표현이어서 의미가 다른가요? 화자는 한기를 읽고 있습니다. 읽기의 초점이 무엇인가요? **만고 인물**이지요. 3행의 **성현과 호걸** 그리고 7행의 **고불**이 바로 그 만고의 인물입니다. 성현, 호걸, 고불, 만고의 인물을 **이질적으로 표현했지만 동일한 의미**로 볼 수 있습니다. 화자는 그 인물들에 생각해 봅니다. 그 인물들이 **일락배락**한 것과 **고불이 귀를 씻은 것**은 무엇을 의미하나요? 한기 속 인물들에 대한 내용입니다. 그런 면에서 같은 뜻입니다. 우리는 시문학의 감상을 시어 하나하나의 자구적 의미에 집착할 필요가 없습니다. 주제에 수렴하는 의미를 통일적으로 파악하면 되니까요? 특히 이 표현들은 물음에 답하기 위해 읽어야 하는 **다음 글 중 하나인 어휘 풀이**에 상세하게 설명되고 있어 어렵지 않게 이해할 수 있습니다.

2) 소설의 동일성

동일한 의미의 이질적 표현, 소설의 동일성

소설문학 역시 **핵심정보인 인물의 성격과 심리 및 태도를 이질적으로 표현**합니다. 소설의 표현은 서술, 대사, 묘사 등이 있지만, 그것들 역시 주제에 수렴합니다. 따라서 **다르게 표현됐지만 주제라는 측면에서 보면 동일한 의미**로 나타나는 것이지요.

다음 글을 읽고 물음에 답하시오.

[앞부분의 줄거리] 천상에서 벌을 받은 문창성은 꿈을 꾸어 인간 세상에 양창곡으로 다시 태어난다. 천상에 함께 있었던 제방옥녀, 천요성, 홍란성, 제천선녀, 도화성도 인간 세상에서 윤 소저, 황 소저, 강남홍, 벽성선, 일지련으로 다시 태어나 양창곡과 결연을 맺는다. 양창곡은 버슬하고 공을 세워 연왕에 오른다. 그 뒤 양현, 모친 허 부인, 다섯 아내, 자식들과 영화로운 삶을 살게 된다.

이날 밤에 **강남홍이 취하여 취봉루에 가 의상을 풀지 아니 하고 책상에 의지하여 잠이 들었더니 홀연 정신 황홀하고 몸이 정처 없이 떠돌아 한 곳에 이르매** 한 명산이라. 봉우리가 높고 험준하거늘 강남홍이 가운데 봉우리에 이르니 한 보살이 눈썹이 푸르며 얼굴이 백옥 같은데 비단 가사를 걸치고 석장(錫杖)을 짚고 있다가 웃으며 맞아 왈,

"강남홍은 인간지락이 어떠한가하뇨?"

강남홍이 망연히 깨닫지 못하여 왈,

"도사는 누구시며 인간지락은 무엇을 이르시는 것입니까?"

보살이 웃고 석장을 공중에 던지니 한 줄기 무지개 되어 하늘에 닿았거늘 보살이 강남홍을 인도하여 무지개를 밟아 공중에 올라가더니, 앞에 큰 문이 있고 오색구름이 어리었는지라. 강남홍이 문 왈,

"이는 무슨 문입니까?"

보살 왈,

"남천문이니, 그대는 문 위에 올라가 보라."

강남홍이 보살을 따라 올라 한 곳을 바라보니, **일월(日月) 광채 휘황한데 누각 하나가 허공에 솟았거늘 백옥 난간이며 유리 기둥이 영롱하여 눈이 부시고 누각 아래 푸른 난새와 붉은 봉황이 쌍쌍이 배회하며, 몇몇 선동(仙童)과 서너 명의 시녀가 신선 차림으로 난간 머리에 섰으며 누각 위를 바라보니 한 선관과 다섯 선녀가 난간에 의지하여 취하여 자는지라.** 보살께 문 왈,

"이곳은 어느 곳이며, 저 선관, 선녀는 어떤 사람입니까?"

보살이 미소 지으며 왈,

"이곳은 백옥루요, 제일 위에 누운 선은 문창성이요, 차례로 누운 선녀는 제방 옥녀와 천요성, 홍란성, 제천 선녀와 도화성이니, 홍난성은 즉 그대의 전신이니라."

강남홍이 속으로 놀라 왈,

"저 다섯 선녀는 다 천생에서 입도(入道)한 선관이라. 어찌 저다지 취하여 잠을 잡니까?"

보살이 홀연 서쪽을 보며 합장하더니 시 한 구를 외워 왈,

밑줄 친 표현은 **서술**과 **대사**라는 형식의 측면에서 이질적이며, 동일한 대사의 문장 표현도 모두 다릅니다. 그런데 그 뜻은 어떨까요? 해당 표현들은 강남홍이 본래는 천상적 존재이나 벌을 받아 인간 세상에 태어난 사실을 모른다는 의미에서 모두 같은 뜻입니다. 다시 한 번 읽어 보고, **동일한 의미가 이질적으로 표현**된 것인지 파악해 보십시오.

> 강남홍이 망연히 깨닫지 못하여 왈,
> "도사는 누구시며 인간지락은 무엇을 이르시는 것입니까?"
> "이는 무슨 문입니까?"
> "이곳은 어느 곳이며, 저 선관, 선녀는 어떤 사람입니까?"
> "저 다섯 선녀는 다 천생에서 입도(入道)한 선관이라. 어찌 저다지 취하여 잠을 잡니까?"

다음 글을 이렇게 읽으면, 정보량이 많은 글도 간단하게 간추려 핵심정보를 선별할 수 있습니다. 수많은 단어와 문장을 서로 다른 의미로 이해하는 것이 아니라 **핵심정보와 보조정보라는 점에서 동일한 의미가 이질적으로 표현**된 것에 주목하자는 이야기입니다.

> ⓐ강남홍이 취하여 취봉루에 가 의상을 풀지 아니 하고 책상에 의지하여 잠이 들었더니 홀연 정신 황홀하고 몸이 정처 없이 떠돌아 한 곳에 이르매
> ⓑ보살이 웃고 석장을 공중에 던지니 한 줄기 무지개 되어 하늘에 닿았거늘 보살이 강남홍을 인도하여 무지개를 밟아 공중에 올라가더니, 앞에 큰 문이 있고 오색구름이 어리었는지라.
> ⓒ일월(日月) 광채가 휘황한데 누각 하나가 허공에 솟았거늘 백옥 난간이며 유리 기둥이 영롱하여 눈이 부시고 누각 아래 푸른 난새와 붉은 봉황이 쌍쌍이 배회하며, 몇몇 선동(仙童)과 서너 명의 시녀가 신선 차림으로 난간 머리에 섰으며 누각 위를 바라보니 한 선관과 다섯 선녀가 난간에 의지하여 취하여 자는지라.

세 문장이 **이질적으로 표현됐지만 역시 동일한 의미**라고 볼 수 있습니다. 이 뜻의 보다 쉬운 분석과 이해를 위해서는 우리가 물음에 답하기 위해 읽어야 하는 <보기>를 참고하면 아주 쉽습니다.

「옥루몽」의 환몽(幻夢) 구조는 독특하다. **천상계에서 꿈을 통해 속세로 진입한 남녀 주인공들은 속세에서 다시 꿈을 꾸어 천상계를 경험**하는데, 이때 신이한 존재에 의해 자신의 정체를 깨달으며 꿈에서 깨어나게 된다. 꿈에서 깨어난 남녀 주인공들은 속세로 돌아와 천수를 누린 뒤에야 천상계에 복귀한다.

보기에 따르면 **천상계에서 꿈을 통해 속세로 진입한 남녀 주인공들은 속세에서 다시 꿈을꾸어 천상계를 경험한**다고 했으므로 윗글의 @-ⓒ의 이질적 표현은 모두 **천상계에 진입**이라는 동일한 의미를 표현하고 있습니다. 소설문학은 다른 제재에 비해 본문이 길어 시험 시간의 관리에 영향을 미칠 수 있는 장르입니다. 하지만 이렇게 **동일의미의 이질적 표현**이라는 **통일성**에 기반해 감상을 하면 더 빨리 더 정확하게 분석할 수 있습니다.

3) 독서(비문학)의 통일성

동일한 의미의 이질적 표현, 독서(비문학)의 통일성

동일한 의미의 이질적 표현에 의한 다음 글 읽기는 독서(비문학)에서 더 빛이 납니다. 하나의 문단에는 하나의 중심생각을 표현한 중심문장이 있으며 나머지 문장은 상술, 예시, 부연, 비유, 첨가, 인용 등의 내용으로 중심문장을 뒷받침합니다. **중심문장과 뒷받침문장은 이질적인 단어와 구절로 구성돼 있지만 통일성이라는 관점에 볼 때 동일한 의미입니다.**

반드시 기억하겠다고 **기약**해 주세요, **동일의미의 이질적 표현**의 관점으로 다음 글을 읽겠다는 기약 말입니다.

물음에 답하기 위해 읽어야 하는 다음 글은 독서(비문학)의 예술 제재입니다. 앞서 **모든 글의 내용과 형식이 주제에 수렴하고 모든 문제의 정답이 주제로부터 확산된다**고 했습니다. 그리고 예술 제재는 중심화제에 대한 예술관과 창작 기법이 핵심정보로 작동한다고 했지요. 읽어 볼까요?

다음 글을 읽고 물음에 답하시오.

> **베토벤의 교향곡**은 서양 음악사에 한 획을 그은 걸작으로 평가된다. 그 까닭은 **음악 소재를 개발하고 그것을 다채롭게 처리하는 창작 기법**의 탁월함으로 설명될 수 있다. 연주 시간이 한 시간 가까이 되는 제3번 교향곡 '영웅'에서 베토벤은 으뜸화음을 펼친 **하나의 평범한 소재를 모티브로 취하여 다양한 변주와 변형 기법**을 통해 통일성을 유지하면서도 가락을 다채롭게 들리게 했다. 이처럼 **단순한 소재에서 착상하여 이를 다양한 방식으로 가공**함으로써 성취해 낸 복잡성은 후대 작곡가들이 본받을 창작 방식의 전형이 되었으며, 유례없이 늘어난 교향곡의 길이는 그들이 넘어서야 할 산이었다.

베토벤의 교향곡이 이 글의 중심화제입니다. 네 문장으로 구성된 이 문단은 **동일한 의미를 이질적 표현으로 반복**하고 있습니다. 예술제재의 핵심정보인 창작기법을 반복하는 것인데 모두 동일한 의미입니다.

여러분이 스스로 글을 읽어 정보를 이해하고 분석하는 능력이 충분한 친구라면, 미안하지만 이제라도 책을 덮어도 됩니다. 그러나 지금까지 선생님의 설명을 받아쓰기 해서 암기하거나 자습서의 설명을 외워서 풀기를 반복했던 친구라면 명심하십시오. **동일한 의미의 이질적 표현**이라는 통일성을 염두에 두고 다음 글을 읽으세요. 그러면 여러분도 짧은 시간 내에 이 책을 덮어버린 아주 잘하는 그 친구들의 수준에 금방 이르게 됩니다. 조금 더 긴 글을 읽으며 훈련해 봅시다.

다음 글을 읽고 물음에 답하시오.

사회 이론은 사회 구조나 사회적 상호 작용을 연구하는 이론들을 통칭한다. 사회 이론은 과학적 방법을 적용하면서도 연구 대상뿐 아니라 이론 자체가 <u>사회 상황이나 역사적 조건</u>에 긴밀히 연관된다는 특징을 지닌다. 19세기의 시민 사회론을 이야기할 때 <u>그 시대</u>를 함께 살펴보게 되는 것도 바로 이와 같은 이유 때문이다.

시민 사회라는 용어는 17세기에 등장했지만, 19세기 초에 이를 국가와 구분하여 개념적으로 정교화한 인물이 헤겔이다. 그가 활동하던 시기에 유럽의 후진국인 <u>프러시아에는 절대주의 시대의 잔재가 아직 남아 있었다. 산업 자본주의도 미성숙했던 때여서, 산업화를 추진하고 자본가들을 육성하며 심각한 빈부 격차나 계급 갈등 등의 사회 문제를 해결해야 하는 시대적 과제</u>가 있었다. 그는 사익의 극대화가 국부(國富)를 증대해 준다는 점에서 공리주의를 긍정했으나, 그것이 시민 사회 내에서 개인들의 무한한 사익 추구가 일으키는 빈부 격차나 계급 갈등을 해결할 수는 없다고 보았다. 그는 시민 사회가 개인들이 사적 욕구를 추구하며 살아가는 생활 영역이자 그 욕구를 사회적 의존 관계 속에서 추구하게 하는 공동체적 윤리성의 영역이어야 한다고 생각했다. 특히 시민 사회 내에서 사익 조정과 공익 실현에 기여하는 직업 단체와 복지 및 치안 문제를 해결하는 복지 행정 조직의 역할을 설정하면서, 이 두 기구가 시민 사회를 이상적인 국가로 이끌 연결 고리가 될 것으로 기대했다. 하지만 빈곤과 계급 갈등은 시민 사회 내에서 근원적으로 해결될 수 없는 것이었다. 따라서 그는 국가를 사회 문제를 해결하고 공적 질서를 확립할 최종 주체로 설정하면서 시민 사회가 국가에 협력해야 한다고 생각했다.

한편 <u>1789년 프랑스 혁명 이후 프랑스 사회는 혁명을 이끌었던 계몽주의자들의 기대와는 다른 모습을 보이고 있었다. 사회는 사익을 추구하는 파편화된 개인들의 각축장이 되어 있었고 빈부 격차와 계급 갈등은 격화된 상태였다. 이러한 혼란을 극복하기 위해 노동자 단체와 고용주 단체 모두를 불법으로 규정한 르 샤플리에 법이 1791년부터 약 90년간 시행되었으나, 이 법은 분출되는 사익의 추구를 억제하지도 못하면서 오히려 프랑스 시민 사회를 극도로 위축시켰다.</u> 뒤르켐은 이러한 상황을 아노미, 곧 무규범 상태로 파악하고 최대 다수의 최대 행복을 표방하는 공리주의가 사실은 개인의 이기심을 전제로 하고 있기에 아노미를 조장할 뿐이라고 생각했다. 그는 사익을 조정하고 공익과 공동체적 연대를 실현할 도덕적 개인주의의 규범에 주목하면서, 이를 수행할 주체로서 직업 단체의 역할을 강조하였다. 국가의 역할을 강조한 헤겔의 영향을 받았음에도 불구하고, 뒤르켐은 직업 단체가 정치적 중간 집단으로서 구성원의 이해관계를 국가에 전달하는 한편 국가를 견제해야 한다고 보았던 것이다.

　헤겔과 뒤르켐은 시민 사회를 배경으로 직업 단체의 역할과 기능을 연구했다는 공통점이 있었다. 하지만 직업 단체에 대한 두 사람의 생각은 달랐다. 이러한 차이는 두 학자의 시민 사회론이 철저하게 시대의 산물이라는 점을 보여 준다. 이들의 이론은 과학적 연구로서 객관적으로 타당하다는 평가를 받기도 하지만, 이론이 갖는 객관적 속성은 그 이론이 마주 선 현실의 문제 상황이나 이론가의 주관적인 문제의식으로부터 근본적으로 자유로울 수는 없는 것이다.

　윗글의 밑줄은 표현이 모두 다르지만 의미는 모두 같습니다. 어떤 수험생도 **다음 글**을 한 번쯤 읽고 **물음**에 **답**할 수는 없습니다. 핵심 정보를 중심으로 일회독한 후 물음에 답하는 과정에서 정답을 선별합니다. 이때 필요한 정보를 신속하고 정확하게 찾아야 하는데, 이때 기억해야 할 것이 핵심정보인 중심생각은 이질적으로 표현된다는 사실입니다.

　그렇게 할 수 있다면, 우리가 **동일한 의미가 이질적으로 표현**되는 것을 기억하며 글의 핵심정보를 선별한다면, 성취도 A와 내신 및 수능의 1등급 **기약**은 현실이 될 테지요.

동일한 의미가 이질적으로 표현된 본문과 선택지의 비교

본문	본문
수학적 지식이나 논리학 지식은 중심부 지식의 한가운데 있어 경험에서 가장 멀리 떨어져 있지만 그렇다고 **경험과 무관한 것은 아니라는 것이다.**	**논리학 지식이나 수학적 지식이 중심부 지식의 한가운데에 위치**한다고 해서 **경험과 무관한 것은 아니다.**
진종일 나룻가에 서성거리다 행인의 손을 쥐면 따뜻하리라.	(가)의 화자는 낯선 **행인에게서 친근감을 기대**하고 있고

동일한 의미가 이질적으로 표현된 <보기>와 본문과 선택지의 비교

보기	**보기** **고향을 떠난 사람들**이 고향을 각박하고 차가운 현실과 대비되는 공간으로 인식하고, 그곳으로 **복귀하려는 것을 귀향의식**이라고 한다. 이때 고향은 **공동체의 인정과 가족애가 살아 있는 따뜻한 공간**으로 표상된다. 이들의 기억 속에서 고향은 평화로운 이상적 공간으로 남아 있기도 하다. 그러나 **고향으로 돌아가더라도 고향이 변해 있거나 고향이 고향처럼 느껴지지 않을 때** 귀향은 미완의 형태로 남게 된다.
본문	진종일 나룻가에 서성거리다 **행인의** 손을 쥐면 **따뜻하리**라.
선택지	(가)의 화자는 낯선 **행인에게서 친근감을 기대**하고 있고

정답은 본문, 보기, 선택지 간의 **표현이 이질적이지만 동일한 의미**로 나타납니다. 반면 다음 표의 부적절한 선택지는 본문과 **유사하게 표현되지만 의미가 이질적인 경우**입니다. 다음을 통해 확인해 봅시다

이질적 의미가 유사하게 표현된 본문과 선택지의 비교	
본문	본문
현대사회에서도 연민은 커질 수 있으며, **연민의 가치 또한 커질 수 있다.**	사회가 위험해지면 **연민은 많아진다.**
내 벗이 몇이나 하니 수석과 송죽이라 동산에 달 오르니 그 더욱 반갑구나 두어라 이 다섯밖에 두어 무엇하리 <제1수> **구름** 빛이 좋다하나 검기를 자주 한다 **바람** 소리 맑다 하나 그칠 적이 많다 **좋고도 그칠 적 없기는 물뿐인가** 하노라 <제2수>	화자는 <제1수>에서 **자연물**들을 각각 **대비** 시키고 있어.
생성된 에너지	**생성될** 에너지
고소설 본문 <옹고집전>에서는 **등장인물이** 다른 등장인물의 미래를 암	**서술자**가 등장인물의 미래를 암시한다.

그러므로 우리는 글을 읽고, 문제를 풀 때 동일의미가 이질적으로 표현되고, 유사한 표현이 이질적인 의미를 나타낸다는 점을 주의해야 합니다.

본문과 일치하는 선택지는 '동일의미를 이질적 표현'으로 구성하고, 본문과 불일치하는 선택지는 '이질적 의미를 유사하게 표현'하기 때문입니다.

4. 별것 아닌 것처럼 보이는 특별한 일
몰입하여 읽되 전략적으로 생각해서 A와 1등급을 기약하라

지금까지 국어 공부에 **몰입**하는 **전략**을 배웠습니다. 이제는 꾸준하게 익혀서 여러분 스스로에게 성장과 성숙 그리고 성취와 성공을 **기약**하는 모습을 보여 주어야 할 때입니다. 어쩌면 지금까지 여러분과 나눈 이야기가 별것 아닐 수도 있을 거예요. 이대로 해 보면 다시 한 번 별것 아니라는 생각이 들 수도 있어요. 왜냐하면 국어 공부를 하는 사람의 입장에서 보자면 지극히 당연한 이야기를 한 것이니까요. 그런데 국어를 가르치는 사람의 입장에서 보면 너무 당연한 것을 너무 안 하고 있는 여러분의 국어 공부 현실이 여러분들의 읽는 능력과 분석하고 이해하는 능력을 자꾸 떨어뜨리고 있어서 안타깝습니다.

정말 당연한 것들 중에 진리에 가까운 것들이 많아요. 그리고 본래 진리란 단순하게 표현되기 마련입니다. 불경의 종류는 많고 많아도 한 단어로 표현하면 자비일 테고, 성경은 예순여섯 권이나 되지만 한 마디로 표현하면 사랑인 것처럼 말입니다. 여러분이 지금 당장 **몰입**해야 할 국어 공부의 **전략**도 단순하게 이해하세요. 복잡하고 어려워서 손도 대지 못하는 것보다는 단순하지만 근본에 해당하는 것을 실행하는 일이 우선입니다.

별것 아닌 것처럼 보이는 특별한 일

　사실 우리 삶은 별것 아닌 것에 충실한 사람들이 매우 특별하다는 사실을 자주 보여 줍니다. 이 책은 국어 공부를 이미 아주 잘하는 고2-3 학생들을 위해 쓰지 않았어요. 이제 막 국어 공부에 진입해 **몰입**하기 시작하는 친구들 혹은 이제 본격적으로 국어 공부를 하고 싶은 데 특별한 **전략**이 필요한 친구들을 위한 것이랍니다. **기본이라고 생각하지 말고, 근본이라고 생각하기 바랍니다.** 기본이라고 생각하면 쉬워서 시시하다고 생각하기 십상이고, 근본이라고 생각하면 처음부터 끝까지 지녀야 할 자세라고 생각하게 됩니다.

　국어는 다음 글에 해설서와 답을 함께 제시해 주는 시험입니다. 물음의 답이 다음 글에 다 있으므로 제대로 읽는 훈련을 지속적으로 해야 합니다. 읽기 시작하는 순간부터 읽기를 끝내는 마지막까지 필자와 작자가 전달하고자 하는 메시지, 즉 주제를 파악하기 위해 몰입하십시오. 여기까지만 스스로 할 수 있어도 국어 공부만 잘 되는 것이 아니라, 여러분이 하는 모든 공부에 도움이 될 겁니다. 국어는 특정한 교과에 그치지 않고, 모든 공부의 도구이거든요. 국어 공부가 지향하는 **다음 글을 읽고 이해하여 분석해서 글의 핵심정보를 선별하는 능력**을 갖춘다면 여러분의 다른 교과목 공부도 더 쉽게 더 높은 수준에 이르게 할 것입니다.

　이제 우리는 **기약**할 수 있습니다. 성취도 A 그리고 내신과 모의고사의 1등급을 말입니다. 남들보다 먼저 시작해서, 남들보다 더 많이 해서 잘하는 것이 아니라, 별것 아닌 것처럼 보이는 근본에 충실해서 특별해지는 여러분을 기대합니다.

Part III

영어의 꽃길을 걷다
영어 완전학습법

영어 Checklist

			관련 페이지
1. 영어 독해는 문장을 해석하는 것이라고 생각한다	예	아니요	**176**
2. 영어 독해 문제는 감보다 중요한 것이 있다	예	아니요	**176**
3. 독해 문제의 정답의 이유를 스스로 분석할 수 있다	예	아니요	**176**
4. 내가 왜 독해 문제를 틀리는지 그 이유를 알고 있다	예	아니요	**176**
5. 수능 영어는 내신처럼 공부해서는 안된다	예	아니요	**176**
6. 빈칸 유형은 내용을 '추론'하는 것이 아니다	예	아니요	**178**
7. 빈칸에서 내용이 되면 보기에서는 틀리지 않는다	예	아니요	**178**
8. 글의 순서 유형의 풀이 전략을 갖고 있다	예	아니요	**188**
9. 글의 순서는 해석 능력보다 중요한 요소가 있다	예	아니요	**188**
10. 문장의 위치 유형이 순서 유형은 동일한 유형이다	예	아니요	**195**
11. 문장의 위치 유형의 풀이 전략을 갖고 있다	예	아니요	**195**
12. 영어 내신은 벼락치기를 해도 좋은 점수를 받을 수 없다	예	아니요	**202**
13. 영어 내신을 위한 시간 계획이 세워져 있다	예	아니요	**202**
14. 영어 내신은 문제 풀이보다 지문 분석이 중요하다	예	아니요	**204**
15. 영어 내신은 지문을 다 외워야 한다	예	아니요	**204**
16. 해당 지문에서 출제될 수 있는 문제의 유형을 예상할 수 있다	예	아니요	**204**
17. 별도의 영어 노트를 통해 수업 내용을 정리하고 있다	예	아니요	**204**
18. 영어 오답 노트를 작성하고 있다	예	아니요	**204**
19. 사전의 단어 뜻을 충분히 검토해서 익힌다	예	아니요	**216**
20. 고등 영단어는 중학교부터 익혀야 한다	예	아니요	**216**
21. 영어 단어 학습에서 중요한 것은 어휘의 개념이다	예	아니요	**216**
22. 뜻이 많은 복잡한 단어도 명확하게 이해할 수 있다	예	아니요	**216**

총점 예 : +1   아니요 : -1

1 단계: 0~6점 공부에 대한 관심이 아직은 부족해 보입니다. 고민을 시작해 볼까요?

2 단계: 7~12점 구체적인 공부법을 통해서 공부에 대해 제대로 알아 봅시다.

3 단계: 13~18점 자신의 공부법을 점검하고 보다 나은 학습법을 살펴 봅시다.

4 단계: 19~24점 정상이 바로 눈 앞입니다. 한 걸음만 더 내딛어 봅시다.

5 단계: 25~30점 당신이 서 있는 그 곳이 바로 정상입니다. 지금 그 자리를 지켜나가세요.

1. What is '수능 독해'?

1) What is '독해'?

> **Reading Comprehension = Summarizing and Relating**
> (독해 = 요약 + 관계파악)

수능 독해는 문제 유형에 따라 그 난이도의 차이가 큽니다. 전통적으로 난도가 높은 빈칸, 순서, 위치, 어휘, 밑줄 어휘, 어법의 6개 유형에 이어 최근에는 주제, 제목 유형이 이전에 비해 높은 오답률을 보입니다. 특정 유형의 지문이 다른 유형의 지문에 비해 글의 난도가 높다는 뜻입니다. 따라서, 어려운 글이 많이 등장하는 빈칸 유형의 글과 순서 유형의 글을 대상으로 수능 영어 독해의 올바른 학습법을 살펴보도록 하겠습니다.

수능 영어 독해는 주어진 지문을 읽고 해당 물음에 답하는 시험입니다. 독해라는 말에서처럼 읽고 이해하면 풀 수 있는 시험입니다. 그렇다면 이해한다는 것은 무엇일까요? 학습자 입장에서 내가 읽은 글을 내가 얼마나 이해했는지, 어떠한 부분을 이해하지 못했는지를 어떤 기준으로 판정할 수 있을까요? 이해 여부를 판정할 수 있는, 이해의 정의와 기준은 무엇일까요? 사전적 정의가 아니라 수능 영어에 한정해 '이해하다'를 정의해 본다면, 그것은 '요약'하고 요약된 의미들 사이의 관계를 파악하는 것입니다. 글을 읽으면서 읽은 내용을 요약하지 못하고, 읽은 내용들 사이의 관계를 맺지 못하고 있다면 여러분은 그 글을 이해하고 있는 것이 아닙니다.

$$A \ 13 \ C \ D \ E \ F \ G \ H$$
$$11 \ 12 \ 13 \ 14 \ 15 \ 16 \ 17 \ 18$$

위에서 두 개의 13 이 어떻게 보이시나요? 엄밀히 말해 똑같은 모양이지만 하나는 알파벳 B로 다른 하나는 숫자 13로 보입니다. 이처럼 동일한 표현이라 하더라도 주변 맥락에 따라 그 의미가 달리 이해될 수 있습니다. 글을 이해하는 것 역시 주변 의미들과의 관계, 맥락이라는 것을 고려하여야 하는 것이죠.

> <u>Even if</u> it is correct to say that we *express* and *represent* <u>our thoughts</u> in <u>language</u>, it may be a big mistake to suppose that there are structural similarities between <u>what is doing the representing</u> and <u>what is represented</u>.
> [2016년 9월 고3 평가원]

위 문장의 밑줄 친 <u>what is doing the representing</u> 과 <u>what is represented</u> 가 무슨 의미일까요? 단순히 자구적으로 '표현하고 있는 것'과 '표현되는 것'이라고 해석했다고 해서 이해할 수 있을까요? 위 문장의 대략적인 뜻은 '비록 A를 B로 표현한다고 말하는 것은 옳지만, C와 D 사이에 구조적 유사성이 있다고 가정하는 것은 크나큰 실수이다' 입니다. 이 해석을 통해 우리는 논리적으로 A=C, B=D가 성립함을 알 수 있습니다. 따라서, <u>what is doing the representing</u>은 <u>language</u>에 해당하고, <u>what is represented</u>은 our thoughts에 해당하는 것으로 이해할 수 있습니다. 따라서 위 문장은 '언어가 사고로 표현된다고 해서 언어와 사고가 구조적으로 유사한 것은 아님'을 뜻합니다. 이처럼 문장 안에서 특정한 표현이 '문맥상으로' 어떤 뜻인지는 주변 의미와 해당 표현이 어떤 관계를 맺고 있는지를 파악했을 때 가능합니다. '이해한다'는 것은 곧 의미들 사이의 관계를 파악하는 것이고, 수능은 다양한 유형을 통해 그 같은 이해력을 측정하는 시험입니다. 그리고 그 같은 이해력은 적절한 단계와 절차에 따른 훈련을 통해서 얼마든지 키워나갈 수 있습니다.

2) '빈칸'은 not 추론 but 완성

수능 독해의 빈칸 유형은 글의 핵심적 의미와 연관되는 빈칸의 내용을 선택지에서 고르는 문제로서 해석 ▶ 요약 ▶ 관계 파악 ▶ 빈칸에 가능한 의미 도출 ▶ 선택지 분석 의 단계를 밟아 문제를 해결하도록 학습하셔야 합니다.

다음의 실전 문제를 통해 빈칸문제를 절차적으로 훈련해 보겠습니다.

[2021년 수능]

(1) Precision and determinacy are a necessary requirement for all meaningful scientific debate, and progress in the sciences is, to a large extent, the ongoing process of achieving ever greater precision. (2) But historical representation puts a premium on a proliferation of representations, hence not on the refinement of one representation but on the production of an ever more varied set of representations. (3) Historical insight is not a matter of a continuous "narrowing down" of previous options, not of an approximation of the truth, but, on the contrary, is an "explosion" of possible points of view. (4) It therefore aims at the unmasking of previous illusions of determinacy and precision by the production of new and alternative representations, rather than at achieving truth by a careful analysis of what was right and wrong in those previous representations. (5) And from this perspective, the development of historical insight may indeed be regarded by the outsider as a process of creating ever more confusion, a continuous questioning of _____

_____ rather than, as in the sciences, an ever greater approximation to the truth. *proliferation 증식

① criteria for evaluating historical representations
② certainty and precision seemingly achieved already
③ possibilities of alternative interpretations of an event
④ coexistence of multiple viewpoints in historical writing
⑤ correctness and reliability of historical evidence collected

이 문제의 지문은 모두 5개의 문장으로 이루어져 있습니다. 문장 단위로 쪼개어서 독해의 과정을 진행해 보겠습니다. 각 문장을 적절하게 해석하고 그 내용을 요약한 뒤 문장들 사의 관계를 살펴 글의 핵심을 도출해 보는 과정을 통해 문제를 해결해 보도록 하겠습니다.

 1번 문장

(1) Precision and determinacy are a necessary requirement for all meaningful scientific debate, and progress in the sciences is, to a large extent, the ongoing process of achieving ever greater precision.

 1번 문장의 해석

정확성과 확정성은 모든 의미 있는 과학 토론을 위한 필요조건이며, 과학에서의 발전은 상당 부분, 훨씬 더 높은 정확성을 달성하는 계속 진행 중인 과정이다.

 1번 문장의 요약

Science = precision

science에 있어서 precision이 중요한 것이므로 S(Science) = P(Precision)라고 간단히 말할 수 있습니다. 요약의 바탕에는 우리말로 옮기는 해석의 과정이 깔려 있지만, 수능은 번역 능력을 평가하는 시험이 아닙니다. 정확한 해석이 이해의 중요한 요소이기는 하나 '해석=독해'라는 등식이 반드시 성립하는 것은 아닙니다. 단어 역시 우리말 뜻을 정확하게 아는 것이 도움 되지만, 단어가 지닌 기본적인 개념 정도를 아는 것으로도 충분합니다. 'determinacy'라는 단어의 경우에 '확정성'이라는 우리말 뜻을 반드시 알아야 하는 것은 아닙니다. 그보다는, 'determine'이 '결정짓다' 의 뜻이니까 'determinacy'는 '결정지어질 수 있는 성질' 정도의 의미로 추리할 수 있는 능력이 더 중요합니다. 수능은 지식이 아니라 사고력입니다. 정규 교과과정을 이수한 학생이라면 누구나 알 수 있는 수준의 지식을 바탕으로 그러한 지식을 문제 조건에서 적절히 활용하고 논리적으로 판단할 수 있는 사고력을 측정하는 것이 수능입니다. 'science에 있어서 precision이 중요하다'라는 핵심을 파악할 수 있는 '사고력'과 '이해력'이 수능 독해의 본질입니다.

2번 문장

(2) But historical representation puts a premium on a proliferation of representations, hence not on the refinement of one representation but on the production of an ever more varied set of representations.

2번 문장의 해석

그러나 역사적 진술은 진술의 증식을 중요시하는데, 이는 한 가지 진술의 정제가 아닌, 훨씬 더 다양한 진술 집합의 생성에 중요성을 두는 것이다.

2번 문장의 요약

S = Precision ↔ H = Varied

요약은 이전 맥락의 중심 내용을 지금 맥락의 중심 내용과 비교해서 보다 핵심적인 내용을 가려내는 작업입니다. 1번 문장에서 과학은 정확성을 중시한다고 설명했고, 2번 문장은 과학과 대조되는 (접속사 But이 이러한 글의 흐름을 미리 알려주고 있습니다) 역사적 진술의 특성을 말해주고 있습니다. 그리고, 그 역사적 진술의 특징은 다양한 representations을 생성하는 것이라고 밝히고 있습니다. 따라서, **'과학(과학적 진술)은 정확성을 중시하지만 역사(역사적 진술)는 (진술의) 다양성을 중시한다'**라는 핵심적 의미를 파악할 수 있습니다. 영문을 우리말로 번역하는 것이 독해라는 생각을 버리셔야 합니다. 읽은 글의 핵심을 간추려 나가는 과정이 이해의 과정이자 독해인 것입니다.

3번 문장

(3) Historical insight is not a matter of a continuous "narrowing down" of previous options, not of an approximation of the truth, but, on the contrary, is an "explosion" of possible points of view.

3번 문장의 해석

역사적 통찰은 이전에 선택한 것들을 지속해서 '좁혀 가는' 것의 문제, 즉 진리에 근접함의 문제가 아니라, 반대로, 가능한 관점들의 '폭발적 증가'이다.

 3번 문장의 요약

H = not approximation of truth < explosion of points of view

3번 문장의 내용을 위와 같이 요약해 보면, 3번 문장과 이전 문장의 내용들을 비교할 수 있습니다. 즉, (1), (2). (3) 사이의 의미적 연관성이 나타나게 됩니다.

모든 문장은 글의 주제에 수렴되며 모든 문장은 서로 긴밀하게 연관되어 있습니다. 서로 연관되지 않는 문장은 결코 쓰이지 않습니다. 한 문장은 앞 문장 혹은 뒷 문장과 반드시 연관된다는 것을 전제로 이해해야 합니다. 그리고, 그 관계는 필자가 명시할 수도 있지만, 명시하지 않을 수도 있으므로 독자인 우리는 그러한 관계를 스스로 파악할 수 있어야 합니다. 그 관계는 지문의 내용을 바탕으로 논리적으로 사고하여야 파악할 수 있습니다. 따라서,

독해 = 읽어서 이해하기

이해하기 = 요약+관계 파악

관계 파악 = 논리적 사고

이므로 수능 독해는 논리적 사고를 평가하는 시험입니다. 해석은 그러한 논리적 사고를 위한 재료이며 수단에 불과합니다.

논의를 계속 이어가 봅시다. 3번의 내용과 1번, 2번 내용 사이의 연관성이 관찰되시나요? (1)번 문장부터 (3)번 문장의 내용을 다시 한번 살펴봅시다.

> 1번: 과학은 정확성이다.
> But,
> 2번: 역사는 다양한 진술이다.
> 3번: 역사는 좁히는 것, 진리로의 근접이 아니라 관점의 증가이다.

3번 문장은 1번 문장에서 언급한 과학의 특성과 2번 문장에서 언급한 역사의 특성을 모두 포함하고 있습니다. 3번 문장에서 제시된 explosion of points of view을 이전 문장의 내용과 비교하면 2번 문장에서 언급된 varied representation과 동일한 의미를 나타내는 것이고

3번 문장에서 제시된 narrowing down 은 1번 문장에서 제시된 precision과 동일한 의미를 나타냄을 확인할 수 있습니다. 또한, (1)과 (2)가 서로 과학과 역사의 특성을 대조적으로 연결하듯이 (3)번에서는 on the contrary(그와는 반대로)라는 표현이 그 역할을 하고 있습니다. 따라서, 1과 2과 대조적으로 연결되어 하나의 소단락을 이루고 있고, 3이 1, 2의 내용을 종합하여 다시 하나의 소단락을 이루고 있는 셈입니다. 이것을 도식화하면 { [1] ↔ [2] } ={ [3] } 로 표시할 수 있고, 이를 바탕으로 (1)~(3)번 문장의 내용을 아래와 같이 요약할 수 있습니다.

🔷 1~3번 문장의 관계

$$[1 \leftrightarrow 2] \ = \ [3]$$

🔷 1~3번 문장의 요약

[Science = Precision = approximation of truth] ↔ [History = Varied = Explosion]

4번 문장으로 이어가 봅시다.

 4번 문장

(4) It therefore aims at the unmasking of previous illusions of determinacy and precision by the production of new and alternative representations, rather than at achieving truth by a careful analysis of what was right and wrong in those previous representations.

 4번 문장의 해석

그러므로 그것은 이전의 진술에서 무엇이 옳고 틀렸는지에 대한 신중한 분석에 의해 진리를 획득하는 것이 아니라, 새롭고 대안적인 진술의 생성에 의해 확정성과 정확성에 대해 이전에 가진 환상의 정체를 드러내는 것을 목표로 한다.

 4번 문장의 요약

History: precision = illusion

4번 문장에서 It은 앞 문장의 history를 가리키고 있습니다. 역사에서 precision은 환상에 불과하며, 역사적 진술은 새로운 진술을 제시하는 것을 목표로 삼는다는 내용입니다. 그럼 4번 문장은 1~3번 문장까지의 내용과 어떻게 연관 지을 수 있을까요? 4번 문장은 3번에서 말하고 있는 역사적 진술의 특징을 therefore(따라서)라는 연결부사를 통해 결론적으로 진술하고 있습니다. 따라서, 이 글은 1~3번 문장까지가 하나의 단락으로 과학과 대비되는 역사적 진술의 특징을 이야기하고 있고, 4번 문장은 3번 문장까지의 내용을 바탕으로 역사적 진술의 특징을 결론적으로 설명하고 있습니다.

🟢 **1~4번 문장의 관계**

[1 ↔ 2] = [3] ⇒ [4]

[S = precision = approximation of truth]
↔ [H= Varied = Explosion]
⇒ [H: precision은 illusion이다]

따라서, 이 글 전체의 주제 혹은 핵심을 다음과 같이 간략히 정리할 수 있을 것 같습니다.

S = precision ↔ H = not precision
(과학은 precision이지만 역사는 precision이 아니다)

글 전체의 주제가 어느 정도 가늠할 수 있는 상황에서 빈칸이 주어진 5번 문장을 살펴봅시다.

수능 영어에서 빈칸이 포함된 문장은 1)주제문 자체 2)주제문의 내용이 반영된 문장이라고 말씀드릴 수 있습니다. 4번 문장이 글 전체의 주제문이라고 판단했다면, 5번 문장은 이 주제를 반복하는 문장이 되겠죠.

◐ 5번 문장

(5) And <u>from this perspective</u>, the development of historical insight may indeed be regarded by the outsider as a process of creating ever more confusion, a continuous questioning of _____, rather than, as in the sciences, an ever greater approximation to the truth.

◕ 5번 문장의 해석

그리고 이러한 관점에서 보면, 역사적 통찰의 발전은 과학에서처럼 진리에 훨씬 더 많이 근접함보다는, 훨씬 더 큰 혼란을 생성하는 과정, 즉 [   ]에 대한 지속적인 의문 제기로 외부인에게 진정 여겨 질 수도 있다.

◑ 4번 문장의 요약

H : confusion = questioning of [_____] =not approximation to truth

5번 문장에서는 역사적 진술은 confusion을 생성하는 과정이며 이것은 진리에 근접하는 것이 아니라 [＿＿＿＿＿]에 대해 의문을 제기하는 것이라고 말하고 있습니다.

5번 문장은 And from this perpective라는 표현을 통해서 이전 맥락의 내용을 반복하는 문장임을 알 수 있습니다. 따라서, 1~5번 문장들의 관계를 도식화하면 다음과 같습니다.

🔹 1~5번 문장의 관계

$$[1 \leftrightarrow 2] = [3] \Rightarrow [4] = [5]$$

🔹 1~5번 문장의 요약

$$S = Precision \leftrightarrow H = not\ precision = question\ of\ [\qquad]$$

빈칸에 가능한 의미 파악

이러한 요약지를 바탕으로 빈칸에 어떠한 내용이 가능한지 생각해 봅시다. 우선 먼저, [역사가 questioning 하는 것]은 [역사와 거리가 먼 것]이라고 생각할 수 있나요? 네, 그렇습니다. A는 B에 대해 의문을 제기하고 있다라고 할 때, A는 B에 대해 부정적인 입장을 취한다고 볼 수 있고 그렇다면 A ↔ B라는 관계를 설정해 볼 수 있을 것 같습니다. 의미적으로 가까운 것은 '='으로, 거리가 먼 것 혹은 반대되는 것은 '↔'으로 표시해 봅시다. 이 글을 통해서 의미 혹은 개념들 사이의 관계를 파악할 수 있습니다.

   (i) Science ↔ History
   (ii) Science = precision
   (iii) History ↔ [   ]

이제 빈칸에 어떠한 내용이 가능한지 명확해졌습니다. 빈칸에는 역사적 진술과 거리가 먼 것 즉, 과학적 진술과 가까운 것만이 가능합니다.

선택지의 분석

이제는 이러한 내용분석을 바탕으로 선택에서 정답과 오답을 가려봅시다. 당연히 선택지는 정답지와 오답지로 나뉘어져 있습니다. 정답지는 요약+관계설정을 통해 확인된 핵심 어구를 그대로 반복하거나, 바꿔쓰기(paraphrasing)를 통해 핵심 어구를 지문의 표현과는 조금 다르게 표현하기도 합니다. 오답지는 핵심 어구와 무관하거나 지문에 제시되지 않는 의미를 담고 있는 표현으로 제시됩니다. 내용 분석을 통해 빈칸에는 과학적 진술과 가까운 내용이 가능하다는 것을 알게 되었습니다. 이를 바탕으로 빈칸에 가능한 의미를 담고 있는 선택지와 그렇지 않은 선택지부터 구분하는 작업부터 시작해 보도록 합시다.

① criteria for evaluating historical representations

역사적 진술의 평가 기준은 이 글에서 언급된 바가 없으므로 오답입니다.

② certainty and precision seemingly achieved already

핵심어구인 precision을 포함하고 있으므로 정답으로 가능한 선택지입니다. certainty 표현이 지문에 드러난 적은 없지만, 문맥적 흐름을 고려할 때 precision과 상충하는 의미라기 보다는 preciosion과 유사한 의미로 판단할 수 있습니다. seemingly achieved already 라는 표현은 '겉으로 보기에 이미 이루어진' 의 의미로서 '실제로 이루어져 있지 않은'이라는 뜻을 내포하고 있으므로 (4)번 문장에서 언급한 illusion 과 관련지을 수 있습니다. 따라서, 2번 선택지는 정답으로 가능할 것 같습니다.

③ possibilities of alternative interpretations of an event

사건에 대한 대안적 진술은 역사적 진술과 가까운 특징이므로 오답입니다.

④ coexistence of multiple viewpoints in historical writing

multiple viewpoints(다양한 관점)의 존재 varied라는 역시 역사적 진술의 특징과 관련될 수 있는 내용입니다. 따라서, 역사적 진술과 반대되는 내용의 빈칸에는 적절하지 않은 선택지입니다.

⑤ correctness and reliability of historical evidence collected

correctness와 reliability는 과학적 진술과 관련될 수는 있으나 역사와는 거리가 먼 것이므로 개념들끼리 잘못 짝지어진 선택지입니다. 따라서, 자체로 모순된 것으로서, 지문의 내용과 부합하지 않는 선택지입니다. 이와 같은 이유로, 보기 중에서 빈칸에 가장 적절한 의미는 선택지 ②번입니다.

빈칸 유형 문제의 해결 과정을 함께 검토해 보았습니다. 수능 독해에서 빈칸은 지문의 내용을 있는 그대로 요약하는 읽기 능력을 측정하는 유형입니다. 지문 밖의 정보로부터 추론하라는 것이 아니라 지문 안의 내용을 바탕으로 빈칸을 채워가는 것입니다. 따라서, 빈칸은 추론이 아니라 지문의 내용을 보고 빈칸에 들어갈 말을 완성하는 것이죠. 그리고 이러한 독해의 과정은 '단계'와 '절차'를 통해 이루어집니다. 단계와 절차를 밟아서 훈련한다면 누구나 좋은 성적을 얻을 수 있는 시험이 수능 영어입니다.

수능 영어를 정복하는 길은 잘 읽고 잘 이해하는 것입니다. 잘 읽고 이해하기 위해서는 각 문장의 핵심적인 내용들을 요약하고, 요약된 의미들 사이의 관계를 단계와 절차에 따라 파악해 가야합니다. 물론, 단계와 절차에 따라 훈련하는 것이 번거로울 수 있습니다. 굳이 그렇게까지 할 필요가 있냐고 반문하실 수도 있습니다. 제가 풀이 과정의 단계와 절차를 장황하리만치 길게 설명한 이유는, 영어가 수학처럼 오답을 분석해서 고치기가 쉽지 않기 때문입니다. 수학의 경우에는 풀이 과정을 써서 어떤 부분을 몰라서 틀렸는지 쉽게 파악할 수 있고 따라서 그 개선도 수월합니다. 하지만, 영어 문제를 푸는 대부분의 학생들은 풀이 과정 없이 문제지에 답만 체크하고 풀이를 마칩니다. 정답을 확인하고 해설을 보거나 들었을 때, 자신이 어디서 잘못 풀었는지 알 수 없습니다. 이런 식의 공부는 실력 증진에 전혀 도움이 되지 않습니다. 문제를 푸는 것은 공부의 끝이 아니라 시작입니다. 문제를 풀고 나서 무엇을 하는지가 공부의 핵심적인 부분입니다. 수능 영어의 본질이 사고력 시험이라고 말씀드렸습니다. 단순히 영어 단어를 우리말에 대응시켜서 해석해 보는 것으로 자신의 사고의 과정을 살펴볼 수는 없습니다. 따라서, 자신의 사고의 어떤 과정에서 문제가 있는지를 면밀히 살펴보기 위해서, 1)문장 단위의 해석 2)해석된 문장의 요약 3)요약된 의미들 사이의 관계 파악 4)지문의 핵심적 의미 도출 5)문제 해결과 선택지 분석이라는 단계를 설정하고 각 단계를 치밀하게 점검해 보아야 합니다. 이 같은 단계와 절차를 설정하여 학습함으로써 사고의 문제점을 구체적으로 짚어낼 수 있고 그만큼 실력도 빠르게 개선할 수 있습니다.

앞에서 익힌 빈칸 완성의 절차적 훈련을 통해서 빈칸의 단서를 얻기 위해서 무엇에 초점을 두고 읽어야 하는지를 깨우칠 수 있었습니다. 앞으로 여러분의 독해는 단순한 해석이 아니라, 문장에 나타난 개념과 개념 사이의 관계, 문장과 문장 사이의 관계를 통해서 각 문장, 글 전체의 핵심적 의미를 요약적으로 이해할 수 있어야 합니다.

3) '글의 순서'는 과학이다

앞서 독해란 읽어서 이해하는 것이며, 이해하는 것은 요약과 관계파악이라고 했습니다. 빈칸 유형은 이러한 이해의 과정을 통해 글 전체의 핵심을 파악하고 이를 선택지에서 분별할 수 있는지를 묻는 유형입니다. 반면, 글의 순서를 묻는 유형은 그 관계파악의 논리적 타당성을 묻는 것입니다. 요약+관계파악이라는 독해의 과정을 빈칸과 순서라는 두 가지 문제 유형으로 나누어 물어보고 있는 것이죠. 결국 빈칸완성과 글의 순서 유형은 공통적으로 '글을 정확하게 이해하는가'라는 질문에 답하는 과정에서 비롯된 것입니다. 빈칸 완성과 마찬가지로 글의 순서도 '잘 이해하면' 쉽게 해결할 수 있는 유형입니다. 그러나, 다행스럽게도(?) 많은 학생들이 어려워합니다. 바르게 공부한 학습자에게 그다지 어렵지 않은 문제를 많은 경쟁자들이 어려워 하는 것은, 학습자로서는 다행스러운 일입니다. 바르게 공부하는 나에게 그 문제는 쉬운 것이니까요. 바르게 공부하면 공부의 과정은 힘들어도 시험은 쉬워집니다. 바르게 공부하지 않으면 과정은 편할지 모르나 결과적으로 시험에서는 어려움을 겪게 됩니다. 어떠한 과정과 어떠한 결과를 얻을지, 선택은 여러분 몫이 되겠죠. 지금 이 순간, 내 공부의 목적이 무엇인지 다시 한번 곱씹으면서 순서 유형의 문제를 바르게 풀이하는 것이 어떤 것인지 공부해 봅시다.

글의 순서 유형의 풀이 절차는 다음과 같습니다.

> (단서 확인하기) > (단서에 부합하는 의미파악) > (관계 성립여부 결정하기)

빈칸완성과 달리 글의 순서 유형은 핵심적 내용을 파악하는 과정 보다는 각 단락의 연결, 즉 각 단락이 서로 관계가 맺어지는지 여부를 묻는 것입니다. 그리고, 그 연결 여부를 판단하기 위해서 각 단락은 단서들을 지니고 있습니다. 그리고, 이 단서들은 지시어(it, this, they, he, she 따위) 나 연결부사(But, However, For example, also 따위)로 표현되기도 하고 의미적인 구분(일반≠구체, 긍정≠부정, 증가≠감소, 선≠후, 원인≠결과 따위)을 통해 주어지기도 합니다. 눈에 쉽게 띄는 표현상의 단서가 적고, 눈에 띄지 않는 의미상의 단서로 풀어야 하는 문제일수록 난도가 높아집니다. 그래서, 글의 순서 유형에서는 먼저 각 단락들이 어떠한 표현상의 단서와 의미상의 단서를 지니고 있는지를 살펴보아야 합니다. 각 단락의 마지막 문장에 드러나는 경우도 있으나 대부분의 단서들은 각 단락의 첫 문장에 위치합니다. 그리고, 확인된 단서에 부합하는 의미를 각 단락에서 확인하고, 단락들 사이의 관계가 성립하는지 여부를 판단함으로써 문제를 해결할 수 있습니다.

주어진 글 다음에 이어질 글의 순서로 가장 적절한 것을 고르시오.

> Spatial reference points are larger than themselves. This isn't really a paradox: landmarks are themselves, but they also define neighborhoods around themselves.

(A) In a paradigm that has been repeated on many campuses, researchers first collect a list of campus landmarks from students. Then they ask another group of students to estimate the distances between pairs of locations, some to landmarks, some to ordinary buildings on campus.

(B) This asymmetry of distance estimates violates the most elementary principles of Euclidean distance, that the distance from A to B must be the same as the distance from B to A. Judgments of distance, then, are not necessarily coherent.

* asymmetry: 비대칭

(C) The remarkable finding is that distances from an ordinary location to a landmark are judged shorter than distances from a landmark to an ordinary location. So, people would judge the distance from Pierre's house to the Eiffel Tower to be shorter than the distance from the Eiffel Tower to Pierre's house. Like black holes, landmarks seem to pull ordinary locations toward themselves, but ordinary places do not.

① (A) - (C) - (B)   ② (B) - (A) - (C)
③ (B) - (C) - (A)   ④ (C) - (A) - (B)
⑤ (C) - (B) - (A)

우선, 각 단락의 단서의 유무에 주목에서 각 단락을 살펴보겠습니다.

제시문

> Spatial reference points are larger than themselves.

단서: 잘 보이지 않습니다.

(A) 단락

> In a paradigm that has been repeated on many campuses, researchers first collect ~.

단서: 표면적으로 잘 확인이 되지는 않습니다.

(B) 단락

> This asymmetry of distance estimates violates ~

단서: 표면적으로 잘 확인이 되지는 않습니다.

(C) 단락

> The remarkable finding is that ~

단서: 그 자체로는 단서가 없는 것처럼 보입니다.

　각 단락에 단서들이 있는지 없는지만 대략적으로 살펴보았습니다. 단서가 충분치 않아 까다롭게 보이는 문제입니다. 그럼에도, 이 부분들만 가지고도 어느 정도 순서에 대한 윤곽이 잡힐 것도 같습니다. 아직 다 읽어보지 않았는데도 말이죠. 어떻게 가능할까요? 우리는 이미 논리적 사고 능력을 갖추고 있고, 주변 의미와의 관계를 파악할 수 있는 이해력을 지니고 있습니다. 단서에 주목하라고 했습니다. 단서는 표현상의 단서와 의미상의 단서로 나뉘고, 눈에 잘 띄는 표현상의 단서로는 가리키는 말과 연결하는 말이 주로 쓰인다고 했습니다. (B) 단락에 'This asymmetry of distance (이러한 거리의 비대칭성)'라는 강력한 단서가 보입니다. 'asymmetry'라는 표현은 서로 일치하지 않는 두 가지의 상황이 존재한다는 것을 나타냅니다. 따라서, (B) 단락 앞에 놓이는 단락은 거리와 관련하여 일치하지 않은 즉, 동일하지 않은 두 가지의 상황을 다루고 있어야 합니다. 그리고, 잘 드러나 보이지는 않지만, (C) 단락은 'the remarkable finding'이라는 표현에서 어떤 연구의 결과를 통해 알게 된 사실을 구체적으로 기술하고 있음을 알 수 있습니다. 이렇게 보니, (A) 단락에 researchers first collect(연구자들은 먼저 ~를 수집했다)라는 표현이 보입니다. finding과 researchers를 서로 연관지을 수 있는 사고력이 우리에게 이미 주어져 있기 때문에 (A) 단락과 (C) 단락 사이의 연관성을 확인할 수 있습니다. '연구자가 (연구 관련 정보)를 먼저 수집한' 이후에 연구가 진행되면서 '주목할만한 발견'을 하게 되는 것이 논리적입니다. 이상에서 우리는 두 가지를 가정해 볼 수 있습니다.

가정ⅰ) A와 C만 놓고 본다면 A가 C 앞에 올 것이다.
(선택지 중 ①A-C-B, ②B-A-C, 중에서 정답이 있을 가능성이 높음)

가정ⅱ) B 앞에는 거리와 관련된 서로 동일하지 않은 두 가지 상황이 제시되어야 한다

이제 이 두 가지 가정을 기준으로 각 단락의 내용을 점검할 것입니다.
우선 가정ⅰ)부터 점검해 보겠습니다.

(A)단락

In a paradigm that has been repeated on many campuses, researchers first collect a list of campus landmarks from students. Then they ask another group of students to estimate the distances between pairs of locations, some to landmarks, some to ordinary buildings on campus.

(A)단락의 해석

많은 대학 캠퍼스에서 반복되어온 한 전형적인 예에서, 연구원들은 학생들에게서 캠퍼스 랜드마크의 목록을 수집한다. 그런 다음, 그들은 다른 학생 집단에게 쌍으로 이루어진 장소 사이의 거리, 즉 캠퍼스에 있는 어떤 장소에서 랜드마크까지, 어떤 장소에서 평범한 건물까지의 거리는 얼마인지를 추정하라고 요청한다.

(C) 단락

The remarkable finding is that distances from an ordinary location to a landmark are judged shorter than distances from a landmark to an ordinary location. So, people would judge the distance from Pierre's house to the Eiffel Tower to be shorter than the distance from the Eiffel Tower to Pierre's house. Like black holes, landmarks seem to pull ordinary locations toward themselves, but ordinary places do not.

(C)단락의 해석

주목할 만한 결과는 평범한 장소에서 랜드마크까지의 거리가 랜드마크에서 평범한 장소까지의 거리보다 더 짧다고 추정된다는 것이다. 그래서 사람들은 Pierre의 집에서 에펠탑까지의 거리가 에펠탑에서 Pierre의 집까지의 거리보다 더 짧다고 추정할 것이다. 블랙홀처럼, 랜드마크는 평범한 장소를 자기 자신 방향으로 끌어들이는 것처럼 보이지만, 평범한 장소들은 그렇지 않다.

 ## A-C 단락의 판정

(A) 단락은 연구자들이 ask ~ to estimate the distances 라는 표현에서 알 수 있듯이 두 거리를 측정하도록 요청만 한 상황입니다.

(C) 단락은 distances are judged라는 표현을 통해서 이미 그 거리가 추정되었음을 알 수 있습니다. estimate 와 judge를 동일한 의미로 판단한다면, A: 요청 C: 실행에 해당한다. [요청] 이후에 [실행]되는 것이 논리적으로 A 이후에 C 단락이 오는 순서가 적절합니다. A단락 이후에 C단락이 오는 경우는 선택지에서 ①A-C-B, ②B-A-C 뿐입니다.

다음으로 가정 ii)를 점검해 봅시다.

제시문

> Spatial reference points are larger than themselves. This isn't really a paradox: landmarks are themselves, but they also define neighborhoods around themselves.

제시문의 해석

> 공간 기준점(공간적으로 기준이 되는 장소)은 자기 자신보다 더 크다. 이것은 그다지 역설적이지 않은데, 랜드마크(주요 지형지물)는 그 자체이기도 하지만, 또한 자기 자신 주변 지역을 (자신의 범위로) 규정하기도 한다.

(지문 자체의 정확한 해석이 아니라 '거리', '비대칭성'(서로 일치하지 않는 두 상황)의 의미에는 집중하여 해석하는 것이 전략적입니다)

제시문의 판정

:제시문의 내용상 spatial reference points의 속성을 기술하는 것으로 불일치하는 두 가지 상황을 찾을 수 없습니다. 따라서, 제시문 다음에 B 단락이 바로 오는 선택지 ②B-A-C, ③B-C-A는 적절하지 않습니다.

 (A)단락

In a paradigm that has been repeated on many campuses, researchers first collect a list of campus landmarks from students. Then they ask another group of students to estimate the distances between pairs of locations, some to landmarks, some to ordinary buildings on campus.

 (A)단락의 해석

많은 대학 캠퍼스에서 반복되어온 한 전형적인 예에서, 연구원들은 학생들에게서 캠퍼스 랜드마크의 목록을 수집한다. 그런 다음, 그들은 다른 학생 집단에게 쌍으로 이루어진 장소 사이의 거리, 즉 캠퍼스에 있는 어떤 장소에서 랜드마크까지, 어떤 장소에서 평범한 건물까지의 거리는 얼마인지를 추정하라고 요청한다.

 (A)단락의 판정

:'distances between pairs of locations, some to landmarks, some to ordinary buildings on campus'를 통해 거리와 관련된 두 가지 상황이 제시되었으나 이 두 거리가 서로 일치하는지 여부는 아직 드러나지 않았습니다.

(C) 단락

> The remarkable finding is that distances from an ordinary location to a landmark are judged shorter than distances from a landmark to an ordinary location. So, people would judge the distance from Pierre's house to the Eiffel Tower to be shorter than the distance from the Eiffel Tower to Pierre's house. Like black holes, landmarks seem to pull ordinary locations toward themselves, but ordinary places do not.

 ### (C)단락의 해석

> 주목할 만한 결과는 평범한 장소에서 랜드마크까지의 거리가 랜드마크에서 평범한 장소까지의 거리보다 더 짧다고 추정된다는 것이다. 그래서 사람들은 Pierre의 집에서 에펠탑까지의 거리가 에펠탑에서 Pierre의 집까지의 거리보다 더 짧다고 추정할 것이다. 블랙홀처럼, 랜드마크는 평범한 장소를 자기 자신 방향으로 끌어들이는 것처럼 보이지만, 평범한 장소들은 그렇지 않다.

(C)단락의 판정

> : 'distances from an ordinary location to a landmark are judged shorter than distances from a landmark to an ordinary location'에서 shorter라는 표현을 이 두 거리 중 어느 하나가 다른 거리와 일치하지 않음을 파악할 수 있습니다. 따라서, (B)단락은 (C)단락 이후에 올 수 있습니다.

따라서, 다음과 같이 순서와 관련된 정답을 확인할 수 있습니다.

> i) A에서 측정을 요청한 후 C에서 측정을 실행하므로 A가 C 앞에 와야 한다
> (선택지 중 ①A-C-B, ②B-A-C)
>
> ii) 반드시 C가 B보다 앞에 와야 한다
> (선택지 중 ①A-C-B ④C-A-B ⑤C-B-A)
>
> 이 두 가지 요건을 모두 만족시키는 선택지는 ①A-C-B뿐이다.

지면으로 설명하면 상당히 긴 내용이지만, 실전 풀이에서 이 같은 사고 작용은 읽으면서 동시에 자연스럽게 일어나야 합니다. 그러기 위해서는 지문을 읽을 때 문장과 문장사이의 관계에 초점을 두고 읽는 습관이 몸에 베어 있어야 합니다. 읽고 이해하는 것은 요약하고 관계를 파악하는 것임을 다시 한번 명심하시길 바랍니다.

4) '문장의 위치' 간지나게 풀기

문장의 위치는 주어진 문장이 보기 중의 어떠한 문장과 연결되어야 하는지를 묻는 유형입니다. 보기 중의 어떤 문장 다음 혹은 앞에 와야 하는지를 표현상의 단서(주로 지시어나 연결부사)와 의미상의 단서(의미적으로 뚜렷이 구분되는 맥락)를 통해서 확인해야 합니다. 주어진 문장의 위치가 정해지기 위해서는 첫째, 지문의 각 문장과 문장 사이에 의미적 공백으로 인해 흐름이 부자연스럽거나, 둘째, 주어진 문장이 다른 문장과는 연결되지 못하고 특정 문장하고만 관련되어야만 합니다. 이러한 의미적 공백과 의미적 관련성은 요약과 관계 파악이라는 이해의 과정을 통해서 확인될 수 있습니다. 그리고 이 이해의 과정은 반드시 단계와 절차에 따라 이루어져야 합니다. 단계와 절차에 따른 훈련을 통해 효율적인 개선이 가능하며 그 자체가 학습력을 키우는 최고의 학습법임을 잊지 말아야 하겠습니다.

문장의 위치 유형의 풀이 절차는 다음과 같습니다.

각 문장의 해석 및 요약 > 각 문장의 단서 확인하기 > 의미적 공백 또는 관련성 확인하기 글의 흐름으로 보아, 주어진 문장이 들어가기에 가장 적절한 곳을 고르시오.

> As long as the irrealism of the silent black and white film predominated, one could not take filmic fantasies for representations of reality.

our reality, but for its ability to reveal what reality itself veils — the dimension of fantasy. (①) (2번 문장) This is why, to a person, the first great theorists of film decried the introduction of sound and other technical innovations (such as color) that pushed film in the direction of realism. (②) (3번 문장) Since cinema was an entirely fantasmatic art, these innovations were completely unnecessary. (③) (4번 문장) And what's worse, they could do nothing but turn filmmakers and audiences away from the fantasmatic dimension of cinema, potentially transforming film into a mere delivery device for representations of reality. (④) (5번 문장) But sound and color threatened to create just such an illusion, thereby destroying the very essence of film art. (⑤) (6번 문장) As Rudolf Arnheim puts it, "The creative power of the artist can only come into play where reality and the medium of representation do not coincide."

*decry 공공연히 비난하다 **fantasmatic 환상의

주어진 문장

> As long as the irrealism of the silent black and white film predominated, one could not take filmic fantasies for representations of reality.

주어진 문장의 해석과 요약

> 무성 흑백 영화의 비현실주의(비현실성)가 지배했던 동안에, 사람들은 영화적 환상을 현실에 대한 묘사로 여길 수 없었다.

[silent black and white]의 [비현실성]으로 인해 [filmic fantasies]는 [representations of reality]가 되지 못함. 즉, [film : not reality]

주어진 문장의 단서

최근 수능은 주어진 문장에는 표현상의 단서는 거의 주어지지 않는 경향을 보이고 있습니다. 이 문제 역시 주어진 문장에는 눈에 띄는 표현상의 단서는 잘 보이지 않습니다.

 1번 문장

> Cinema is valuable not for its ability to make visible the hidden outlines of our reality, but for its ability to reveal what reality itself veils — the dimension of fantasy.

 1번 문장의 해석

> 영화는 우리 현실의 숨겨진 윤곽을 보이게 만드는 능력 때문이 아니라 현실 자체가 가리고 있는 것, 즉 환상의 차원을 드러내는 능력 때문에 가치가 있다.

[cinema]=[fantasy]

 1번 문장의 단서

> 1번에 이어지는 문장과 관련된 특별한 단서는 보이지 않습니다. 흐름을 파악하면서 다음 문장으로 이어가 보도록 합시다.

 2번 문장

> This is why, to a person, the first great theorists of film decried the introduction of sound and other technical innovations (such as color) that pushed film in the direction of realism.

 2번 문장의 해석

> 이것이 최초의 위대한 영화 이론가들이 영화를 사실주의(현실성) 쪽으로 밀어붙였던 소리와 (색채와 같은) 다른 기술 혁신의 도입을 이구동성으로 비난한 이유이다.

This → [technical innovations = sound + color = realism : (-)]
이것 때문에 영화 이론가들이 영화를 현실적인 것으로 만드는 기술적 혁신들(=소리+색채)의 도입을 비난하게 되었다)

2번 문장의 단서와 판정

A. This is why B. 'A는 B한 이유이다' 의 의미로서 A가 원인, B가 결과에 해당합니다. 위의 해석과 요약을 고려하면, This가 가리킬 수 있는 것은 (영화에서) realism을 부정하거나 realism의 반대말인 irrealism을 긍정하는 정도의 내용입니다.

2번 문장의 판정

앞 문장인 1번 문장에서 [cinema] = [fantasy] 라고 했으므로 (fantacy=irrealism) 1번과 2번의 흐름은 This is why의 표현을 단서로 할 때 자연스럽습니다.

3번 문장

Since cinema was an entirely fantasmatic art, these innovations were completely unnecessary.

3번 문장의 해석과 요약

영화는 전적으로 환상적인 예술이었기 때문에 이러한 혁신은 완전히 불필요했다.

[cinema = fantasmatic] → [these innovations: unnecessary(-)]

3번 문장의 단서와 판정

these innovations라는 지시어 표현을 통해 3번 앞에는 innovations가 언급되었음을 알 수 있습니다.

3번 문장의 판정

2번 문장에 분명히 **sound and other technical innovations** 라고 명시되어 있으므로 2번과 3번의 흐름은 these innovations라는 단서로 판단할 때 그 흐름에 문제가 없습니다.

4번 문장

And what's worse, they could do nothing but turn filmmakers and audiences away from the fantasmatic dimension of cinema, potentially transforming film into a mere delivery device for representations of reality.

4번 문장의 해석과 요약

그리고 설상가상으로 그것들은 잠재적으로 영화를 현실의 묘사를 위한 단순한 전달 장치로 변형시키면 서, 영화 제작자와 관객을 영화의 환상적인 차원에서 멀어지게 할 수 있을 뿐이었다.

They → film: reality (그것들이 영화를 reality로 만들었다)

 4번 문장의 단서와 판정

1)And what's worse: 앞 부분에도 부정적인 맥락이 있었음을 알려 주고 있습니다.
2)They: 복수형의 명사로서 cinema를 fantasmatic으로부터 멀어지게 하는 것이어야 합니다. 즉. they는 fantasmatic과 반대되는 것 즉, realism과 가까운 것이어야 합니다.

4번 문장의 판정

3번 문장에서 these innovations: unnecessary 라는 맥락이 부정적인 의미를 지니고 있습니다. 또한, 앞서 2번 문장에서 these innovations은 영화를 realism으로 만드는 것이라고 했기 때문에 4번 문장은 3번 문장의 these innovaitons : unnecessay 라는 맥락에 자연스럽게 연결되고 있습니다.

 5번 문장

But sound and color threatened to create just such an illusion, thereby destroying the very essence of film art.

 5번 문장의 해석과 요약

그러나 소리와 색채는 바로 그러한 착각을 만들겠다고 위협하여 영화 예술의 바로 그 본질을 파괴했다.

sound/color → destroy the very essence of film art(= irrealism)
3번 문장에서 [cinema = fantasmatic] 이라고 했으므로 the very essence of film art = fantasmatic = irrealism 이 됩니다. 따라서, 5번 문장의 내용은 'sound/color가 영화의 irrealism을 파괴했다, 즉, 영화를 realism으로 만들었다'로 요약될 수 있습니다.

 5번 문장의 단서

1) But이라는 연결부사가 강력한 단서로 작용하고 있습니다. But으로 연결되는 두 문장은 서로 상반되는 (↔) 의미를 지녀야 합니다. 5번 문장의 내용이 'sound/color가 영화를 realism으로 만들었다' 이므로 5번 문장 앞에는 '영화는 realism이 아니다' 정도의 의미가 가능합니다.
2) such an illusion: 그러한 착각이라는 표현을 통해서 5번 문장 앞에는 '착각'이라는 의미가 반드시 와야 합니다.

5번 문장의 판정

1) 5번 앞 문장인 4번 문장: [They → film: reality] (혁신들로 인해 영화가 현실적으로 되었다). 오히려 5번
   문장과 의미적으로 유사한 내용입니다. 따라서, 내용상 4번과 5번은 But으로 연결될 수 없으므로 부자
   연스러운 관계를 보입니다.

2) 5번 앞 문장 어디에도 illusion으로 이해할 수 있는 표현이 보이지 않습니다.
   그럼 여기서 주어진 문장을 확인해 봅시다.
   주어진 문장의 중심 내용은 [film : not reality]입니다.
   또한 영화의 본질이 reality가 아닌 irrealism이므로 'take filmic fantasies for representations of
   reality'를 illusion의 의미로 이해할 수 있습니다.
   따라서, 주어진 문장이 들어갈 위치는 4번 문장과 5번 문장 사이인 보기④가 됨을 알 수 있습니다.

6번 문장

As Rudolf Arnheim puts it, "The creative power of the artist can only come into play
where reality and the medium of representation do not coincide."

6번 문장의 해석과 요약

Rudolf Arnheim이 표현한 것처럼 "예술가의 창의적 힘은 현실과 묘사의 매체가 일치하지 않는 곳에서만
발휘될 수 있다."

예술: [현실≠매체]

6번 문장의 단서

특별한 단서가 확인되지는 않습니다. 전문가의 말을 인용하여 주제를 뒷받침하는 문장입니다.

6번 문장의 판정

5번 문장에서 소리와 색채로 인해 영화가 realism이 되어 버린 것을 영화의 본질이 파괴된 것이라고 했습
니다. 따라서 5번 문장과 6번 문장은 '영화=매체는 현실이 되어서는 안된다'는 내용으로서 자연스럽게 연
결되고 있습니다.

각 문장을 간단히 요약적으로 정리해서 정답이 도출되는 장면만을 간단히 정리해 보면 다음과 같습니다.

주어진 문장　　　Film = not Reality

4번 문장　　　　　Film = Reality
5번 문장　　↔　　Film: Reality

4번 문장과 5번 문장이 = 의 관계인데 ↔로 연결되어 있어 연결이 부자연스럽다.
따라서, 5번 문장과 4번 문장 사이에 5번과 반대되는 의미의 주어진 문장이 위치해야 글의 흐름이 자연스럽다.

　각 문장의 의미를 글의 핵심 개념인 Reality를 기준으로 하여

　[Film = Reality] , [Film = not Reality]로 구분하게 되면 문제 해결의 과정이 훨씬 명확해짐을 알 수 있습니다. 의미상의 단서를 활용해야만 하는 고난도 문제에 적절히 대응하기 위해서는 각 문장을 간결하게 요약하는 이해능력이 무엇보다도 필요합니다. 바른 독해가 가장 빠르고 간지나는 풀이입니다.

2. 고등학교 내신 영어 1ˢᵗ grade

1) 1ˢᵗ grade의 code

고등학교 내신 영어는 주로 교과서, 부교재, 최근 실시한 해당 학년 교육청 모의고사, 외부 지문 등을 대상으로 출제됩니다. 해당 지문을 바탕으로 지문의 일부를 변형하는 경우도 있으며, 문제 종류를 변형하여 출제합니다. 20여개의 객관식 문항이 대략 70점대, 5~6 문항의 서술형 문항이 20점대의 배점을 이루고 있습니다. 객관식 문항은 수능형 독해 문제로서 수능에 비해 어법 문항의 출제 비율이 높습니다. 서술형 문항은 지문의 핵심 내용과 관련된 어구 및 문장을 문법적 규칙에 맞게 문장 형식으로 서술해야 합니다.

[서답형 1] 다음 빈칸은 이 글의 주제문이다. 주어진 단어를 모두 사용하여 주제문을 완성하시오.

    In Dutch bicycle culture, it is common to have a passenger on the backseat. So as to follow the rider's movements, the person on the backseat needs to hold on tightly. Bicycles turn not just by steering but also by leaning, so the passenger needs to lean the same was as the rider. A passenger who would keep sitting up straight would literally be a pain in the behind. On motorcycles, this is even more critical. Their higher speed requires more leaning on turns, and lack coordination can be disastrous. _____
_____.

> to mirror / a true / expected / move / every / in / the rider's / the passenger / the ride / is / partner /

→ _____
_____.

[서답형 4] 다음 글을 읽고 빈칸에 HUBO가 마지막 과제를 해결한 방법을 주어진 단어를 활용하여, 한 문장으로 완성하시오. [4점]

    For the final task, climbing stairs, it was important that the robot be able to see its feet. Other robots had difficulty doing this because they had to bend their bodies forward to see over their knees to scan the stairs. This awkward move caused them to lose their balance. HUBO solved this problem in a clever way. _____. That way, the robot's knees did not block the camera's view of either the feet of the floor. After scanning the stairs, the robot set off to climb to the top, completing the task effortlessly.
(필요한 경우 어법에 맞게 고쳐 쓸 것)

> with / rotate / upper / degrees

→ HUBO _____
_____.

이러한 고등 내신영어에 대비하기 위해서는 1)기본적인 어휘력 2)영어 문장의 해석 능력 3)어법적 분석 능력 4)우리말 해석의 영작 능력 5)지문의 내용 분석 능력 6)독해 유형별 문제 해결 능력을 구비하고 있어야 합니다. 이러한 능력을 바탕으로 각 지문을 다음의 단계별로 학습하셔야 합니다. 이 때 내신대비 학습노트를 구비해서 각 단계별 학습상황을 정리하는 것이 효과적입니다. 노트, 검정색, 붉은색, 파란색 볼펜과 형광펜, 자를 준비해 주세요.

2) 1st grade으로 가는 7 steps

고등학교 내신 영어는 다음과 같은 절차대로 지문을 분석해서 대응할 수 있습니다.

1단계 주요 어구(vocabulary & key expression)
2단계 어법 분석(syntax)
3단계 우리말 해석(translation)
4단계 영작(English composition)
5단계 내용 분석
6단계 예상 출제
7단계 오답 점검

다음의 지문을 대상으로 연습해봅시다.

[2022년 3월 고1]

(1) Most times a foreign language is spoken in film, subtitles are used to translate the dialogue for the viewer. (2) However, there are occasions when foreign dialogue is left unsubtitled (and thus incomprehensible to most of the target audience). (3) This is often done if the movie is seen mainly from the viewpoint of a particular character who does not speak the language. (4) Such absence of subtitles allows the audience to feel a similar sense of incomprehension and alienation that the character feels. (5) An example of this is seen in Not Without My Daughter. (6) The Persian language dialogue spoken by the Iranian characters is not subtitled because the main character Betty Mahmoody does not speak Persian and the audience is seeing the film from her viewpoint.

*subtitle 자막(을 넣다) **incomprehensible 이해할 수 없는 ***alienation 소외

지문에 등장하는 어휘나 어구는 수업 전후로 반드시 사전적 의미와 자연스러운 문맥적 의미를 확인하여 점검해 두어야 합니다. 해설서, 사전 등을 활용하여 정리합시다. 분량이 많기 때문에 수업 진도에 맞추어 빠지지 않고 평소에 잘 점검하고 기록해 두어야 합니다. 모르는 표현은 말할 것도 없고, 알 것 같은데 헷갈리는 표현은 수업 전에 미리 살펴두고, 수업 후 선생님이 수업 중에 강조한 부분이나 문법적으로 설명한 어구가 있다면 추가적으로 정리해 두어야 합니다. 단어나 어구는 형광펜으로 지문에 표시하고, 노트에 기록합니다. 지문별로 페이지를 구분하여 작성하셔야 합니다. 노트의 1페이지는 비우고 2페이지부터 시작합니다.

학습노트작성법2 페이지_주요 어구

출처: 3월 교육청	페이지/문항번호:33번 빈칸
subtitle	~에 자막을 넣다
translate	번역하다, 해석하다, 통역하다
occasion	(특별한) 경우, 행사, 이유
incomprehensible	이해할 수 없는 comprehend 이해하다 comprehensible 이해할 수 있는
. . .	

노트 작성시 시각적으로 잘 보이도록 글씨 크기와 간격을 잘 조율하시고, 적절한 색으로 표시해 주십시오.

1단계가 끝난 지문

단어: 검정색 밑줄 ━━━━━━━

> Most times a foreign language is spoken in film, <u>subtitles</u> are used to <u>translate</u> the dialogue for the viewer. However, there are <u>occasions</u> when foreign dialogue is left unsubtitled (and thus <u>incomprehensible</u> to most of the target audience). This is often done if the movie is seen mainly from the viewpoint of a particular character who does not speak the language. Such <u>absence</u> of subtitles allows the audience to feel a similar sense of <u>incomprehension</u> and <u>alienation</u> that the character feels. An example of this is seen in Not Without My Daughter. The Persian language dialogue spoken by the Iranian characters is not subtitled because the main character Betty Mahmoody does not speak Persian and the audience is <u>seeing the film from her viewpoint.</u>
>
> *subtitle 자막(을 넣다) **incomprehensible 이해할 수 없는 ***alienation 소외

✳ 단어의 암기 여부를 점검하기 위해서 가급적 지문에는 우리말 뜻을 적지 않는 것이 바람직합니다. 우리말 뜻이 적혀져 있으면 실제 모르거나 애매한 단어를 다시 한번 찾아보고 점검하는 노력을 게을리하게 됩니다. 수고를 아끼려고 공부하지 마시고, 들인 수고가 헛되지 않도록 점검하고 살펴가는 자세를 가지세요.

2단계 어법 분석

어구의 의미가 확정되면, 기본적인 해석을 하면서 어법성과 관련된 표현을 분석하시기 바랍니다. 어법의 출제 범주를 미리 확인하고, 지문의 표현 중에서 그 범주에 해당하는 것들을 살피고, 주요한 것들은 지문에 표시해 두고 자세하게 설명이나 분석이 필요한 부분은 학습노트에 따로 정리해 두시기 바랍니다. 고등영어 선행이 필요한 순간입니다. 수업 중에 출제될 수 있는 모든 문법적 표현을 선생님이 수업해 주지는 않습니다. 수능과 달리 내신에는 어법유형의 출제 빈도가 높고, 고등학교에 와서 배워서 대처하기에는 시간이 부족할 수 밖에 없습니다. 적어도 어법만큼은 중학교 시절에 충분히 준비해야 합니다.

출처: 3월 교육청	페이지/문항번호:33번 빈칸
관계부사 **과거분사**	there are occasions when foreign dialogue is left unsubtitled
	1) when: 선행사=상황 + 관계부사(when 또는 where) (+뒤에 완전한 문장이 이어짐)_관계대명사와 비교할 것 2) unsubtitled: 과거분사_목적보어자리

어법성과 관련해 주요한 표현들의 '제목'을 반드시 왼쪽에 정리해 둡시다. 제목만 보고도 어떠한 문법적 규칙이 적용되어야 하는지를 스스로 떠올려볼 수 있도록 합시다. 어법적 표현이 드러난 문장은 손으로 적어 주세요. 프린트물로 보기만 하는 공부보다는 손으로 쓰고 밑줄 그어 보는 공부가 그 효과가 더 오래 갑니다. 다시 한번 말씀드리는데 수고를 아끼려고 하지 마세요. 영어 공부의 가장 큰 적은 이런 사소한 정리를 귀찮은 것으로 여기는 마음입니다. 귀찮은 것을 이겨내는게 영어 공부 성공의 지름길입니다.

2단계가 끝난 지문

단어: 검정색 밑줄 ━━━━━━━   어법: 붉은색 밑줄 ━━━━━━━

Most times a foreign language is spoken in film, subtitles are used to translate the dialogue for the viewer. However, there are occasions when foreign dialogue is left unsubtitled (and thus incomprehensible to most of the target audience). This is often done if the movie is seen mainly from the viewpoint of a particular character who does not speak the language. Such absence of subtitles allows the audience to feel a similar sense of incomprehension and alienation that the character feels. An example of this is seen in Not Without My Daughter. The Persian language dialogue spoken by the Iranian characters is not subtitled because the main character Betty Mahmoody does not speak Persian and the audience is seeing the film from her viewpoint.

*subtitle 자막(을 넣다) **incomprehensible 이해할 수 없는 ***alienation 소외

3단계 우리말 해석

학습노트작성법4 페이지_우리말 해석

(1) 영화에서 외국어가 사용되는 대부분의 경우, 관객을 위해 대화를 통역하려고 자막이 사용된다.

Most times를 마치 접속사처럼 처리해야 함

be used to do ~하기 위해 사용되다

(2)하지만 외국어 대화가 자막 없이 (그리하여 대부분의 주요 대상 관객이 이해하지 못하게) 처리되는 경우가 있다.

관계부사 where: ~하는 (+뒤에는 완전한 문장)

노트 좌측에 문장별로 번호를 매겨서 우리말 해석을 적어 보세요. 이 때, 주의할 점은 문장을 보고 해석하는 게 아니라 문장을 거의 머릿속에 집어넣은 채 영어 문장을 보지 않고, 해석하는 것입니다. 문장 해석을 위해서 해당 문장을 적어도 5번 이상은 정독하고 해설서나 참고서를 참조하여 올바른 해석을 익혀야 합니다. 최대한 자연스러운 우리말이 되도록 문장 하나하나를 뜯어 먹듯이 해석하십시오. 최종적으로 해석에 자신이 생겼을 때, 노트에 정리해 봅니다. 최종적으로 해석상 어려움을 겪은 부분이나 중요한 point는 해석 아래에 별도로 정리해 놓읍시다. 어법성과 관련된 부분을 중복적으로 정리해도 상관없습니다. 조금 더 연습이 필요한 문장은 지문에 파란색으로 별도로 표시해 둡시다. 지문의 철저한 해석과정을 통해서 지문을 충분히 익히는 것이 고등 내신영어 대비에 가장 중요한 요소입니다.

단어: 검정색 밑줄 —————— 어법: 붉은색 밑줄 —————— 해석: 파란색 밑줄 ——————

Most times a foreign language is spoken in film, subtitles are used to translate the dialogue for the viewer. However, there are occasions when foreign dialogue is left unsubtitled (and thus incomprehensible to most of the target audience). This is often done if the movie is seen mainly from the viewpoint of a particular character who does not speak the language. Such absence of subtitles allows the audience to feel a similar sense of incomprehension and alienation that the character feels. An example of this is seen in Not Without My Daughter. The Persian language dialogue spoken by the Iranian characters is not subtitled because the main character Betty Mahmoody does not speak Persian and the audience is seeing the film from her viewpoint.

*subtitle 자막(을 넣다) **incomprehensible 이해할 수 없는 ***alienation 소외

4단계 영작

학습노트작성법4 페이지_우리말 해석

(1) 영화에서 외국어가 사용되는 대부분의 경우, 관객을 위해 대화를 통역하려고 자막이 사용된다.

Most times를 마치 접속사처럼 처리해야 함

(2)하지만 외국어 대화가 자막 없이 (그리하여 대부분의 주요 대상 관객이 이해하지 못하게) 처리되는 경우가 있다.

관계부사 where: ~하는 (+뒤에는 완전한 문장)

(1) Most times a foreign language is spoken in film, subtitles are used to translate the dialogue for the viewer.

(2) However, there are occasions when foreign dialogue is left unsubtitled

(and thus incomprehensible to most of the target audience).

.

.

.

(4) Such absence of subtitles allows the audience to feel a similar sense of incomprehension and alienation that the character feels.

allow A to do: A로 하여금 ~하도록 허용하다

.

.

.

노트의 좌측 페이지에 우리말 해석을 적어 놓고, 우측 페이지에는 우리말 해석을 보고 해당 문장을 영어로 옮기는 작업을 진행합니다. 우리말에 주어진 의미에 부합하는 영어식 표현, 어순, 구문 등을 종합적으로 고려해서 적어 보십시오. 해석 단계에서 문장을 충분히 익혔다면 영작의 부담이 훨씬 줄어듭니다. 영작이 자연스럽게 이뤄지지 않거나 해당 문구가 떠오르지 않으면 지문 연습을 반복해 주십시오. 영작시 주의해야 할 부분이 있다면 붉은 색으로 밑줄 그어 주세요.

4단계가 끝난 지문

단어: 검정색 밑줄 ————— 어법: 붉은색 밑줄 ————— 해석/영작: 파란색 밑줄 —————

Most times a foreign language is spoken in film, subtitles are used to translate the dialogue for the viewer. However, there are occasions when foreign dialogue is left unsubtitled (and thus incomprehensible to most of the target audience). This is often done if the movie is seen mainly from the viewpoint of a particular character who does not speak the language. Such absence of subtitles allows the audience to feel a similar sense of incomprehension and alienation that the character feels. An example of this is seen in Not Without My Daughter. The Persian language dialogue spoken by the Iranian characters is not subtitled because the main character Betty Mahmoody does not speak Persian and the audience is seeing the film from her viewpoint.

*subtitle 자막(을 넣다) **incomprehensible 이해할 수 없는 ***alienation 소외

5단계 내용 분석

5단계는 지문 전체의 내용을 분석하는 작업입니다. 학습 노트에는 key word 중심으로 요약지를 작성하십시오.

학습노트작성법6 페이지_내용분석

film: foreign language - unsubtitled
= such absence of subtitles → similar sense of incomprehension/alienation
= example : Betty not speak Persian = audience - from her view point

요지 영화에서 외국어가 자막처리 되지 않는 경우: 배우가 느끼는 incomprehension을 독자가 공감하게 하기 위해서

내용 분석상 중요한 핵심 어구들은 지문에 형광펜으로 표시해 두고 해당 표현을 반복 점검하도록 합시다.

단어: 검정색 밑줄 ━━━ 어법: 붉은색 밑줄 ━━━ 해석/영작: 파란색 밑줄 ━━━ 내용분석: 형광펜 ▬

Most times a foreign language is spoken in film, subtitles are used to translate the dialogue for the viewer. However, there are occasions when foreign dialogue is left unsubtitled (and thus incomprehensible to most of the target audience). This is often done if the movie is seen mainly from the viewpoint of a particular character who does not speak the language. Such absence of subtitles allows the audience to feel a similar sense of incomprehension and alienation that the character feels. An example of this is seen in Not Without My Daughter. The Persian language dialogue spoken by the Iranian characters is not subtitled because the main character Betty Mahmoody does not speak Persian and the audience is seeing the film from her viewpoint.

*subtitle 자막(을 넣다) **incomprehensible 이해할 수 없는 ***alienation 소외

6단계 예상 출제

6단계는 5단계까지의 내용을 바탕으로 해당 지문을 바탕으로 출제 가능한 여러 유형을 검토해 보는 작업입니다.

빈칸: 핵심어구, 순서/위치: 연결어와 지시어 등의 단서, 어휘: 문맥적 흐름을 반영한 어구 등 각 유형별 출제의 원리를 수능형 독해를 통해 충분히 익히고 이를 수업한 지문에 적용하는 작업입니다. 학습자 입장에서 쉬운 작업은 아니지만 배우고 익힌 지문을 정확하게 이해하였다면 충분히 예상할 수 있습니다. 그리고, 문제집을 풀고 나서 틀렸거나 중요한 문제의 출제 point도 추가해서 정리해 놓도록 합시다. 지문에도 예상출제 point도 keyword와 함께 형광펜으로 표시해 두고 점검합시다.

film: foreign language - unsubtitled

= such absence of subtitles → similar sense of incomprehension/alienation

= example : Betty not speak Persian = audience - from her view point

요지 영화에서 외국어가 자막처리 되지 않는 경우: 배우가 느끼는 incomprehension을 독자가 공감하게 하기 위해서

출제예상

1. 어법: be used to do, 관계부사 when, 동사의 수일치
2. 순서/위치: such absence, an example of this
3. 빈칸/어휘: similar sense of incomprehension and alienation

6단계가 끝난 지문

단어: 검정색 밑줄 ━━━━ 어법: 붉은색 밑줄 ━━━━ 해석/영작: 파란색 밑줄 ━━━━

내용분석: 형광펜A ▭▭▭ 예상 출제: 형광펜B ▭▭▭

> Most times a foreign language is spoken in film, subtitles are used to translate the dialogue for the viewer. However, there are occasions when foreign dialogue is left unsubtitled (and thus incomprehensible to most of the target audience). This is often done if the movie is seen mainly from the viewpoint of a particular character who does not speak the language. Such absence of subtitles allows the audience to feel a similar sense of incomprehension and alienation that the character feels. An example of this is seen in Not Without My Daughter. The Persian language dialogue spoken by the Iranian characters is not subtitled because the main character Betty Mahmoody does not speak Persian and the audience is seeing the film from her viewpoint.
>
> *subtitle 자막(을 넣다) **incomprehensible 이해할 수 없는 ***alienation 소외

(최종 정리가 끝난 지문은 파일보관)

7단계 오답 점검

　6단계까지 정리가 끝나고 나면 다양한 실전 문제를 풀어보아야 합니다. 문제집과 출력물 형태로 문제를 풀어 보게 될텐데 출력물은 출력물을 받은 날짜를 기준으로 분류를 해서 체계적으로 관리할 수 있도록 해야 합니다.

　오답 점검은 문제를 푸는 만큼이나 중요한 작업입니다. 실전에 앞서 문제를 풀어보는 이유는 내가 틀릴지도 모르는 그 한 문제를 틀리지 않도록 하기 위함입니다. 따라서 틀린 문제는 정확하게 그 이유가 무엇인지를 차근히 생각해 보고, 어떻게 개선해야 할지를 끊임없이 고민해야 합니다. 30문제를 1시간동안 푸는 것 만큼이나 틀린 한 문제를 1시간 동안 고민하는 것이 필요합니다. 대응방법은 해설서 혹은 선생님의 조언을 참조하고, 학습 방법이나 학습량의 개선 목표와 함께 기록해 둡시다. 치열하게 고민했던 자신의 역사가 지금의 나에게 가장 큰 동기부여가 되기도 합니다.

학습노트작성법7 페이지_오답점검

문제집 print 페이지 번호	오답의 이유
원문 문제 유형 난이도	대응 방법

3. 중학 영어: nothing but 고등 영어

중학 영어의 목적은 중학 내신 성적을 뛰어넘어 고교 과정의 내신과 수능을 대비하는 것이어야 합니다. 앞서 살펴 본 것처럼 고교 내신은 배워서 대응할 수 있는 시험이 아니므로 고교 영어를 준비하는 실질적인 시간은 중학교 시기뿐입니다. 고교 영어를 위해 중학교 시기에 무엇을 어떻게 준비해야 할지 함께 살펴보겠습니다.

1) 워드마스터로 word master가 되지 않는 이유

어휘의 양적인 부분뿐만 아니라 어휘의 질적인 부분까지도 중학교 시기부터 준비해야 합니다. 어휘의 양적 학습은 짧은 시간에도 가능하지만 질적인 습득은 오랜 시간을 투자해야 하는 것인 만큼 중학교 고학년부터는 어휘의 질적 접근에 많은 투자를 기울여야 합니다.

어휘의 질적인 습득이란 어휘의 개념을 이해하는 학습입니다. 우리말의 '깎다'는 다음과 같은 구체적 의미를 지닌 개념어입니다.

깎다'의 의미

1) 연필이나 목재를 깎다

2) 풀이나 털을 깎다

3) 과일 등의 껍질을 깎다

4) 물건의 가격을 깎다

5) 체면이나 명성, 업적을 깎다

이 모든 의미를 '깎다'라는 한 단어가 개념적으로 포괄하고 있습니다. 하지만, 영어에서는

1)의 의미는 plank(판자 따위를 깎아내다), whittle (목재를 켜다), sharpen (연필 따위의 끝을 날카롭게 하다)

2)의 의미는 mow(풀 등을 베다), trim(잔디나 털 등을 다듬다), cut(손톱 등을 자르다)

3)의 의미는 pare, peel

4)의 의미는 cut down, reduce, bargain, curtail, beat down, take off

5)의 의미는 disgrace, lose the face, depreciate 등으로 표현됩니다.

외국인이 우리말을 배울 때, '깎다'라는 단어 하나만으로도 벌써 기가 질릴 것 같습니다. 우리말을 배우는 외국인 학습자에게 '깎다'라는 단어를 가르쳐야 할까요? 위의 5가지 의미를 단순 반복해서 암기시키면 될까요? 우리는 적어도 1부터 5까지의 의미를 외우고 암기해서 배우지는 않았습니다. 그럼에도 우리는 다양한 맥락에서 깎다라는 단어를 정확히 그리고 적절히 이해하고 표현할 수 있습니다. 우리는 '깎다'의 개념이 자리 잡았기 때문에 구체적인 맥락에 따라 자유자재로 '깎다'라는 표현을 쓰고 이해할 수 있습니다. 영어 단어도 그러한 개념을 익혀야 제대로 읽고 잘 쓸 수 있습니다. 그러한 단어의 개념 학습은 고등 학교에서는 물리적 시간의 부족으로 가능하지 않기에 중학교 시절부터 여유를 갖고 꾸준히 수행해야 합니다. 중등 어휘 개념 학습의 두 가지 도구는 사전의 예문과 해당 단어의 어근입니다. 시중에 있는 다양한 어근 분석서를 활용하시고 검색 포탈의 사전이나 앱 등을 활용하시면 되겠습니다. 영어어휘의 개념학습 과정을 구체적으로 살펴보도록 하겠습니다.

'develop'의 사전적 의미 ∼∼∼∼∼∼∼∼∼∼∼∼∼∼∼∼∼∼∼∼∼∼

단어·숙어 366

develop 미국·영국 [dɪˈveləp] ◁›) 영국식 ◁›) ⊶ ★★ ⊕

1. 동사 성장[발달]하다[시키다]
2. 동사 개발하다
3. 동사 (병·문제가) 생기다, (...에) 영향을 주기 시작하다

옥스퍼드 영한사전

위의 사전적 정의를 바탕으로 다음의 문장에 쓰인 develop의 의미를 확인해 볼까요?

develop의 예문 ∼∼∼∼∼∼∼∼∼∼∼∼∼∼∼∼∼∼∼∼∼∼∼∼∼∼∼∼∼∼∼∼∼∼∼

1) She <u>developed</u> a taste for wine while she was in France.

2) I havn't had my holiday photos developed yet.

위 예문1)을 혹시 다음과 같이 해석하고 이해하고 있지는 않나요?

"그녀는 와인에 대한 맛을 프랑스에 있으면서 <u>계발했다</u>."

(아하, 그녀가 프랑스로 유학가서 새로운 맛의 와인을 계발한 거구나. 이 사람은 아마도 식품관련 전문직 종사자겠군.)

예문2)를 "나는 아직 휴가 사진을 사진을 <u>계발하지</u> 못했어."

(흠, 무슨 말이지? 사진을 계발한다고? 휴가 가서 어떤 사진을 찍어야 할지 계획을 세우지 못했다라는 의미인가?)

라고 파악하고 있지는 않습니까?

develop의 진짜 의미를 한번 살펴봅시다.

develop의 어근 분석 ∼∼∼∼∼∼∼∼∼∼∼∼∼∼∼∼∼∼∼∼∼∼∼∼∼∼∼∼∼

de-: not, away   -velop: 감싸다, 가리다

어근으로만 분석해 보면 develop은 '감춰진 것을 드러내다' 정도의 의미가 됩니다. 이 의미를 이미지로 표현하면 이런 느낌이죠.

 **develop의 이미지**

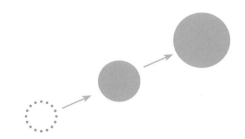

   이 이미지로 develop의 개념을 살펴보면 '미약하고 보이지 않는 것을 드러내어 확장시키다' 입니다. 이러한 개념을 바탕으로 우리 나라의 사전학자들이 develop을 계발하다, 성장시키다 등의 말로 옮겨 놓은 것입니다. 중요한 것은 사전으로 표현되는 우리말의 의미가 develop의 진짜 의미가 아니라는 것이죠. 어근과 실제 예문을 통해서 다양한 사전적 의미를 꿰뚫을 수 있는 하나의 본질적 개념을 깨우치고, 그 개념을 다양한 맥락 속에서 연관지어 보는 것이 진짜 어휘 학습입니다.

 **develop의 예문**

1) She <u>developed</u> a taste for wine while she was in France.
2) I havn't had my holiday photos <u>developed</u> yet.
예문1에서 develop의 개념을 적용해서 다시 한번 그 의미를 생각해 봅시다. 단순히 사전적 의미의 develop을 기계적으로 대입하지 마시고, 전후의 맥락을 살펴 develop의 의미와 개념을 적용해 보세요. 영어를 배우는 과정은 그러한 '개념'을 익히고 그 과정에서 사고를 갈고 닦는 과정입니다.

 **예문을 통한 develop의 올바른 해석과 사고 과정**

1) She <u>developed</u> a taste for wine while she was in France.

1차 해석과 사고: 그녀는 프랑스에 있으면서 와인에 대한 taste를 develop 했다.
2차 해석과 사고: 보이지 않던 맛을 보이게 드러낸다는 것은 말이 안되는 것 같애. 그렇다면 taste를 '맛'이라는 의미보다는 '기호'라는 의미로 이해해 보자. 애초에 와인에 대한 기호 혹은 취향이 없었는데 프랑스에 가서 와인에 대한 기호, 취향이 드러났다는 것이라면 적절한 의미가 될 것 같은데.
3차 해석과 사고: 우리말답게 옮기자면 '그녀는 프랑스에 있으면서 와인에 맛들였다.' 정도가 되겠군.

📖 예문을 통한 develop의 올바른 해석과 사고과정

2) I havn't had my holiday photos <u>developed</u> yet.

1차 해석과 사고: 나는 아직 휴가 중 사진을 develop하지 못했어
2차 해석과 사고: 사진을 develop한다는 게 뭐지? 아날로그 방식의 사진을 연상해 보자. 필름 원판(negative)에 찍힌 사진의 상은 맨 눈으로는 보이지 않아. 보이지 않는 것을 드러내는 것이 develop이니까 사진을 현상하다(現像_보이지 않는 형체를 드러내 보이다)가 develop의 의미로 적절하겠군.
3차 해석과 사고: 우리말답게 옮기자면, '나는 아직 휴가 때 찍은 사진을 현상하지 않았어' 정도가 되겠군.
이러한 과정을 통해 develop이 우리말로 '맛들이다' , '(사진을)현상하다' 정도의 의미로 확장될 수 있음을 학습하게 되었습니다.

중학교 시기에서 반드시 해야 하는, 아니 중학교 시기가 아니면 할 수 없는 어휘 학습은 단어의 단편적인 뜻을 외워가는 암기가 아닙니다. 그러한 단편적인 지식의 습득으로는 정확한 의미도 이해하지 못할뿐더러 적절하게 표현하는 것은 더더욱 어려운 일이 되고 맙니다. 영어학습은 어휘 학습이라고 해도 과언이 아닙니다. 어법과 독해의 기본은 어휘를 바탕으로 이루어집니다. 어휘가 무너지면 숱한 어법 지식과 독해 기술이 무용지물이 되고 맙니다. 중학교 때부터 어휘의 정확한 개념을 익혀나가고 이 과정을 수능 때까지 지속해야 합니다. 개념적 지식에 대한 적절한 접근과 그것을 바탕으로 논리적으로 사고하고 판단해 나가는 과정입니다. 물론, 이러한 학습 과정에서는 유능한 전문가의 가이드가 필요하며, 상당한 시간적 소요가 예상됩니다. 그러나, 바른 길을 가기 위해서는 힘이 들기 마련입니다. 쉽고 빠른 것을 쫓기보다 바른 것을 추구하는 성숙한 학습 자세와 태도가 필요합니다.

2) Grammar(문법) & Usage(어법)

　　중학교 과정에서 배우는 문법이 개별 단어의 문법적 특성을 익히는 분석적 학습이라면, 고등학교에서 다루게 되는 어법은 해당 문맥에 적절한 표현을 판단하는 종합적 이해력과 관련된 영역입니다. 중학교 과정에서 익힌 개별적 지식을 심화시켜 종합적으로 판단하고 해당 문맥 혹은 어휘의 사용 환경에 맞는 표현을 쓰고 읽을 수 있는 능력이 곧 어법입니다. 그리고, 고등학교 어법은 이미 그 출제되는 문법적 범주가 거의 확정되어 있습니다. 따라서, 어법적 물음의 내용을 체계적으로 분류하고 이와 관련해서 자신의 부족한 부분을 점검해 나가야 하겠습니다.

고교 어법의 범주

Ⅰ. 동사

1. 정동사와 준동사의 구분

(1) 접속어(접속사, 관계사, 의문사)+ 1 = 동사의 개수

(2) 예외: 접속어의 생략, 접속어+준동사

2. 동사의 형태: 수, 태, 시, 법, 대동사

(1) 수: 수식어구, 둘 이상의 명사가 연결된 경우, 구와 절, 도치, 명사 자체의 성질

(2) 시: 선후관계, 시간표현, 완료의 의미

(3) 태: 주어와 술어의 호응

(4) 법: 가정법, 사실과 당위

3. 준동사의 종류와 형태

(1) 종류: 기능, 의미에 따른 종류

(2) 형태: 능동/수동형, 단순/완료형

위 범주를 참조하여 예제를 통해서 고등 어법 문제의 해결 과정의 요소와 방법을 구체적으로 살펴 보겠습니다.

(1) 어휘의 의미적 환경

• 다음 밑줄 친 부분에서 어법상 알맞은 표현을 고르시오.

I [informed / was informed] that she had been successful.

이 문제는 어법상 범주 I.2 동사의 형태 (3)태와 관련된 문제로서, inform이라는 동사의 수동태와 능동태 중 적절한 형태를 고르는 문제입니다. 목적어가 있으면 능동태, 목적어가 없으면 수동태라고 흔히 알고 있죠. 얼핏 보면 이 문제는 that 이하의 명사절이 목적어가 되니까 능동태 형태인 informed가 정답인 것 같습니다. 하지만, 그러한 풀이는 중요한 요소 한 가지를 빠뜨렸습니다. 어법은 말 그대로 단어가 쓰이는 '법'입니다. inform이라는 단어가 어떠한 환경에서 쓰이는지 그 정확한 의미를 알아야 합니다. inform: 'inform A of B'라는 형식으로 쓰여서 'A를 B에 관해 알게 해주다', 'A에게 B를 알려주다'의 뜻을 지닌 단어입니다. inform의 목적어 자리에는 '사실'(무엇을)이 아니라 알려 주는 '대상'(누구에게)에 해당하는 의미가 와야 합니다. [inform + 대상 + of + 사실] 이라는 의미적 관계를 정확하게 알아야 inform 이라는 단어를 실제 상황에서 쓸 수 있고, 바르게 이해할 수 있습니다. 위 문제의 경우에 that 이하의 내용은 사실에 해당하는 것으로서 inform의 목적어로 가능하지 않습니다. 목적어로서의 대상이 없으니 수동태의 형태가 문법적으로 올바른 표현입니다. 능동태: Someone informed me that she hand been successful. (누군가가 나에게 그녀가 성공했음을 알려 주었다) → 수동태: I was informed that she had been successful. (나는 그녀가 성공했음을 (누군가로부터 전해 들어) 알고 있다)로 전환된 형태입니다. (접속사로 쓰이는 that 앞에는 in, but, execpt를 제외한 다른 전치사들은 일반적으로 생략되므로 위 문장의 경우 that 앞에 전치사 of가 생략되어 있습니다)

중등 문법에서 익힌 수동태와 능동태의 구분이라는 문법 규칙을 inform이라는 어휘에 적용시켜 나가는 확장성이 고등 어법에 대한 대비로서 꼭 필요합니다.

(2) 문법적 기능과 문맥

• 다음 밑줄 친 부분에서 어법상 알맞은 표현을 고르시오.

The silk was so popular in ancient times [when/that] many people were willing to take a long travel for it.

중등 문법에서 선행사를 설명하는 관계부사 when의 쓰임과 so A that B (너무 A해서 그 결과 B하다)라는 접속사 that의 기능을 익혀 알고 있습니다. 이 문장은 문법적으로는 when 도 옳고 that도 옳은 문장입니다. 그렇다면, 문법적으로 둘다 옳은 경우에 어떠한 표현이 어법적으로 올바른 것인지는 어떻게 판단할 수 있을까요? 여기서 중등 문법과 고등 어법상의 차이가 드러납니다. 물론 중등 문법이 문법성 자체의 개념을 중시하는 과정이라면 고등 어법은 해당 표현의 문법적 적합성과 함께 문맥적 흐름도 고려한다는 것입니다. 단순히 문법서의 규칙을 아느냐 모르냐의 지식의 차원을 넘어서서, 어떠한 것이 더욱 적절한지를 판단해야 하는 사고의 차원이 바로 고등 어법입니다. 이 문제의 경우, 관계부사 when이 쓰이면, 먼 거리를 기꺼이 이동하려고 하는 고대에 비단이 매우 인기가 있었다는 해석이 되며, 이것은 장 거리 이동 수단=비단이라는 의미 관계가 형성됩니다. 접속사 that이 쓰이면, 고대에는 비단이 인기가 많아서 많은 사람들이 기꺼이 먼 거리를 이동하려고 했다의 해석으로서 비단이 고대에 인기가 높았다→기꺼이 사람들이 먼 거리라도 이동하려 함의 의미관계가 성립합니다. 이 두 관계 중에서 접속사 that이 쓰인 후자의 관계가 더 적절합니다.

● 밑줄 친 부분이 어법상 올바르면 O표, 틀리면 X표하고 바르게 고치시오.

Sir Arthur Conan Doyle, the creator of Sherlock Holmes, had a great sense of delicacy [where] other persons' feelings were concerned.

밑줄 친 where의 어법성을 판단하기 위해서는 우선 where이 문법적으로 어떠한 기능을 수행하는지 체계적으로 정리되어 있어야 합니다. 문법적 기능에 따라 where의 해석에서 차이가 생기는 만큼 해석과 문법적 기능을 유기적으로 이해하고 있어야 합니다.

where 의 기능과 해석

1. 관계부사	형용사절(선행사 수식)	~하는
2. 의문사	명사절	어디서 ~하는지
3. 접속사	주로 부사절	~하는 곳에서(~하는 상황에서)

위 예제는 '타인의 감정이 관련된 상황에서는 매우 섬세한 감각을 갖추고 있었다' 정도의 문맥이 가능하다. 따라서, 이 때 where은 상황을 제시하는 접속사로서 가능합니다. 이러한 기능상의 차이에 따른 해석의 차이를 분명히 이해하고 해당 문맥에 적합한지를 판단하는 과정이 고등 어법입니다. 어법을 독해와 분리하지 말고 글을 읽는 과정 속에서 어법적인 분석을 병행하고 주요 문법적 표현들을 체크하는 습관을 기릅시다.

3) 해석 is Structurizing

독해 뿐만 아니라 영작에서도 그 근간이 되는 것은 지문의 해석 능력입니다. 해석의 과정이 단순히 단어를 우리말 뜻으로 바꾸어 가는 기계적인 작업일 수는 없습니다. 필자가 의도하는 바를 파악하여 영문이 의미하는 바가 무엇인지를 정확하게 이해하는 작업으로서, 해석은 영어 학습의 필수적인 과정입니다. 해석은 문장을 '독해'하는 것이며 독해는 의미를 요약하고 의미들 사이의 관계를 맺는 것이라고 했습니다. 따라서, 해석은 영어 문장의 뜻을 간결히 밝히고 문장 내에 있는 의미들 사이의 관계를 파악하여 구조화(Structurizing)하는 작업입니다.

중학교 교과서 수준이야 지문의 난이도나 문장의 구조가 비교적 단순하여 그 해석이 어렵지 않습니다. 그러나, 고등에서 다루는 모의고사와 부교재의 수준은 중학교 교과서에 비할 수 없을 만큼 난도와 분량에서 엄청난 차이가 나고 있습니다.

중학교 3학년 교과서 본문

I regularly volunteer to work at a community center. In early summer, one of the staff members at the center told me about a volunteer camp in the Philippines. The idea of volunteering abroad excited me, so I decided to go there for a week.

On my first day, I had a traditional Filipino dish called tinolang manok. It was chicken ginger soup with vegetables. It had a strong ginger smell, but it tasted good. After dinner, my team members and I talked about our expectations for the camp. We were half worried and half excited about it, so it was a little difficult to fall asleep.

Our volunteer work finally started on the second day. The first job for my team was to paint the walls of the elementary school on an island near Cebu. When I first saw the school building, it looked old and worn. Walking inside, we met a group of students studying. When they saw us, they welcomed us. Their warm welcome motivated me to do a good job. Although painting the walls for several hours was hard work, I felt great.

After finishing the painting job, I volunteered to teach computer skills to elementary students. I had never taught computer skills before. However, my knowledge of the computer was good enough to teach them. When I was teaching them how to use the Internet, one student asked me whether the Internet speed was fast in Korea. I answered that Korea has the fastest Internet speed in the world. She was amazed. She said that she wanted to be a computer programmer and make her country strong in IT.

The day before we left, we had a chance to go to the beach. We swam in the sea and saw hundreds of colorful fish. After swimming, we had a farewell party at the school where I had painted and taught children computer skills. Several children and teachers joined us. At the end of the party, the girl who had asked me about the Internet speed in Korea handed me a letter. It was a thank-you note for my volunteer work. I was moved by her kindness. I know I will never forget my volunteer experience in the Philippines.

One dynamic that can change dramatically in sport is the concept of the home-field advantage, in which perceived demands and resources seem to play a role. Under normal circumstances, the home ground would appear to provide greater perceived resources (fans, home field, and so on). However, researchers Roy Baumeister and Andrew Steinhilber were among the first to point out that these competitive factors can change; for example, the success percentage for home teams in the final games of a playoff or World Series seems to drop. Fans can become part of the perceived demands rather than resources under those circumstances. This change in perception can also explain why a team that's struggling at the start of the year will _____ to reduce perceived demands and pressures. *perceive 인식하다 **playoff 우승결정전

고1 모의고사 지문을 기본 단위로 해서 중3과 고1 내신의 분량을 비교해 보자면, 중3은 대략 모의고사 지문 6문항 정도입니다. 아주 평범한 일반 고등학교 1학년 중간 고사는 교과서 본문이 모의고사 지문으로 10문항, 기출 모의고사 지문 25문항, 부교재가 25문항 정도입니다. 단순히 지문의 양만 두고도 중3과 고1은 6: 60입니다. 불과 몇 개월만에 공부해야 할 범위가 10배로 늘어납니다. 중3 과정을 마치고 고1 중간고사까지 대략 6개월 정도의 기간이 남아 있는데 그 기간에 무려 10배의 학습량을 커버할 만큼의 실력 향상을 이루기란 물리적으로 불가능합니다. 영어만 준비하는 것도 아닌데. 양적인 수준뿐만 아니라 어휘, 문장의 구조, 내용의 난도 등을 고려하면 중등 내신과 고등 내신은 비교 자체가 불가능합니다. 최소 모의고사 지문 기준으로 60여개 문항을 2개월 가량의 학습기간에 마스터하기 위해서는 이미 해당 지문에 대한 완벽한 이해능력을 갖추고 있어야 합니다. 중학교 과정에서 최소한 고등학교 1학년 기출 모의고사의 지문 해석 능력을 숙달해야 합니다. 그리고, 이 해석 능력 역시 단계와 절차를 거쳐 훈련할 수 있습니다.

(1) 1단계 덩어리 짓기(chunking)

영어 문장은 동사, 명사, 형용사, 부사의 4가지 기능을 갖춘 말들로 이루어져 있습니다. 동사는 서술어로 명사는 동사와의 관계와 어순에 따라 주어, 목적어, 보어로 쓰입니다. 형용사와 부사는 꾸밈을 받는 말을 수식하는 말로 쓰입니다. 동사, 명사, 형용사, 부사는 하나의 단어로 표현되기도 하지만, 실제 문장에서 동사를 제외한 명사와 형용사, 부사는 구, 준동사, 절 등의 보다 복잡한 형태로 나타납니다. 이 복잡한 형태가 해석의 어려움을 가져오는 주된 요소입니다. 따라서, 해석은 먼저 그러한 복잡해 보이는 형태들의 구와 절을 하나의 덩어리로 묶어 이해하는 것이며, 그렇게 덩어리 짓는 과정을 chunking이라고 합니다.

이 chunking이 가능하기 위해서는 어떠한 구, 준동사, 절이 어떠한 기능을 수행하는지를 미리 인지하고 각각의 단어들의 어떤 순서로 자연스럽게 배열하는지를 미리 숙지하고 있어야 합니다.

구, 준동사, 절의 기능

단어	명사	형용사	부사
구	명사+명사, 형+명사	전치사+명사	전치사+명사
준동사	to+V, V-ing	to+V, V-ing, V-ed	to+V
절	접속사+절 의문사+절 (what+절)	관계사+절	접속사+절

자연스러운 어순

주어+동사

동사+목적어

동사+보어

전치사+명사

피수식어+ 수식어, 수식어+피수식어

문장을 덩어리로 나누기

> One dynamic that can change dramatically in sport is the concept of the homefield advantage, in which perceived demands and resources seem to play a role.

1) one이 dynamic을 꾸미고 있습니다. dynamic이 문장의 처음 오는 명사이므로 주어로 볼 수 있습니다. 주어인 dynamic이 동사와 결합하지 않고 that-이 이끄는 절이 나옵니다. 따라서 that-절은 명사인 dynamic을 설명하는 관계사절(형용사절)로 보는 것이 타당합니다.

2) that이 이끄는 관계사절은 can change + dramatically (부사) + in sport (전치사+명사로 동사 change를 꾸미는 부사로 볼 수 있습니다)

3) in sport is에서 sport는 전치사 in과 결합되어 있으므로 sport is 가 연결되지는 않습니다. 따라서, 관계사that이 이끄는 형용사절은 in sport까지이며 문장의 동사는 is입니다.

4) is 동사 다음에 the concept라는 명사가 보어자리에 위치해 있습니다.

5) the concept 뒤에 of the homefield advantage라는 전치사+명사가 와서 the concept를 꾸미고 있습니다.

6) in which ~이하가 전치사+관계대명사=관계부사가 되어 명사를 꾸미는 형용사절이 되어 있습니다.

이 과정을 종합해서 보면, 위 문장은 이렇게 덩어리 지어집니다.

chunking

> One dynamic (that can change dramatically in sport) is   the concept
>
> (of   the homefield advantage   )
>
> (in which perceived demands and resources seem to play a role).

기본구조: One dynamic   is   the concept

수식구조

1) One dynamic (that can change dramatically in sport)

2) the concept (of the homefield advantage)

3) the homefield advantage (in which perceived demands and resources seem to play a role).

이 덩어리들을 우리말로 자연스럽게 풀어보자면 다음과 같습니다.

한 가지 역학 (스포츠에서 극적으로 바뀔 수 있는)은

(홈 이점의) 개념 (여기에서는 인식된 부담과 자원이 역할을 하는 것처럼 보인다) 이다

(2) 2단계 관계 파악과 핵심 요약

　　덩어리로 묶어서 구조를 단순화시킨 후 단순화된 구조 속의 덩어리들의 우리말 뜻을 밝혀 보았습니다. 여기까지는 1차원적 해석입니다. 진짜 해석은 이 덩어리, 덩어리들의 우리말 뜻을 통해 관련된 개념들 사이의 관계를 파악하고 그 핵심적 의미를 도출해 요약하는 작업입니다. 관계를 파악하고 핵심적 의미를 요약하는 것, 앞서 독해의 원리에서 말씀드렸던 이해의 과정입니다. 결국 해석한다는 것은 문장 단위의 이해 과정이며, 이해는 곧 사고의 과정입니다. 해석을 통해서 고1 과정의 영어 지문을 정확하게 이해할 수 있는 논리적인 사고를 충분히 훈련해 두어야 합니다.

관계의 파악과 요약

chunking

> One dynamic (that can change dramatically in sport) is the concept
> (of the homefield advantage)
> (in which perceived demands and resources seem to play a role).

　　앞서 덩어리로 나누어 놓은 것을 바탕으로 다음의 절차를 밟아 의미적인 관계를 파악하고 핵심을 요약해 봅시다.

1) 수식하는 단어, 서술하는 단어들은 '='로 표시합니다.

관계사, 접속사, 전치사, 동사 be 등이 여기에 해당합니다.

One dynamic = change dramatically = sport

the concept = the homefield advantage = perceived demands and resources seem to play a role

2) 형식적으로 중요한 단어가 아니라 내용적으로 중요한 단어를 중심으로 재구조화합니다.

꾸밈을 받는 말은 다소 일반적인 의미를 지니고 있고, 꾸며 주는 말이 보다 구체적이고 핵심적인 뜻을 지니고 있습니다. 일반적인 의미는 과감하게 생략해 봅시다.

homefield advantage : ① 극적으로 변화했다
　　　　　　　　　　　 ② perceived demands and resources 와 관련되어 있음.

3) 내용상의 구조를 통해 추가적인 정보를 추론해 본다.

homefield advantage 가 스포츠 경기에서 홈 팀이 이점 (긍정;+)을 가지고 있다는 것이며 홈 팀이 이점을 가지기 위해서는 demands (부담; -)가 적어야 한다. 따라서, homefield advantage는 '홈 팀이 demands가 적어 이롭다' 정도의 의미로 볼 수 있다. 그러한 homefield advantage의 개념이 극적으로 변화했다는 것은 그 demands가 오히려 늘어서 (+)가 오히려 (-)로 바뀌었다는 것.

나의 예측/이해: '이전에 유리하게 여겨졌던 홈 팀이 demands가 늘어서 이제는 오히려 불리해졌다'

이제 이 문장을 다음과 같이 요약해서 이해할 수 있습니다.

최종 해석

homefield advantage : demands ↓(+) → demands ↑ (-)

이 같이 해석을 연습하는 과정이 앞서 말씀드린 바대로 논리적 사고를 훈련하고 연습하는 과정입니다. 영어 단어를 우리말 뜻에 대응시키고 배열하는 것이 결코 해석일 수 없습니다. 필자가 의도한 바를 논리적 사고를 바탕으로 적절하게 이해하는 과정이 바로 해석입니다. 더우기, 중3 교과서의 수준과 고1 교과서 및 고1 기출 모의고사의 수준의 난도 차이는 6개월 가량의 학습으로는 도저히 메울 수 없습니다. 설상가상으로 고등학교는 가르쳐 주지 않습니다. 고1 3월에 치르는 교육청 모의고사가 대부분 시험범위에 포함되지만 교과서, 부교재 만큼 수업 일정이 배분되지는 않습니다. 심지어, 당해 연도 뿐만 아니라 2~3개년의 기출 모의고사를 시험 범위에 포함시키는 학교도 있습니다. 따라서, 고등 영어내신은 가르친 것을 얼마나 잘 숙지하고 있는지를 알아보는 것이 아니라, 학생이 얼마나 미리 준비되어 있는지를 평가만 하는 시험입니다. 쉬운 중학교 교과서로만 배우고 가르쳐주지 않는 수업으로 어려운 문제를 풀어야만 하는 시험이 바로 여러분의 고등학교 내신 영어 시험입니다.

준비해야 합니다. 너무나 가혹한 교육 과정의 현실을 탓한다고 해서 달라질 것은 없습니다. 어휘, 문법, 어법, 해석, 독해에 이르기까지 중학교 때 준비해 두지 않으면 고등학교 3년 동안 들러리 신세를 면치 못합니다. 이 책의 학습전략과 학습법이 입시의 비극을 벗어나서 '행복한 공부'로 가는 이정표가 될 수 있기를 간절히 바랍니다.

수학의 고비를 넘다
수학 완전학습법

수학 Checklist

'**예**'라고 체크한 항목은 관련 페이지로 이동해 자신의 부족한 부분을 확인해 보세요.

총점　예 : 0　아니요 : 1

1 단계: 0~10점 그간 수학과 거리가 있으셨군요! 수학과 친해지도록 같이 노력해 볼까요?
2 단계: 11~20점 수학 공부를 어떻게 하는지 잘 모르는군요! 수학공부 방법에 대해 차근차근 알아봅시다.
3 단계: 21~30점 수학 공부하는 방법을 조금씩 알아가는 단계이군요. 이제부터 진짜 제대로 해봅시다!
4 단계: 31~40점 수학 공부하는 방법을 아는 당신도 노력하면 수학 공신이 될 수 있습니다. 화이팅!
5 단계: 40~45점 그대는 바로 수학! 공신!, 수!학!왕!

1. 계산을 완성하는 초등 수학

고등에서 수학을 '잘'하려면

이 챕터는 제목 그대로 고등학교에서 수학을 잘하기 위한 안내서입니다. 중학교에서 이미 수학 성적이 상위권인 학생들은 곧바로 고등학교 내용으로 넘어가셔도 무방합니다. 훗날 고등학교에서 공부를 잘하고 싶은 초등학생, 또는 이미 중학생 혹은 고등학생이 되었으나 초등 수학이 부실하다고 생각되는 학생들은 정독하기 바랍니다.

초등 수학의 핵심은 계산력의 완성입니다. 사실 미국에서는 시험장에 계산기를 도입한다고 하기도 하고 수학적 사고력은 논리력이지 계산력은 아니라고도 하지만 우리나라의 현재 시험 상황은 로직을 다 알고 있어도 마지막 계산에서 틀리면 정답이 아니게 되는 구조입니다. 주관식 서술형이 도입되면서 답만 틀리는 많은 경우 부분 점수는 인정받습니다. 그러나 객관식 문제 비중이 아직도 최소 절반 이상, 최대 100%가 되기도 하니 고등 수학에서도 계산력은 결코 가볍게 여길 수만은 없습니다. 그렇다고 중학생이나 고등학생이 되어서 더하기, 곱하기 등만 하고 있을 수도 없는 노릇이어서 계산 부분만큼은 초등학생 때 완!성!하고 와야 합니다.

만약 중학생이나 고등학생인데 초등학교 수학 내용부터 불안하다면 아래 교육과정을 참고하여 자신이 부족한 영역, 혹은 전 초등 영역을 훑고 지나가기를 추천합니다. 어린이들이 5세에 한글을 배울 때는 1년이 걸리지만, 8살에 시작하는 어린이는 1달, 혹은 1주일 안에 습득할 수 있는 것처럼, 초등학생 시절에는 6년 동안 배운 내용이지만 중학생 이후에 공부하는 경우, 초등 수학 1과목만 한다고 했을 때, 빠르면 1주일, 늦어도 1달이면 모두 배울 수 있습니다.

수학이 흔들리는 학생들은 본인들이 기초가 부족하다고 생각합니다. 그리고 흔히들 하는 말이 "하나도 몰라요"입니다. 구멍이 숭숭 뚫려있고, 자신이 없어서 뭘 알고 있는지, 뭘 모르고 있는지도 잘 구별하지 못합니다. 교육과정에서 제시하는 내용 요소를 보고 자신이 없다 싶은 부분은 무조건 한 번은 풀어봅니다. 초등학생 때는 수학을 잘하지 못했다 하더라도, 중학생이 된 지금, 고등학생이 된 지금은 이해의 속도가 훨씬 빨라져서 그때는 헤매었던 것들을 지금을 알 수 있습니다.

1) 수학 교과목 이해

(1) Σ 뭐 배우나
초1~초6

영역	핵심 개념	학년(군)별 내용 요소		
		1~2학년	3~4학년	5~6학년
수와 연산	수의 체계	• 네 자리 이하의 수	• 다섯 자리 이상의 수 • 분수 • 소수	• 약수와 배수 • 약분과 통분 • 분수와 소수의 관계
	수의 연산	• 두 자리 수 범위의 덧셈과 뺄셈 • 곱셈	• 세 자리 수의 덧셈, 뺄셈 • 자연수의 곱셈, 나눗셈 • 분모가 같은 분수의 덧셈과 뺄셈 • 소수의 덧셈과 뺄셈	• 자연수의 혼합 계산 • 분모가 다른 분수의 덧셈과 뺄셈 • 분수의 곱셈과 나눗셈 • 소수의 곱셈과 나눗셈
도형	평면 도형	• 평면도형의 모양 • 평면도형과 구성 요소	• 도형의 기초 • 원의 구성 요소 • 삼각형, 사각형, 다각형 • 평면도형의 이동	• 합동 • 대칭
	입체 도형	• 입체도형의 모양		• 직육면체, 정육면체 • 각기둥, 각뿔 • 원기둥, 원뿔, 구 • 입체도형의 공간 감각
측정	양의 측정	• 양의 비교 • 시각과 시간 • 길이(cm, m)	• 시간, 길이(mm, km), 들이, 무게, 각도	• 원주율 • 평면도형의 둘레, 넓이 • 입체도형의 겉넓이, 부피
	어림 하기			• 수의 범위 • 어림하기
규칙성	규칙성과 대응	• 규칙 찾기	• 규칙을 수나 식으로 나타내기	• 규칙과 대응 • 비와 비율 • 비례식과 비례배분
자료와 가능성	자료 처리	• 분류하기 • 표 • ○, ×, / 이용 그래프	• 간단한 그림그래프 • 막대그래프 • 꺾은선그래프	• 평균 • 그림그래프 • 띠그래프, 원그래프
	가능성			• 가능성

(출처: 한국교육과정개발평가원)

Part IV 수학, 완전학습법

초등학교 6개 학년의 학년군별 내용 요소입니다. 연보라색을 칠한 부분이 학생들이 다소 어려워하는 내용입니다. 수학은 저학년부터 단계형으로 모두 연결되어 있어서 사실 모든 내용이 중요하지만, 연보라색으로 표시된 내용은 학생들이 특별히 어려워하는 부분입니다.

그러니 이 부분을 배울 때는 시간을 넉넉히 갖고 복습을 충분히 하기 바랍니다. 또, 배울 때 잘 이해가 가지 않고, 어렵게 느껴지더라도 다른 학생들도 같은 현상을 겪느니만큼 스스로에 대해 좌절하지 말고 끈기 있게 공부하면 됩니다.

2) 초등학교 수학의 핵심 : 수와 연산

(1) 숫자=양(量) : 아직은 구체물이 필요한 단계

피아제의 인지 발달론에 따르면 초등학생은 구체적 조작기에 해당하여 경험에 기초하여 사고하는 성향이 있습니다. 초등학교에서 배우는 수학의 대상은 수와 도형으로 구체적인 사물로 양을 파악하면서 배울 때 학생들은 좀 더 명확하게 추상적인 수를 양과 연관 지어 인식하게 됩니다. 그래서 초등학교에서 수막대를 많이 사용하는 것이죠. 초등학교에서는 한 자리 수의 연산, 두 자리 수의 연산, 세 자리 수의 연산까지 집중적으로 다루고 이후 만자리 이상부터는 앞에서 배운 규칙과 같다고 해도 학생들은 잘 이해합니다. 그래서 한 자리부터 세 자리까지 연산을 배우는 동안에는 아래 예시와 같이 그에 맞는 구체물과 함께 경험하면 도움이 됩니다.

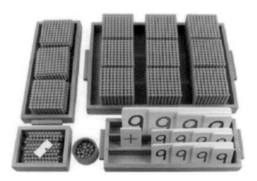

몬테소리 은행놀이 수교구

초등학교 수와 연산 파트에 있어 최종적으로 도달해야 하는 지점은 양을 감각적으로 익히고, 이를 수로 표현할 수 있으며, 계산을 능숙하게 하는 것입니다. 이때, 계산은 모두 십진법에 기초합니다. 그래서 사진 자료를 비롯한 다양한 교구가 십진법을 더 잘 이해할 수 있도록 제작되었습니다.

수학을 공부한 입장에서는 너무나 당연한 이야기라 교과서, 참고서 등에서 '초등 수학은 십진법에 기초한 것이다'라고 명시적으로 밝히지는 않습니다. 하지만 교육 과정 내용 중에 모두 이를 포함하고 있습니다.

초등 수학 과정 중 연산 부분을 생각해보면 초등학교 1학년 학생들의 경우 대체로 수학을 좋아하고 쉬워합니다. 그러다가 빠르면 2학년의 여러 가지 계산부터 어려워하게 되지요. 가르치는 부모님들도 하나의 방법으로 +, -를 해도 충분한데 왜 여러 가지 방법으로 계산을 하는지, 의미는 모르시고 자녀를 가르치시는 경우가 많습니다.

이 부분이 바로 십진법에 기초해서 수를 자유자재로 다루기 위한 가장 기반이 되는 과정이라고 볼 수 있습니다. 우리가 다루는 숫자는 10진법 체계이기 때문에 10을 기준으로 숫자의 자리가 바뀝니다. 그래서 10, 100단위의 수를 만들면 파악하기가 쉽습니다.

이런 이유로 17+8을 계산할 때 10+(7+8)=10+15=25로 계산할 수 있지만 15+(2+8)=25 또는 (17+3)+5=25로 생각하여 계산하는 것이 좀 더 효율적이고 빠릅니다.

초등 수학은 숫자 자체가 대상이 되기 때문에 수를 대상으로 충분히 놀아보는 것도 도움이 됩니다. 놀이이기 때문에 산책 중에, 다른 일을 하다가, 자연스럽게 수를 분할 하는 연습을 함께 하시기를 추천합니다.

예를 들어 '더하기를 이용해서 10 만들기'를 하는 것이죠. 숫자 2개부터 시작해서 3개, 4개, 5개 등등으로 숫자의 개수를 올리면서 진행하면 됩니다.

2개 1+9, 2+8, 3+7, 4+6, 5+5

3개 1+1+8, 1+2+7, 1+3+6, 1+4+5+, 2+2+6,
2+3+5, 2+4+4, 3+3+4

4개 1+1+1+7, 1+1+2+4, 1+1+3+5, 1+1+4+4
1+2+2+5, 1+2+3+4, 1+3+3+3

5개 1+1+1+1+6, 1+1+1+2+5, 1+1+1+3+4, 1+1+2+2+4, 1+1+2+3+3, 1+2+2+2+3

만들기를 할 때는 10진법을 익히는 것이 목적이라 10을 만드는 것에 주안점을 두되, 수를 분할 하는 것이 재미있다면 12, 20 등 다양한 수로 연습하는 것도 좋습니다.

곱하기도 이런 방법을 쓰면 구구단 연습에 도움이 됩니다. 우리는 보통 구구단을 외울 때, 22는 4(2×2=4), 23은 6(2×3=6), 이렇게 두 수를 곱해서 다른 수가 되는 것에 초점을 두는 데 거꾸로 가는 것을 시키면 더 잘 기억하게 되고 순발력 있게 대답하게 됩니다.

10 2×5, 5×2

12 2×6, 3×4, 4×3, 6×2

24 2×12, 3×8, 4×6, 6×4, 8×3, 12×2

48 2×24, 3×16, 4×12, 6×8, 8×6, 12×4, 16×3, 24×2

주어진 수를 두 수의 곱으로 표현해보는 것은 약수와 배수 단원과 관련이 깊은데, 이는 소수 (1과 자기 자신만을 약수로 갖는 수)와 연관성이 많습니다. 소인수분해에 등장하는 소수는 보통 한 자리수가 많이 등장하고 아무리 커도 20은 잘 넘지 않습니다. 그래서 100이하의 수를 곱하기로 표현해보는 놀이도 초등학교 5학년부터 중학생까지 약수와 배수 단원에서 도움이 많이 됩니다. 이때는 여러 작은 소수들이 곱해진 수를 표현해보게 하는 것이 좋습니다. 대표적으로 24와 48이 가장 많이 등장합니다.

특히 중학교 3학년 때, $\sqrt{24}=2\sqrt{6}$, $48=4\sqrt{3}$으로 바꾸는 경우가 잦아 이렇게 곱하기로 쪼개는 연습을 하면 무리수 단원을 배울 때 좀 더 수월합니다.

(2) $\frac{1}{2}=\frac{2}{4}$: 같은 수, 다른 표현, 혼돈의 분수

생각보다 고등학생 중에서 분수 계산을 어려워하는 학생 비율이 꽤 됩니다. 세 자리 수의 +, -는 곧잘 따라오고, 소수도 곱하기는 어려워해도 +, -는 쉬워합니다. 하지만 분수의 경우에는 개념부터 헷갈리는 학생들이 많습니다. 자연수를 다룰 때는 1은 1로만 표현되는데 분수는 같은 양을 분모를 다르게 하여 다양하게 표현할 수 있기 때문입니다.

위 그림에서 남자아이는 피자 한 판을 8등분한 조각 중 1개를 들고 있습니다. 우리는 이 피자한 조각을 $\frac{1}{8}$이라고 표현할 수 있습니다. 여기까지는 쉽게 배우는데 $\frac{1}{8}=\frac{2}{16}=\frac{3}{24}$ 임을 분명히 알게 하기 위해서는 더 조각을 내어보고 여러 가지 사물을 이용하여 분수로 표현해보는 충분한 활동이 필요합니다. 이후에 통분하는 것도 마찬가지입니다.

믿기지 않겠지만 $\frac{1}{2}+\frac{1}{3}$ 의 값을 $\frac{2}{5}$ 혹은 $\frac{2}{6}$ 로 계산하는 고등학생들이 존재합니다. $\frac{2}{5}$ 는 분자와 분모를 각각 더한 것이고 $\frac{2}{6}$ 는 분모를 곱해야 했었다는 사실을 어렴풋이 기억한 경우 이렇게 답을 합니다. 그래서 분모가 다른 분수의 덧셈과 뺄셈의 경우 통분을 하는 이유를 명확하게 알기 위해 칸이 있는 초콜릿 등을 갖고 충분히 경험해 보는 것을 권합니다.

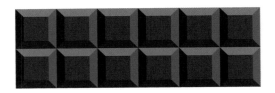

대표적인 수학 강국이 인도인데 인도 가정에서는 대화 중에 초등 수학을 사용하는 일이 빈번하다고 하네요. 일상생활에서 분수로 표현할 것이 있다면 대화 중에 자연스럽게 사용해보는 것을 추천합니다. 예를 들어 저녁 먹을 때 네모난 접시를 사용한다면 접시의 넓이는 식탁 넓이의 몇 분의 몇 일지 어림잡아 보는 것이죠. 내기를 곁들인다면 아이들은 더욱 신나게 참여할 것입니다. 이런 놀이 가운데 분모를 4로 할지, 8로 할지, 10으로 할지 등등을 생각해 볼 수 있을 것입니다. 그래서 뭔가 양적으로 차이가 나는 것을 하나로 합치는 과정을 통해 통분을 자연스럽게 익히게 하는 것이 필요합니다. 가정에서 사용하는 어떤 물건이라도 좋고, 딱히 물건을 하는 것이 적당하지 않다면 먹을 것도 좋습니다. 가장 쉽게 통분하도록 하는 것은 사진처럼 사각형으로 쪼갤 수 있는(선이 그어진) 초콜릿이 좋더군요.

초등 수학에서 가장 어렵게 느끼는 1위가 분수라고 합니다. 학교에서도 물론 분수 연습을 합니다만 일상생활 중에 놀이처럼 연습하는 것을 따라올 것은 없습니다. 영어도 학습으로만 접할 때보다 생활에서 사용할 때 더 능숙해지는 것처럼요. 수학도 또 하나의 언어입니다. 초등학생은 가장 근본적인 기초를 닦는 과정이고 외국어를 배우는 것처럼, 진지하게 공부하는 시간 외에 자연스럽게 몸에 스며들게 하는 시간도 함께 갖는 것이 필요합니다.

(3) 연산력 > 학습지 : 문제집 소개

　수학 연산 완성을 위해 학습지를 많이 합니다. 학습지는 보통 아래와 같은 형식으로 연습을 시키는 구조인데 학생 성향에 따라 효과가 다르게 나타납니다.

① 1+7=	⑥ 6+7=
② 2+7=	⑦ 7+7=
③ 3+7=	⑧ 8+7=
④ 4+7=	⑨ 9+7=
⑤ 5+7=	

　학생이 꼼꼼하고 차근차근 하나하나 생각하며 계산하는 경우는 연습이 됩니다. 그러나 하나하나 파악하기보다 경향성 파악을 더 잘하는 학생이라면 ①번과 ②번문제 정도 푼 후에 ③번부터는 앞 답부터 7씩 더한 숫자를 답으로 쓸 것입니다. 저 페이지는 7을 더했을 때의 값을 계산하는 연습을 시키기 위함인데 효과가 반감되는 것이죠. 이런 경우에는 패턴화가 되지 않은 연산 연습이 필요합니다.

　초등 문제집은 크게 일반, 연산, 심화로 나눌 수 있는데 쎈이나 만점왕 등을 일반문제집으로 분류합니다. 일반이라고 해도 연산이 주된 내용이라 일반, 일반+연산, 연산 3가지 유형 중 어떤 것을 선택해도 효과가 비슷합니다. 다만 심화 문제집은 아이 성향에 따라 신중하게 결정해야 합니다. 초등의 심화 문제집 내용은 대체로 중등 혹은 고등에서 내용이 내려왔거나 독해 영역의 능력이 변수가 되는 경우입니다. 그래서 초등 때 심화 문제집을 풀지 않았다 하더라도 중고등에 가서 얼마든지 수학을 잘할 수 있습니다. 오히려 너무 어릴 때 어려운 문제를 접하고 풀지 못해서 자신이 수학에 재능이 없다고 판단할 수 있으니 흥미를 잃어버리는 일이 생기지 않도록 조심해야 합니다.

　초등 연산력 강화를 위해서는 문제집을 꾸준히 푸는 연습이 꼭 필요합니다. 내용을 다 이해했더라도 연습하지 않으면 실력이 늘지 않습니다. 문제집은 시중에 다양하게 나와 있는데 그중에서 대표적인 유형을 소개해드립니다. 소개되지 않은 문제집이라도 내용을 보시고 패턴화 여부, 문제수, 형식 등을 고려해서 학생에게 적합하다면 선택하면 됩니다.

수학 내용에 대한 정리 + 기본 예제 + 연습문제, 응용문제
형식으로 이루어진 기본 문제집입니다.
비슷한 문제집으로 쎈, 풍산자 등이 있습니다.

유아부터 초등까지는 기적의 계산법으로 중학생은 기적의 중학 연산이라는 이름으로 출간되었습니다. 연산 시간을 측정해서 평균, 상위권과 비교할 수 있는 페이지도 있어서 속도감까지 익히기 좋습니다. 한 페이지의 속한 문제 수는 많은 편이어서 하루 1장 이상 공부한다면 연산 부분에서 효과를 볼 수 있습니다.
비슷한 문제집으로 이것이 연산이다, 철저 반복 등이 있습니다.

이름을 정말 잘 지었지요? 연산에 무슨 상위권이 따로 있을까 싶긴 한데 상위권 학생들이 좋아할 만한 요소가 있습니다.
바로 문제 형식이 다채롭다는 점입니다. 위의 문제집은 문제만 죽~있어서 아무 생각 없이 계산에 몰두한다면 이 문제집은 문제 형식이 다양해서 파악하는 재미가 있습니다. 대신 권당 문제 양은 적은 편이어서 한 학년 문제집 권수가 많습니다.
비슷한 문제집으로 소마셈이 있습니다.

2. 고등 1등급을 위한 중학 수학 핵심 코드

중등 수학의 핵심은 문자와 기호를 활용한 식의 표현입니다.

초등에서도 수학 과목의 서술형이 중요하게 취급되고 서술형 문항만 연습하게 하는 문제집이 따로 성행하는 것으로 알고 있지만 아무래도 나이가 어리다 보니 추상적인 의미를 담고 있는 기호의 사용이 쉽지 않습니다. 그래서인지 중학생들의 수학 서술형 답안지는 기호와 식이 아닌 한글로 된 서술 비중이 큰 편이고 이런 경향은 서서히 줄어들면서 수학을 쫌! 하는 학생이라면 고등학생이 되어서는 무난하게 식의 전개를 하게 됩니다.

지금 고등학생인데 중학교 수학이 탄탄하지 못하다는 생각이 든다면 아래 내용 요소의 핵심만 파악하고 가도 무난합니다. 중학생들을 대상으로 하는 응용문제는 뒤로 하고 내용 요소의 기본 문제를 완벽히 해결할 수 있는 정도로 복습 후에 고등학교 수학을 공부하는 것이 유익합니다.

영역	핵심 개념	학년(군)별 내용 요소		
		1학년	2학년	3학년
수와 연산	수의체계	·소인수분해 ·정수와 유리수	·유리수와 순환소수	·제곱근과 실수
	수의연산			
문자와 식	다항식	·문자의 사용과 식의 계산	·식의 계산	·다항식의 곱셈과 인수분해
	방정식과 부등식	·일차방정식	·일차부등식과 ·연립일차방정식	·이차방정식
함수	함수와 그래프	·좌표평면과 그래프	·일차함수와 그래프 ·일차함수와 일차방정식의 관계	·이차함수와 그래프
기하	평면도형	·기본 도형 ·작도와 합동 ·평면도형의 성질	·삼각형과 사각형의 성질 ·도형의 닮음 ·피타고라스 정리	·삼각비 ·원의 성질
	입체도형	·입체도형의 성질		
확률과 통계	확률		·확률과 그 기본 성질	
	가능성	·자료의 정리와 해석		·대푯값과 산포도 ·상관관계

중학교에서는 문자와 식을 처음 다루게 되는 중1과정이 무척 중요합니다. 문자를 처음 다뤄보는 데다가 음수의 계산이 직관적이지는 않아서 식의 계산 부분에서 학생들이 무척이나 어려워합니다. 이 부분은 연습을 통해 익숙해지는 수밖에 다른 왕도는 따로 없습니다. 잘하는 것처럼 보이는 학생들도 처음 배울 때는 정말 많이 틀리는 부분인 만큼 공부하다 막히더라도, 누구나 그렇다는 생각으로 벽을 넘으시길 바랍니다.

문자와 식의 사용이라는 것이 두드러지는 것이 바로 증명입니다. 본격적인 증명은 중학교 2학년 과정에서 '이등변삼각형은 밑각이 같다'로 시작합니다. 초등학교에서는 이등변삼각형을 접어서 밑각이 같은 것을 확인했다면, 중학교에서는 이 사실을 아는 것을 넘어서 이를 수학적으로 증명하는 것을 본격적으로 배우기 시작합니다.

그래서 증명이 시작되는 중2과정은 증명을 포함하는 도형 영역을 어려워하는 학생들이 속출하기 시작합니다. 함수와 그래프도 본격적으로 등장하게 되면서 방정식과의 관계도 배우지만 대체적으로는 도형의 증명 부분을 가장 어려워합니다.

중학교 3학년은 무리수라는 새로운 수가 등장하는데 당황스럽긴 하지만 이 수를 문자처럼 취급하면서 계산은 곧잘 합니다. 익숙하지 않은 수이기 때문에 익히는 데 시간이 걸린다는 점이 문제라면 문제랄까, 중1과 중2에서 마주한 어려움보다는 좀 약한 듯한 느낌이 있습니다. 중3에서는 함수 영역에서 이차함수를 제대로 다루게 되는데 이 부분이 고1과 직접적으로 연결되기 때문에 중3 때 공부를 잘해두면 고1이 상당히 쉽게 느껴지는 효과가 있습니다. 이제 중3에서 연보라색은 하나 남았죠? 바로 삼각비와 원의 성질입니다. 이 부분이 중요한데 3학년 2학기에 다루게 되면서 긴장감이 떨어지는 시기에 배운다는 점이 매우 안타깝습니다. 특히 원의 성질의 경우 고등학교에서 갑자기 마구 튀어나오는 내용인데 중3때 흐지부지 배우게 되면 타격이 매우 큽니다. 원의 할선 정리, 현의 성질 등 교과서에서 다루는 모든 내용을 2학년에서 배운 삼각형과 사각형의 성질만큼 쉽게 바로 쓸 수 있는 정도가 되어야 합니다. 이 부분이 명확하지 않다면 고등학교에서 도형의 방정식을 다룰 때 어딘지 찝찝한 기분을 잠재울 수 없을 것입니다. 중3 원의 성질 모든 내용을 5번 이상 적어보기를 추천합니다.

(2) 선행성취 ≒ 현행성취 : 처음부터 진지하게

처음 배울 때가 무엇보다 중요합니다.
(선행할 때 성적은 실제 성적이 됩니다.)

굳이 이 부분을 강조하는 이유는 굉장히 많은 학생들이 중학교 수학 과정을 배우고 들어오는데, 그럼에도 불구하고 굉장히 많은 학생들이 중학교 수학을 잘하지 못하기 때문입니다. 이 점은 중학교 수학뿐 아니라 고등학교 수학도 마찬가지이고 수학뿐 아니라 다른 과목도 마찬가지입니다.

이런 현상이 벌어지는 이유는 마음가짐 때문입니다. 보통 학원, 과외 등을 통해 선행을 하는데, 선행은 정상적인 교육과정보다 짧게 진행되기 마련입니다. 중학교 1학년 1학기 과정을 1-2달

동안 선행하는 것처럼요. 짧게 진행되는 만큼 충분히 여유를 두고 습득하기는 어렵습니다. 단번에 받아들여야 하고 어렴풋이 이해한 내용을 문제를 통해 반복하면서 유형을 익히게 됩니다. 이 과정에서 습득 속도가 빠른 학생들은 별다른 문제가 없겠으나 습득 속도가 보통 학생 정도만 되어도 정확한 개념을 담기는 어렵다고 생각됩니다. 그리고 선행을 하는 것이라 좀 미진한 부분이 있어도 '그때 가서 잘하면 되지'하고 넘어가기 쉽습니다. 저는 내용 학습이 빨리 진행되는 것보다도 느슨한 마음으로 수업에 임하게 되는 게 가장 큰 문제라고 생각합니다. 처음 배울 때 최상위 문제를 제외한 중간단계까지는 완벽하게 이해하고 당장 중간고사를 보는 상황처럼 공부해야 합니다. 사교육은 너무 이른 시기에 해서 느슨하게, 막상 공교육에서는 언젠가 들었으니까 하고 또 느슨한 마음으로 학습에 임하는 학생이 정말 너무 많습니다.

관점을 좀 다르게 해서 중학교에 입학해서 학교에서 처음 배우는 학생은 어떻게 해야 할까요? 사실 교과서는 해당 학년의 일반적인 학생이면 이해할 수 있도록 집필되었기 때문에 굳이 선행하지 않았다 하더라도 누구나 다 잘할 수 있습니다. 하지만 결과가 그렇지 않은 이유는 몇 가지가 있는데 가장 큰 원인은 매일 공부 하는 것이 어렵다는 것에 있습니다. 초등학교 1-2학년 때는 두 자리수 덧셈, 뺄셈을 하는 데만 학교에서 충분한 연습 시간을 줍니다. 학교 수업에 배정되는 익히는 시간은 학년이 높아질수록 학생 개인의 몫으로 돌아가는 시간이 늘어나기 때문에 새로운 내용을 수업 시간에 배우고 이해했다면 익히는 것은 스스로 해결해야 합니다. 예습-수업-복습 3단계를 충실하게 행한다면 중학교 과정을 소화하는데 큰 지장이 없습니다. 다만 수학 시간이 보통 주당 4시간 정도라 거의 매일 예습과 복습을 해야 하는데, 혼자 하다 보면 자꾸 어기게 되기 점이 가장 큰 장애물입니다. 스스로 돌아보고 할 수 있겠다 싶은 생각이 드는 학생은 사교육 없는 수학 공부에 도전해보시기 바랍니다. 중학교에서는 특목고 진학을 목표가 아니라면 한두 번 성적이 떨어진다 해도 고등학교에서 큰 문제가 되지 않습니다. 그러나 고등학교에서는 내신이 걸려있기 때문에 항상 학원에 의존하던 학생이 스스로 학습하기에 도전하는 것은 거의 불가능하다고 봐야 합니다.

(3) $\lim\limits_{n \to \infty}$ 선행 : 선행은 얼마나?

학생들은 주변 친구들과 비교하며 선행을 많이 한 경우는 자부심을 느끼기도 하고 선행하지 않은 친구들은 초조함을 갖기도 합니다. 과연 선행은 꼭 필요한 것일까요? 어디까지 선행을 해야 하나요? 저는 이 문제에 앞서 교육과정과 선행과의 관계에 대해 먼저 생각해 볼 필요가 있다고 봅니다. 국가에서는 일정 연령에 이른 학생들이 배워야 할 내용과 형식에 대해 교육과정을 통해 규정합니다. 그리고 이 규정에 반하여 다음 학년 이상의 것을 미리 배우는 것을 우리는 선행학습이라고 부릅니다. 과도한 선행학습 경쟁으로 인해 선행학습 금지법마저 도입되었습니다. 그래서 현재는 선행은 하지 말아야 할 법으로 금지된 사항인데 학생 대다수가 사교육을 통해 선행하는 아이러니한 상황이 벌어지고 있는 것입니다.

개인의 입장을 고려하면 국가에서 정한 교육과정은 일반적인 학생의 발달구조에 맞춰져 있겠지만 개개인의 발달구조에는 적합하지 않을 수도 있습니다. 비단 수학뿐만 아니라 국어, 영어, 사회, 과학 등 교과 과정상의 과목들에 대해 어떤 특정 학생은 특정 과목에 대해 특별한 흥미를 느끼고 깊게 파고들기를 원할 수 있습니다. 그리고 잘 이해할 수도 있습니다.

학생 개인은 본인이 배우고자 하는 바를 학년에 국한해 스스로 한정할 필요가 없습니다. 만약 수학을 배우면서 재미있다고 느꼈다면, 그리고 남들보다 빨리 배운다고 판단되었다면 다음 단계의 학습 내용이 궁금하다면, 얼마든지 더 배우는 것이 가능하다고 저는 생각합니다.

선행학습이 문제가 되는 이유는 학생이 배우고 싶어 하기 전에, 스스로 궁금해하기 전에, 다음 학년에서 공부할 시간을 확보하기 위해 몇 년씩 미리 배워야 하는 것처럼 분위기를 형성하고 마치 이를 따라 하지 않으면 상위권 학생이 될 수 없는 것처럼 바라보는 문화 때문입니다.

평범한 학생이라면 방학 때 지난 학기 복습과 더불어 다음 학기 분량을 예습하는 정도가 적당하지만, 최대한 양보한다면 1년 정도입니다. 2-3년을 앞서 공부하는 것은 학습 능력이 보통 학생보다 2-3년 앞서 있는 게 아니라면 막상 제 학년이 되었을 때 앞서 공부한 게 무용지물입니다. 자신의 수학 재능이 보통 학생보다 2-3년 앞서 있는지 가늠하고 싶다면 지금 당장 2년 위 선배들과 겨뤄서 상위권을 차지할 수 있다고 생각되는지를 판단기준으로 잡으면 됩니다.

방학 중에 한 학기를 미리 공부하는 것은 꼭 필요하다고 생각하는데 이유는 앞에서 언급한 바와 같이 중고등학교에서는 새로 배우는 내용을 익히는 시간이 충분히 확보되지 않기 때문입니다. 또, 다른 이유는 정서적인 문제인데 학생들은 못하는 과목을 보통으로 끌어올리는 것보다 잘하는 것을 더 잘하기를 바랍니다. 미리 배운 학생들은 정서적으로 자신감을 갖고 수업에 임할 가능성이 높습니다. 마찬가지의 이유로 2-3년을 미리 배우면서 빨리 이해하지 못했던 학생들은 자신의 수학 능력이 낮다라고 판단할 수 있으며, 수학의 재미를 알기 전에 선행의 압박으로 수학을 싫어하는 계기가 될 수 있습니다.

학생들은 문제 난이도를 파악하여 자신의 상대적 위치를 확인하는 능력까지는 없습니다. 쉬운 내용으로 공부하고 채점 시 동그라미가 많았던 경우 자신이 잘한다고 생각하고 자신감을 얻으며, 어려운 내용으로 공부하고 많이 틀리는 경우 자신이 재능이 없다고 생각하게 됩니다. 수학이 학생들의 논리적 사고력을 가르는 진정한 칼이 되는 것은 고등학생부터입니다. 그전까지는 해당 학년의 기본 핵심 내용을 잘 아는 것이 가장 중요합니다. 선행에 들이는 시간만큼 현행이라 부르는 복습에 투입한다면 알아야 할 것을 명확하게 알고 갈 수 있을 것입니다.

1) 중등 수학 꿀팁

수학 교과서는 1학기에는 식과 계산에 관한 부분이, 2학기에는 도형에 관한 부분이 중점적으로 서술되어 있습니다. 초등에서는 도형 영역이 5학년까지는 대체로 쉬운 편이어서 계산력의 완성에 주안점을 두지만 중등부터는 논증 기하가 들어오면서 기하(도형이라고 이해하면 됩니다.) 영역에도 공을 들여야 합니다. 중학교 과정에서는 크게 1학기에서 수의 확장(음수, 무리수), 식의 계산(문자와 식, 기호), 2학기에서 도형의 성질에 관한 내용과 증명을 배웁니다.

(1) 음수 & 무리수 : 수의 확장

학교급이 바뀌면 같은 학교 내에서 학년이 진급하는 것보다 더 큰 변화가 있습니다. 그중에서도 중학교 1학년은 고등학교 1학년보다 더 큰 어려움을 느낍니다. 인간이 자연수 범위 밖으로 수 체계를 확장하면서 가장 늦게 받아들인 수가 음수입니다. 그만큼 옛사람들도 어려웠다는 말이죠. 서양과 달리 동양에는 음양의 개념이 있어 음수가 존재한다는 것 자체는 쉽게 이해하는 편이지만 음수를 포함한 수의 계산은 학생들 대부분이 어려워합니다.

음수에는 두 가지 혼동되는 점이 있는데 첫 번째는 (-)기호는 연산기호인가 수의 부호인가 하는 점입니다. 음수를 도입할 때 수직선을 많이 활용하는데 수직선을 활용한 예에서 (-)는 계산기호가 아니라 수의 위치는 나타내는 부호의 역할을 합니다. 같은 기호가 어떤 경우에는 수의 부호 역할을 어떤 경우에는 빼기를 나타내는 두 가지 역할을 하는 점을 무척 헷갈립니다.

예를 들어, 3-4=3-(-4)=(-1)의 계산에서 3-4에서의
(-)기호는 빼기의 역할을 의미하고 3+(-4)와 (-1)에서 (-)기호는 수의 부호를 의미합니다.

우리는 이점을 은연중에 구분하는데 계산으로 할 때는 더하기, 빼기라고 부르고 부호의 의미를 지닐 때는 플러스, 마이너스를 많이 사용합니다. 그래서 3+(-4)는 삼 더하기 마이너스 사라고 읽습니다. 간혹 삼 플러스 마이너스 사라고 부르기도 하지만 삼 더하기 빼기 사라고 읽지는 않습니다.

그러면 (-)기호는 언제 빼기 역할을 하고 언제 부호의 역할을 하는지 어떻게 구분할 수 있을까요? 위 계산한 값의 결과처럼 (-1), 숫자 하나만 남는 경우와 3+(-4)처럼 괄호 앞에 +, -, ×, ÷ 등의 기호가 있을 때는 음수를 나타내는 부호의 의미로, 그 외는 빼기의 연산 의미로 보는 게 가장 간단합니다.

두 번째는 (-1)×(-1)=1입니다.

음수 곱하기 음수가 양수가 된다는 것을 가르치는 모델은 우체부 모델, 수직선 모델, 형식 불역 원리 모델을 주로 많이 씁니다. 각 모델을 이용한 학습 자체는 수업 시간에 다루게 될 테니 넘어가겠습니다. 제가 음수 곱하기 음수가 양수라는 것을 가르치면서 느낀 점은 이 내용을 처음 배울 때는 학생들이 너무너무 어려워한다는 것이고 이 내용을 미리 배우고 계산을 할 수 있는 학생들도 왜 음수 곱하기 음수가 양수가 되냐는 질문에는 제대로 답을 못한다는 점입니다. 이 이야기를 하는 이유는 음수의 곱셈이 잘 받아들여지지 않는다면 일단 규칙을 외우고 활용법을 익히기를 바라기 때문입니다. 깊이 있는 이해는 내일의 나에게 맡겨두고 일단은 규칙이라고 생각한 후 계산을 정확하게 하는 연습을 하기 바랍니다. 음수의 곱셈은 고등학교에서 복소수를 배우고 난 뒤 회전으로 받아들이는 것이 가장 직관적이고 이해하기 쉽습니다. 아주 간략히 설명하자면 각은 x축의 양의 방향을 기준으로 시계 반대 방향으로 측정하는데 -1은 180도가 됩니다. 그리고 복소수의 곱은 회전이기 때문에 (-1)×(-1)은 180도를 2번 돌게 되어 1이 되는 것입니다.

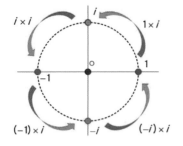

⇨ 허수 i의 곱은 '반시계 방향으로 90도 회전' 의미한다.

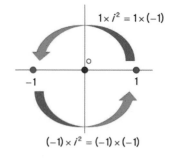

출처 : https://j1w2k3.tistory.com/1007>

음수의 곱셈과 더불어 소괄호, 중괄호, 대괄호- ( ), { }, [ ]가 포함된 경우, 그리고 문자를 포함하는 식의 규칙을 잘 배우고 규칙에 맞춰 식을 전개할 수 있는 능력을 키워야 합니다. 식의 전개는 수학을 공부하는 한 끊임없이 사용하게 되는 데 그 기본을 중학교 1학년 과정에서 배우게 되며 처음 배울 때는 아무래도 익숙하지 않으니 실수를 많이 합니다. 그러니 초등학교 6학년 졸업 후 겨울방학 시기에 반듯이 연습을 충분히 해야 합니다.

중학교에서 새로 배우는 수는 음수, 순환소수, 무리수인데 학생들은 음수>>무리수>순환소수 순으로 어려워합니다. 따라서 중1에서 음수 계산을 충분히 잘 할 수 있다면 순환소수나 무리수도 잘 할 수 있다고 보시면 됩니다. 무리수는 유리수가 아닌 수로 정의하는데 처음에 서양의 수학책을 번역해서 들여오는 단계에서 번역이 잘못되어 의미 전달이 정확하게 되지 않았습니다. 유리수는 영어로 rational number인데 rational은 여러 가지 뜻을 갖습니다. 가장 많이 쓰이는 의미가 '이성이 있는'이고 번역하신 분은 이 의미로 '有理數'라고 쓰셨다고 생각됩니다. 하지만 수학에서는 rational를 '비가 있는'으로 사용합니다. 3:5는 $\frac{3}{5}$으로도 쓸 수 있습니다. 그래서 분수는 유비수라고 번역되었어야 맞는데 아쉽지만 용어가 굳어져서 바꿀 수가 없네요. 다시 원래 논점으로 돌아오면 무리수는 음수보다는 수월하게 넘어가는 편입니다. 무리수가 갖는 중요성은 새로운 수를 새로운 기호를 통해 표현한다는 점입니다. 물론 음수도 새로운 수이긴 하지만 영하 1도 등을 이미 일상생활에서 사용하고 있고, 빼기의 기호로 (-)를 쓰고 있어서 기호 자체는 처음 배울 때도 거부감없이 수월하게 생각하는 반면, $\sqrt{2}$는 형태가 매우 생소합니다. $\sqrt{2}$는 실재하는 수로서 교과서에서 아래와 같은 방법으로 크기를 가늠하게 합니다. 또, x^2=2라고 해서 이 식을 만족시키는 양수로 설명하죠. 대부분 이해합니다.

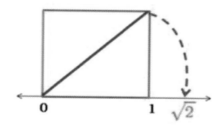

출처 : https://blog.naver.com/umchinsu/222568658414

$\sqrt{2}$는 내용보다 형태가 낯설어서 어렵습니다. 수업 시간을 통해 접하기 전에는 일상생활에서 무리수를 관찰할 일이 적어, 분수와는 차원이 다르게 생소한 것입니다. 그래서 무리수를 잘 받아들이고 사용할 수 있게 되면 필요한 수, 필요한 기호를 새로 만들어서 사용할 수 있다는 사실을 은연중에 알게 됩니다. 이런 점이 고등과정에서 $2+3i$, log3과 같은 새로운 수가 등장했을 때 심리적 저항감을 낮추는 작용을 합니다. 나아가 정말 가끔은 자신만의 기호를 만들어 사용하는 학생이 나타나기도 하더군요. 수학자를 꿈꾸는 학생이라면 배우지 않은 내용에 대해 새로운 기호를 도입하여 논지를 전개해나가는 주제 탐구 활동을 기획해도 좋을 것 같습니다.

(2) $y=f(x)$: 식과 함수

고등 수학의 꽃은 누가 뭐라 해도 미적분입니다. 미적분의 핵심은 함수의 그래프지요. 이 부분과 연결되는 중학교 과정은 문자와 식, 함수 단원이 됩니다. 중1과정에서 문자를 사용한 규칙을 배우고 활용 과정으로 일차방정식을 다룹니다. 복잡한 식의 계산은 2학년과 3학년에 걸쳐서 나오게 되는데 이 단원에서 방정식을 잘 풀고 방정식과 함수의 관계를 파악할 수 있는 것까지가 중학교 과정의 목표입니다. 앞의 교육과정 내용 요소 중 관련 부분만 다시 살펴보겠습니다.

영역	핵심 개념	학년(군)별 내용 요소		
		1학년	2학년	3학년
문자와 식	*다항식	*문자의 사용과 식의 계산	*식의 계산	*다항식의 곱셈과 인수분해
	*방정식과 부등식	*일차방정식	*일차부등식과 연립일차방정식	*이차방정식
함수	*함수와 그래프	*좌표평면과 그래프	*일차함수와 그래프 *일차함수와 일차방정식의 관계	*이차함수와 그래프

고등학교 수학과 직접적으로 연결되는 것은 역시 3학년에서 배우는 다항식의 곱셈 및 인수분해, 이차방정식, 이차함수와 그래프가 되겠습니다. 고등학교 1학년의 해당 부분과 정말 많은 부분이 겹쳐서 중학교에서 기본을 잘 닦아두면 고등학교에서 편안합니다.

내용의 난이도로 보면 중1 과정이 가장 쉽겠으나 초등학교에서 다루던 방식과 사뭇 달라서 학생에게는 중1 과정이 가장 어렵습니다. 초등학교에서 □로 표현하던 것을 x로 바꾸는 것은 무난하지만 곱하기 기호 'x'를 생략하고 문자를 자연스럽게 다루는 건 시간이 소요됩니다. 그리고 내용 요소 중에 일차방정식의 활용 부분은 중1 1년 과정 중에서 가장 어려워하는 부분입니다.

관련 대표 유형은 일의 양과 기간 관련 문제, 거리-속력-시간 관련 문제, 소금물의 농도 문제 등인데 농도 관련 문제는 너무 어려워서 교과서에서는 제외되었습니다. 시중 문제집에서는 아직도 많이 다루고 있으니 자신의 문제 활용 능력을 알아보고 싶다면 농도 문제를 풀어보는 것도 도움이 됩니다.

> 어떤 일을 완성하는 데 동준이는 8일, 수현이는 12일이 걸린다고 한다. 이 일을 동준이와 수현이가 함께 4일 동안 하고 나머지는 수현이가 혼자 하여 완성했다고 할 때, 수현이가 혼자 일한 기간은 며칠인지 구하려고 한다.

출처 미래앤 수학1

중1에선 이 정도 문제도 핵심 내용을 파악해서 미지수를 설정하고 방정식을 풀어내는 과정이 어렵지만 나중에는 아래에 있는 긴~ 수능 문제도 척척 풀게 됩니다.

27. 그림과 같이 중심이 O, 반지름의 길이가 1이고 중심각의 크기가 $\frac{\pi}{2}$인 부채꼴 OA_1B_1이 있다. 호 A_1B_1 위에 점 P_1, 선분 OA_1 위에 점 C_1, 선분 OB_1 위에 점 D_1을 사각형 $OC_1P_1D_1$이 $\overline{OC_1}:\overline{OD_1}=3:4$인 직사각형이 되도록 잡는다. 부채꼴 OA_1B_1의 내부에 점 Q_1을 $\overline{P_1Q_1}=\overline{A_1Q_1}$, $\angle P_1Q_1A_1=\frac{\pi}{2}$가 되도록 잡고, 이등변삼각형 $P_1Q_1A_1$에 색칠하여 얻은 그림을 R_1이라 하자.

그림 R_1에서 선분 OA_1 위의 점 A_2와 선분 OB_1 위의 점 B_2를 $\overline{OQ_1}=\overline{OA_2}=\overline{OB_2}$가 되도록 잡고, 중심이 O, 반지름의 길이가 $\overline{OQ_1}$, 중심각의 크기가 $\frac{\pi}{2}$인 부채꼴 OA_2B_2를 그린다. 그림 R_1을 얻은 것과 같은 방법으로 네 점 P_2, C_2, D_2, Q_2를 잡고, 이등변삼각형 $P_2Q_2A_2$에 색칠하여 얻은 그림을 R_2라 하자. 이와 같은 과정을 계속하여 n번째 얻은 그림 R_n에 색칠되어 있는 부분의 넓이를 S_n이라 할 때, $\lim\limits_{n\to\infty}S_n$의 값은? [3점]

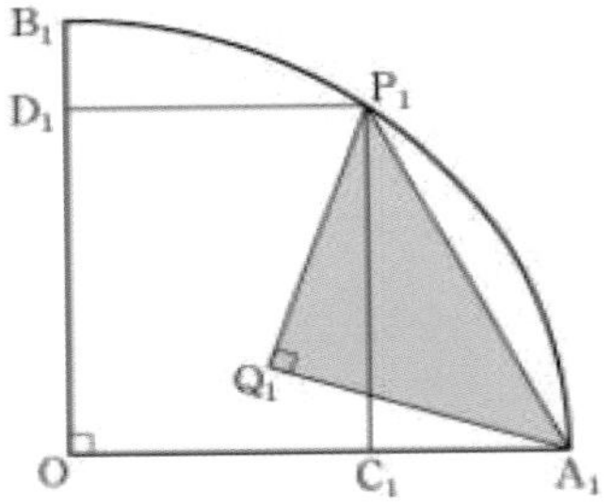

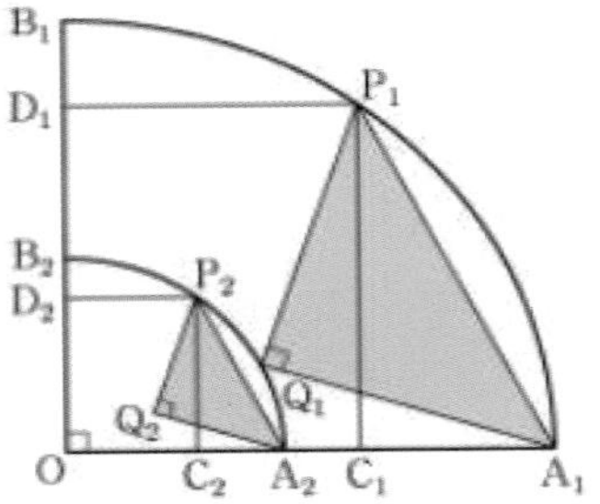

① $\dfrac{9}{40}$ ② $\dfrac{1}{4}$ ③ $\dfrac{11}{40}$ ④ $\dfrac{3}{10}$ ⑤ $\dfrac{13}{40}$

출처: 2023 대학수학능력시험

(3) 가정 & 결론 : 논증 기하

중학교 기하를 논증 기하라고 하는데 논증은 논리적인 증명이라고 이해하시면 됩니다. 이 부분에 관한 서술은 수학자들 사이에서도 논란이 많았습니다. 중학교 기하 내용의 주는 증명인데 워낙 학생들이 힘들어하니 교과 과정에서 제외하는 방안도 논의되었으나 증명의 중요성 때문에 남겨두는 것으로 결론이 났습니다.

제가 학생들에게 조언하는 바는 기하 영역은 (내용)>(내용 활용 문제)>>(증명) 순으로 중요하게 공부하라는 것입니다. 다루는 삼각형, 사각형, 원의 성질을 마치 외운 것처럼 줄줄 말할 수 있어야 합니다. 암기를 목적으로 외워도 좋습니다. 모르면 못 푸니까요. 이후에 응용문제로 연습을 합니다. 증명을 통해 알고리즘을 훈련하는 건 상위권 이상일 경우만 열심히 해보라고 하고 싶네요. 증명이 안 중요해서가 아닙니다. 증명 과정이 수학적 사고력을 훈련하는 데 정말 유용하지만 너무 많은 학생들이 이 과정에서 수학에 대한 흥미를 잃어버리기 때문이기도 하고 증명에 시간을 쓰다 내용도 정확히 모르는 학생도 생기기 때문입니다.

간혹 증명을 좋아하는 학생도 있는데 이런 경우 「유클리드의 원론」 책을 찾아보는 것도 좋습니다.

증명 자체도 쉽지는 않지만, 중학교 도형 문제 중에 가장 힘들어하는 부분은 보조선 긋기입니다. 수학에서 말하는 보조선이란 문제에선 아직 등장하지 않았지만 그어두면 문제 힌트를 찾을 수 있는, 문제 푸는 사람이 알아서 긋는 그런 선입니다. 방정식 풀이와 비교하면 규칙이 없어 더욱 어려워하는데요. 핵심은 모르는 도형을 아는 도형으로 쪼개거나 확장해서 풀 수 있는 기반으로 만드는 것입니다. 예를 들면 아무 삼각형에 대해서는 우리가 모르지만, 정삼각형이나 이등변삼각형, 직각삼각형에 대해선 아는 게 있거든요. 아무 사각형의 넓이는 단숨에 못 구하겠지만 직사각형의 넓이는 완전 쉽죠. 특히 원이 나오면 원의 중심, 반지름, 현 등 원과 관련된 성질을 쓸 수 있는 보조선의 역할이 정말 중요합니다.

모르는 도형을 아는 도형으로 바!꾸!는!

보조선을 잘 긋기 위해서는 일단 아는 도형을 확실히 알아야 합니다.

정삼각형, 이등변삼각형, 직각삼각형, 삼각형의 오심, 등변사다리꼴, 평행사변형, 마름모, 직사각형, 정사각형, 원의 할선정리, 원과 현과의 관계 등 교과서에서 다루는 도형과 관련된 모!든! 내용을 정확하게 알고 사용할 수 있어야 합니다. 내용은 일부러 암기한 것처럼 술술 말할 수 있어야 하고 문제 연습도 당연히 따라와야 합니다.

보조선 긋기는 일단 아는 걸로 바꾼다는 전제 아래에서

> 1. **평행선, 수선 긋기**
> 2. **닮음 도형 만들기**
> 3. **원의 경우 반지름, 원의 중심 이용하기**
> 4. **각의 이등분선**

등등으로 가는데 평행선과 수선을 그어야 하는 경우는 곧잘 찾는 편이고 닮음부턴 남이 그으면 정말 잘 보이는데 내가 그어야 할 땐 안 보입니다. 남들도 다 어려워하니 조급하게 생각하지 말고 내공을 키우다 보면 어느 순간 잘하게 된다고 믿고 많은 문제를 다루어 보기 바랍니다.

그리고 사실 공부하면서 수학 교과서는 잘 안 써서 많이들 버리는데 고등학교 가서 중학교 수학 교과서를 보는 것이 짧은 시간에 복습하기 가장 좋습니다. 또, 교과서만큼 내용과 증명을 잘 정리한 책도 없지요. 잘 갖고 있으면 좋겠지만 꼭 버리고 싶다면 기하 부분은 노트에 따로 증명까지 정리해서 갖고 있길 바랍니다. 고등학생 중에 중학교 방정식, 함수 부분은 정말 잘하면서도 중학 기하 다시 공부해야 하는 학생이 정말 많답니다.

3. 고등학교 수학의 전략적 학습

●● ─── 1) 고등 수학 교과목 이해

(1) 수학=시(時) : 함축성

수학이 시라니 좀 이상한가요?

아래 글은 제가 좋아하는 조지훈의 승무 중 일부를 해설한 것입니다. 분명 한글로 적혀있는데 시를 이해하기 위해서 해설을 들어야 하는 일이 영 낯선 일은 아닙니다. 고전 시는 지금 쓰는 용어가 아니어서 해설이 붙기도 하지만 현대 시도, 분명 우리가 모두 알고 있는 단어로 쓰인 시도 해설이 있지요. 시를 잘 감상하는 사람은 어떤 단어, 혹은 규칙을 이루었을 때 이면에 숨겨진 의미를 잘 파악할 수 있지만 그렇지 않은 경우를 위해 해설이 존재한다고 생각합니다. '파르라니'라는 단어는 머리의 상태 뿐 아니라 푸른 계열의 색이 갖는 슬픔까지 함축적으로 전달하는 역할을 하지요.

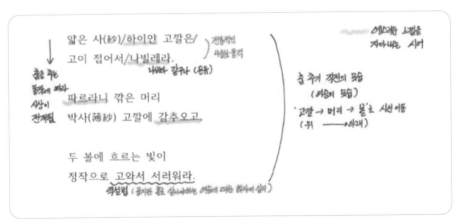

수학도 이와 비슷합니다. 수학 기호 자체가 이미 함축적으로 내용을 담고 있으나 몇 가지 성질들이 모였을 때 이렇게 해석할 수밖에 없는 어떤 지점이 있습니다. 수학 공부를 오래 할수록 이 지점을 바라보는 것이 쉽게 되고 문제 의도를 금방 파악할 수 있게 되는 것이죠.

예를 하나 들어보지요.

> 최고차항의 계수가 1인 삼차함수 $f(x)$가
> $$f(0) = f'(0) = 0,\ f(1) = -1$$
> 을 만족할 때, $f(2)$의 값은?

위 문제에서 $f(0) = f'(0) = 0$이란 것은 x^2을 인수로 갖고 있다는 뜻입니다.

계수가 1인 삼차함수니까 $f(x) = x^2(x-a)$로 두고 풀라는 뜻도 포함하고 있습니다. $f(2)$를 묻는 경우는 함수 $y = f(x)$를 정확히 구한 후에 2를 넣은 값을 구하라는 의미를 담고 있습니다. 따라서, 사용하지 않은 조건인 $f(1) = -1$을 이용해 $f(1) = 1 \times (1-a) = -1$에서 $a = 2$임을 구하고 $f(x) = x^2(x-2)$이므로 $f(2) = 0$임을 알 수 있게 됩니다.

쉬운 예를 들어보겠습니다.

> 곡선 $y = x^3 + 2x + 7$위의 점 $P(-1, 4)$에서의 접선이 점 P가 아닌 점 (a, b)에서 곡선과 만난다. $a+b$의 값을 구하시오. [2014 9월 평가원]

문제의 정석적인 풀이와 빠른 풀이를 비교하면 다음과 같습니다.

정석적인 풀이	빠른 풀이
곡선을 $y = f(x)$라고 하면	접선을 $y = mx + n$이라 하면
$f'(x) = 3x^2 + 2$	$x^3 + 2x + 7 = mx + n$
$f'(-1) = 5$	$x^3 + (2 - m)x + 7 - n = 0$
접선: $y = 5x + 9$	3차 방정식의 근과 계수와의 관계에 의해
$x^3 + 2x + 7 = 5x + 9$	$-1 + (-1) + a = 0$
$x^3 - 3x - 2 = 0$	$\therefore a = 2, \quad b = 19$
$(x+1)(x^2 - x - 2) = (x+1)^2(x-2) = 0$	$a + b = 19$
$\therefore a = 2, \quad b = 19$	
$a + b = 21$	

이 문제는 학생들 대부분이 해결이 가능한 정도의 난이도입니다. 빠른 풀이를 모른다 해도 그다지 오랜 시간이 걸리지는 않겠지요. 하지만 빠른 풀이의 경우 객관식 문제라면 암산으로 $a = 2$를 바로 구할 수 있는 유형입니다.

두 풀이가 이렇게 차이가 나는 것은 접근법이 완전히 다르기 때문입니다. 교과서에서 접선이 등장하는 경우는 미분계수를 이용해 접선을 구하도록 유도하는 경우가 대부분입니다. 그렇게 접선의 방정식을 구하고 원래 함수와의 교점을 구하는 것은 다른 문제에도 모두 적용 가능한 일반적인 풀이입니다.

빠른 풀이로 소개된 것은 접선의 방정식을 직접 구하지 않고 삼차함수의 한 점에서 접선을 긋게 돼서 만든 방정식의 해의 특징을 이용해 문제를 해결하는 방법입니다. 특정 점 위에서 접선을 긋게 되면 그 점은 방정식으로 표현될 때 중근이 되는데 삼차함수의 경우는 이중근과 삼중근이 될 수 있습니다. 다만 다른 한 점에서도 만난다고 했으므로 이중근이 되고 나머지 한 근과 더했을 때 근과 계수와의 관계에 의해 값이 정해지게 됩니다. 이 과정은 객관식 문제일 경우 수험생의 머리 속에서만 계산되고 손으로 꼭 구하지 않는 과정이라 시간을 상당히 단축해줍니다.

그리고 같은 문제를 이렇게 다른 시각에서 접근해보는 것 자체가 문제해결력을 높이는 데 도움이 됩니다. 이것은 마치 하나의 시를 그 자체로 보느냐, 역사적 배경에 따라 맥락에 의해 해석하느냐의 차이처럼 서로 다른 시각을 느끼는 재미가 있습니다.

다시 앞으로 돌아가서,

시를 읽고 해석하는 것이 상당히 어려운 것처럼 고등학교 수학부터는 수학 문제를 읽고 의도를 파악하는 것이 생각보다 만만치가 않습니다. 이 눈을 키우는 것은 두 가지 정도로 압축되는데 문제를 오랜 시간 고민하다 자연스럽게 알게 되는 것이 하나의 방법이고, 다른 하나는 이미 깨달은 사람으로부터 해설을 듣는 것입니다. 전자의 경우는 스스로 방법을 찾았을 때 기쁨이 매우 크겠으나 사람에 따라, 공부 방법에 따라 끝까지 제대로 된 의미를 찾지 못할 수도 있고, 시간이 매우 오래 걸린다는 단점이 있습니다. 후자의 방법은 시간을 절약해주는 장점이 있는 대신 스스로 찾았을 때의 기쁨은 맛보기 어려운 게 아쉽겠네요.

통찰력을 키우는 법

문제 풀이 고민하기

장점 스스로 알게 되는 기쁨
단점 시간이 오래 걸린다

해설 강의에서 배우기

장점 빠른 시간 내에 달성
단점 스스로 발견하는 경험이
부실해짐

앞의 문제에서 시간을 많이 들인다고 빠른 풀이가 쉽사리 생각나는 것은 아닌만큼 두 가지 공부법을 적절히 섞어서 사용하는 것을 추천합니다. 일단 처음 개념은 학교든, 학원이든, 과외든, 이미 알고 있는 사람에게서 배우는 것이 가장 좋습니다. 독해력이 매우 우수하다면 책으로도 가능합니다. 또, 개인적으로는 배울 때는 정석적인 방법을 추천합니다. 빠른 풀이를 위한 변칙 방법은 제한 조건이 있는 경우가 많고, 시간이 오래 지나면 정석적인 방법이 더 기억하기 좋기 때문입니다. 이 방법이 매우 익숙해졌다면 이를 바탕에 두고 만들어진 효율적인 계산법들을 활용하는 것도 좋습니다.

아무튼 내용은 강의를 통해 익히고 초급 문제는 스스로 해결해봅니다. 중급 이상의 문제는 스스로 생각해보는 시간 비율을 적절하게 정해야 합니다. 물론 1시간, 2시간 깊이 있게 고민해보는 게 정말 좋지만, 수학 공부만 할 수도 없고, 시간은 한정되어 있으니까요.

20분-30분 정도 고민해보는 시간을 갖도록 하고 그 이상이 되면 바로 해설을 참조하던지, 아니면 다음 날 혹은 일주일 뒤에 다시 보도록 합니다. 가끔은 이렇게 오래 생각해보는 훈련이 매우 도움이 됩니다. 다만 모든 문제에 적용하기에는 역시 시간이 매우 부족하니 전혀 감이 안 오는 경우는 해설을 참조하는 것이 유용합니다.

(2) 수학=패턴: 규칙성

수학이 뭐냐? 라고 묻는다면 저는 패턴의 이론화라고 하겠습니다. 수와 도형의 영역에서 벗어나 매듭이론이라는 위상수학(위치와 상태에 관한 학문) 분야까지 등장한 걸 보면 수학의 대상은 무궁무진합니다. 대상은 다양하지만, 연구하는 방향성은 모두 그 패턴을 찾는다는 공통점이 있습니다.

수학 교과에서 예를 찾자면 연산은 자연수 → 정수 → 유리수 → 실수 → 허수로 수를 확장해가면서 같은 패턴의 더하기, 빼기, 곱하기, 나누기, 결합법칙, 분배법칙 등을 배우게 하는 것이고 수열에서 특별한 규칙이 있는 것들을 뽑아서 일반항을 설정하는 것은 패턴을 가장 잘 보여주는 것이라고 할 수 있겠습니다.

그리고 그 패턴은 학교급을 넘어 연결되기도 합니다.
아래 곱셈공식은 중3 때 배우는 데 많이 사용하는 식이어서 '합차공식'이라는 별칭도 있습니다.

$$a^2 - b^2 = (a+b)(a-b)$$

고등학생이 되면 3차 다항식에 관한 곱셈공식에서 비슷한 형태가 한 번 더 등장하는데 아래와 같습니다. 좀 더 길어지니 외우기가 어렵다는 학생들이 있더군요.

$$a^3 - b^3 = (a-b)(a^2 + ab + b^2)$$

교과서에 등장하는 식은 여기까지라서 언 듯 보면 규칙성이 보이지 않는데요.

$$a^4 - b^4 = (a-b)(a^3 + a^2 b + ab^2 + b^3)$$
$$a^5 - b^5 = (a-b)(a^4 + a^3 b + a^2 b^2 + ab^3 + b^4)$$

차수를 올려보면 규칙성이 보입니다. 그리고 규칙성을 찾고 나면
원래 알아야 할 $a^3 - b^3 = (a-b)(a^2 + ab + b^2)$을 자연스럽게 알게 됩니다.

예를 하나만 더 들어보면 방정식의 근과 계수와의 관계는 아래와 같습니다.

$ax^2 + bx + c = 0 (a \neq 0)$의 두 근을 α, β라고 하면
$$\alpha + \beta = -\frac{b}{a}, \quad \alpha\beta = \frac{c}{a}$$

$ax^3 + bx^2 + cx + d = 0 (a \neq 0)$의 세 근을 α, β, γ라고 하면
$$\alpha + \beta + \gamma = -\frac{b}{a}, \quad \alpha\beta + \beta\gamma + \gamma\alpha = \frac{c}{a}, \quad \alpha\beta\gamma = -\frac{d}{a}$$

$ax^4 + bx^3 + cx^2 + dx + e = 0 (a \neq 0)$의 네 근을 α, β, γ, δ라고 하면
$$\alpha + \beta + \gamma + \delta = -\frac{b}{a}, \quad \alpha\beta + \alpha\gamma + \alpha\delta + \beta\gamma + \beta\delta + \gamma\delta = \frac{c}{a}$$
$$\alpha\beta\gamma + \alpha\beta\delta + \alpha\gamma\delta + \beta\gamma\delta = -\frac{d}{a}, \quad \alpha\beta\gamma\delta = \frac{e}{a}$$

$ax^5 + bx^4 + cx^3 + dx^2 + ex + f = 0 (a \neq 0)$의 다섯 근을 α, β, γ, δ, ω라고 하면
$$\alpha + \beta + \gamma + \delta + \omega = -\frac{b}{a}, \quad \alpha\beta + \alpha\gamma + \alpha\delta + \alpha\omega + \beta\gamma + \beta\delta + \beta\omega + \gamma\delta + \gamma\omega + \delta\omega = \frac{c}{a}$$
$$\alpha\beta\gamma + \alpha\beta\delta + \alpha\beta\omega + \alpha\gamma\delta + \alpha\gamma\omega + \alpha\delta\omega + \beta\gamma\delta + \beta\gamma\omega + \beta\delta\omega + \gamma\delta\omega = -\frac{d}{a}$$
$$\alpha\beta\gamma\delta + \alpha\beta\gamma\omega + \alpha\beta\delta\omega + \alpha\gamma\delta\omega + \beta\gamma\delta\omega = \frac{e}{a}, \quad \alpha\beta\gamma\delta\omega = -\frac{f}{a}$$

교과서에서는 이차방정식의 근과 계수와의 관계만 다루게 되지만 실전에서는 삼차방정식의 근과 계수와의 관계도 많이 쓰입니다. 그래서 알아야 할 내용은 삼차방정식의 근과 계수와의 관계까지지만 처음 배울 때 부호와 식을 혼동하는 경우가 꽤 됩니다. 하지만 4차, 5차 방정식의 근과 계수와의 관계까지 한꺼번에 다루게 되면 근을 하나씩 더할 때, 두 개 곱해서 더할 때, 세 개 곱해서 더할 때 등등에 대해 부호가 (-)에서 시작해 (+)와 번갈아 나타나고 사용하는 계수도 규칙성을 갖는 것을 알 수 있습니다. 이 규칙을 파악하게 되면 꼭 알아야 할 내용을 상당히 쉽게 이해하게 됩니다.

수학은 규칙을 찾고 이를 일반화할 수 있는지를 관찰합니다. 때로는 동일 학교급이 아니라 상당히 오랜 기간에 걸쳐 배워야 규칙을 찾을 수 있기도 합니다. 함수를 예로 들면 초등학교에서 비례와 반비례를 배우고, 중학교에서는 일차함수와 이차함수를 배우고, 고등학교에서는 일반적인 n차 다항함수의 특징과 그래프를 그릴 수 있는 것까지 다룹니다.

규칙을 찾고 이를 기호로 표현하며 규칙을 깨는 반례가 등장하면 규칙을 수정합니다. 초중고 시절에 다루는 함수는 모두 식과 그래프가 하나씩 대응됩니다. $y = x^2$라는 식과 이를 나타내는 그래프는 딱 하나죠. 그런데 함수의 정의는 '정의역의 모든 원소가 대응하는 공역의 원소를 하나씩 갖는 관계'라는 언뜻 들어서는 와닿지 않는 내용입니다. 그 이유는 푸리에가 주기함수를 사인함수와 코사인함수의 무한급수로 다르게 표현할 수 있음을 찾았고 (하나의 그래프에 대해 2개 이상의 식 존재), 디리클레가 그래프로 그릴 수 없는 식을 발견했기 때문입니다. 그래서 절충 끝에 지금의 함수 정의가 나타난 것이죠.

이런 역사를 알고 공부하면 좀 다르겠죠? 아쉽게도 문제집 등에서는 발견하기 어려운 내용이라 수학사와 관련된 책을 읽는 것이 더 도움이 됩니다.

시인의 살아온 배경을 아는 것이 시를 이해하는 데 도움이 되는 것처럼 수학이 발전해 온 역사를 아는 것이 수학에 대한 호감을 갖게 하고 더 잘 이해하게 하는데 도움이 됩니다.

(1) $\sum_{기상}^{취침}$ 1등급의 공부 시간

이제 좀 더 현실적인 이야기로 들어가 보겠습니다.

수학 공부를 얼마나 해야 할까요? 다른 공부도 해야 하는 데 전체 시간 대비 몇 %를 수학에 쏟아야 할까요? 수학 실력이 높다면 다른 과목에 시간을 더 써도 되고, 아니라면 수학에 많은 시간을 들여야 할 것 같은데 아이러니하게도 수학 실력이 높을수록 더 오랜 시간 동안 수학을 공부합니다. 시간이 아니라 양으로 보아도 그렇습니다. 단순히 문제집 권수로만 봐도 잘할수록 더 많은 문제집을 풀었습니다. 문제를 많이 풀어서 실력이 좋아진 건지, 실력이 좋아서 문제를 많이 풀 수 있게된 건지 분간이 안 갈 정도로요.

코로나 이전에 학업 성적이 매우 우수한 학생들 30명에게 공부 시간을 물어본 적이 있었는데 대체로 스스로 공부하는 시간이 평일은 4-6시간, 주말은 11-15시간 정도가 일반적이었습니다. 이 학생들은 평일에는 모두 자율학습에 참가했으며 귀가 후 1-2시간 정도 더 공부한다고 대답했습니다.

물어본 학생들 중 몇몇은 수학에 정말 뛰어난 성취를 보여줬는데요. 놀랍게도 총 공부 시간의 최소 50% 이상을 수학에 할애한다고 하였습니다. 평일이면 하루 3시간, 주말이면 하루 7시간 정도 수학에 올인한다고 하더군요. 대학수학능력시험에서는 1, 2등급이 나왔고, 최종적으로도 매우 우수한 대학에 다들 진학했습니다.

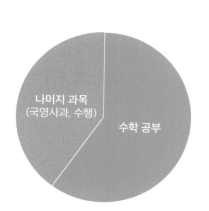

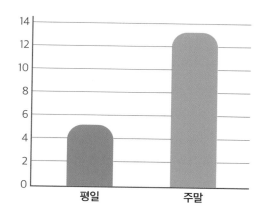

공부를 많이 해오던 학생들은 다 아는 사실인데 할 수도 있지만 의외로 공부를 잘하고 싶지만 절대 시간은 적은 학생들도 많습니다. 굳이 친구들에게 몇 시간 공부하냐고 묻지도 않기 때문에 이렇게 많이 하는 줄은 몰랐을 테지요. 방학 중에는 주말처럼 내내 공부한다는 건 안 비밀!

그나저나 시간도 긴데 원 그래프...절반 이상이 수학인 게 사실인가요?

네! 정말입니다!

어떻게 저 비율이 나오게 되나요?

사실, 저 비율이 나오려면 일단 국어, 영어가 좀 되어야 합니다. 국어, 영어의 경우는 딱히 선행이랄 것도 없습니다. 우리나라에서 초등학교 3학년에 시작하는 영어가 영어권에서는 3살 유아 수준일걸요. 보통은 영어를 일찍 시작해서 영어는 어느 정도 자유로운 가운데 시험 기간에만 바짝 하는 형태이고, 국어, 사회, 과학은 학생마다 편차가 좀 있는 편이지만 모든 과목을 다 잘하는 학생의 경우는 독해력이 튼튼합니다. 어릴 때부터 논술 등의 수업을 통해 따로 국어 공부를 꾸준히 해 온 경우도 있겠지만 그저 책을 많이 읽어서 독해력을 쌓은 경우에도 학교 수업 + 시험 기간 공부만으로도 1등급을 받는 학생들이 있습니다. 국어가 뒷받침되는 경우 사회는 자연스럽게 따라오는 경우가 많고 과학도 고등학교 1학년까지는 어느 정도 커버가 됩니다.

2번째! 저 시간은 어떻게 나오게 되나요?

학생들에게 질문도 하고 관찰도 한 결과, 일반고에서 내신 1점대를 받는 상위권 학생들은 대체로 이 정도 시간은 공부에 투자합니다. 1학년인 경우에는 공부 시간이 다소 부족하더라도 좋은 성적을 받기도 하지만 2학년부터는 좋은 성적이 나오는 학생, 그리고 최종적으로 대학에 잘 진학한 학생들은 모두 절대 시간 자체가 길었습니다.

학교에서 5시에 하교한다고 하고 저녁 식사 시간 제외하고 7시부터 공부할 수 있다고 할 때 12시까지 쉬지 않고 하면 5시간, 새벽 1시까지면 6시간입니다. 수면 시간은 6-7시간 정도가 가장 많았지만, 체력에 따라 4-5시간인 경우도 꽤 있었습니다. 그렇다고 이 글을 읽고 과하게 수면 시간을 줄이면 안됩니다. 수면 시간의 경우 유전 영향이 큰데 무리하게 잠을 줄이면 집중력이 저하되어 짧은 시간 집중력 있게 공부한 것보다 효과가 적습니다.

하지만 안타깝게도 절대 공부 시간 확보를 위해 결국은 수면 시간을 조절하려는 학생들이 점점 많아지는 것 같습니다. 몬스터 등 카페인 음료와 관련된 이야기도 계속 듣게 되는데 무리하게 카페인 음료를 복용해서 수면 패턴을 조절하다 건강 악화로 오히려 시험을 망치게 되는 경우도 빈번하니 체력이 되는 한도 내에서만 조절하기 바랍니다.

(2) 효율과 완성

① 개념서 정독 + 고난도 문제

수학 교과는 다른 교과에 비해 난이도 조절이 참 쉬운 편입니다. 그래서 참고서도 개념서, 문제 풀이 연습용, 고난도 문제용 등으로 나뉘어 있습니다. 처음 시작할 때는 교과서를 사용해도 좋고 개념서를 이용해도 좋습니다. 보통 시중에 나와 있는 개념서들은 개념만 담고 있지는 않고 어느 정도 문제도 함께 다루고 있습니다. 문제가 많은 경우는 한 권만 다 알기도 벅찰 수 있습니다.

개념을 처음 배울 때는 혼자 하는 것을 추천하지는 않습니다. 남한테 배우는 게 좀 더 효율적입니다. 스스로 페이스를 조절할 수 있는 경우는 인터넷 강의 활용도 나쁘지 않고, 경쟁의식이 있다면 학원을, 오로지 '나'에 맞춰 속도 조절을 원한다면 과외도 괜찮습니다.

어쨌든 처음 배울 때 제대로 해야 하고, 가장 오랜 시간이 투입되어야 합니다. 생소한 내용은 이해하고 익숙해지는 데 시간이 많이 들기 마련입니다. 어느 정도 안다는 느낌이 들었다면 다음으로 넘어가는데 시간이 충분하지 않은데 이해력이 괜찮다고 생각되면 바로 고난도 문제로 넘어가는 것도 괜찮습니다.

수학 공부에서 명심해야 할 점은 쉬운 문제를 아무리 많이 풀어도 어려운 문제 풀기는 어렵다는 것입니다. 애초에 쉬운 문제만 풀었는데 어려운 문제가 풀리는 학생이라면 그 쉬운 문제도 많이 풀 이유가 없습니다.

뭔가 알 듯 말 듯 해서 '어려운 문제를 풀어도 될까?'라는 생각이 든다면 일단 해보는 것을 추천합니다. 했을 때 도저히 못 하겠다면, 그때 다시 난도를 낮춰서 진행해도 되니까요. 어려운 문제집은 문제 수가 많지 않아도 됩니다. 한 문제, 한 문제 생각해서 해결하는 데 시간이 오래 걸리기 마련이고 양이 많으면 질려서 끝까지 해내지 못할 가능성이 큽니다. 대신 시작한 고난도 문제집을 모두 완벽하게 알 때까지 반복해서 풀어보기를 권합니다. '문제집 한 권 끝냈다'='이 문제집의 모든 문제를 바로 풀 수 있다'가 되어야 합니다. 이 방법은 가장 최단 시간에 효율적으로 공부하는 방법으로 수학 과목 이해력이 우수한 학생에게 적합합니다.

② 문풀용 교재로 패턴 익히기

파인만이 말했습니다. "수학은 이해하는 것이 아니다. 익숙해지는 것이다."

천재가 이런 말을 하다니 좀 아이러니하지만 익숙해지면 편하게 생각하게 되고 편하다고 여기면 쉬워집니다.

그래서 보통의 경우는 많은 문제를 통해 충분히 연습 하고 지나갑니다. 개념서를 가지고 기본 내용을 배우고 기초+보통 난이도의 문제를 많이 연습합니다. 이 과정에서 2-3권 이상의 문제를 풀게 되고 어느 정도 계산력도 갖추었다 생각되면 다음 단계로 진행하는 그런 구조입니다.

고등학교에서 다루는 수학 문제는 범위가 지정되어 있어서 다양한 형태로 문제가 나온다고 할지라도 어느 정도 틀이 정해져 있습니다. 그래서 문제를 많이 풀다 보면 문제에서 요구하는 것이 눈에 들어오기 마련입니다.

패턴을 익히는 방법을 사용할 때는 수학 시간에 투자할 시간이 확보되어 있어야 합니다. 그래서 많은 문제를 푸는 학생들은 다른 과목의 성적이 안정적인 경우가 많습니다.

많은 양의 문제집을 푸는 전략을 선택할 때, 하나의 문제집의 모든 문제를 풀어야 하는 것은 아닙니다. 상, 중, 하 난도의 문제가 골고루 있는 문제집을 여러 권 푼다고 했을 때 하 난도의 문제는 모두 풀었다면 굳이 다음 문제집에서는 하 난도 문제는 풀지 않아도 무방합니다.

양치기를 통해 1등급을 노린다면 최후의 양치기 대상은 수능 기출문제입니다. 1994년 입학생부터 대학 수학 능력 시험을 봤기 때문에 수능 기출 누적은 30년에 육박합니다. 특히, 초창기 수능 문제는 지금 유형과는 색다른 형태도 많아서 말랑말랑한 뇌를 만드는 데 유용합니다. 수능 기출은 최근 3년간 기출을 시작으로 시간이 지날수록 오래전 문제 유형을 다뤄보는 것을 추천합니다. 그리고 같은 문제에 대해서도 많은 풀이 과정이 존재하고 다른 사람의 풀이 과정을 보는 것도 도움이 되기 때문에 친구들과 풀이를 공유하는 것도 좋습니다. 여력이 된다면 수능 문제를 바탕으로 나온 시중 인강들이 다양한 풀이를 제시하는 경우가 많으니 활용하는 것도 도움이 됩니다.

③ 오답 확인

오답은 반드시 확인을 해야 합니다. 학생들이 공부하는 모습을 관찰했을 때 참 신기했던 것이 문제를 정말 열심히 푸는데 채점을 하지 않는 경우가 은근히 많다는 것입니다. 물론 언젠가는 채점을 하겠지만 1-2주일 후에 채점을 하게 되면 틀린 문제에 대해 본인이 왜 이렇게 생각해서 잘못 풀었는지 정확하게 기억할지 의문입니다. 우리가 문제를 풀어보는 이유는 문제를 통해서 어떤 것을 모르고 있는지, 놓치고 있는지 확인하기 위해서입니다. 한 권의 문제집을 모두 풀어서 맞추었다면 굳이 풀어볼 필요가 있었을까요? 단순 계산 실수야 금방 알 수 있겠지만 보통 수학 문제에서 생각하는 것을 모두 풀이 과정에 적어두지 않는 이상, 최소한 당일에 공부한 것은 당일에 채점과 오답 요인 분석까지 모두 마치는 것이 좋습니다.

틀린 문제는 또 틀립니다. 그래서 오답을 모두 했어도 안심하면 안됩니다. 아예 접근 자체를 못했던 문제는 다시 만나도 풀이를 시작하기 어렵고, 잘못 생각해서 틀린 문제는 똑같이 잘못 생각하기가 쉽습니다. 정말 2×3을 5라고 한다든지 하는 단순 계산 실수가 아닌 모든 틀린 문제는 일주일쯤 후에 다시 풀어보는 것이 좋습니다. 10개를 틀렸다면 그중 절반 정도는 다시 틀리게 된다고 보면 됩니다. 틀리는 문제가 없을 때까지 푸는 게 가장 좋습니다. 특히, 고난도 문제일수록 그렇습니다.

같은 문제집을 여러 번 풀기 위해서는 풀이는 연습장을 이용하고 문제집에는 채점만 하는 방법을 사용하는 것이 좋습니다. 처음에는 빨간색, 두 번째는 파란색, 세 번째는 초록색 등 회차에 따라 서로 다른 색깔을 이용해서 몇 번 틀렸는지 확인할 수 있도록 하는 것이 도움이 됩니다. 두 번째 다시 풀 때는 첫 번째 풀었을 때와 간격이 일주일 이상 벌어지지 않는 편이 좋습니다. 하루 이틀 지난 후가 효과가 좋습니다. 세 번째 다시 풀 때는 기간을 조금 더 늘려서 해보는 것도 좋습니다.

저는 이 방법으로 공부할 때 3번까지 했었는데, 학생들을 가르치다 보니 5번 이상 하는 학생도 상당히 많이 보였습니다. 개인적으로는 어느 정도 회차를 넘기면 다른 유형의 문제를 통해 응용력이 길러졌는지 확인해 보는 것이 더 좋다고 생각합니다.

문제집	연습장
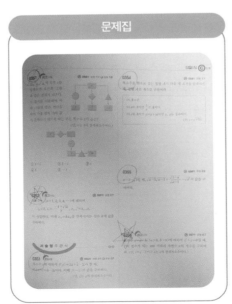	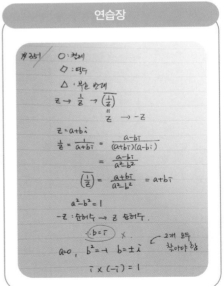

④ 다른 사람 알려주기

개념을 이해하는 것, 문제를 푸는 것, 개념 혹은 문제 풀이를 설명하는 것은 모두 조금씩 다릅니다. 개념을 이해했어도 문제는 못 풀 수 있고, 문제는 풀지만, 개념은 설명하지 못하기도 합니다. 이때, 가장 상위 스킬은 설명하기입니다.

공부를 잘하는 학생들이 계속 공부를 잘하는 것은 역설적이게도 공부를 못하는 학생들이 계속 물어보기 때문입니다. 물어보는 질문의 난도가 적절하면 질문을 해결해주면서 본인의 학습 구멍도 메꿔집니다. 특히, 상위권 학생이 중상위권 학생에게 고난도 문제를 설명해줄 때는 왜 그런지 이유도 모두 알려줘야 하는 경우가 많아서 정말 도움이 많이 됩니다.

문제도 반복해서 풀어보는 게 좋은 것처럼 설명하기도 반복해서 하면 더 도움이 됩니다. 학교에서 학생마다 문제를 준비하도록 해서 자신이 준비한 문제를 다른 친구들에게 알려주면서 공부하는 것을 시행했었는데 한결같은 대답이 여러 번 설명하다 보니 이 문제는 정말 자신 있게 되었다는 것입니다. 시험 기간에 친구들끼리 예상 문제를 만들고 서로 풀면서 자신이 뽑은 예상 문제를 설명하는 식으로 응용 가능합니다.

(3) lim시험문제
쌤→ 고뇌

수학 선생님은 시험문제를 어떻게 만들까요?

진로 선택 과목과 일반 선택 과목에 다소 차이가 있습니다.

진로 선택과목은 A, B, C로만 평가하기 때문에 등급을 내야 하는 부담이 없어 선생님들도 대략 평이하게 내는 편입니다. 진로 선택 과목이 등급으로 반영되는 학교의 경우 A는 1등급, B는 4등급, C는 7등급으로 들어가는 것이 일반적이라서 3등급까지의 학생들은 A를 받도록 하는 것이 보통입니다. 따라서 25%이상은 A가 나오도록 설계하는 것이죠. 물론 과목에 따라서 90% 이상 A가 나오도록 하는 경우도 있습니다. 이 부분은 학교마다 다소 차이가 있을 것 같네요. 30~40%정도 선에 맞추는 학교도 있을 것이고 많은 진로 선택 과목에서 80%이상 A가 나오는 학교도 있습니다. 어쨌든 C는 선생님들 고려대상에 없어서 쉬운 문제도 꽤 포함될 확률이 높고요. 보통의 일반고라면 교과서에서 거의 변형 없이 출제된다고 봐도 무방합니다. 다만 기하 과목의 경우는 수능에서 기하를 보는 학생이 매우 많은 경우는 예외가 발생할 수 있습니다. 진로 선택 과목은 해당 선생님에 따라 상당히 변화 폭이 크기 학기 초에 자세히 여쭤보도록 합니다.

일반 선택 과목은 수학I, 수학II, 확률과 통계, 미적분이 있습니다. 수학I, 수학II는 문과 진학 예정 학생과 이과 진학 예정 학생이 모두 똑같이 배우고 똑같이 내신을 산출합니다. 모든 학생이 배우기 때문에 쉬운 문제부터 상, 중, 하 문제가 골고루 섞이도록 출제하려고 하며 쉬운 문제의 정도는 해당 학교의 중하위권 학생들 실력이 어느 정도인가에서 결정이 됩니다. 하위권과 상위권의 격차가 크면 클수록 하 수준 문제와 상 수준 문제의 변화 폭도 커진다고 보면 되겠습니다.

확률과 통계는 학교마다 상황이 다른데 수능 시험에서 선택이 되면서 확률과 통계와 미적분 중 1과목을 택하는 경우가 있을 수 있습니다. 이런 경우는 문과는 확률과 통계, 이과는 미적분을 선택하게 되면서 자연스럽게 확률과 통계는 좀 쉽게, 미적분은 좀 어렵게 출제되는 경향이 있습니다. 확률과 통계를 학교 지정 과목으로 모두 배우는 경우, 수학I, 수학II와 비슷한 상황으로 가게 된다고 보시면 됩니다.

미적분은 자연 계열만 선택하게 될 텐데, 자연 계열만 선택한다는 점이 수학에 자신 없는 학생들은 선택을 꺼리게 만드는 것 같습니다. 어떤 학교의 경우에는 미적분 선택 학급이 과학 선택 학급의 절반 이하가 나오기도 한다더군요. 미적분 과목 선택이 많은 학교일수록 학생부 종합 전형에서는 우수한 학교로 여기는 경향도 있습니다. 어쨌든, 문과 성향인 학생들은 선택을 회피하여 이때, 학생들은 내신 하락을 경험하게 됩니다. 다행(?)인 점은 미적분 과목이 3학년에 배치되고 3학년은 정시 준비생들이 수행평가에 소홀하게 되면서 아주 큰 폭의 하락은 많이 생기지 않는다는 것입니다. 만약 학교에 정시 준비생이 거의 없는 분위기라면 3학년 미적분 과목은 1등급에서 3등급까지 내신이 하락하는 학생들이 나오는 것을 감안해야 합니다.

사설이 좀 길었습니다.
선생님들은 시험문제를 만들 때, 학생들의 수준을 고려해서 상, 중, 하를 적절히 배분합니다. 너무 어려우면 수학을 포기하는 일이 발생하기 때문에 시험 점수가 나쁘다고 해도 본인이 노력하면 오를 수 있을 것 같은 분위기를 만들기 위해 무척 애를 씁니다.

일단 하 문제의 경우는 교과서에서 다루는 예제, 유제를 숫자만 바꿔서 출제합니다. 학교에 따라 학생들이 상당히 실력 있는 경우라면 교과서의 중단원, 대단원 평가가 하 수준이 될 수도 있겠습니다. 일반적으로는 교과서 예제를 바탕에 두고 숫자만 바꿔서 출제하는 문제가 하 난이도입니다.

중 수준의 문제를 출제할 때는 학업성취평가를 기준으로 중간 정도의 학교라면 교과서 중단원, 대단원 문제를 참고해서 출제합니다. 이때 참고의 정도는 숫자만 바꿀 수도 있지만 같은 개념을 묻는 다른 형태로 문제를 출제하기도 합니다. 중 수준을 유지할 때는 문제 형태를 매우 많이 바꾸지는 않는 편입니다. 예를 들어 삼각형을 기반으로 하는 문제가 교과서에 수록되었다면 사각형을 기반으로 하는 문제로 변형해서 출제하는 정도입니다.

교과서에 수록된 문제 자체가 어려운 경우엔 변형을 조금만 하고, 이 문제가 쉬운 경우엔 크게 변경합니다. 함수가 포함되면 함수 유형을 바꾸는 식입니다.

상 수준의 문제를 출제할 때는 고민을 많이 하게 되는데 부교재가 있는 경우, 부교재가 없는 경우로 나눌 수 있습니다. 부교재가 있고, 부교재가 어려운 경우는 부교재를 중심으로 변형 문제가 출제된다고 보면 됩니다. 부교재가 없는 경우는 교사가 자체 제작을 하는 경우와 시중 문제를 참고하는 경우가 있습니다. 시중 문제를 참고하는 경우는 수능 기출 문제를 가장 많이 참고합니다. 때로는 다른 학교 교과서를 참고하시는 선생님들도 계십니다.

상 수준의 문제를 제작하는 것은 기간이 오래 걸리고 미처 생각하지 못한 오류들이 생기기도 해서, 완전 제작보다는 기존 문제를 비트는 경우가 더 많습니다. 기존 문제를 변형하는 경우는 기존 문제가 매우 어려운 경우엔 조금 비틀어서 주관식으로 출제합니다. 기존 문제가 적당한 난이도를 갖는 경우에는 두 가지 이상의 문제를 섞어서 출제합니다. 물론 매우 어려운 두 개 이상의 문제를 혼합하는 경우도 있을 수 있습니다.

예를 몇 개 볼까요?

교과서 문제 　　$f(x) = x + 2\sin x \,(0 < x < 2\pi)$ 의 그래프의 개형을 그리시오

교과서 기반 변형 문제

함수 $f(x) = x + 2\sin x \,(0 \leq x \leq 2\pi)$에 대하여 $f(a)$는 극댓값, $f(b)$는 극솟값이고 $(c,\ f(c))$는 변곡점이다. $y = f(x)$의 그래프에 대한 설명으로 <보기>에서 옳은 것만을 있는 대로 고른 것은? (단, a, b, c는 상수이다.)

〈 보 기 〉

ㄱ. $a = \dfrac{2}{3}\pi$이다.

ㄴ. $\dfrac{f(a) + f(b)}{2} = f(c)$이다.

ㄷ. $0 < \alpha < \beta < 2\pi$인 실수 α, β에 대하여 $\displaystyle\int_{\alpha}^{\beta} f'(x) < \beta - \alpha$가 항상 성립한다.

위 문제는 교과서에서는 함수의 그래프를 그리게 합니다. ㄱ은 그래프를 그릴 수 있는 학생이라면 모두 풀 수 있습니다. ㄴ의 경우는 함수의 오목, 볼록과 관련된 지식이 필요합니다. 수업 중에 따로 다뤘을 수도 있으나 교과서에서 관련 식이 언급되어 있지는 않습니다. ㄷ은 주어진 식을 $\dfrac{\displaystyle\int_{\alpha}^{\beta} f'(x)}{\beta - \alpha} < 0$으로 변형해야 의미를 찾을 수 있습니다. 가끔 의미를 바로 찾을 수 없게 식이 변형되어 나오는 경우가 있습니다.

교과서에서 다룬 함수를 사용하였으나 문제를 접한 학생들은 상당히 생소하게 느꼈을 법 합니다.

IV

교과서 문제　　$f(x) = \dfrac{x^2}{x-1}$ 의 그래프의 개형을 그리시오

$\displaystyle\lim_{n\to\infty}\left(1+\dfrac{2k}{n}\right)^2\dfrac{1}{n}$ 을 정적분을 이용하여 구하시오.

$\displaystyle\int \dfrac{1}{x\ln x}dx$ 을 구하시오.

교과서 기반 변형 문제

함수 $f(x) = \dfrac{x^2}{x-1}$ 의 그래프를 이용하여 방정식

$$\dfrac{x^2}{x-1} = e^{\displaystyle\lim_{n\to\infty}\sum_{k=1}^{n}\frac{1}{(2n+14k)\{\ln(2n+14k)-\ln n\}}}$$

의 서로 다른 실근의 개수를 구하는 과정과 답을 서술하시오.
(단, e는 자연상수이다.)

위 문제는 교과서의 세 가지 문제 유형을 결합한 문제입니다.

각각의 문제는 모두 중하 수준이라고 할 수 있으나 결합하여 살짝 더 어려워졌습니다. 실제로는 상위권 학생들은 모두 답을 구하고 중상위권 학생들이 변별되었습니다.

기존 문제

최고차항의 계수가 1인 사차함수 $f(x)$에 대하여
$$F(x) = \ln|f(x)|$$
라 하고,
최고차항의 계수가 1인 삼차함수 $g(x)$에 대하여
$$G(x) = \ln|g(x)\sin x|$$
라 하자.
$\displaystyle\lim_{x\to 1}(x-1)F'(x) = 3$, $\displaystyle\lim_{x\to 0}\dfrac{F'(x)}{G'(x)} = \dfrac{1}{4}$
일 때, $f(3)+g(3)$의 값은?

변형 문제

x^3의 계수가 1인 삼차함수 $f(x)$에 대하여
$$F(x) = \ln|f(x)|$$
라 하고,
x^2의 계수가 1이고 원점을 지나는 이차함수 $g(x)$에 대하여
$$G(x) = \ln|g(x)\sin x|$$
라 하자.
$\displaystyle\lim_{x\to -1}(x+1)F'(x) = 2$, $\displaystyle\lim_{x\to 0}\dfrac{F'(x)}{G'(x)} = \dfrac{1}{3}$일 때,
함수 $f(x)$와 함수 $g(x)$를 구하는 과정과 답을 서술하시오.

기존 문제는 평가원 기출문제입니다. 극악의 난이도를 자랑했던 문제로 정석대로 풀려면 풀이 과정이 너무 길어서 차수를 낮춰 주관식으로 출제되었습니다.

3가지 사례를 통해 상 난이도 문제 출제 과정을 어느 정도 엿보셨을 것이라 생각이 듭니다. 문제 출제 과정을 아는 것이 이해에는 도움이 되겠으나 대비에는 별 영향이 없습니다. 시험을 잘 보기 위해서는, 특히 아주 잘 보기 위해서는 실력이 뒷받침되어야 합니다. 중 수준의 문제까지는 학교에서 정해주는 시험 범위 틀 안에서 거의 대비가 되지만 상 수준은 대부분의 학교가 범위를 벗어납니다. 내신만 생각하지 않고 수능까지 염두에 두어야 내신 성적도 잘 받을 수 있는 구조입니다.

이제 여러분이 공부하는데 필요한 여러 가지 문제집을 소개해볼까 합니다.

(4) nCr 문제집

① 개념서

가. 교과서

교과서는 국가에서 페이지 수와 내용 등을 규제하기 때문에 아주 친절하지는 않습니다. 교과서의 가장 큰 장점은 학습 목표를 통해 목적을 알 수 있다는 것과 증명 부분이 빠짐없이 수록되어 있다는 것입니다. 새로 배우는 내용에 대한 설명 부분만큼은 교과서보다 더 잘 되어 있는 참고서가 드뭅니다. 중요한 문제일 경우 예제를 통해 다루어서 예제로 등장한 내용은 반드시 알아야 한다는 힌트와 같습니다. 하지만 서술 체계가 한눈에 알아보기 쉽게 되어 있는 것이 아니라 학생들은 대체로 문제집 개념서로 시작하는 것을 선호하는 것 같습니다.

고등학교 수학 교과서는 출판사별로 개념 서술 방식과 참고 자료 등이 조금씩 다릅니다. 그래서 교과서를 통해 처음 공부하는 경우 자신의 학교가 선택하지 않은 다른 출판사용 교과서를 사서 공부하는 것이 좋습니다. 또, 교과서마다 단원 끝에 생각할 거리 혹은 읽을거리 등을 제공하고 있으며 출판사마다 내용도 다릅니다. 한 페이지 정도 소개한 자료라고 할지라도 파고들면 책 한 권으로 출판된 경우가 있기도 합니다. 수학에서 탐구주제를 정해야 하는 경우 교과서로부터 많은 힌트를 얻을 수 있습니다.

나. 숨마쿰라우데

개념서라는 단어에 가장 적합한 책이라고 생각이 드는 참고서입니다. 단원의 시작과 끝에서 다른 참고서에서는 찾기 어려운 그 단원의 중요성과 역사, 활용, 심화 부분에 대한 내용을 다루어 수학에 대한 호기심과 탐구심을 자극합니다.

무엇보다 개념이 도식화로 끝난 것이 아니라 하나하나 차근차근 설명하는 방식을 택하여 쉽게 이해할 수 있도록 하고 있습니다. 혼자 공부하는 학생이라면 이보다 더 좋은 책은 없을 듯 하네요. 단점은 문제수는 상당히 적어서 이것 한권으로만으로는 절대 안된다는 것과 줄글이 많아 잘 읽어내는 능력이 꼭 필요하다는 점입니다.

다. 마플 교과서

이 책의 가장 큰 장점은 한 큐에 다 끝난다라는 것입니다. 필요한 증명, 설명이 모두 수록되어 있으며, 문제양도 상당한 가운데 수능, 교육청 모의고사 기출문제까지 포함하고 있습니다. 한 권만 산다면 강력히 추천하고 싶은 참고서입니다. 설명 자체에 할애하는 비중은 숨마쿰라우데보다는 적은 편이지만 도식화가 잘 되어 있어서 알아보기가 편하고 중요한 내용은 교과서 외적인 부분도 모두 담고 있어 이 책도 혼자 공부하기 충분합니다.

라. 풍산자

이 책은 처음 시작하기 좋은 구조를 갖고 있습니다. 필요한 내용 도식화가 잘 되어 있어 알아보기 쉽고 관련 예제와 문제가 적당한 가운데 어렵지 않습니다. 책의 크기와 사이즈는 정석과 비슷한데 다루는 문제가 좀 더 쉬운 편입니다. 수학 문제집을 단계별로 해가는 경우에 가장 쉽게 접근할 수 있습니다.

마. 수학의 정석

한 때는 모든 학생들이 한 권씩 갖고 있던 수학의 정석입니다. 개념서의 대표작이었는데 다른 좋은 책들에게는 살짝 밀려있습니다. 책의 크기와 양장본이라는 것은 풍산자와 비슷한데 다루는 문제는 좀 더 어려운 편입니다.

서술 방식이 예전과 같아서 좀 더 친절한 설명을 원하는 학생들은 어려워하는 편이고 깔끔한 전개를 원하는 경우는 괜찮습니다. 상위권에서 사용하는 경우가 종종 있고 사진에 실린 것은 행렬, 벡터, 복소평면으로 중요한 내용임에도 교육과정에서 빠진 부분입니다. 현재는 수학의 정석 외에 어떤 곳에서도 출판하지 않는 내용이라 과학고등학교 학생을 중심으로 상당히 인기가 좋습니다.

과학고등학교와 상관없다 하더라도 이과 학생들이면 대학에서 꼭 배우게 되는데 대학 교재는 고등학교 학생 대상 교재보다 설명이 친절하지 않습니다. 후일을 위해 소장하는 것도 가치있다 생각됩니다.

② 문풀용

가. 쎈

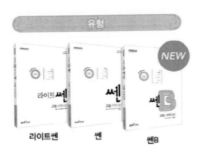

쎈이 처음 나왔을 때 정말 선풍적인 인기였습니다. A, B, C 3단계로 나누어 A는 기초, B는 내신용 중~중상, C는 상급 문제를 다루고 있습니다. 문제수가 충분하여 쎈만 완전 정복하기도 보통의 학생들은 힘들지요. 학교 내신 대비용으로는 A, B 단계만 필요한 경우도 많고 해서 후에 라이트쎈이 나왔습니다. 사실 A단계는 완전 기초 문제라 학생들이 실질적으로 필요한 건 B단계 문제죠. 이런 니즈를 반영해서 쎈 B가 나왔습니다. 필요에 따라 적당한 것으로 구입하면 됩니다.

나. 개념원리, RPM

개념원리는 정석의 아성을 무너뜨린 참고서입니다. 처음 출시되었을 때는 개념서로 활용되었지만 요즘에는 문풀용으로 사는 경우가 더 많은 것 같습니다. 내용이 도식화되어 있고 개괄적인 설명은 있으나 설명이 자세하지는 않습니다. 예제와 더불어 다루는 연습문제가 많습니다. RPM은 쎈과 비슷한 목적으로 출시되었는데 쎈보다는 쉬운 편입니다. 난이도는 라이트쎈과 비슷하다고 생각됩니다.

다. 수력충전

처음 시작하는 경우, 현행이면 수학 실력이 우수하지 않은 경우 도움을 많이 받을 수 있는 문제집입니다. 새로운 유형일 경우 첫 시작 문제에서는 단계별 해설을 제공후에 빈칸을 채워넣는 식으로 연습을 시키고 이후에는 처음부터 끝까지 학습자가 풀이를 쓰도록 하는데 풀이를 적을 충분한 공간을 제공합니다. 그래서 문제 양 자체는 많지 않지만 중하 난도 문제들을 위주로 연습해야하는 경우에는 매우 구성이 좋습니다.

③ 고난도 문풀

가. 블랙라벨

고난도 문제집의 대명사죠. 블랙라벨 푼다는 것은 최소 2등급 이내라는 뜻입니다. 쉬운 문제는 전혀 없고 중상~상급 문제로 구성되어 있는데 문제 수는 쎈 등의 문제집과 비교하면 절반 정도로 적은 편이지만 한 문제 한 문제가 어려워서 모두 푸는 데 시간은 상당히 걸립니다. 보통 고난도 문제집으로 넘어갈 때는 기출을 푸는데 블랙라벨에는 기출이 아닌 문제도 상당수 포함되어 있습니다.

나. 한권으로 완성하는 수학

안타깝게도 고1 과정은 출판하지 않는 참고서입니다. 줄여서 한완수로 불립니다. 사실 개념서라고 볼 수도 있지만 주로 고3이 되어서 알게 되는 수능 문제 접근을 위한 용도로 구입하는 경우가 많아 고난도 문제에 넣었습니다. 개념 부분 설명과 문제 풀이 과정에 대한 설명이 인강이 필요 없을 정도로 잘 되어 있습니다. 단점은 체계가 다른 참고서나 문제집들에 비해 어지러운 편입니다. 내용을 한 바퀴 이상 돌린 경우는 문제 없겠지만 첫 시작을 한완수로 하는 것은 비추입니다. 저자가 운영하는 네이버 카페에서 참고서에 관한 질문을 할 수 있습니다. 질문하면 저자가 아니더라도 수학을 좋아하는 많은 사람들이 답변을 해주니 수학을 즐기는 용도로도 가입 가능합니다.

다. 마더텅

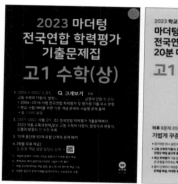 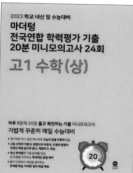 

수능 기출 문제집입니다. 까만색은 단원별로, 빨간색은 회차별로 구성되었습니다. 노란색은 20분안에 푸는 것을 목표로 편집한 미니모의고사입니다. 보통 고2까지는 까만색을 사고 고3때는 까만색과 빨간색을 모두 구입합니다. 하나만 사는 경우에는 단원별로 구성되어 있는 까만색을 삽니다. 여러 회사에서 수능 기출 문제집이 출판되지만 학생들이 가장 보기 편하게 구성되어 있다고들 하네요. 기출 문제집으로 각광받는 문제집입니다.

라. 자이스토리

내신 문제+수능, 학력평가 기출을 포함한 상위권용 문제집입니다. 문제마다 난이도가 표시된 점이 좋습니다. 고1 수학은 수능에 직접 출제되지 않다보니 내신과 학평을 모두 수록한 자이스토리가 인기가 좋은 편입니다. 고2부터는 수능 기출 문제집을 따로 구입 하는 경우에 학생들이 선택하는 문제집이 좀 더 다양해지는 경향을 보입니다.

문제집 소개까지 모두 마쳤습니다.

수학을 좋아하는 학생은 더 수학을 좋아할 수 있게 수학을 두려워했던 학생은 마음의 문을 열 수 있도록 했으면 하는 바램으로 글을 마칩니다.

Part V

과학 1등급
아인슈타인되기
과학 만점학습법

과학 Checklist

'예'라고 체크한 항목은 관련 페이지로 이동해 더 알고 싶은 부분을 확인해 보세요.

총점   예 : 1 아니요 : 0점

1 단계: 0~6점 아직 과학 공부를 할 준비가 안되었네요. 부지런히 공부할 준비를 해볼까요?
2 단계: 7~14점 과학 공부. 알 듯 말 듯. 과학 공부법에 대해 차근차근 알아봅시다.
3 단계: 15~19점 과학 공부하는 방법을 조금씩 알아가고 있습니다. 이제부터 진짜 과학 공부를 시작해 봅시다!
4 단계: 20~23점 과학 1등급이 나올 수 있는 의지는 이미 충분! 하나하나 알아가면 1등급은 눈앞에!
5 단계: 24~25점 과학 1등급은 바로 너!

1. 경험을 쌓는 초등과학 ∫

고등에서 과학을 '잘' 하려면?	═══	초등에서는 경험을 쌓아야 합니다.
		중등에서는 저항에 부딪혀야 합니다.
		고등에서는 전략가가 되어야 합니다.

∫ 경험 = 고등과학 1등급

    고등과학 1등급을 위해서는 초등에서는 많은 경험을 쌓아야 합니다. 초등과학은 과학자 뉴턴의 이야기로 시작하려고 합니다.

● ● ●

뉴턴[Sir Isaac Newton]
떨어지는 사과를 통해 만유인력의 법칙을 발견한 과학혁명의 완성자 뉴턴은 만유인력의 발견 외에도 이항정리, 빛의 성질의 발견, 미분, 적분을 발견하였습니다.
많은 학생들이 어렵게 느끼는 **적분**은 고대 시대부터 인류와 함께해 온 학문입니다. 적분법의 기원은 고대 이집트 측량술에 두고 있습니다. 나일강 주변의 농지들이 모두 직사각형 모양이면 넓이를 계산하여 세금을 걷어들이기 편했을텐데, 땅 모양은 직사각형이 아니었지요. 세금을 걷기 위한 땅의 면적을 계산하는 일은 매우 중요한 과정이었기 때문에 이때부터 고대 이집트 인들은 기하와 적분에 관심을 가지게 되었습니다. 사실 이집트에서 발견된 파피루스에는 도형의 넓이를 구하는 문제가 있을 정도로 수학은 이집트 고위 공무원들에게 필수 소양이었습니다(부정적분).

이 후 적분은 동서양을 막론하고 여러 문명에서 활발하게 연구됩니다. 5세기 경 중국 학자 주종지는 원주율과 구의 부피 계산법을 알아냈고, 중세를 거치고 16세기부터 카발리에리 등 여러 수학자들이 다양한 모양의 면적을 무한한 개수의 직사각형들의 넓이의 합으로 계산하면서 정적분이 발전하기 시작했습니다. 이때까지만 해도 미분과 적분은 별개의 학문이었습니다. 아이작 뉴턴(Issac Newton, 1642-1727)과 고트프리트 라이프니츠(Gottfried Leibniz, 1646-1716)에 의해 미분 적분의 관계가 정리되었고, 미적분학의 기본 정리(Fundamental Theorem of Calculus)가 완성되었습니다.

자연 철학의 수학적 개념 원리로 설명한 뉴턴! 우리가 수학시간에 쓰는 $\int$(인테그랄)기호와 공식으로 설명한 라이프니츠. 모두 미적분학을 완성한 분들이랍니다.

참고 자료 네이버 지식백과 뉴턴 소개

뉴턴의 적분! 쌓는다! 경험을!

초등과학에서는 경험을 쌓아야 합니다. **수많은** 경험입니다. 그 경험은 교과서 속 과학개념이고, 책에서 얻는 많은 배경지식들이고, 여러 대회에 참가하고 행사에 참여하는 과학체험들입니다.

$$\int 경험 \qquad = \qquad \int 과학개념, 배경지식, 과학체험$$

1) 과학 교과목의 이해

(1) 나선형 교육과정

과학 교과는 **나선형 교육과정**을 따르는 교과목입니다. 나선형 교육과정이란 나선형 모양을 그리며 배운 개념들이 더욱 더 구체화되고 자세하게 설명, 심화되며 학년이 올라가고 상급학교로 올라가서도 그 개념이 계속 등장하는 교과목이라는 뜻입니다. 나선형 교육과정을 따르는 과학 교과는 초등학교 때부터 나오는 개념들이 중학교에서 심화 발전되어 나오고 고등학교에서 또 심화 발전되어 나오게 됩니다.

브루너(1960)에 따르면 **나선형 교육과정**의 특징은 아래의 세 가지로 정리할 수 있습니다.

첫째, 선수학습 주제가 다시 등장한다(Topics are revisited).

교육과정 내내 같은 주제가 계속 반복해서 등장해야 합니다. 학생들이 새로운 지식을 습득할 때, 아예 처음 보는 새로운 내용이 아니라, 이전에 다루어진 내용에서 진보된 개념으로써 제시되어야 합니다. 이는 동일 내용을 반복해서 다룸으로써 기억과 이해를 상기시켜야 한다는 것으로 이해할 수 있습니다.

둘째, 점차 학습의 난이도가 높아진다(There are increasing levels of difficulty).

선수-후속 학습 순서에 따라 학습 내용의 난이도가 점진적으로 높아져야 합니다. 즉, 동일 주제의 내용이 학년 수준이 높아짐에 따라 그 내용의 폭과 깊이가 반드시 심화되어야 함을 의미합니다.

셋째, 새로운 학습은 반드시 선수학습과 관련이 있다(New learning is related to previous learning).

새로 소개된 주제와 개념은 이전에 배운 내용에 의해 나선형 단계로써 학습에 직접 연결됩니다. 즉, 선수학습은 반드시 후속학습을 위한 전제조건이 되어야 하는 것이며 새로 등장한 내용은 반드시 선수학습과 연계되어야 합니다.

즉, 초등에서 **제대로 배워야** 고등에서 과학을 잘할 수 있다는 의미입니다. 초등에서 과학을 **제대로** 공부하려면 어떻게 해야 할까요.

2) 초등과학의 핵심

(1) ∫과학개념 : 과학개념 구조화

초등학교 과학 시간은 학급의 80% 이상의 학생들이 '기다리는' 수업입니다. 이유가 무엇일까요? 초등학교 과학책을 보면 과학책과 실험관찰책 두 권으로 되어있는데 바로 이 '실험'과 '관찰' 시간이 재미있는 시간이기 때문입니다. 하지만 중학교, 고등학교에서는 과학 수업을 기다리는 학생이 많지 않습니다. 또한 '잘'하는 학생도 많지 않습니다. 기다려지고 즐거웠던 초등학교의 과학 시간이 중학교, 고등학교에 가서도 즐거운 수업시간으로 이어지려면 초등학교에서 과학 공부를 어떻게 해야 할까요?

초등 때의 즐거운 경험들 속 '과학개념'들을 구조화할 필요가 있습니다. 과학은 재미있는 과목이지만 실험하고 관찰한 **과학개념**들을 지식의 구조화 과정을 거쳐서 **이해**하고 **암기**해야 합니다. 학기 중에는 수학, 영어, 국어 교과목 예습 복습에 학원 다니며 숙제하기 바쁘지요. 과학 교과는 방학에라도 꼭 **'복습'**합니다. 오히려 예습을 하고 미리 실험을 알고 학교 과학 시간을 맞이하게 된다면 호기심과 흥미가 떨어질 수 있습니다. 초등과학개념은 **나만의 과학사전 만들기**와 **과학 문제집 만들기**를 통하여 완벽하게 복습합니다.

**나만의
과학사전 만들기**

6학년 2학기까지 마친 학생의 과학 '복습' 방법을 소개해보겠습니다. 겨울방학이 되고 과학 복습을 시작하는 학생은 초등학교 3, 4, 5, 6학년에 나오는 과학 단원들을 빈 종이에 적습니다. 단원명을 쓰고 그 단원에서 나오는 개념들을 적어봅니다. 연결되는 단원들이 어떤 단원들인지 파악하며 **학년 간 과학개념들의 연결고리를 찾아보고 암기의 틀을 마련**합니다. 이 과정은 단원의 **지식을 구조화**하는 과정입니다. 어떤 단원들끼리 연결되고 어떻게 개념이 심화 확장되는지를 스스로 찾아본다면 그 학생은 교과의 전체 구조를 이해하는 힘을 가지게 됩니다. 이렇게 구조화한 단원들 속 개념들을 그 아래에 적어봅니다. 경험하고 관찰하고 실험하며 이해한 '지식', '과학개념'들을 하나씩 암기하며 내용들을 정리합니다. 이렇게 정리한 공책은 절!대!로! 버리지 마세요. 그 공책은 초등학교에서의 과학개념들이 모두 담긴 **나만의 과학사전**이 됩니다. 학기가 끝나면 계속 두꺼워지는 나만의 과학사전은 초등학교 6학년 2학기가 끝나고 **OO이의 과학사전**으로 완성됩니다.

**디지털교과서를
이용하여
과학 문제집 만들기**

이렇게 정리한 개념들이 내 머릿속에 잘 들어와 있는지 확인해야 합니다. 학기가 끝나고 이전 학기의 과학 문제집을 방학 때 차근차근히 다시 풀어보는 방법 괜찮습니다(초등과학 문제집은 이전 학기만 풀어봅니다. 모든 학기를 다시 푸는 것은 많은 시간이 걸릴 뿐만 아니라 그렇게까지 하지 않아도 괜찮습니다). 선생님은 문제집을 사서 푸는 방법 외에 다른 재미난 방법을 하나 알려 주겠습니다(굳이 초등과학 문제집을 푼다면 **과학 독해문제집**을 사서 푸는 것이 더 도움이 많이 됩니다).

인터넷에서 '**디지털교과서**'를 검색합니다. 디지털교과서 홈페이지에 들어가서 회원가입을 하면 우리가 학교에서 배운 과학 교과서를 볼 수 있습니다. **여기에서는 교과서에서 나오는 다양한 실험들과 관련 영상들을 다시 볼 수 있습니다.** 이는 우리가 실험하고 관찰하고 경험한 **즐거운** 과정들을 더 오랫동안 정확하고 확실하게 이해 암기할 수 있게 도와줍니다. 각 단원별 중요 실험동영상을 한번씩 다시 클릭하여 영상을 시청해보도록 합니다.

다음으로 **디지털교과서의 e학습터**에 들어가봅니다. 학생이 다니는 학교의 지역을 선택하고, 자율학습 페이지를 들어가면 단원별 확인학습 문제를 풀어 볼 수 있습니다. **자율평가** 페이지에서는 학생 스스로 문제 난이도를 조절하여 자율평가지를 만들어 볼 수 있습니다. 본인의 복습에 필요한 난이도를 조절하여 본인만의 확인 문제집을 만들 수 있습니다.

사이트 소개

에듀넷 티-클리어 사이트-디지털교과서

www.edunet.net/nedu/main/mainForm.do

(2) ∫ 배경지식 : 초등학생이 읽으면 좋은 과학책 소개

초등학교에서는 학교에서 배우는 시기에 맞춰서 관련 여러 과학책을 읽는 것이 좋습니다. 초등학생이 읽기에 좋은 과학책은 전집형/다달이 배달오는 잡지형/단권으로 전개되는 과학책 등이 있는데 각 종류별 과학책은 다음과 같습니다.

가. 초등학생이 읽으면 좋은 전집형 과학책

과학뒤집기 기본편, 심화편
(성우출판사)

WHY 시리즈
(예림당)

과학공화국 과학법정
(자음과 모음)

과학뒤집기 기본편, 심화편(성우출판사)은 초등과학 교과과정을 분석하여 스토리텔링으로 풀어쓴 과학 교과서입니다. 과학 교사와 동화작가가 함께 집필하여 학습과 재미를 함께 잡으며 읽을 수 있다는 장점이 있습니다. 전문 강사의 인터넷 강좌를 같이 볼 수도 있습니다.

WHY 시리즈(예림당)은 누적부수 8200만부(2022년 12월 기준)가 팔린 학습만화 브랜드입니다. 과학, 수학, 한국사, 세계사, 인문사회교양, 인물, 인문 고전 등 교과과정과 밀접한 7개 분야의 지식을 아이들의 눈높이로 풀어낸 책입니다. 이 시리즈 중 과학 시리즈는 100권에 이릅니다. 다양한 소재의 과학 읽을거리가 많이 담겨있어서 초등저학년부터 초등고학년까지 많은 학생들에게 사랑받고 있는 책입니다.

과학공화국 과학법정(자음과 모음)은 본책 50권, 부록 5권으로 구성된 초등학생을 위한 수과학 전집입니다. 물리법정, 화학법정, 생물법정, 지구법정, 수학법정 5가지 수과학 분야로 나누어져 있어 영역별 관심분야를 찾아 읽을 수 있습니다. 일상 속의 과학 내용을 사건사고 및 재판 형식의 스토리텔링을 활용하여 설명하고 있어서 아이들이 흥미롭게 책을 읽을 수 있습니다.

나. 초등학생이 구독하면 좋은 잡지형 과학책

어린이 과학 동아-과학동아
(동아사이언스)

과학소년
(교원)

어린이 과학동아는 초등과학 전학년 학생들이 읽기에 좋은 잡지형 과학책으로 과학 교과과정을 관련 기사와 연계하여 설명하고 동화와 일러스트로 재미있게 이해하게 돕는 통합과학 교과서 역할을 하고 있습니다.

과학동아는 초등 고학년부터 중학생이 보면 좋은 과학 잡지로 최신 과학 이슈를 깊이 있고 폭넓게 다루고 있습니다. 이공계 진로 진학 연계 컨텐츠도 포함하고 있어서 중고등학생의 진로 진학에도 큰 도움을 주고 있습니다.

과학소년은 과학 교육과정에 맞추어 재미있고 유익한 기사와 컨텐츠로 중고등학생들에게 유익한 내용을 담고 있습니다. 이공계 진학을 꿈꾸는 중고등학생들은 잡지를 구독하여 관련 진로에 대한 탐구를 깊이있게 해볼 수 있습니다.

다. 초등학생이 읽으면 좋은 과학책

매년 사이언스올에서는 우수과학도서를 선정하여 소개하고 있습니다. 사이언스올 우수과학도서 선정 어린이부문의 과학도서를 참고하여 1년 동안 읽어보면 좋습니다.

사이트 소개

사이언스올

www.scienceall.com/376088-2/?term_
slug=science_joy&sa_term=sciencebook

2022년 우수과학도서 선정 목록

구분	부문	도서명	저자(역자)	출판사
1	어린이	과학 없는 과학 누구나 과학자로 만들어 주는 새로운 개념의 책	클라이브 기포드	이퍼블릭코리아 (사파리)
2		항공우주과학자가 들려주는 비행기의 모든 것	안석민, 구삼옥, 권기정	찰리북
3		STEAM 초등 과학 실험 캠프	조건호	보누스(바이킹)
4		달빛을 따라 집으로	필리프 쿠스토, 데버라 홉킨슨	청어람미디어
5		미생물은 힘이 세! 세균과 바이러스	김희정	지학사
6		신비롭고 재미있는 날씨 도감	아라키 켄타로	서사원
7		옐로우 큐의 살아있는 해양 박물관	윤자영 지음/해마 그림	안녕로빈

(3) ∫ 과학체험 : 다양한 과학대회와 과학행사

과학의 달에는 학교/지역사회에서 여러 과학대회와 행사가 많이 열립니다. 학생들은 교내 과학대회 외에 다양한 교외 과학대회에도 참가할 수 있습니다. 과학행사는 과학의 달에만 참여할 수 있는 4월 과학행사부터 연중 참여가 가능한 과학행사까지 다양한 과학체험을 할 기회가 많이 있습니다.

가. 과학대회

보통 3, 4월에 열리는 교내 과학대회에서 우수한 성적으로 입상한 학생들이 학교 대표로 지역 지원청-교육청 대회에 참가할 수 있습니다.

서울시 교육청에서 열리는 과학대회에는 어떤 게 있는지 같이 볼까요. 서울특별시교육청과학전시관 홈페이지에 들어가서 과학경진대회 온라인접수를 클릭하면 **서울과학전람회본선대회, 서울청소년과학페어, 서울학생과학발명품경진대회, 서울과학전람회 예선대회**가 소개됩니다.

사이트 소개

서울특별시교육청과학전시관 과학경진대회 소개

ssp.sen.go.kr/contest/

이 중 전람회는 교내 대회 우수 참가학생이 지역 교육청을 거쳐 서울과학전람회 예선대회에 참가하게 됩니다. 서울과학전람회 예선대회에서 우수한 성적을 보인 학생들은 서울과학전람회 본선대회에 나가게 되고, 서울시 대표가 되면 전국대회까지 출품하는 방식입니다.

대회 이름	출품 부문	참가대상
서울과학전람회 예선/본선	물리, 화학, 생물, 지구 및 환경, 산업 및 에너지 (IT SW융합 포함) 교내 과학대회, 지역교육청 대회를 거쳐, 서울시 예선 → 본선	초4~ 고1-2학년
서울청소년과학페어	과학토론대회/교내 대회 우수 학생 참가	중 고등학생
서울학생과학발명품경진대회	다양한 분야의 발명품 출품/교내 대회 우수 학생 참가	초·중·고

자. 여기에서 학교 대표로 참가할 수 있는 학생들이 얼마나 될까요? 극소수입니다. 선생님이 교내외 대회를 소개하는 이유는 "학교 대표로 꼭 참가해서 교외 대회에 참가하세요"의 의미는 아닙니다. 교내 대회를 준비할 때, **교외 대회의 우수 작품들을 꼭 참고하고 대회의 큰 의미를 파악하고 준비하라는 의미입니다. 참가를 위하여 준비하고 자료를 찾고 탐구보고서를 작성해보는 경험들이 쌓여서** 고등학교 때 수행평가와 탐구보고서 작성 등에서 빛을 낼 수 있는 것입니다.

한국과학교육단체총연합회에서 주최하는 과학대회도 교내 과학대회와 연결되어 열립니다. 이 사이트에도 전국대회 우수 수상작을 홈페이지에 안내하고 있습니다. 관심 있는 학생이라면 홈페이지를 방문하여 **기존의 우수 작품들을 확인하고 탐구보고서의 방향**을 세우는 데에 활용합니다.

<table>
<tr><td align="center">사이트 소개</td></tr>
</table>

한국과교총사업-학생행사

www.kofses.or.kr/compet/student_03.htm

대회 이름	출품 부문	참가대상
자연관찰탐구대회	자연의 세계를 탐구하는 관찰 탐구력 신장	초등5,6학년
과학탐구실험대회	과학 탐구실험 방법을 체득하고 창의력과 과학적 사고력 증진	중1,2학년
고등학교과학탐구대회	과학적 탐구 방법을 체득하고 창의적 문제해결력을 함양하여 미래사회에 필요한 핵심역량 함양	고2
한국과학창의력대회	과학적으로 사고하는 능력과 창의적으로 문제를 해결하는 창의·융합과학적인 사고력 신장	초·중·고

나. 과학행사

4월 과학의 달의 행사를 한눈에 알려주는 사이트를 방문하여 지역별 과학문화프로그램을 확인, 참가합니다. 사이언스올의 '과학을펼지도' 를 참고하면 지역별 프로그램이 상세하게 확인 가능합니다.

사이트 소개

사이언스 올 과학을펼지도

www.scienceall.com/april-2022-
science-month/science-2022map/

4월 과학의 달 행사 기간 이외에도 과학 관련 행사는 매우 많습니다. 일년 연중으로 다양한 지역에서 열리는 강연도 있습니다. **금요일의 과학터치**입니다. 금요일의 과학터치, **금과터**는 매주 금요일 저녁 18:30-20:00(지역별 20회) 서울, 부산, 대전, 광주, 대구, 인천에서 열립니다. 강연자는 국가연구개발 우수 과학기술자(각 분야 대학교수 및 연구원 등)분들로 초 중 고등학교 학생 및 일반인을 위한 강연을 합니다. 도입강연은 일상 생활 속의 쉽고 재미있는 과학기술 만들기 체험으로 초중고등학교 과학교사가 진행합니다. 본강연은 최첨단 과학기술 연구 성과에 대한 이해와 진로탐색 강연으로 **대학교수님과 연구원 분**들이 진행하십니다. 선생님도 이 강단에 서서 여러분들 앞에서 강연한 경험이 많이 있습니다. 매우 유익한 강좌가 많으니 학생들은 꼭 이 강연을 신청하여 들어보기를 권합니다.

사이트 소개

금요일의 과학터치

금요일에 과학터치

사업소개	강연안내	정보마당	참여광장	🔍 통합검색
초대의글	서울	공지사항	강연후기	
금요일에 과학터치란?	부산	언론에 난 금과터	Q&A	
연구재단 소개	대전	금과터 풍경	봉사활동	
지속가능발전교육	광주	금주의 과학기술 뉴스	강연참석확인증	
별에의전당	대구	이달의 과학기술인	국민체안강연	
	인천			
	토요강연			

sciencetouch.nrf.re.kr/

(4) 과학도 문해력 : 과학 독해문제집 소개

국어교과에서만 독해력을 기르는 것은 아닙니다. 모든 과목에서 그 과목의 독해력을 기르는 것은 그 과목의 공부를 하는데 매우 중요한 역할을 합니다. 과학 독해력을 기르기 위해서 가장 쉽게 할 수 있는 방법은 **과학 독해문제집을 풀어보는 것**입니다. 과학 독해문제집은 시중에 많이 나오고 있습니다. 그 중에서 한 권을 골라 단계에 맞춰서 과학 독해서를 풀어보는 것이 시중의 초등과학 문제집을 풀어보는 것보다 훨씬 좋습니다.

EBS 독해가 과학을 만날 때
(출판사 EBS) 1-2학년, 3-4학년

1일 1독해 과학이야기
1-3권(메가스터디북스)

과학 용어 독해
1-5권(세번째 행성)

EBS 독해가 과학을 만날 때(EBS)는 교과서에 나오는 다양한 과학 관련 주제를 국어 독해 지문으로 학습할 수 있도록 과학과 교육과정 학습요소와 국어와 교육과정 읽기 내용 체계를 융합하여 구성된 책으로 1-2학년을 위한 책과 3-4학년을 위한 책 두권이 있습니다. 과학 교과 지식과 국어 독해 실력을 함께 키우는 책으로 추천합니다.

1일 1독해 과학이야기(메가스터디북스)는 예비초등대상 책 6권과 초등대상 책 3권이 있습니다. 이 책은 아이의 호기심을 자극하는 짧은 이야기가 주제별로 구성되어 있어 독서 습관을 기르는 데 효과적입니다. 또한, 읽는 것으로 끝나지 않고 문제를 푸는 것을 통해 내용을 정확하게 이해하며 읽고 있는지 확인할 수 있습니다.

과학 용어 독해 1-5권(세번째 행성)은 생물, 물리, 화학, 지구과학, 첨단과학 영역별 초등, 중등과학 교과서에 나오는 필수 과학 용어 100개씩을 선정하여 과학 용어를 하나씩 익히며 모든 공부의 기본이 되는 독해 문제를 풀 수 있는 장점이 있는 책입니다.

2. 고등 1등급을 위한 중등과학 핵심 R(저항)

고등에서 과학을 '잘' 하려면? =

> 초등에서는 경험을 쌓아야 합니다.
> **중등에서는 저항에 부딪혀야 합니다.**
> 고등에서는 전략가가 되어야 합니다.

중등과학은 **게오르크 시몬 옴(Georg S. Ohm, 1789-1854)의 법칙**과 줄(James Prescott Joule, 1818-1889) 이야기로 열어보려고 합니다.

● ● ●

옴의 법칙

전류와 그 전류를 만드는 전위 차이의 관계를 처음으로 연구한 사람은 영국의 유명한 물리학자인 캐번디시(Henry Cavendish, 1731-1810)입니다. 1781년에 그는 라이덴병(대전된 입자를 모아둔 병)과 소금물로 채워진 유리관, 그리고 자기 몸을 이용해서 전기 회로를 구성한 후, 실험 조건을 변경해 가면서 스스로 느끼는 전기적 충격을 주의 깊게 기록하였습니다. 그리하여 전위 차이는 전류에 거의 정비례한다는 사실을 처음으로 알아내었지만 그것을 출판하거나 다른 과학자들에게 알리진 않아서, 1879년에 맥스웰(James C. Maxwell, 1831-1879)이 공식적으로 소개하기 전까지는 다른 이들이 그의 연구를 알지 못했다고 합니다. 약 반세기의 세월이 흐른 뒤인 1827년, 독일의 과학자 옴(Georg S. Ohm, 1789-1854)이 '옴의 법칙'을 제시하였습니다. 옴은 다양한 길이와 재질을 가지는 여러 도선들에 흐르는 전류를 측정하기 위해 셀 수 없이 많은 실험을 하였고 실험 결과를 종합하여 전위 차이와 전류는 정비례한다는 결론을 얻었습니다.

$$V = IR \text{ <옴의 법칙>}$$

(여기서 V는 전위 차이, I는 전류, R은 도선의 저항이라고 불리는 비례상수)

(참고 자료 네이버 지식백과 옴의 법칙 - 전기회로의 기본 법칙 물리산책, 이충기)

●●●

줄의 법칙

줄의 법칙은 영국의 물리학자 제임스 프레스콧 줄의 이름을 딴 법칙으로 제 1법칙과 제 2법칙이 있습니다. 제 1법칙은 도체에 전류가 흐를 때 발생하는 열에너지가 도체의 저항과 흐르는 전류의 제곱에 비례한다는 법칙입니다. <줄의 제 1법칙> 줄 발열(joule heating)은 전류가 도체에 흐를 때 열이 발생하는 과정을 설명합니다. 옴의 법칙과의 관련성 때문에 줄 발열을 옴 발열(Ohm heating) 또는 저항 발열(resistive heating)이라고도 부릅니다. 줄 발열에 의해 발생된 열에너지가 도체의 저항과 전류의 제곱을 곱한 값에 비례한다는 물리법칙입니다.

$$P = I^2R \text{ <줄의 제1법칙>}$$

(여기서 P는 단위 시간당 에너지:줄 발열, I는 전류, R은 도선의 저항이라고 불리는 비례상수)

(참고 자료 네이버 지식백과 옴의 법칙 - 전기회로의 기본 법칙 물리산책, 이충기)

V = IR <옴의 법칙>
R이 클수록 V는 더 크게 걸린다.
R을 키우자!

P = I²R <줄의 제1법칙>
줄 발열에 의해 발생된 열에너지 P는 R에 비례한다.
R을 키우자!

즉, R에 계속 부딪쳐야 한다는 것입니다. 중등에서는 **수많은 저항**에 부딪혀야 합니다. 그 R은 과학 문제집들을 풀고, 과학 탐구보고서를 작성하는 연습으로 진행됩니다.

R에 부딪히자! = **R1 = 과학 문제해결방법 습득**
R2 = 탐구보고서 작성

1) 과학 공부를 시작하는 중학생들에게

(1) ∫ 과학개념 : 초·중등 과학개념 구조화

초등과학개념을 잘 복습한 학생들이라면 중학과학도 재미있고 즐겁게 공부할 수 있습니다. 아직 **초등과학개념에 대한 복습**이 완벽하지 않은 학생이라면, 지금 바로 복습을 하고 중등과학 공부를 시작해 봅니다. 복습을 하고는 싶은데 지금 시간이 많지 않은 학생들이라면 시중의 초등과학사전으로 출간된 책들을 활용하여 초등과학개념을 꼭 정리하도록 합니다. 다음은 나만의 과학사전이 없는 학생들에게 추천하는 **초등과학사전**입니다. 서점에 가서 여러 책들을 읽어보고 한눈에 들어오는 책을 구입합니다. 사전 속 개념을 읽다가 어려운 개념이 나온다면 디지털교과서를 참고하여 교과서 실험영상을 다시보기하며 초등에서 배운 과학개념을 복습합니다.

초등과학 개념사전
(아울북)

개념 잡는 초등과학 사전
(주니어 김영사)

초등에서 중등 개념까지
와이즈만 과학사전(와이즈만)

중학교까지는 평상시에는 **국·영·수 과목에 집중하여 선행과 심화공부를 충분히 공부합니다.** 중등과학 교과는 방학을 이용하여 디지털교과서로 교과서 실험영상을 다시 보며 완벽하게 복습하며 넘어가도록 합니다.

가. 중학생이 읽으면 좋은 전집형 과학책

초등과학 개념사전
(아울북)

재밌어서 밤새 읽는 물리/화학/생물/
지구과학 이야기
(사마키 다케오/더숲)

과학특성화 중학교
(닥터벨/뜨인돌출판사)

과학자가 들려주는 과학 이야기는 초등 고학년부터 많은 학생들이 즐겨 읽는 과학 전집입니다. 전집을 모두 사서 전시하기 보다는 관심 분야로 한권씩 사서 보는 것을 추천합니다. **재밌어서 밤새 읽는 이야기 시리즈**는 물리, 화학, 생물, 지구과학 외에 다른 분야도 출간되고 있는데 생각보다 쉽게 읽기 좋은 책입니다.

과학특성화중학교는 서울대학교 에너지자원공학과를 졸업하고 동 대학에서 에너지시스템공학 박사 학위를 취득한 닥터벨(본명 이대양)의 과학소설입니다. 어려울 수 있는 내용들을 재미있는 접근으로 소개하며 이야기가 전개되어 추천하는 책입니다.

나. 중학생이 읽으면 좋은 잡지형 과학책

라이트 시리즈

월간 뉴턴(월간지)

하이라이트 시리즈

과학동아, 뉴턴은 중학생이 구독하면 좋을 과학 잡지입니다.

과학동아는 내용과 난이도에 따라 기사를 구분해 놓아 학생 수준에 맞는 기사를 골라 읽을 수 있다는 장점이 있습니다.

뉴턴은 달마다 나오는 월간뉴턴과 월간지에 나온 부분을 분야별로 모은 단행본 뉴턴하이라이트, 좀 더 쉽게 읽을 수 있는 뉴턴라이트로 나뉘기 때문에 나에게 맞는 수준으로 선택할 수 있다는 장점이 있습니다.

다. 중학생이 읽으면 좋은 단권형 과학책

매년 사이언스올에서는 우수과학도서를 선정하여 소개하고 있습니다. 사이언스올 우수과학도서 선정 청소년부문의 과학도서를 참고하여 1년 동안 읽어보기를 추천합니다.

사이트 소개

사이언스올 우수과학도서

www.scienceall.com/376088-2/?term_slug=science_joy&sa_term=sciencebook

구분	부문	도서명	저자(역자)	출판사
8	청소년	10대를 위한 적정기술 콘서트_더 나은 사회를 만드는 지속가능한 과학기술	장수영 외 8명	7분의 언덕
9		과학, 인문으로 탐구하다	박민아, 선유정, 정원	한국문학사
10		궁금했어, 양자 역학	송은영 글 / 주노 그림	나무생각
11		자연이 만든 가장 완벽한 도형, 나선	외위빈 함메르 지음/ 박유진 옮김	컬처룩
12		미술관에 간 해부학자	이재호	어바웃어북
13		튀김의 발견	임두원	부키

(3) ∫과학체험 : ∫탐구보고서 (at 과학대회, 과학행사)

탐구보고서 작성 경험을 쌓자!

탐구보고서 작성은 영재원에 참여하여 지도 교수님 또는 지도 선생님의 가르침 아래 작성해보는 것이 가장 좋습니다. 하지만 모든 학생이 영재원에 선발되어 교육을 받지는 못합니다. 기회를 얻지 못한 학생도 훌륭한 탐구보고서를 만들 수 있습니다. 선생님이 알려줄게요!

가. YSC 청소년 과학 탐구 동아리 참가

청소년과학탐구반(YSC) 지원사업은 과학에 관심있는 전국 초·중·고 학생들의 동아리 단위 과학탐구활동(과학 분야 주제에 대한 초·중·고 학생들의 자율적인 학교 밖 탐구 연구 활동)지원을 통해 미래 과학인재 양성 기반을 조성하는 사업입니다. 실험활동형과 프로젝트 과제형 중 선택하여 참가 신청할 수 있습니다. 보통 초등학생들은 실험활동형으로 즐겁고 재미있는 여러 실험을 하는 활동으로 신청합니다. 중학생 이상의 학생들은 **프로젝트 과제형**으로 신청하여 친구들과 담당 선생님과 함께 한학기 정도의 시간동안 선정한 주제를 탐구하여 연구보고서 제출까지 완료하는 활동입니다. 다음의 과정을 거치며 진행됩니다. 아래의 과정을 거치면서 자연스럽게 과학탐구보고서 작성을 연습해보는 것이 가장 좋습니다(동아리 지도선생님의 도움을 받으세요).

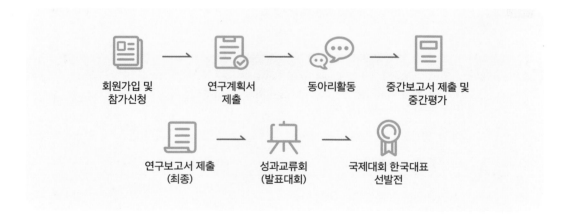

나. 과학교육총단체연합회(과교총) 과학탐구동아리 참가

각 학교에 과학 관련 동아리에 가입하거나 자율적으로 과학동아리를 구성하여 과학동아리 활동 발표대회에 참가하도록 합니다. YSC, 과교총에서 주관하는 동아리 활동 발표대회는 평상시 각급 학교에 조직된 과학동아리의 활동을 주된 발표 내용으로 합니다. 과학에 관심과 흥미를 가지고 과학 관련 동아리 활동을 열심히 하는 학생으로 중1-3학년 모두 참가 가능합니다. **중학교 자유학기제**를 이용하여 한 학기기 동안 **프로젝트탐구**를 진행해보세요. 교내 담당 선생님께 도움을 요청하거나 YSC 홈페이지, 한국과학교육단체총연합회에 올라오는 수상 동아리 활동결과보고서를 참고하여 탐구보고서를 작성해 보세요.

사이트 소개

사이언스올

YSC https://www.scienceall.com/?main

한국과학교육단체총연합회

www.kofses.or.kr/compet/student_04_22.htm

이렇게 자유탐구를 진행하다보면 실험실을 사용해야 하는 경우가 있습니다. 이때는 **각 지역 과학전시관의 OPENLAP 지원사업**을 적극 활용합니다. 서울특별시 과학전시관 홈페이지-학생교육-OPENLAP에 들어가면 그 지역에 과학실험실을 예약하여 해당 시설의 여러 실험도구를 이용하여 자유탐구를 할 수 있습니다. 지도 선생님이 동행해야 하는 경우도 있으니, 학교의 지도 선생님께 부탁하여 실험실을 예약-자유탐구진행을 합니다.

OPENLAP 신청

https://ssp.sen.go.kr/fus/
MI000000000000000000086/board/
BO00000122/CD00000262/list0010v.do

한국과학창의재단에서 진행하는 **수과학넷 프로그램**을 이용해도 좋습니다. 여기서는 지역 내 **대학교** 실험실을 이용할 수 있어서 학생들이 보다 전문화된 실험장비를 가지고 다양한 실험을 해 볼 수 있다는 장점이 있습니다.

스마트 수과학실

https://smart.kofac.re.kr/home/kor/smart/
education/area/index.do?menuPos=2

V

2) 고등 1등급을 위한 중등 준비 R

중등과학 공부할 준비 되었나요? 중등과학 교과 공부는 과학에 관한 **흥미와 호기심을 바탕**으로 **자기 주도적으로 학습**하고, **평가하고, 점검**할 수 있어야 합니다. 이 과정에서 과학적 사고력, 과학적 탐구능력, 과학적 문제해결력, 과학적 의사소통능력, 과학적 참여와 평생학습능력 등 **과학교과 핵심역량**을 키울 수 있어야 합니다.

과학교과 핵심역량

과학적 사고력	과학적 주장과 증거의 관계를 탐색하는 과정에서 필요한 사고
과학적 탐구능력	과학적 문제해결을 위해 다양한 방법으로 새로운 과학지식을 얻거나 의미를 구성해 가는 능력
과학적 의사소통 능력	문제해결과정과 결과를 공유하기 위해 자신의 생각을 주장하고 타인의 생각을 이해하며 조정하는 능력
과학적 참여와 평생학습능력	과학 기술의 발달로 인한 사회적 문제에 관심을 가지고 의사 결정 과정에 참여하며 스스로 학습해 나가는 능력
과학적 문제해결력	과학적 지식과 과학적 사고를 활용하여 개인적 혹은 공적 문제를 해결하는 능력

고등 1등급을 위하여 중등에서는 어떻게 공부하면 될까요.

R에 많이 부딪혀야 합니다.
R1. 과학 문제해결능력을 기르도록 다양한 과학 문제집을 풀어보는 것.
R2. 과학 탐구보고서를 제대로 작성해 보는 것.

(1) R1 : 과학 문제해결능력

초등에서 배우고 익힌 과학개념들은 심화 확장되며 중학교 과학에 다시 나옵니다. 과학개념만 알고 있으면 모든 시험문제가 술술 풀릴까요? 아닙니다. 우리는 연습이 필요합니다. 고등학교에서 과학을 잘 한다는 것은, **과학 시험을 잘 본다는 의미**이기도 합니다.

과학 시험을 잘 보려면 **과학 문제해결 연습이 충분히 되어야만 합니다.**

독해력 문제를 만나면 제일 먼저 문제를 이해해야 합니다. 초등학생 때부터 길러진 독해력은 과학개념이 나오는 긴 글을 읽어내고 문제를 이해하게 합니다.

 분석력 문제를 이해하면 각각의 과학개념들을 구조화하여 요소로 나누고 독립적 의미를 파악할 수 있어야 합니다. 단원의 개념들을 적어보고, 학년별 학기별 단원명들 간의 관계를 설명한 경험으로 개념을 분석하는 능력이 충분히 길러집니다.

이 두 능력을 바탕으로 중학교 과학 공부에서는 **추론능력과 종합력, 적용력 연습을 충분히 해야 합니다.** 물론 새로운 과학개념에 대한 이해와 습득은 당연합니다.

추론 능력 과학개념들을 구조화한 후, 파악된 개념들을 토대로 **드러나지 않은 의미를 도출**해야 합니다.

종합력 여러 요소들, 개념들을 파악하고 **새로운 결론 결과에 도달하는 능력**입니다. 즉, 답이 나오는 과정입니다.

적용력 새로운 상황에 **이론을 이용할 수 있는 능력**으로 이 과정도 답이 나오는 과정이 됩니다.

과학 문제를 잘 푼다는 것은 위의 여러 문제해결능력에서 추론능력, 종합력, 적용력이 잘 길러졌다는 의미입니다. 과학 문제풀이능력을 기르기 위하여 다양한 시중의 과학문제집을 풀어보고 연습하는 것이 좋습니다. 연습이 많이 된 학생일수록 과학 문제풀이능력이 길러집니다.

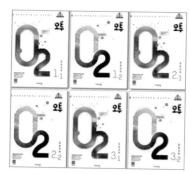
오투 과학 1-1에서 3-2 6권(비상)

완자 과학 1-1에서 3-2 6권(비상)

ESC 물화생지(천재교육)

중등과학 문제집 중에서 가장 많이 푸는 문제집은 **오투 과학과 완자 중등과학**입니다. 두 책은 개념서-활용서로 많이 사용됩니다. 학년-학기로 나와서 중학교 과학은 모두 6권으로 나옵니다.

천재교육에서 나온 esc는 물/화/생/지 4권으로 나오는 문제집입니다. 학년-학기 책으로 공부가 끝난 학생이라면 물화생지 각 세부 과목별 문제집으로 3학년 2학기에 정리해봅니다.

중등과학은 인강(인터넷 강의)을 이용하여 정리해도 좋습니다.

EBS 중학 과학1, 2, 3 뉴런(EBS)

EBS 중학과학 개념
끝장내기 물화생지(EBS)

하이탑 중학교 과학(동아)

인강이 있는 과학 문제집에는 대표적으로 ebs **뉴런**과 ebs **중학과학 개념 끝장내기**가 있습니다. 뉴런은 학년제 문제집으로 중등 3권으로 구성되고 개념 끝장내기는 물, 화, 생, 지 4권으로 구성되어 있습니다. EBS강의는 홈페이지에 강의가 올라와 있어서 활용하기에 좋습니다.

개념공부가 완벽하게 된 학생이라면 하이탑, 세페이드와 같은 심화 문제집으로 학습을 좀 더 심화할 수 있습니다. 하이탑과 세페이드 역시 인터넷 강의가 올라오는 문제집입니다(EBS중학, 엠베스트, 자연계에듀 등).

(2) R2 : 탐구보고서 : 과학 탐구보고서 작성 방법

탐구보고서, 과제탐구, 과학과제탐구, 과학 과제탐구보고서, 과학 자유탐구 등 과학 탐구보고서 관련 용어는 참 많습니다. 그만큼 많은 곳에서 과학 탐구보고서가 작성되고 있다는 것이지요. 탐구보고서는 한편을 쓰더라도 **제.대.로.** 작성하도록 합니다.

영재원에 도전하여 산출물대회 경험이 있는 학생, 여러 과학 동아리대회에 참가하여 동아리에서 정한 탐구주제에 따라 탐구활동을 한 학생은 탐구보고서를 좀 더 수월하게 작성할 수 있지만, 대회나 영재원에 선발되지 않았더라도 중학교 생활을 하면서 제대로 된 탐구보고서를 학년에 한편을 꼭 쓰도록 합니다. 많은 보고서가 중요한 것이 아니라, 내가 스스로 제대로 보고서를 작성해 본 경험이 중요합니다.

탐구보고서 작성에서 가장 많은 시간을 차지하는 것은 **탐구주제 선정하기**입니다. 탐구주제는 **학교활동 속**에서 호기심을 가지고 생각하는 부분을 발전시켜서 선정하면 좋습니다. 실생활에서 가진 호기심도 좋지만, 입시를 생각한다면 **학교생활과 연결**하여 발전시킬 내용을 생각하는 것이 좋습니다.

학교활동 속에서 탐구보고서 작성하는 방법을 함께 알아보겠습니다.

학교활동 속에서

> **과학시간연계** 교과서 단원별 주제, 내용과 관련하여
> 내가 더 알아보고 싶은 단원을 고릅니다.
> 심화 발전시킬 수 있는 단원을 찾습니다.
> 희망하는 진로와 관련되는 단원을 찾습니다.
>
> **학교행사연계** 학교에서 실시한 과학 행사, 캠프 내용과 관련하여 보통 4월
> 과학의 달 행사로 학교에서 실시하는 여러 캠프 행사에서
> 내가 더 알아보고 싶은 부스 주제를 고릅니다.
> 심화 발전시키고 싶은 주제를 고릅니다.
> 희망 진로과 관련되는 주제를 고릅니다.
>
> 학년 올라가면서 관심사를 심화, 확장 시킬 수 있는지 확인 필수

호기심 (탐구동기)

> **과학시간연계** (출처 중학교 3학년 과학 6.에너지 전환과 보존 단원 동아출판사)

호기심 **탐구주제 선정 탐구문제 선정**	(학생 생각) '난방비 폭탄, 전기세 폭탄도 기다리고 있어.'관련 뉴스가 여기저기에서 나오고 있고, 실제 저희 집에서도 이번 달 난방비와 전기세가 많이 나온 것을 보고 에너지 부족이 심각하다는 생각을 하였습니다. 마침 학교에서 배운 에너지 관련 내용을 더욱 심화 시켜, 탐구해보고 싶었습니다. 저의 탐구주제는 다음과 같습니다. 학교에서 소비하는 대기전력을 찾고, 전력량을 계산하고 대기전력량을 줄일 수 있는 방법을 찾아본다. 나아가 이를 학교와 지역사회에 적극적으로 알리는 방법을 찾아 홍보한다.

선행연구 검토

RISS 사이트/구글학술지 등에 접속하여 탐구주제 관련 논문을 검색하고 탐구방법과 계획 방향을 잡습니다.

탐구방법 선정 및 탐구계획 수립

선행연구를 검토하여 탐구방법을 선정하고 계획을 구체적으로 수립합니다. 본인의 관심사를 심화 확장해가는 과정에서 설문조사 후 통계처리 및 그 해석이 들어가도록 계획을 정하는 것이 좋습니다. **다양한 통계 사이트를 활용하여 데이터를 정리하면 좋습니다.**

탐구수행

탐구는 다음의 방법이 모두 들어가도 되고, 한 두가지 탐구로 수행하기도 합니다.
① **문헌연구**(논문검색, 관련 독서활동)
② **사례조사**(대기전력 관련 에너지 활용사례들을 조사 탐구자료수집)
③ **과학실험**(대기전력을 측정하는 실험을 설계하여 실험을 하고 그 데이터를 정리 결과도출에 사용)
④ **개발연구**(대기전력과 관련된 다양한 연구에 직접 참여하여 개발연구탐구 수행)

탐구결과 정리 및 발표

탐구결과를 정리하여 학교에서 발표하고 기회가 되는 학생들은 **지역사회와 연계**하여 다양한 홍보활동을 하도록 합니다.

탐구주제 선정 ▸ 선행연구 검토 ▸ 탐구방법 선정 및 탐구계획 수립 ▸ 탐구수행 ▸ 탐구결과 정리 및 발표

지금 바로 탐구보고서 작성을 시작해보세요!

3. 고등과학의 c²(전략적) 학습

고등에서 과학을 '잘' 하려면?	=	초등에서는 경험을 쌓아야 합니다.
		중등에서는 저항에 부딪혀야 합니다.
		고등에서는 전략가가 되어야 합니다.

고등과학은 **알버트 아인슈타인**의 이야기로 시작해보겠습니다.

●●●

10원짜리 동전에는 막대한 에너지가 숨어 있다!?
'10원짜리 동전(질량 1g의 물질)에는 서울에서 제주도를 비행기로 248번 왕복할 수 있는 에너지가 숨어있다'? 이게 사실일까요? 이 말을 증명하는 단순명쾌한 관계식은, 바로 유명한 아인슈타인의 $E = mc^2$ 입니다. 이 식은 1g의 동전이 가지고 있는 에너지로 웬만한 도시 하나에 해당하는 83,000 세대가 1개월 동안 쓸 수 있는 전력을 마련할 수 있고, 야구장 부피의 물을 끓일 수 있다고 설명합니다.

($E=mc2$: 현대 물리학의 기본 원리 - Newton Highlight 53)

●●●

시리우스 별까지 거리는 8.6광년, 그러나 광속으로 달리면 거리가 0이 된다!?
하늘에서 가장 밝은 별인 시리우스까지의 거리는 약 8.6광년입니다. 이것은 우리가 지구에서 측정한 값입니다. 만약 빛의 속도의 90%나 되는 빠른 속도로 달리는 로켓에 타고 달리는 사람에게는 이 거리가 약 3.75 광년으로 측정됩니다.
질량을 가진 물체는 빛의 속도로 달릴 수 없지만 만약 빛의 속도로 달리는 로켓이 발명된다면 그런 로켓을 타고 달리는 사람에게는 시리우스까지의 거리가 0으로 관측될 것입니다.
거리가 0이 된다?! 아인슈타인의 상대성 이론으로으로는 무협소설에 나오는 **축지법도 현실**이 됩니다.

(참고 자료 상대론과 $E = mc2$ - 상대론을 이해하자 물리산책, 곽영직 인용)

이 책에서 여러분에게 물리학 이야기를 하려는 것은 아닙니다. 여러분이 흘리는 **1g의 작은 땀방울이 가지는 무한한 가능성**을 이야기하고 싶습니다.

E = mc²　　　어떤 질량이든 엄청난 에너지로 변할 수 있다! 1g 의 물방울로 지구를 들어 올리자!

그 가능성은 바로 **전략**에서 나옵니다. 교육계가 급변하고 있습니다. 고교학점제/자사고존폐 위기/2022 개정 교육과정 도입 등의 교육의 변화 속에서 여러분들의 무한한 가능성은 고등생활을 얼마나 전략적으로 보냈느냐에 달려있습니다. 선생님은 이 장에서 여러분에게 그 전략을 알려주려고 합니다.

전략적으로 흘린 1g의 땀방울은 아인슈타인의 상대성이론에 따라 엄청난 에너지로 변화되어 우리를 원하는 진로로 이끌어줄 것입니다. 지금부터 그 전략을 함께 익혀봅시다!

1등급 전략가 되기!　**===**　**1g 고등생활 전략가**
　　　　　　　　　　　　　　　　1g 내신 과학 선택과목 전략가
　　　　　　　　　　　　　　　　1g 수능 과학 선택과목 전략가

●● ━━ 1) 1g 고등생활 전략가

고등학교 과학을 '잘'하기 위해서는 어떤 노력을 하면 될까요. 국·영·수 교과에 비하여 예습이 덜 되어 있는 과학 교과는 학기 시작 전 방학에 꼭 **'예습'**해야 합니다. 초등학교, 중학교에서 과학 공부하는 방법을 소개할 때 학기가 끝나고 그 전 학기의 과학 단원을 적으며 '복습'하고 과학사전을 만드는 방법을 소개하였습니다.

하지만, 중3 겨울방학부터 과학 교과는 '예습'을 꼭 해야 합니다. **중3 기말고사가 끝나고 고1 입학하기 전 100일은 여러분의 미래를 바꾸어 줄 소중한 시간임을 명심합니다.**

고등학교 입학을 앞둔 중학생이라면 내가 진학할 고등학교의 정보를 수집하는 일이 우선되어야 합니다. 고등학교 입학 전에 해야 할 일은 다음과 같습니다.

(1) 학교 지필평가 일정, 수강신청 일정, 학교행사 일정, 경시대회, 캠프 일정, 방학 개학 등의 일정들을 나의 플래너에 기록합니다(연간학사일정 참고).

(2) 과목별 학기 수업 운영 단위(또는 학점. 2023, 2024학년도는 단계적 이행시기)를 확인하고(전면 적용되는 2025학년도부터는 학점) 단원의 평가기준을 확인합니다(학교교육과정 편성표 참고).

(3) 나의 진로역량을 보여줄 과학 공통과목/선택과목(일반선택, 진로선택)을 찾아보고 진학 고등학교의 과목 개설 여부를 확인합니다. 또한 진로와 연관되는 단원을 생각해보고 관련 탐구주제를 찾아 봅니다(교과별 학생평가-성취기준 참고).

지금 바로 시작해볼까요!

학교의 교육과정을 알기 위해서는 **학교의 교육과정 편제표**를 찾아봅니다. 교육과정 편제표에는 이 학교의 교육 목표와 학생들의 학습성향, 수준, 과목 편성을 통한 입시의 방향 등을 알 수 있습니다. 학교 중점사업이 무엇인지 어떤 활동을 통하여 학생들의 진로 진학에 힘을 쓰는지 등등 교육과정 편제표를 통하여 알 수 있는 내용은 많습니다. **학교알리미 사이트**에 접속하여 내가 진학할 고등학교를 검색하는 것으로 시작해봅시다.

한 학교를 정해 들어가 보겠습니다. 학교별 공시정보에 들어가 학교급(고등학교)-시도(서울특별시)-시군구(강남구)-학교(예:중동고등학교)를 순차적으로 클릭합니다. 고등학교-서울특별시-강남구-중동고등학교-전체 공시정보를 차례로 클릭합니다. 2022학년도 자료 검색-교육활동/교육여건/학생현황/교원현황/예결산현황/학업성취사항 6개의 탭 중에서 우리가 자세히 봐야 하는 탭은 교육활동입니다.

사이트 소개

2022학년도 자료-교육활동 학교알리미

www.schoolinfo.go.kr/Main.do

🔵 학교 지필평가 일정, 수강신청 일정, 학교행사 일정, 경시대회, 캠프 일정, 방학과 개학 등의 일정들을 나의 플래너에 기록합니다(연간학사일정 참고).

가장 먼저 확인해야 하는 내용은 **연간학사일정**입니다. 연간학사일정을 인쇄하고, **중간, 기말 지필고사 일정과 여름 겨울 방학 일정, 학교장 재량휴업일, 수강신청기간, 관심 교내 경시대회 일정, 동아리 활동, 아카데미/캠프 일정 등을 미리 확인하여 학업 계획에 꼭 참고합니다.** 다음은 중동고등학교 2022학년도 3-4월 학사일정입니다. 3월에 1, 2, 3학년 전국연합학력평가, 동아리 활동, 지리경시대회(관련 학과 진로희망 학생들은 유심히 봐야겠지요). 4월에는 지필평가인 중간고사, 3학년들은 전국연합학력평가가 있습니다.

	월	화	수	목	금	토
		1 삼일절	2 개학 입학식	3	4	5
	7	8	9 대통령 선거	10	11	12
3 수업일수 21	14	15	16	17	18 사진 촬영(1) 학급정부회장선거	19
	21 학부모교실(3)	22 학부모교실(2)	23 학부모교실(1) 진로검사(1)	24 전국연합학평(1,2,3)	25	26
	28 방과후학교 시작 수업 공개 주간(~4/1) 상담 주간(~4/8)	29 앨범 촬영(3)	30 동아리 활동 지리경시대회 교직원연수	31		
					1 대입설명회(3학년 학부모)	2
4 수업일수 21	4 교과협의회	5	6 학교운영위원회	7	8	9
	11	12	13 전국연합학평(3)	14	15	16
	18	19	20 교직원연수	21 중간고사	22 중간고사	23
	25 중간고사 교원공동체 학습의날	26 중간고사	27 중간고사	28	29 자율동아리 활동 시작	30

(중동고등학교 2022학년도 학사일정 학교알리미 https://www.schoolinfo.go.kr/Main.do)

2024학년도 대학입시부터는 축소된 학생부로 대학입시를 치르게 됩니다. 2023년에 고등학교에 입학하는 예비 고1 학생들은 학생부 간소화 정책으로 학생부 내용 자체가 많이 축소되었고 몇 항목은 입시에 미반영되기도 합니다. 교내수상내역, 자율동아리, 개인 봉사활동 실적, 독서활동이 미반영되는 항목입니다. 미반영이란 '기재는 되지만' 입시에서 반영이 되지 않는, 즉 상급학교에 학생부 제출 시 출력이 되지 않는 항목입니다. 미반영이라고 해서 안해도 된다는 의미는 아닙니다.

학교연간일정을 보고 **나의 진로와 연계하여 교과학습의 심화 발전된 형태로 교과**의 학습목표, 평가목표에 부합되는 연계활동을 생각해보고 **학교행사를 활용**합니다.

교내행사, 캠프참여는 교과 세특과도 큰 연관이 있습니다. 행사를 준비하면서 교과 선생님과 자주 소통하고 해당 분야에 대한 열정과 탐구모습을 보인다면, 선생님은 학생의 탐구노력과 성장의 모습을 과목 세특 항목에 기록해 주실 것입니다. 많은 선생님들이 학생들을 위하여 학생부를 잘 적어주고 싶어하지만 적을 내용이 없어서 고민을 하고 계십니다. 학교행사, 학교 내 활동은 나의 학생부 기록을 풍부하게 해 줄 중요한 수단이 됩니다. 본인의 희망진로와 연결할 수 있는 학교행사가 있는지 학교연간일정을 꼭 살펴보세요.

② 과목별 학기 수업 운영 단위(또는 학점. 2023, 2024학년도는 단계적 이행시기)를 확인하고 (전면 적용되는 2025학년도부터는 학점) 단원의 평가기준을 확인합니다(학교교육과정 편성표 참고).

교육과정 편성표를 보고 학년별로 어떤 과목이 개설되었고 주당 운영시간이 몇 시간인지 찾아봅시다. 중동고등학교 1학년 과학은 **공통과목**이고 통합과학 학기당 3단위씩, 과학탐구실험 학기당 1단위씩 이수하도록 되어 있습니다(2023년부터는 학점/단위가 같이 쓰입니다). 한 학기에 3단위는 내신에서 큰 비중을 차지하기에 고1 내신을 잘 받기 위해서는 고1이 되기 전 겨울방학에 통합과학 교과에 대한 예습이 꼭 필요함을 알 수 있습니다.

구분	교과영역	교과(군)	과목유형	세부교과목	기준단위	운영단위	1학년		2학년		3학년		비교	이수단위	필수단위
							1학기	2학기	1학기	2학기	1학기	2학기			
학교지정	기초	국어	공통	국어	8	8	4	4						26	10
			일반	화법과 작문	5	4			4						
			일반	문학	5	4				4					
			일반	독서	5	5					5				
			일반	언어와 매체	5	5						5			
		수학	공통	수학	8	8	4	4						20	10
			일반	수학I	5	4			4						
			일반	수학II	5	4				4					
			일반	확률과 통계	5	4					2	2			
		영어	공통	영어	8	8	4	4						24	10
			일반	영어I	5	4			4						
			일반	영어II	5	4				4					
			일반	영어 독해와 작문	5	4					4				
			진로	영어권 문화	5	4						4			
		한국사	공통	한국사	6	6	3	3						6	6
	탐구	사회	공통	통합사회	8	6	3	3						6	10
		과학	공통	통합과학	8	6	3	3						8	12
			공통	과학탐구실험	2	2	1	1							
	체육예술	체육	일반	체육	2	2	2	2						12	10
			일반	운동과 건강	5	4			2	2					
			진로	스포츠 생활	5	4					2	2			
		예술	일반	음악	5	3	3							6	5
			일반	미술	5	3		3							
	생활교양	교양	일반	논술	5	2					1	1		2	12
			일반	철학	5	4					2	2		4	
1학년 선택	생활교양	제2 외국어	일반	중국어I	5	6	3 (택1)	3 (택1)						6	
			일반	스페인어I	5	6	(택1)	(택1)							

(2022년 중동고등학교 1학년 교육과정 단위 배당표)

2학년에는 **일반선택과목**으로 물리학Ⅰ, 화학Ⅰ, 생명과학Ⅰ, 지구과학Ⅰ. **진로선택과목**으로 정보과학, 과학과제 연구를 선택 수강할 수 있습니다. 본인의 희망진로와 관심 과목을 미리 생각해보고 수강신청 계획을 잡으면 좋습니다.

2학년 선택	탐구	사회	일반	생활과 윤리	5	6				
			일반	세계지리	5	6				
			일반	경제	5	6	12 (택4)	12 (택4)		24
			일반	세계사	5	6				
			진로	사회문제 탐구	5	6				
		과학	일반	물리학Ⅰ	5	6				
			일반	화학Ⅰ	5	6				
			일반	생명과학Ⅰ	5	6				
			일반	지구과학Ⅰ	5	6				
			진로	과학사	5	6				
		과학	진로(전문)	정보과학	5	4	2 (택1)	2 (택1)	전문교과Ⅰ	4
			진로(전문)	과학과제 연구	5	4			전문교과Ⅰ	

(2022학년 중동고등학교 2학년 교육과정 단위 배당표)

3학년에는 모두 **진로선택과목**으로 물리학Ⅱ, 화학Ⅱ, 생명과학Ⅱ, 지구과학Ⅱ, 융합과학을 선택할 수 있습니다. 사회탐구와 과학탐구 선택과목 중에서 3과목 총 9단위를 선택합니다. 2학년과 3학년 과학 선택과목은 수능 탐구 선택과목과 겹치는 과목이므로 수능에서 선택하려는 과목을 고려하여 선택하는 것이 좋습니다. 학생부종합전형을 준비하는 학생이라면 본인이 희망하는 학과에서 요구하는 선택과목 목록을 미리 알아보고 선택해야 합니다. 원하는 선택과목이 학교에 열리지 않는다면 공동교육과정에 열리는 강의를 확인해 봅니다.

2학년 선택	탐구	사회	일반	물리와 사상	5	6			
			일반	한국지리	5	6			
			일반	사회·문화	5	6	9 (택3)	9 (택3)	18
			일반	동아시아사	5	6			
			진로	여행지리	5	6			
		과학	진로	물리학Ⅱ	5	6			
			진로	화학Ⅱ	5	6			
			진로	생명과학Ⅱ	5	6			
			진로	지구과학Ⅱ	5	6			
			진로	통합과학	5	6			

(2022년 중동고등학교 과학과 전체 평가 계획서-학기 단위 평가 계획)

● 나의 진로역량을 보여줄 과학 교과 공통과목/선택과목(일반선택, 진로선택)에서 진로와 연관되는 단원을 생각해보고 관련 탐구주제를 찾아봅니다(교과별 학생평가 참고).

중동고등학교 공시정보-학업성취사항-교과별 학업성취도 현황을 클릭하여 과목별 평균과 표준편차, 성취도별 분포비율을 확인합니다. 이 자료로 학교에 재학하는 학생들의 학업수준을 판단할 수 있고 시험의 난이도 역시 파악할 수 있습니다. 표준편차가 낮으면 학생들의 수준이 비슷하게 분포되어 있다는 의미입니다. 반면 표준편차가 높다면 학생들의 점수대가 흩어져 있다는 의미입니다. 평균점수가 높고 표준편차가 낮다면 그 과목을 선택하는 학생들 중에 상위권 학생들이 많다는 것을 의미합니다. 이렇게 학교에 재학하는 학생들의 수준을 판단하는데 성취도 현황 자료를 이용합니다.

학생부가 많이 축소되었지만 결국 축소 핵심 의도는 **학교교육활동 안에서** 이루어진 활동을 평가하겠다는 것입니다. 학교교육활동 안에서 본인의 **진로역량**을 보여주는 활동으로 학생부가 채워지는 것이 중요합니다. 따라서 학생들은 각 학교의 **교과별 학업성취도를 확인**하며 **본인의 진로역량을 보여 줄 단원을 미리 찾아봅니다.**

평가 종류	지필평가						수필평가			합격
비율	60%						40%			
횟수/ 방법(내용)	1차(중간)			2차(기말)			실험실습1	실험실습2	서·논술형	
	선택형	서답형		선택형	서답형		기타	기타		
		서논술형	단답/ 완성형		서논술형	단답/ 완성형				
영역 만점	80	20		80	20		15점	15점	10점	
	100점			100점						
영역 반영 비율	24%	6%		24%	6%		15%	15%	10%	100%
평가 시기	4월			7월			4월	6월	7월	
교육과정 성취기준	10통과01-01 ~ 10통과05-03						10통과05-01	10통과02-02	10통과03-02	
관련단원	I. 물질과 규칙성의 결합 ~ V. 생명시스템						V. 생명시스템	II.자연의구성물질	III. 역학적 시스템	

*단 1차, 2차 지필평가의 평가내용은 교과 진도에 따라 교과협의회를 통해 변경될 수도 있음

(2022년 중동고등학교 과학과 전체 평가 계획서-학기 단위 평가 계획)

지금까지 고등입학을 앞둔 중학교 3학년 학생들에게 이것만은 꼭 확인하자 하는 내용을 중심으로 설명해보았습니다. 지금부터는 내신/수능/진로 진학과 관련하여 **고등과학을 '잘'하려면** 어떻게 해야 하는지를 함께 알아보겠습니다. 학생들 모두 파이팅!

2) 1g 내신 과학 선택과목 전략가

(1) 내신 과학 공부법

고등학교 1학년에는 통합과학과 과학탐구실험 과목을 고등학교 2, 3학년에는 학교에 개설되는 선택과목들 중 3-5 과목을 선택합니다. 과목이 많은 내신 과학 교과 공부는 학기 시작 전 **'예습'**을 하여 학기 중의 시험을 미리 대비하여야 합니다. 내신 과학 과목은 아래와 같습니다.

가. 내신 과학 과목별 공부법

1 고1 통합과학(공통과목)

과목	특징
통합과학	자연 현상을 통합적으로 이해하고, 이를 기반으로 자연 현상과 인간의 관계에 대해 이해, 과학기술의 발달에 따른 미래 생활 예측과 적응, 사회 문제에 대한 합리적 판단 능력 등 미래 사회에 필요한 과학적 소양 함양을 위한 과목이다.
과학탐구실험	9학년까지의 '과학'을 학습한 학생들을 대상으로 하여 과학 탐구 능력 및 핵심 역량을 향상 시키기 위해 과학 탐구 활동과 체험 그리고 산출물 공유의 경험을 제공하는 과목이다.

(학생 진로 진학과 연계한 과목 선택 가이드북 인용)

기본적으로 개념을 확실하게 이해하고 내가 알고 있는 내용을 토대로 표와 그래프를 분석하는 자료 해석 유형의 문제를 잘 풀 수 있어야 1등급이 나옵니다. 통합과학 내용을 공부한 후에 자신이 공부한 것을 설명하고 정리하는 연습을 한다면 개념 이해 정도를 확실하게 확인할 수 있습니다. 교과서에 나오는 예시와 그림 등의 자료들은 시험 문제에 그대로 출제되는 경우가 많으므로 평소 눈에 잘 익혀 두어야 합니다. 많은 학생들이 "다음에서 옳은 것을 <u>모두</u> 고르시오"라는 형태의 문제를 어려워하는데 이러한 형태의 문항을 잘 맞추기 위해서는 기본 개념들을 **모두 확실하게 학습**해야 하고 **문제 풀이 후에는 채점에만 그치지 말고 모든 보기에 대한 정오 여부를 따져가며 공부하는 습관을 들여야 합니다.**

문제풀이 방법도 중요합니다. 스스로 생각하면서 문제를 풀지 않으면 내가 푼 문제가 아니지만 '안다라고 착각'하게 됩니다. 문제풀이 수업은 수업을 듣기 전에 반드시 스스로 문제를 풀어보고 틀린 문제가 있을 때는 왜 틀렸는지 분석해야 비슷한 유형에서 같은 실수를 하지 않습니다. 또한 시험에서 자주 출제되는 유형의 문제를 많이 풀어보면서 문제에 익숙해지면 시험 볼 때 정해진 시간 안에 문제를 여유롭게 풀어낼 수 있습니다. **통합과학 내용이 어렵다면 중등과학내용을 다시 복습하여 중학과학개념을 완벽하게 이해하는 것이 필요합니다**(중등과학 심화 공부까지 잘 되어 있는 학생이라면 통합과학 예습보다는 물Ⅰ, 화Ⅰ, 생Ⅰ, 지Ⅰ을 바로 공부하는 것이 효율적입니다).

통합과학 시험을 잘 보려면 진학하게 된 학교에서 **통합과학을 몇 분의 선생님이 나누어 가르치시는지 확인**합니다. 한 과학 선생님의 실질 주 전공은 한 과목입니다. 두 분의 선생님이 통합과학 수업을 진행한다면 고난도 문항은 어디에서 나올까요? **당연히 두 분의 전공과목일 것입니다**(예를 들어 전공이 생물 선생님, 물리 선생님이 통합과학을 가르치신다면). 통합과학 시험 **고난이도 문제**는 생물Ⅰ, 물리Ⅰ 파트에서 나올 수 있다는 것을 예상하고 시험공부의 깊이를 조절하면 됩니다.

또한 **배우고 있는 교과서의 출판사를 확인**해야 합니다. 자신이 배우는 주 교과서를 충분히 탐구하고 EBS 교재나 다른 출판사의 교재에서 학교에서 배운 내용이 나오는 부분을 더 자세히 공부하는 것도 도움이 됩니다.

통합과학 단위는 4단위로 꽤 높습니다. 국·영·수 과목과 같은 단위수로 고등학교 1학년 내신에서 그 역할이 큰 과목입니다. 통합과학을 놓지 말고 꼭 잡고 가야 합니다.

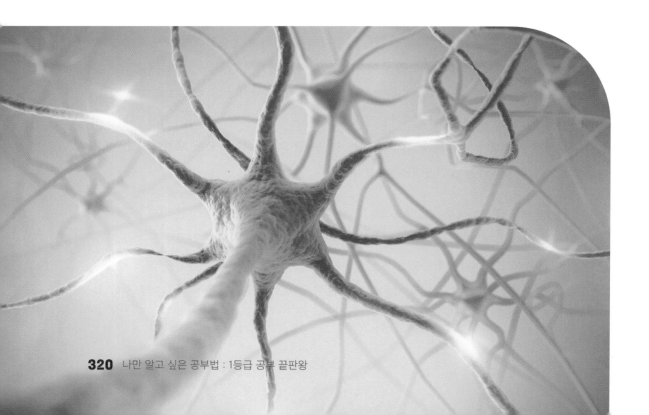

V

② 고2, 고3 선택과목

일반선택과목

과목	특징
물리학 I	'물리학 I '은 모든 자연과학의 기반이 되는 개념을 제공하고, 자연 세계에 대한 본질적 이해를 추구하는 학문이다.
화학 I	'화학 I '은 자연 현상 또는 일상의 경험과 관련 있는 상황을 통해 화학 개념과 탐구 방법을 즐겁게 학습하고 현대 지식 기반 사회의 민주 시민으로서 화학에 대한 기초 소양을 갖추도록 하기 위한 과목이다.
생명과학 I	'생명과학 I '은 사람의 몸을 중심으로 나타나는 생명 현상에 대한 이해를 통해, 생활 속에서 나타다는 다양한 의문점들을 창의적으로 해결할 수 있도록 생명과학의 기초 소양을 기르는 과목이다.
지구과학 I	'지구과학 I '은 지구와 우주에 대한 통합적인 이해를 바탕으로 현대 지식 기반 사회의 시민이 갖추어야 할 지구과학에 대한 기초 소양을 함양하기 위한 과목이다.

(학생 진로 진학과 연계한 과목 선택 가이드북 인용)

진로선택과목

과목	특징
물리학 II	'물리학 II '는 과학 기술과 관련된 분야의 진로를 선택하는 학생을 대상으로 하며, '물리학'에서 학습한 개념을 기초로 심화된 물리 개념과 다양한 탐구 방법을 적용하여 물리 현상화 관련된 기본적인 문제를 해결하는 능력을 기르기 위한 과목이다.
화학 II	'화학 II '는 '화학 I '에서 다루는 개념을 기초로 심화된 화학 개념과 다양한 탐구 방법을 즐겁게 학습하고 현대 지식 기반 사회의 민주 시민으로서 화학에 대한 기초 전문 지식을 갖추기 위한 과목이다.
생명과학 II	'생명과학 II '는 '생명과학 I '의 심화과정으로 생명과학과 관련된 진로나 진학을 계획하는 학생들에게 생명 현상 전반에 대한 심도 있는 내용과 관련 핵심 개념을 이해하도록 하는 과목이다.
지구과학 II	'지구과학 II '는 지구와 우주에 대해 흥미가 많은 학생과 이공계 진학자를 위한 과목이다.
과학사	일반계 고등학교나 과학 계열 고등학교에서 과학에 흥미와 관심이 있는 학생을 대상으로 하며, 과학사를 학습함으로써 과학의 본성 및 사회적 특성을 이해하기 위한 과목이다.
생활과 과학	'통합과학'과 '과학탐구실험'을 이수한 학생이 생활 속에서 과학적 원리가 삶의 질 향상에 어떻게 기여하는지를 이해하고 어떤 가치를 가지며, 나아가 과학적 원리를 실생활에 적용하는 능력 및 합리적으로 선택하는 능력을 함양하기 위한 과목이다.
융합과학	우리 주위의 물질 세계에서 출발하여 자연 전체를 포괄적이고 체계적으로 이해하는 것을 목표로 한다. 자연을 총체적으로 바라보고 여러 자연현상들을 연결해주는 기본 원리에 대한 이해와 적용을 토대로 미래 과학기술 사회의 구성원으로서 반드시 갖추어야 할 과학적 소양과 더불어 창의성과 인성을 함양하기 위한 과목이다.

(학생 진로 진학과 연계한 과목 선택 가이드북 인용)

고2, 고3 선택과목은 수능 탐구 선택과목과 연결되기 때문에 수능에서 선택할 과목을 어떤 과목으로 정할지 생각하며 시험공부에 임하면 좋습니다. **수능 탐구 선택과목 공부법과 동일한 3단계 공부법**으로 **개념이해-개념서 단권화-문제풀이를 통한 적용**의 3단계 공부법으로 공부합니다. **지금 바로 내신 고등과학 공부를 시작해 볼까요!**

나. 내신 과학 시기별 공부법

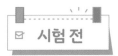

시험 전

1 자료 모으기(학기 시작 전 방학)

학교를 졸업한 선배나 동아리 선배들의 노하우를 전수 받습니다. 시험 경향과 선생님의 특징을 미리 알고 준비하는 것이 좋습니다. 선배의 도움을 받기 어렵다면 학교 근처의 내신학원의 자료 도움을 받습니다. 학교 홈페이지에 학교 기출문제가 올라오는 경우 학교 기출문제를 모아둡니다. 학교 근처 내신학원이나 학교 홈페이지의 기출문제를 구하기 어렵다면 내신코치, 족보닷컴, 기출비네이버카페 등의 학교 기출문제 사이트의 도움을 받는 것도 좋습니다. **내신 시험은 자료싸움입니다.** 가장 좋은 자료는, 수업 시간에 내가 집중해서 선생님의 말씀을 기록한 **필기노트와 교과서**이고 그 외의 보조 자료도 잘 모아둡니다.

사이트 소개

내신코치-무료기출/유료기출문제 도움 사이트

www.nscoach.com/

족보닷컴-무료기출/유료기출문제 도움 사이트

www.zocbo.com//

2 단권화 시작하기(시험 4주 전)

암기가 필요한 과목은 단권화하여 개념서를 만들어 두는 것이 가장 효율적으로 공부할 수 있는 방법입니다. 선생님께서 수업시간에 설명하신 내용, 보충수업으로 들은 내용(학원 내신 강의, 인터넷 내신 강의)들을 모두 한 권에 정리합니다.

③ 백지노트법(시험 2주 전. 반복하여 암기하고 암기한 내용을 백지에 써보며 확인)

빈 종이에 시험 범위에 해당하는 단원명을 적습니다. 단원에 포함된 지식 개념들을 책을 보지 않고 생각나는 대로 적습니다. 내용을 모두 적고 난 후 채우지 못한 개념은 책을 보며 색깔 펜으로 채워 넣습니다. 외우지 못한 부분은 따로 정리하여 암기합니다. 이해가 부족한 부분은 다른 색으로 정리하여 선생님께 질문하고 이해해야 합니다.

④ 직접 설명해보기(시험 2주 전. 백지노트법/직접 설명해보기 방법 중 맞는 방법 선택)

본인이 공부한 것을 확인할 수 있는 가장 좋은 방법은 직접 설명해보는 것입니다. 설명하면서 부족하게 이해한 개념을 찾아내고 본인의 지식을 구조화할 수 있습니다. 시험 2주 전부터는 본격적인 중간 기말고사 준비가 들어갑니다. 하지만 학교에서 내신 시험범위까지 진도가 다 나가지 않은 과목이 대부분입니다. 따라서 수업 시간에 선생님께서 설명하시는 중요한 내용들은 수업시간, 그 날 그 날 암기하는 것이 필요합니다.

⑤ 내신 문제집 풀어보기(시험 2주 전. 완자-자이스토리-마더텅 순서로 문제집 풀기)

개념이 확실하게 암기가 되었으면 내신 문제집을 풀어보고 유형별로 문제들을 정리하며 풀어봅니다. 학기 시작 전 예습할 때 많이 사용하는 완자 문제집으로 한번 공부한 후, 출판사 문제집, 자이스토리, 마더텅 순서로 문제집을 풀어보면 좋습니다. 완자나 자이스토리의 경우 인터넷 강의가 많이 올라오기 때문에 학기 시작 전 예습 교재로 활용하기에도 좋습니다.

완자(비상교육)

자이스토리(수경출판사)

마더텅(마더텅 편집부)

6 기출 문제는 아껴서 마지막에 풀기(시험 1주 전. 내신 기출 문제들을 마지막으로 풀어보며 단권화 노트를 같이 펼쳐두고 선지 하나하나 확인하기)

기출문제는 아껴두었다가 개념이 완전히 이해·암기가 된 후에 풀어보는 게 좋습니다. 먼저 풀게 되면 공부가 완벽하지 않은 상태에서 풀게 되고 두 번째 다시 풀어볼 때에는 선지들을 기억하거나 답을 기억하여 풀 수 있기 때문에 완벽한 이해 암기 후에 풀어보도록 합니다. **틀린 문제는 선지 하나하나 단권화 한 개념서를 옆에 같이 두고 개념들을 하나씩 짚어가며 확인하도록 합니다.** 학교 기출문제는 단권화 개념서와 함께 최소 5회독을 하도록 합니다. 내신기출 사이트에서 받은 기출문제들을 풀어보고 시간이 된다면 최다오답/최다빈출 문제만 뽑아서 더 풀어보면 좋습니다.

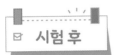

시험 후

야호! 첫 중간고사가 끝났습니다. 안내된 공부법과 준비 과정을 잘 따라서 좋은 성적이 나왔을 거라 믿습니다. 앞으로 남은 여러 번의 내신 시험에서 점점 더 높은 점수와 등급을 받기 위해서는 시험이 끝난 후 다음의 내용을 꼭 해야 합니다.

1 시험지는 반드시 깨끗하게 정리해서 보관하기

시험이 끝났다고 시험지 버리지 마세요. 깨끗하게 정리해서 보관하도록 합니다.

2 시험지의 문제를 분석하기

시험 출제 경향에 맞추어 내가 시험준비를 제대로 했는지 분석합니다. 교과서/부교재/프린트/수특/모의고사 등 시험 공부하며 활용한 준비자료들을 시험문제와 하나씩 확인해보며 **어디에서 시험이 많이 나왔는지(즉, 해당 과목에서 가장 큰 비중은 어떤 자료였는지 파악)** 확인해봅니다.

3 단권화 개념서에 시험 내용 추가로 정리하기

노트를 문제집 별로 정리해서 만들면 어디에 무슨 내용이 있는지 찾기가 어렵습니다. **과학 각 과목은 단권화하여 한 권에 모든 개념을 정리**하고, 개념에서 내가 부족한 부분은 노란색. 내가 잘 모르는 부분은 빨간색. 이렇게 자신이 알아볼 수 있는 표시로 추가해서 정리하도록 합니다.

④ 틀린 문제 개념 다시 정리하기(단권화 개념서에 같이 기록하는 것도 좋습니다)

지문과 선지를 하나하나 분석합니다. 본인이 확실하게 모르는 개념 목록을 찾아 단권화 개념서에 본인이 확인하기 쉬운 색으로 정리합니다.

⑤ 시험지 분석 이후 내 공부 모습을 점검, 발전시키기

각 과목의 시험 공부 기간, 방법, 지금 교재를 쓸지 다른 교재로 보완할 지. 학원, 인강, 과외, 해설지 활용법 등 나의 **공부법을 점검**합니다. 고1 1학기에 고등 지필 시험 준비 과정이 세팅된 학생은 고3이 되었을 때 본인의 성적이 상승곡선을 그리는 것을 경험할 것입니다.

(2) 내신 과학 선택과목의 전략적 이해

내신 과학 공통과목/일반선택, 진로선택과목의 공부법을 알아보았습니다. 공부법을 익혀서 공부를 열심히 하고 시험을 잘 보는 것 매우 중요합니다. 하지만 그만큼 중요한 것이 있습니다. 바로, 과목을 **잘 선택**해야 합니다.

과목 선택은 왜 중요할까요.

첫째. 나의 꿈과 미래를 스스로가 설계할 수 있다는 점에서 중요합니다. 다양한 선택과목 중에서 자신이 배울 과목을 스스로 선택하는 것은 학생이 본인의 진로를 설계하고 관리할 수 있는 역량을 키우는 과정입니다. 내가 무슨 일을 좋아하는지(흥미)와 내가 무엇을 잘하는지(적성)을 고려하여 과목을 선택해야 합니다.

둘째. 원하는 상위권 대학에 입학하기 위하여 중요합니다. 학생 여러분이 고등학교에서 교육과정을 통해 익히는 역량은 대학에서 전공하고자 하는 학과의 교육과정을 성공적으로 이수하는 초석이 되며 그 배움의 과정에서 드러난 학생의 우수한 역량을 판단하는 것이 학생부종합전형의 핵심입니다. 과목 선택은 그만큼 중요합니다.

간혹 "나는 학생부교과전형이나 정시모집인 수능위주전형으로 진학할거야." 하는 학생들은 진로를 고려한 과목 선택이 중요하지 않다 말하기도 합니다. **하지만 학생들의 과목 선택과 과목**

이수를 학생부종합전형 외의 다른 전형에서도 점차 평가하기 시작하였습니다. 대표적으로 서울대학교와 고려대학교가 그렇습니다.

다음은 2023학년도 서울대학교 대학 신입학생 입학전형 안내 책자에 나온 **수능위주전형(정시)의 평가 항목과 평가 기준 내용**입니다. 정시모집 지역균형전형과 정시모집 일반전형에서 모두 교과평가가 이루어지게 됩니다. 교과평가는 학교생활기록부의 교과학습발달상황(교과 이수 현황, 교과 학업성적, 세부능력 및 특기사항)만 반영하여 모집단위 관련 학문 분야에 필요한 **교과이수 및 학업수행의 충실도를 평가**합니다. 이젠, 정시에서도 **교과목 선택**이 중요하게 되었습니다.

평가항목을 보면 교과 성취도만 보는 것이 아니라 **과목 이수 내용**을 보고 있습니다. 평가 기준도 절대평가로 모집단위 관련 진로선택과목 2과목 이상 선택하여 이수한 것을 보고 있습니다. 성적이 중요하겠지만, 과목 선택을 잘 하는 것 또한 중요함을 말해줍니다.

4. 평가 기준(절대평가)

등급	기준
A	• 모집단위 학문 분야 관련 교과(목)을 적극적으로 선택하여 이수하고 전 교과 성취도가 우수하며 교과별 수업에서 주도적 학업태도가 나타남 **A 등급 평가 사례(공과대학 지원자)** 모집단위 관련 진로선택과목 2과목 이상 선택하여 이수(물리학Ⅱ, 화학Ⅱ, 기하 등)하면서 • 기초 교과 영역(국어, 수학, 영어 등) 및 모집단위 관련 교과목 성적이 1~2등급, 성취도 A 수준이고 • 이수한 각 교과 수업에 충실히 참여한 내용이 나타난 경우
B	• 대학 학업 수행에 필요한 일반적인 수준의 교과 성취도 및 교과 이수 내용, 학업 수행 능력이 나타남
C	• 교과 성취도 및 교과 이수 내용이 미흡하여 충실히 고교 생활을 하지 않은 것으로 판단할 만한 경우

(2023학년도 서울대학교 대학 신입학생 입학전형 안내 55쪽)

본인의 학교 교육과정을 확인하고 희망 진로의 계열에 맞게 과목 선택이 이루어져야 함을 알았지요. **학교 교육과정에서 열리는 과목이 아닌 경우에는 공동교육과정을 적극 활용하여 진학을 희망하는 학과에서 요구하는 과목을 꼭 이수합니다.**

공동교육과정

공동교육과정이란, 학생이 자신의 적성과 진로에 맞는 과목을 선택할 수 있도록, 학교 간 수업을 공유함으로써 최대한 다양한 과목을 개설하고 선택할 수 있게 하는 것을 목적으로 오프라인 공동교육과정과 온라인 공동교육과정이 개설됩니다.

오프라인 공동교육과정은 '수업 개방 범위'와 '참여 학교 종류'에 따라 거점형과 학교 연합형, 일반고 간 연합형과 일반고-특성화고 연합형으로 나뉩니다. 오프라인 공동교육과정은 고교학점제 사이트를 방문하여 각 시도별 운영현황을 확인할 수 있습니다.

온라인 공동교육과정은 오프라인으로 공동교육과정을 운영하기 어려운 경우 활용됩니다. 온라인 공동교육과정은 학교에서 오프라인으로 개설하기 어려운 과목을 온라인상으로 개설하고, 여러 학교의 학생들이 공동으로 과목을 수강할 수 있도록 운영되는 교육과정입니다. 교실온닷 사이트를 방문하여 온라인 공동교육과정 운영을 확인할 수 있습니다.

사이트 소개

고교학점제 사이트-공동교육과정

www.hscredit.kr/mng/educourse_offline.do

교실온닷

edu.classon.kr/edu/myPage/operationGuide/work/workList.do

3) 1g 수능 과학탐구 선택과목 전략가

(1) 수능 과학탐구 선택과목 공부법

내신 과학 공통과목/일반선택과목, 진로선택과목의 공부법을 알아보았습니다. 공부법을 익혀서 공부를 열심히 하고 시험을 잘 보는 것 매우 중요합니다. 하지만 그만큼 중요한 것이 있습니다. 바로, 과목을 **잘 선택**해야 합니다.

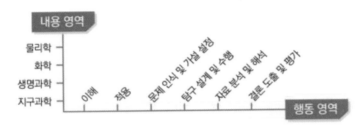

(한국교육과정평가원(https://www.suneung.re.kr/main.do?s=suneung) 수능 과학탐구 평가영역안내)

수능 과학탐구 선택과목에는 물리학Ⅰ, 화학Ⅰ, 생명과학Ⅰ, 지구과학Ⅰ, 물리학Ⅱ, 화학Ⅱ, 생명과학Ⅱ, 지구과학Ⅱ가 있습니다. 각 선택 과목별로 어떻게 공부하면 내가 원하는 백분율, 내가 원하는 등급을 받을 수 있을까요.

각 과목별 세부 공부법이 다를 수는 있지만 다음의 **3단계 공부법은** 모든 선택과목 공부에 적용됩니다.

1단계. 이해를 바탕으로 개념을 학습합니다.

개념 관련 다양한 인터넷 강의 중에서 나에게 맞는 개념 이해 수업을 듣습니다. 시중의 여러 인강 맛보기 개념강의를 들어보고 나에게 맞는 인강 강사의 개념 커리큘럼을 따라 개념을 완전히 익힌 후에, EBS의 수능특강(이하 수특)교재에 정리합니다. 수특 교재로 수업하는 인강을 들어도 좋습니다.

2단계. 개념을 한 권으로 압축 정리하여 단권화합니다.

어느 과목이나 과학탐구 과목에서는 실전 개념들이 모두 들어가 있는 단권화 된 나만의 개념서가 있어야 합니다. 개념을 완전히 이해한 후에, EBS의 수특 교재를 사서 인강 강사의 개념서와 수특 교재를 개념서 한 권으로 압축합니다.

3단계. 많은 문제를 풀며 문제풀이 방법을 익히고 오답문제들을 단권화 개념 교재에 추가합니다. 시중에 나오는 많은 문제들을 풀어보고 오답은 개념서와 연결하여 다시 이해 반복 복습하는 공부법을 습관화합니다. 2단계의 개념서는 평가원 모의고사와 사설 모의고사가 진행될 때마다 오답문제가 더해지며 더욱더 두꺼워집니다. 시험에 나오는 모든 개념이 다 들어있어야 하고, 내가 자주 틀리는 문제들이 추가됩니다.

물리학 I II 3단계 공부법

1단계. 이해를 바탕으로 한 개념 학습

물리학 I 개념 학습은 다양한 인터넷 강의를 이용하면 좋습니다. 학교 수업으로 충분하면 좋겠지만 가능하다면 나에게 맞는 개념 인강 강의를 완강하여 이해를 바탕으로 개념을 학습, 암기하도록 합니다.

사이트 소개

메가스터디 http://www.megastudy.net/

배기범	First 기초입문 필수본 개념완성 & VIP 개념속성 3순환 기출특강 기범비급 일당백 수능 Master	· 탄탄한 커리큘럼 & 역학설명이 좋음 · 정석적인 풀이 + 교과 외 스킬 조화롭게 이루어진다는 평이 많음 · 필수본 난이도가 꽤 어렵지만 소화한다면 1등급 가능하다는 평이 있음
김성재	쌩기초 물리학 스페셜 GOLD, 스골 부스터 기출 사다리를 타고 UP N제 모의고사 시리즈	· 교재 및 모의고사 퀄리티로 유명 · 다년간의 1타, 검증된 강의력 · N제 새로 만들었음 · 노베이스 추천, 쉬운 풀이를 지향하는 편. 교과과정에 충실함
강민웅	내일은 물리왕, 물아일체, OMEGA 기출300, 특난도 특강 실전300, 특난도 모의고사	· 자작문항 퀄리티 좋음 · 특난도 특강에서 킬러 주제에 대비하는 도구를 정리. 상위권이 아니면 체화하기 어렵다는 평이 있음 · 기본개념으로 풀이하는 것 지향

| 방인혁 | The Beginner
The Fundamentals
Problem Solving
The Expert
The Final | · N제 아쉽다는 의견 있음
· 전체적인 밸런스가 좋음
· 노베이스도 쉽다는 의견이 많음 |
| 안철우 | 자체교재 | · 개념완성부터 파이널까지 |

(출처 오르비, 수만휘 수능 카페 여러 수험생들이 올려준 후기 편집)
(선생님 강의는 계속 바뀌므로 내가 수강하는 때의 인강학원과 커리큘럼을 꼭 확인합니다)

2단계. 실전 개념이 모두 들어간 단권화 된 개념서 만들기

어느 과목이나 과학탐구 과목에서는 **실전 개념들이 모두 들어가 있는 단권화 된 나만의 개념서**가 있어야 합니다. 시중의 여러 인강 맛보기 개념강의를 들어보고 나에게 맞는 인강 강사의 개념커리큘럼을 따라 개념을 완전히 익힌 후에, EBS의 수능특강(이하 수특)교재를 사서 인강 강사의 개념서와 수특 교재를 개념서 한권으로 압축합니다. 과학탐구 수능특강 교재는 사회탐구와 달리 기본적으로 개념 설명이 잘 되어 있고 그 안에 사이언스 디저트, 기출문제 다시보기 등 보조 자료도 꽤나 알차게 들어있습니다. 또한 2점 문제, 3점 문제로 구분되어 있다는게 특징입니다. 보통 1월 말에서 2월 초에 출간됩니다. 이 개념서는 평가원 모의고사와 사설 모의고사가 진행될 때마다 오답문제가 더해지며 더욱더 두꺼워집니다. 시험에 나오는 모든 개념이 다 들어있어야 하고, 내가 자주 틀리는 문제들이 추가됩니다. 선택 과목의 종류와 상관없이 수특교재를 이용하는 것이 가장 좋습니다.

3단계. 다양한 문제풀이를 통하여 문제풀이 방법 익히기(역학 단원 뿌시자!)

물리학 I 과목은 역학과 에너지/물질과 전자기장/파동과 정보 통신 세 단원으로 구성되어 있습니다. 공부할 때 기본 개념을 탄탄하게 이해한다면 점수가 안정적으로 나오는 과목입니다. 문제의 난이도를 이야기할 때 킬러/준킬러/비킬러문제로 나누는데 **킬러문제로 나오는 단원이 1단원 역학단원이라 첫단원에서 어려움에 직면하는 학생이 많습니다. 1단원 역학단원은 개념공부와 문제풀이를 같이 진행하며 공부합니다. 1단원을 무사히 넘긴 학생이라면 그 뒤의 단원들은**

역학단원보다 쉬운 개념과 문제들이 등장하므로 절대 포기하지 말고 학습하기를 권합니다. 완벽한 이해를 바탕으로 문제풀이를 해야하는 과목입니다.

문제풀이의 가장 기본은 최소 5년간의 수능 기출문제와 평가원 출제 모의고사를 푸는 것 입니다. 이후 여러 인터넷 강의 강사들의 N제를 최대한 다양하게 풀어봅니다. 각 강사별 많은 풀이방법 중 나에게 잘 맞는 풀이방법을 찾아 내 것으로 만들어야 합니다.

실제 모의고사(이하 실모)가 많으니 N제처럼 하루 한 회씩 풀어보는 것이 좋습니다. N제 복습북이 있는 교재는 꼭 복습북을 활용하여 여러번 보도록 합니다.

9월 모의고사 이후로 하루에 실모 5회 이상 풀다보면 안정적인 점수가 나오기 시작합니다. 탐구는 막판까지 공부한 만큼 점수가 나오는 과목입니다. 개념이해가 완벽하게 되고 나만의 개념정리책이 만들어지면 많은 문제풀이와 개념복습을 통하여 만점을 받을 수 있도록 노력합니다.

화학Ⅰ Ⅱ 3단계 공부법

큰 틀은 물리학Ⅰ의 3단계 공부법과 같습니다. 화학Ⅰ, Ⅱ의 대표 인강은 다음과 같습니다.

사이트 소개

대성마이맥 https://www.mimacstudy.com/

김준	필수이론, 기출문제풀이 크리티컬 포인트(실전개념) 코드넘버(자작문제) 시그니처 모의고사	· PEET 일반화학 1위(메가엠디) · 화학Ⅱ 강의 없음 · 전체적인 밸런스 좋음
장성문	개념 기출 문제풀이 모의고사	· 화학Ⅱ 강의 없음 · 문풀 체화가 어렵지 않다고 함 · 강의력 좋음, 현강 평 좋음 · 컨텐츠 만족도도 높음

고석용	입문특강 & 베테랑 개념완성 킬러 문항 극복 특강 기출변형240, 실전문제풀이3450	· 중상위권 선호 (킬러특강에 대한 호평) · 콘텐츠가 부족하다는 의견 있음 · 노베이스가 듣기에 다소 어렵다는 평 있음, 도구정리 잘되어 있음
정훈구	개념의 정답 스페셜 문풀 실전 모의고사 만점 특강 파이널	· 노베이스에게 좋다는 평 많음. 개념강의가 유독 꼼 꼼하다고 함 · 정석적 풀이 지향으로 오래 걸리는 유형 있음 · 강의력 GOOD, 대치동 누적 1위
정우정	입문특강 (수능기초) 오늘의 화학 (개념완성) The 깊은 화학 모의고사	· 최소한의 도구를 사용, 컴팩트한 강의, 노베이스 타겟 아님 · 고석용, 정훈구, 박상현 3파 구도라 평이 많지 않은 편 · 러셀 화학 1위 타이틀

이투스		
박상현	정촉매 개념완성 심화실전 만점완성 문제풀이 3배속 대치동 파이널	· 콘텐츠가 풍부하고 문제 퀄리티가 좋다는 평 많음 · 타임어택에 도움이 되는 도구정리 있음, 암기 양이 어느 정도 있음

(출처 오르비, 수만휘 수능 카페 여러 수험생들이 올려준 후기 편집)
(선생님 강의는 계속 바뀌므로 내가 수강하는 때의 인강학원과 커리큘럼을 꼭 확인합니다)

화학Ⅰ은 화학의 첫걸음/원자의 세계/화학 결합과 분자의 세계/역동적인 화학 반응 네 단원으로 구성되어 있습니다. 물리학과 마찬가지로 킬러문제가 1단원에서 나오는 과목이라 첫단원에서 많은 포기자가 나옵니다. **양적개념 내용이 어렵더라도 절대 포기하지 말고 개념이해와 문제풀이를 모두 하고 다음 단원으로 넘어가는 것이 좋습니다.**

물리학 I 과목과 같이 '고인물(이 과목을 오래해서 항상 백분위 100이 나오는 학생)'이 많은 과목입니다. 킬러문제가 어려운 편이고 쌓인 고인물이 많아 표준점수가 내려가는 경우가 많습니다. 킬러문제가 많이 어렵고 준킬러 비킬러 문제도 난이도가 상당한 편이라 요즘 화학선택을 하지 말라는 우스개소리도 나오곤 합니다. 인강 강사들의 개념강의도 도움이 되고 문제풀이 강의도 도움이 크게 됩니다. 인강 강사들의 다양한 풀이를 접하고 이해를 바탕으로 **시간을 단축하는 문제풀이 기법**을 단련해야 합니다. 시간이 부족한 과목(타임어택이란 말을 많이 함)으로 양적개념 관련 문제가 나왔을 때 바로 문제가 풀릴 수 있을 만큼으로 많은 문제를 풀어봅니다.

단 지엽 문제가 없다는 장점이 있고 문제를 많이 풀다보면 문제 유형이 정해져 있다는 것을 깨닫습니다. 킬러 문제가 정형화되어 있어서 풀이법을 정립하면 어렵지 않게 해결할 수 있습니다.

실모 푸는 정도로 점수가 유지되는 과목입니다. 계산 실수를 하지 않도록 연습이 많이 되어야하고 서바이벌 문제는 꼭 구해서 쭉 풀어봅니다.

생명과학 I II 3단계 공부법

큰 틀은 물리학 I의 3단계 공부법과 동일합니다. 생명과학 I의 대표 인강은 다음과 같습니다.

사이트 소개

메가스터디 http://www.megastudy.net/

백호	섬세한 개념완성, 스피드 개념완성 상위권을 위한 크리티컬 스킬 All Bio in One Final 100제	· 노베이스도 따라갈 수 있는 개념강의, 러닝타임 길고 꼼꼼 · 유전파트 풀이, 도구 등의 이질감이 적어 타 강사 커리, 교재와 혼합 하는 학생 多
한종철	철두철미 개념완성, 스피드 개념 M.D.G.C(모.든.기.출) 1260제 자료분석의 기술 로직N제	· 킬러문제를 푸는 도구정리 좋음 · 일관된 논리와 유연한 사고를 바탕으로 문제풀이 좋음 · 생명과학 1위 타이틀

| 정수민 | 자체교재 | 개념완성부터 파이널까지 |

윤도영 생명과학

| 윤도영 | All about(개념) + 미니
Infinite Evolution(기출분석)
Ultimate Technique(N제)
Yoon`s Archive(N제)<br>실전 모의고사 | · yoon`s 라는 본인만의 스킬 보유, 노베이스의 경우
스킬이 많아 체화 어렵다는 의견 있음
· 올어바웃(개념) 분량이 상당히 많은편
· 생명과학 II 강의 없음 |

(출처 오르비, 수만휘 수능 카페 여러 수험생들이 올려준 후기 편집)
(선생님 강의는 계속 바뀌므로 내가 수강하는 때의 인강학원과 커리큘럼을 꼭 확인합니다)

생명과학 I 은 생명과학의 이해/사람의 물질대사/항상성과 몸의 조절/유전/생태계와 상호 작용 다섯 단원으로 구성되어 있습니다.

물리, 화학과 다르게 킬러문제가 나오는 단원이 비교적 뒷 단원에서 나와서 처음 공부함에 어려움은 크게 없습니다. **하지만 킬러 문제들의 난이도가 높은 편이고 유전 문제에서 타임어택이 커서 좋은 점수를 받으려면 시간 안배를 잘 해야 합니다.** 특정 강사의 커리를 잘 타서 풀이법까지 완벽하게 체화하는 것이 좋습니다. 2-3등급까지는 적은 노력으로도 받을 수 있는 과목입니다. 그래서 등급만 맞추는 경우(수시에서)라면 선택하면 유리합니다. 비킬러, 준킬러 문제들도 개념이해 암기 정도로도 풀 수 있습니다. 최상위권을 노린다면 유전 단원을 꼭 잡고 가야하는데 그러기 위해서는 시간이 많이 필요합니다.

비킬러 문제에서는 헤갈리는 개념 유형 오답노트를 만들어서 정리합니다. 개념 유형을 파악하고 EBSi 사이트의 기출문제 출제 프로그램을 이용하여 오답이 많이 나오는 유형의 문제들을 많이 풀어봅니다.

준킬러 문제는 사설 모고와 N제를 많이 풀어보고 헷갈렸던 선지들을 개념 단권화 교재에 틈틈이 정리하고 자주 상기하며 읽어봐야 합니다. 3단원 항상성 단원과 5단원 생태계 단원에서 준킬러 문제가 종종 등장하고 이 문제들은 선지를 잘 읽는 것이 중요합니다.

킬러문제 난이도가 굉장히 높은 과목입니다. 만점이 목표이다 하는 학생은 생명과학 선택을 다시 한번 생각해봐야 합니다. 타임어택 극복을 위해 직관 기르기를 추천합니다. 문제를 많이 풀어보고 문제를 읽음과 동시에 바로 답이 나올 수 있게 연습합니다. 갑자기 생명으로 과목을 바꾸는 것은 추천하지 않습니다.

지구과학ⅠⅡ 3단계 공부법

큰 틀은 물리학Ⅰ의 3단계 공부법과 같습니다. 지구과학ⅠⅡ의 대표 인강은 다음과 같습니다.

사이트 소개
메가스터디 http://www.megastudy.net/

오지훈	MAGIC 개념완성/기출분석 유형별 자료분석 MAGIC 실전문제풀이 다지선다/OZ 모의고사	· 개념설명이 자세하고 꼼꼼함. 노베이스에게도 추천 많음 · 커리큘럼 완성도에 대한 칭찬 많음 · Ⅱ과목에 대한 커리큘럼도 좋음
장풍	자체교재	· 전체 커리큘럼의 강의 구성 · 많은 수강생 보유
엄영대	엄스타 수능입문 엄빌리버블(개념완성) 엄청난 기출특강 엄메이징 실전 문제풀이	· 강의력과 콘텐츠 특히 좋음 · 엄빌리버블에 대한 만족이 높음 · 전체적인 밸런스 좋음-2과목에 대한 커리큘럼도 좋음

이훈식

개념 & 기출 Tech tree
식스피드 개념 완성
솔루션 Tech tree
식`s sense 모의고사
파이널 Tech tree

· 문제풀이 좋음, EBS와 솔텍에 대한 만족 많음
· 단원별, 유형별 문제풀이
· 무분별한 암기 지양, 원리, 이해 강조

김지혁

모든 것의 시작
개념아이템, 기출피드백
문제테크닉

· 개념강의는 컴팩트한 편. 노베이스는 아쉬울 수 있다는 의견 있음
· 기출분석 좋음, 논리적 도구 정리에 유용
· 스토리텔링 형식의 개념강의

(출처 오르비, 수만휘 수능 카페 여러 수험생들이 올려준 후기 편집)
(선생님 강의는 계속 바뀌므로 내가 수강하는 때의 인강학원과 커리큘럼을 꼭 확인합니다)

탐구 선택 과목 중에서 쉬운 편입니다. 개념만 알고 있으면 만점이 가능한 과목입니다. 단, 이해를 바탕으로 암기해야 합니다. **무작정 외우기에는 너무 외울 내용이 많습니다.** 인강 풀커리를 잘 타기만해도 1등급은 나오는 과목입니다. 개념만 제대로 이해 암기되면 안정적인 2등급은 나옵니다. 표본이 많아서 백분위와 표준점수가 잘 나오는 '유리한' 과목입니다.

각 선택과목의 II과목도 선택과목별 공부법과 같이 갑니다. 단, 선택 시 진학을 희망하는 대학에서 II과목을 필수로 해야하는지, II과목 선택 시 가산점이 있는지 등을 확인하고 선택하도록 합니다. 전반적으로 II과목은 응시자가 적기 때문에 표준점수에서 불리한 경우가 많습니다. 이에 대한 대학교 입시 안내를 꼼꼼히 확인하고 선택하도록 합니다.

사이트 소개

한국교육과정평가원	메가스터디
www.suneung.re.kr/main.do?s=suneung)	http://www.megastudy.net/
대성마이맥	EBSi
www.mimacstudy.com/	www.ebsi.co.kr/ebs/pot/poti/main.ebs

(2) 수능 과학탐구 선택과목의 전략적 이해

수능을 준비하려면 고등학교 3년의 모의고사 일정을 파악하고 있으면 좋습니다.

일 년 계획, 고등 3년 계획을 꼼꼼하게 짜둡니다. 학교의 지필평가 수행평가 외에 여러 모의고사들을 응시합니다. 각 학년별 모의고사 실행일정과 출제범위를 알아보기 위해서는 EBSi 사이트를 방문하여 확인합니다. 각 학년을 클릭하면 학년별 시행월, 일, 주관, 영역, 출제범위를 확인할 수 있습니다. 고3 학생들은 총 7회의 모의고사에 응시할 수 있습니다.

사이트 소개

EBSi

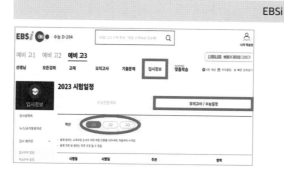

www.ebsi.co.kr/ebs/ent/enta/
retrieveExmSchedRng.ebs

수능 탐구 과목을 잘 선택하기 위해서는 수능 성적표를 '읽을 수' 있어야 합니다.

11월 대학수학능력시험 실시, 12월이 되면 수능 성적표가 나옵니다.

뉴스에서 수능 만점자! 이렇게 나오는 학생들도 수능 성적표가 나와야 정확한 점수를 알 수 있습니다. 같은 원점수 만점이어도 선택과목에 따라 성적표의 성적이 다르기 때문입니다. 성적표는 한국교육과정평가원(https://www.suneung.re.kr/main.do?s=suneung) 홈페이지에서 볼 수 있습니다. 여기에는 교육과정평가원에서 출제한 6월, 9월 모의고사부터 수능 기출문제까지 모두 볼 수 있습니다.

사이트 소개

한국교육과정평가원

www.suneung.re.kr/main.do?s=suneung
수능 과학탐구 평가영역안내

다음은 평가원에서 제시한 성적통지표(예시)입니다.

수험번호	성 명		생년월일	성별	출신고교 (반 또는 졸업 연도)	
12345678	홍 길 동		04.09.05.	남	한국고등학교 (9)	
영 역	한국사	국어	수학	영어	탐구	제2외국어/한문
선택과목		화법과 작문	확률과 통계		생활과 윤리 / 지구과학 I	독일어 I
표준점수		131	137		53 / 64	
백분위		93	95		75 / 93	
등 급	2	2	2	1	4 / 2	2

2022. 12. 9.
한국교육과정평가원장

(한국교육과정평가원 수능 성적표 예시)

표준점수란

표준점수는 학생이 받은 원점수가 평균에서 얼마나 떨어져 있는지를 알 수 있는 점수입니다. 내점수와 평균과의 거리를 점수화 한 것입니다. 동일한 원점수를 받았더라도 시험의 난이도에 따라 표준점수는 달라지게 됩니다.

만약 시험이 어렵게 출제되었다면 전체 수험생들의 평균이 낮아지고 표준점수 최고점은 높게 나옵니다. 시험이 쉽게 출제되었다면 전체 수험생들의 평균 점수가 높아져 표준점수 최고점은 낮아지게 됩니다.

백분위란

백분위란 표준 점수를 석차를 기준으로 하여 백분율로 표시한 값입니다. 예를 들어 어떤 과목의 성적 백분위가 99%라면, 해당 응시생과 표준점수가 같거나 낮은 응시생이 전체의 99%라는 의미로 상위 1%에 해당한다고 볼 수 있습니다.

등급이란

표준점수에 근거하여 수험생을 나눈 것으로, 총 9등급으로 이루어져 있습니다. 국어와 수학, 탐구영역에서는 영역과목별 전체 수험생의 상위 4%가 1등급. 7%(누적 11%)까지가 2등급, 12%(누적 23%)까지가 3등급이 됩니다.

한국사와 영어는 절대평가이며 제2외국어/한문의 경우는 원점수를 기준으로 등급이 부여되고 성적표에는 등급만 표시됩니다.

수능 과학탐구 선택과목에서 점수가 잘 나오려면

가장 중요한 핵심은 **'내가 공부를 재미있게 할 수 있는 과목'**이며 '킬러 문제를 맞출 수 있는 과목'입니다. 그 외에 외부적 요소에 의하여 표준점수와 등급이 변화하기도 합니다. 가급적 내가 공부를 재미있게 킬러문제까지 맞출 과목을 선택하고, 탄탄한 최상위권 학생이 적은 과목을 선택하여 등급이 잘 나오는 과목을 선택하는 것이 좋습니다.

지금까지 고등학교에서 과학 1등급을 받기위한 초등학교, 중학교, 고등학교에서의 시기별 공부법을 함께 보았습니다. 선생님은 여러분들을 항상 응원합니다. 우리 수험생들 언제나 꽃길만 걷길.

Part VI

사회 1등급
체리슈머되기
사회공부시간 줄이기

종착할 항구가 없는 사람은
그 어떤 바람도 도와줄 수 없다.

미셸 드 몽테뉴

우스갯소리로 '공부는 엉덩이력이다'라는 말을 한번은 들어봤나요? 엉덩이를 누가 오래 붙이고 앉아있는가의 싸움이라는 말입니다. 물론 노력과 시간 투자는 절대적으로 필요합니다. 하지만 우리는 한정된 시간, 많은 과목, 삶에서 일어나는 다양한 일 등으로 인해 생각보다 시간이 많지 않을지도 모릅니다. 우리가 무엇을 목표로 삼아야 하는지, 공부의 방향과 종착지를 알고 공부해야 합니다. 방향성 없이 무턱대고 노력만 하는 공부하지는 맙시다! 좀 더 학습 시간을 줄이고 이해는 완벽하게 할 수 있는 사회 공부전략으로 사회 내신 1등급, 수능 1등급을 향해 가는 학습 체리 슈머가 되어 봅시다.

> "그냥 다 외우면 되는 건가요?", "외울 것이 너무 많아요. 선생님 시험 범위 좀 제발 줄여주세요."
> "이게 무슨 뜻이죠?" "단어가 어려워요."

교직 생활 12년 동안 매해 들었던 이야기입니다. 그래서 시험 전에 마지막으로 학생들에게 내용을 정리해줄 때, 수업 자체를 시작하기 전에 매번 '암기'만 하는 것이 아니라 '이해'하면 따로 많은 시간을 들여서 공부할 필요는 없는 과목이라고 설명합니다. 실제로 실제 삶에서의 '실천과 적용'을 목표로 하는 학문이기에 진정한 학습 목표도 단순 암기보다는 내재화에 있죠. 공부를 잘하는 학생들도 단순 '암기'만 하려고 하다가 포인트를 다르게 잡아서 자신의 예상과 달리 만점을 받지 못하는 경우가 많습니다. 이렇게 스트레스를 받는 학생들이 많아서 학습에 대한 전략을 정리해주고 싶었습니다. 교과서를 통째로 암기하면 내신 성적이 어느 정도 잘 나올 것은 확실합니다. 하지만 중학교, 고등학교 내신 준비를 하면서 이 과목만 공부할 수는 없는 일입니다. 그리고 전체적인 틀을 파악하지 못하고 암기만 하면 만점을 받기에는 부족함이 있습니다. 과목에 대한 이해와 전략 세우기로 공부 시간을 반으로 줄일 방법에 대해 함께 알아봅시다.

현대 사회는 기술이 급속도로 발전하고, 예전에 비해 학문 분야가 세분화되었으며 구성원 간 상호 작용과 이해관계도 복잡해지고 있다. 이에 따라 하나의 사회 현상에도 여러 분야가 긴밀하게 얽혀 있어 이를 올바로 이해하려면 다양한 측면을 고려해야 한다. 사회 문제도 특정한 관점으로만 분석하여 해결책을 찾으려 하면, 그 문제의 속성을 깊이 있게 이해할 수 없어 적절한 대책을 세우기 어렵다. 따라서 사회 문제를 탐구할 때에는 시간적, 공간적, 사회적, 윤리적 관점 등을 활용하여 통합적으로 바라보아야 한다.

- 출처 : 고등학교 통합사회 교과서-

고등학교 통합사회 교과서에서도 언급하고 있듯이, 사회는 '관점'에 대해 이야기합니다. 얼마나 다양한 관점을 그 관점만이 가진 방식으로 이해할 수 있는가에 초점을 맞추고 공부하는 것이 좋습니다. **그렇다면, 각 관점의 특정한 방식을 잘 이해하기 위해서는 어떤 전략으로 공부해야 할까요?**

사회 Checklist

		예	아니요	관련 페이지
1. 평소 어려운 단어도 많이 알고 있는 편이다.		예	아니요	**345**
2. 교과서에 나오는 단어 중, 잘 모르는 단어의 뜻을 찾아본 적이 있다.		예	아니요	**345**
3. 글을 읽으면서 글쓴이가 강조하는 부분을 금방 찾아낼 수 있다.		예	아니요	**349**
4. 글을 읽을 때 처음 보는 단어들은 체크하면서 읽기도 한다.		예	아니요	**349**
5. 사회 공부는 이해하기보다 외우기가 더 중요하다.		예	아니요	**349**
6. 긴 글도 스스로 요약을 잘 하는 편이다.		예	아니요	**349**
7. 관점의 의미를 잘 알고 있다.		예	아니요	**349**
8. 사회에 존재하는 다양한 관점을 알고 있다.		예	아니요	**349**
9. 시험 <보기>에 긴 지문이 나와도 당황하지 않고 글의 핵심을 파악할 자신이 있다.		예	아니요	**356, 369**
10. 중학교 사회 공부 방법을 수능 공부에 적용할 수 있다고 생각한다.		예	아니요	**356, 369**
11. 교과별 교육과정의 목표가 무엇인지 본 적이 있다.		예	아니요	**360**
12. 사회 공부의 필요성에 대해 고민해본 적이 있다.		예	아니요	**360**
13. 공부하기 전에 단원명을 읽고, 단원의 내용을 생각해 본 적이 있다.		예	아니요	**364**
14. 공부할 때 교과서 목차를 읽어본 적이 있다.		예	아니요	**364**
15. 공부할 때 단원별 학습 목표를 확인한 후 공부한다.		예	아니요	**366**
16. 사회 공부와 독서는 관련성이 크다고 생각한다.		예	아니요	**374**
17. 통찰의 의미를 잘 알고 있다.		예	아니요	**374**
18. 사회 공부와 통찰력은 관련성이 깊다고 생각한다.		예	아니요	**374**
19. 평소 교과 관련 책을 읽어본 적이 있다.		예	아니요	**377**
20. 인문고전독서를 시도한 적이 있다.		예	아니요	**377**

총점 예 : 0   아니요 : 1점

1 단계: 0~5점 사회 공부를 어떻게 하는지 잘 모르는 군요! 공부 방법에 대해 차근차근 알아봅시다!
2 단계: 6~10점 사회 공부하는 방법을 조금씩 알아가는 단계이군요. 이제부터 진짜 공부를 시작해 봅시다!
3 단계: 11~15점 사회를 공부하는 방법을 아는 당신도 노력하면 공신이 될 수 있습니다. 화이팅!
4 단계: 16~20점 그대는 바로 공신!

1. 무지를 아는 것이 곧 앎의 시작이다. 소크라테스

청소년 문해력 논란은 어제오늘 일이 아니다. 시사프로그램 '당신의 문해력'에 따르면 낱말 어휘정보처리연구소가 전국 중학교 3학년 재학생 2,405명을 조사한 결과 이들 중 약 11%의 문해력이 초등 수준에 머무는 것으로 파악됐다. 또한 같은 학년을 대상으로 한 '어휘력 진단평가'에서는 10명 중 9명의 아이들이 어휘력 부족으로 인해 누군가의 도움 없이는 교과서의 내용을 파악할 수 없는 상황인 것으로 드러났다. 이런 문해력의 퇴보는 곧 학습능력 하락으로 직결될 수 있다는 우려가 나온다.

출처 : 르몽드디플로마티크

EBS 당신의 문해력이라는 프로그램을 통해 문해력 부족에 대한 대중적인 인식이 생긴 것 같습니다. 모든 교과서가 글로 이루어져 있기에 문해력은 어떤 교과에나 중요합니다. 얼핏 국어라는 과목에서만 중요할 것 같은 생각이 들 수 있지만, 우리 삶의 현상을 다양한 관점에서 다루는 사회 교과에서도 상당히 중요한 요소입니다.

사람들과 대화할 때를 생각해 봅시다. 누군가와 대화를 하다 보면 같은 상황을 보아도 자신의 축적된 경험을 토대로 다르게 인식할 수 있다는 것을 알게 됩니다. 물론 같은 동네, 같은 학교에 있으면 생활 환경이 비슷해서 관점의 차이에 대해 느끼지 못하면서 살아갈 수도 있습니다. 하지만 요즘은 생활 환경이 다른 사람들도 각종 매체를 통해 접할 수 있으니 간혹 '이 상황에서 어떻게 저런 사고를 할 수 있을까?', '왜 저런 행동을 할까?'라고 생각하는 경우가 종종 있을 거예요. 그만큼 사람은 관점에 따라 전혀 다른 사고, 전혀 다른 행동의 결과를 나타낼 수 있습니다. 사회 교과는 이처럼 다양한 관점들을 가진 인간과 삶의 여러 모습을 학문적인 각각의 관점으로 탐구하고자 하는 접근방식을 취합니다.

●● ━━━━ 1) 알고 있어? 의외로 정확히 알지 못하는 용어들

학생들이 일상생활 대화에 많이 사용하지는 않지만, 교과서에서는 당연하게 사용하고 있는 다양한 용어들이 있습니다. 평소 다양한 비문학 책들을 읽었다면 다른 학생들보다 수월하게 이해할 수 있겠지만 그렇지 않다면 교과서에 등장하는 특정 용어들부터 바르게 파악해야 합니다. 용어 자체를 바르게 파악하지 못했는데 그 용어가 포함된 문장 그대로 암기하는 것은 시간 낭비입니다.

먼저, 아는 단어 같으면서도 뜻을 설명하지는 못하는 대표적인 '가치'라는 단어부터 정리해봅시다. 학생들은 가치에 대해 알고 있다고 대답을 하지만 막상 가치의 정확한 뜻은 잘 모르는 경우가 많습니다. 특히 물질적, 정신적 등의 다른 단어가 붙으면 더더욱 생소하게 느낍니다. 대략적인 뜻은 알아도, 평소에 학생들끼리 대화할 때 자주 쓰는 단어는 아니라서 마음에 와닿지 않아서겠죠. 가치란 사람들이 소중하게 생각하여 얻고자 노력하는 대상이며, 각 가치의 특징으로 인해 여러 종류로 나뉩니다. 한 번씩 눈에 익혀두세요.

가치	사람들이 소중하게 생각하여 얻고자 노력하는 대상
도구적 가치	어떤 목적을 달성하기 위한 수단이 지니는 가치
본래적 가치	그 자체가 목적이 되고, 그 자체로 소중한 가치
물질적 가치	특정한 사물에 한정되는 가치이다. 우리가 살아가는 데 필요한 여러 가지 물질과 이를 통해서 얻는 만족감이 물질적 가치에 속한다. 예를 들어, 우리가 살아가기 위해 필요한 옷, 음식, 집이라든지, 우리가 편리하고 즐거운 삶을 누리도록 해 주는 텔레비전, 컴퓨터, 휴대전화 등이다.
정신적 가치	인간의 정신 활동을 통해 얻을 수 있는 가치이다. 예를 들어, 우리는 진리를 탐구하는 과정에서 참된 삶을 추구할 수 있다.
보편적 가치	인류가 오랜 역사를 거쳐 지속해서 바람직하다고 여겨온 가치

다음은, 판단에 대해 살펴봅시다. 도덕 교과서의 도덕적 추론 부분에 나오는 단어들입니다. 도덕적 추론은 논리적 사고방식을 가지고 있으면 특별히 어렵지 않은데 학생들은 어려워 보이는 형식과 단어에 놀라서 지레 겁을 먹고 어렵게 생각하는 것 같습니다. 실제로 단원 공부를 하기 전에 아래 정리된 용어들의 뜻을 먼저 읽어본 후 학습하면 이미 봤던 단어들이기 때문에 덜 생소하게 느껴질 것으로 봅니다.

판단	어떤 대상에 대하여 무슨 일인가를 단정하는 인간의 사유 작용. 언어 표현(명제). 보통 `s는 p이다(아니다)'의 형식을 취한다.
사실 판단	사실을 있는 그대로 말하는 판단으로, 참과 거짓을 객관적으로 확인할 수 있다.
가치 판단	어떤 대상의 좋고 나쁨, 옳고 그름, 아름답고 추함 등 대상의 가치에 대해 내리는 판단으로, 개인의 가치관에 따라 판단의 결과가 달라질 수 있다.
도덕 판단	가치 판단 중에서도 어떤 사람의 인격이나 행위, 도덕적 상황 등에 관하여 도덕적인 관점에서 내리는 판단이다.
도덕적 추론	도덕적 문제 상황에서 도덕 원리와 사실 판단을 근거로 구체적인 도덕 판단을 내리는 것
비판적 사고	어떤 주장이나 판단을 그대로 받아들이지 않고, 그 근거와 사고 과정의 타당성을 합리적으로 검토하는 것
역할 교환 검사	다른 사람의 입장이 되었을 때를 생각하며 도덕 원리를 검토함
보편화결과 검사	어떤 도덕 원리를 모든 사람이 받아들일 때 나타나는 결과를 예상하며 검토함
도덕적 민감성	어떤 상황을 도덕적 문제로 민감하게 느끼고 도덕적으로 반응할 수 있는 마음
도덕적 상상력	상대방의 처지를 헤아리면서 그 사람을 도울 수 있는 여러 행동을 상상하여 그 결과를 예측해 볼 수 있는 능력

참고 **도덕적 추론**

도덕원리 : 법을 어기는 것은 옳지 않다.

사실판단 : 감옥을 탈출하는 것은 법을 어기는 행동이다.

도덕판단 : 감옥을 탈출하는 것은 옳지 않다.

    평소에 쓰이는 편이라서 위의 단어들에 비해 잘 알고 있는 단어 같지만, 생각보다 정확하게 알고 있지 않은 단어들에 대해서도 살펴볼게요. 아래 표에 있는 단어들을 모르는 사람은 별로 없겠죠? 하지만 정확하게 알고 있지 않은 경우들이 많습니다. 예를 들어, 애국심이 나라를 사랑하는 마음인 것은 알지만 맹목적이지 않은 사랑을 이야기한다는 것에 대해서는 파악하지 못한 경우가 많아요. 아래 표를 한 번씩 훑어보고, 본인이 정확하게 알고 있지 않았던 단어들이 있었는지 다시 한번 알아보세요.

이성	사람의 생각하는 능력으로서, 옳고 그름, 참과 거짓, 선과 악, 아름다움과 추함 등을 구별하는 능력
성찰	마음속으로 깊이 반성하여 살피는 것. 순화어는 `돌이켜 봄`, `깊이 살핌`.
과오	잘못 또는 그릇된 일
애국심	대한민국 국토를 사랑하는 마음, 함께 살아가고 있는 다른 시민을 사랑하는 마음, 대한민국이 지향하는 바람직한 가치를 사랑하는 마음까지 포함하는 마음. 국가 공동체를 사랑하는 마음으로, 분별 없이 사랑하는 배타적, 맹목적 애국심과 다름.
연대 의식	구성원들이 연결되어 있다고 믿으며, 더 나은 공동체를 만들어 가기 위해 함께해야 한다는 생각
사회 정의	사회를 공평하고 올바르게 구성하는 공정성의 원리로 사회적으로 옳고 그름을 평가하고 판단하는 기준
규범	인간이 행동하거나 판단할 때에 마땅히 따르고 지켜야 할 판단의 기준
지행일치	도덕적 지식과 행동이 일치함
역지사지	상대방의 처지에서 생각해 봄
보편성	모든 것에 두루 미치거나 통하는 성질임
특수성	집합을 이루고 있는 요소들 중의 어느 하나가 가진 특성

위에 정리된 용어는 수업할 때 학생들이 특히 '저 알아요!'라고 말하고 정확히 대답하지 못했던 것들입니다. 모든 용어를 싣지 못한 점은 아쉽습니다. 여기서 추가 팁 하나 더 드릴게요. 교과서 맨 뒤에 보면 교과서의 출판사별로 조금씩은 다르나, 찾아보기라고 해서 핵심 단어들에 대해 초성별로 정리된 것이 있습니다. 시간 여유가 있을 때 훑어보고 와닿지 않는 단어들만 단어가 있는 본문의 앞, 뒷부분 교과서에서 세심하게 읽기 및 구글링으로 정리해봐도 좋을 것 같아요. 용어를 잘 알고 있으면 얼마나 더 쉽게 이해할 수 있을지 아래의 사회 교과서 글을 통해 함께 알아봅시다.

문화의 보편성과 특수성 "사람 사는 곳은 다 똑같다."라는 말이 있다. 사회마다 겉모습은 달라 보이지만 비슷한 면이 존재한다는 뜻이다. 예를 들어, 의복, 가족, 종교, 장례, 성년식, 예술 등은 대부분의 사회에서 찾아볼 수 있다. 이처럼 모든 문화에는 공통적으로 나타나는 특징이 있는데, 이를 문화의 **보편성**이라고 한다. 한편, 문화는 사회가 처한 환경에 따라 각각 다르게 형성되어 왔다. 따라서 각 사회의 문화는 고유한 특징을 가지며 서로 다른 모습으로 나타나는데, 이를 **문화의 특수성**이라고 한다.

문화의 속성 문화는 한 사회나 집단의 구성원이 공통으로 가지는 생활 양식인데, 이를 문화의 **공유성**이라고 한다. 어떤 상황에서 같은 문화에 속한 사람이 어떤 행동을 할지 예측할 수 있는 것은 문화의 공유성 때문이다. 한편, 우리가 다른 나라에서 태어났다면 지금과는 다른 문화에 따라 생활하고 있을 것이다. 문화는 타고난 것이 아니라 후천적으로 배우는 것이며, 이를 문화의 **학습성**이라고 한다.

출처 : 미래엔 중학교 사회 1 교과서

위의 글을 읽으니 어떤 생각이 드나요? 교과서 한쪽을 다 채우는 분량이라서 긴 글처럼 보이지만 자세히 보면 우리가 알고 있는 단어를 문화라는 주제, 단어에 적용한 것입니다. 사전적 정의는 다음과 같아요.

보편성　모든 것에 두루 미치거나 통하는 성질

특수성　집합을 이루고 있는 요소들 중의 어느 하나가 가진 특성

긴 설명이 교과서에 쓰여 있지만, '문화는 모든 것에 두루 미치기도 하고 각각 다르기도 하네!'라고 읽으면서 바로 짧은 문장으로 이해하면 잘 잊어버리지도 않고 문장 하나하나를 외우려 할 필요도 없습니다. 그래서 용어를 먼저 알아야 한다고 강조한 것입니다. 이것이 바로 단어 뜻만 제대로 알아도 긴 글을 짧은 글로 이해할 수 있는 학습전략의 마법입니다.

VII

2) 키워드 찾기로 사회 공부 갓생러되기

    문장을 다 읽고 외워서 이해하기보다는, 키워드를 중심으로 분류하고 각 관점에서만 특별히 자주 사용하는 용어의 특징을 이해하고 읽는 것이 훨씬 더 이해하기 쉽고, 객관식 시험에서 답이 되는 선지를 가려내기가 쉽습니다. 실제로 수능윤리도 같은 방식으로 문제를 풀이하면 됩니다. 학교에서 수업할 때는 실제로 시험 기간 전에 내용 복습을 시킬 때 교과서에 단원별로 중요한 키워드를 형광펜으로 밑줄을 긋게 하거나, 아예 제가 프린트로 정리해주었습니다. 이렇게 한 경우 평균 성적이 향상되기도 하였고, 시험공부 하기가 쉽고 시간이 단축되었다고 이야기하는 학생들이 많아서 꾸준히 이러한 키워드 정리 방식으로 수업 때 마무리 복습을 하고 있습니다. 교과서 예시를 보면서 키워드 정리를 함께 해보도록 합시다.

> **관점별로 키워드 정리하고 분류하기 1**

관점의 사전적 정의는 다음과 같습니다. **<관점 : 사물이나 현상을 관찰할 때, 그 사람이 보고 생각하는 태도나 방향 또는 처지>**

맨 처음에 사회 교과는 관점이 중요하다고 언급했었죠? '어떤 것을 중요하게 보고 생각하고 있는가?'에 따라 자주 사용하는 키워드가 다릅니다. 좀 더 쉽게 생각을 해볼까요? 요즘 하나의 유행처럼 대부분이 해본 성격검사 MBTI 아시죠?

출처 : YouTube, 강유미 yumi kang좋아서 하는 채널

MBTI 별로 성격이 달라서 다른 방식의 표정, 말투, 단어 사용, 모습 등이 있다는 것을 개그우먼 강유미가 유투브 채널에서 컨텐츠로 만들어 꽤 많은 인기를 끌기도 하였습니다. 쉽게 생각하세요! 위에서 보면 성격별로 다양한 썸네일 보이시죠? 사회에서 이야기하는 다양한 관점마다의 다양한 키워드 사용도 같은 맥락입니다. 실제 교과서 사례를 통해 함께 생각해볼게요.

이처럼 자연을 무분별하게 개발하고 이용하는 행동은 인간이 자연의 주인이라고 보는 인간 중심주의적 관점에서 비롯되었다고 할 수 있다. 이러한 관점에서는 자연의 도구적 가치를 중시하고, 자연은 인간의 필요를 충족하기 위한 수단이라고 본다. 인간 중심주의적 관점은 인간의 삶을 풍요롭게 해 주었다는 긍정적 측면이 있지만, 지나치면 무분별한 개발과 환경 파괴로 이어져 인간의 삶마저 위협할 수 있다는 부정적 측면도 있다. 이를 반성하며 등장한 것이 생태 중심주의적 관점이다. 생태 중심주의적 관점은 자연의 본래적 가치를 중시하고, 자연은 인간의 이익과 상관없이 그 자체로 소중하다고 본다. 생태 중심주의적 관점은 자연 그 자체의 가치를 인정한다는 긍정적 측면이 있지만, 지나치면 경제 발전과 환경 개발을 멈추어야 한다는 주장으로 이어질 수 있다는 부정적 측면도 있다. 따라서 우리는 인간과 자연이 어떤 관계를 형성해야 하는지 신중하게 생각해 볼 필요가 있다.

출처 : 미래엔 중학교 도덕 2 교과서

인간중심주의적 관점

도구적 가치, 인간, 필요, 수단, 풍요
무분별한 개발, 환경 파괴

생태중심주의적 관점

본래적 가치, 이익과 상관없이, 그 자체로 소중,
경제 개발과 환경 개발을 멈추어야 한다

인간중심주의적 관점은 단어 그대로 '인간'을 '중심'으로 생각하는 것이기 때문에 이 관점에 대한 설명을 하기 위해서는 인간이라는 단어가 반복적으로 들어갈 수 밖에 없는 것이 당연한 것입니다. 하지만, 막상 수업을 하면 학생들은 처음 보는 '도구적 가치', '본래적 가치'와 같은 단어에 혼란을 느껴 이런 생각을 하면서 시험 문제를 풀지 못하는 경우가 많은 것 같습니다. 이 부분의 혼란은 첫 번째 내용에 있었던 것처럼 교과서에서 자주 쓰이는 단어를 미리 이해하면 좀 더 편할 것은 알고 있죠? 또한, 이 관점들 자체가 '환경윤리'에 대한 단원에 해당하는 관점이기 때문에 조금만 생각해보면 '환경'의 존재는 생각하지 않고 '인간'을 중심으로 생각한다는 자체가 '환경'이 '함께'하는 존재가 아니라 '수단'이 되는 존재라고 볼 것이라는 부분을 자연스럽게 이해할 수 있습니다. 간혹 '수단'으로 보는 것 자체를 이해하지 못하는 학생들도 있는데 이런 경우는 단어의 뜻을 '대충' 알고 있는 경우가 많아서 모호한 단어를 사전에서 찾아보면서 정리해 나가는 방식도 추천합니다. 처음에는 시간이 오래 걸릴 수도 있으나, 장기적 관점에서는 시간을 단축할 수 있고 다른 과목에도 긍정적 영향을 줄 것입니다.

🔍 좀 더 구체화해서 정리해봅시다. 환경과 관련된 글을 읽었을 때,

첫 번째, '환경' 문제에서 '인간'을 중심으로 생각을 하는 사람이라면 어떤 사고를 할까? 관점별로 용어를 분류하기 전에 스스로 추측해 봅니다.

두 번째, '인간'을 중심으로 사고하는 사람은 도구적 가치, 인간, 필요, 수단, 풍요, 무분별한 개발, 환경 파괴와 같은 단어를 사용하는 경우가 많다는 것을 인식합니다.

세 번째, 환경과 관련된 글을 읽을 때 '도구적 가치'와 같은 단어가 나온다면 '인간'을 중심으로 사고하는 관점의 글이라는 것을 바로 파악하게 됩니다.

인간중심주 관점의 내용임을 파악했다면 모두 같은 맥락의 내용이기에 다른 내용은 꼼꼼히 읽기보다 훑어가듯 빨리 읽어도 됩니다.

위 본문의 내용들이 환경 윤리 사상가들의 주장들을 중학생들이 보기 쉽게 정리한 것들이라는 사실도 알아두세요. 위에 언급한 '인간'을 중심으로 사고하는 사람 = '인간'을 중심으로 사고하는 관점을 주장하고 정리한 사상가로 보시면 됩니다.

우리가 환경의 도구적 가치만을 중시하면 물질주의적 소비 생활로 이어질 수 있다. 물질주의적 소비 생활이란 물질적 만족을 최고의 가치로 여기는 소비 생활을 말한다. 물질주의적 소비 생활은 구체적으로 어떤 환경 문제를 일으킬까?   먼저 지구의 한정된 자원을 고갈시킨다. 지구에는 석탄·석유와 같은 지하자원과 삼림·수산 자원 등이 풍부하지만, 그 양은 한정되어 있다. 우리가 물질적 만족이나 편리함만 중시하는 소비 생활을 멈추지 않으면 이러한 자원은 언젠가 모두 바닥날 것이다. 또한, 물질주의적 소비 생활은 지구 생태계의 자정 능력을 위협한다. 지구는 오염된 물이나 공기 등을 스스로 정화하고 생태계의 균형을 유지하는 능력이 있지만, 한꺼번에 많은 오염 물질을 배출하면 감당하기 어렵다. 우리가 생태계의 자정 능력을 뛰어넘는 오염 물질을 계속 배출하면 앞으로 깨끗한 환경에서 살아가기 어려울 것이다. 따라서 우리는 환경의 도구적 가치만을 중시하는 태도를 버리고, 생태계가 지속할 수 있도록 하는 소비 생활이 무엇인지 생각해 보아야 한다.

환경친화적 소비 생활의 중요성

환경을 보전하려는 가치관에 따라 생태계의 지속 가능성을 고려하며 소비하는 생활 방식을 '환경친화적 소비 생활'이라고 한다.

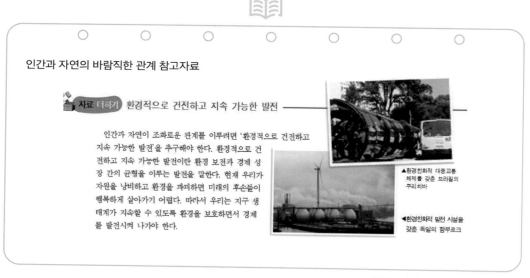

인간과 자연의 바람직한 관계 참고자료

자료 더하기 환경적으로 건전하고 지속 가능한 발전

인간과 자연이 조화로운 관계를 이루려면 '환경적으로 건전하고 지속 가능한 발전'을 추구해야 한다. 환경적으로 건전하고 지속 가능한 발전이란 환경 보전과 경제 성장 간의 균형을 이루는 발전을 말한다. 현재 우리가 자원을 낭비하고 환경을 파괴하면 미래의 후손들이 행복하게 살아가기 어렵다. 따라서 우리는 지구 생태계가 지속할 수 있도록 환경을 보호하면서 경제를 발전시켜 나가야 한다.

▲환경친화적 대중교통 체제를 갖춘 브라질의 쿠리치바

◀환경친화적 발전 시설을 갖춘 독일의 함부르크

출처 : 미래엔 중학교 도덕 2 교과서

물질주의적 소비 생활

물질적 만족, 환경의 도구적 가치만을 중시,
자정 능력 위협

친환경적 소비 생활

생태계의 지속 가능성 고려

위의 글에서 물질주의적, 친환경적이라는 용어가 빈칸으로 처리되어 있더라도 우리는 키워드를 통해서 관점을 금방 파악할 수 있어야 하고, 실제로도 그렇게 할 수 있습니다. 우선, 인간 중심주의적 관점과 생태중심주의적 관점에 대한 용어를 숙지했다면 물질주의적 소비 생활, 친환경적 소비 생활이 각각의 관점에 연결되는 삶의 모습이라는 것을 연결하면 따로 외울 필요가 없습니다. 자세히 보면 도구적 가치라는 말 어디서 많이 본 단어가 아닌가요? 인간중심주의적 관점의 키워드였습니다. 환경보다는 인간의 만족만을 중시하는 사람들의 생활 모습이 물질주의적 소비 생활이 되는 것이기 때문에 자연스럽게 같은 관점임을 알 수 있습니다. 교과서에서는 단원이 연결되어 있어도 소단원이 다르니, 공부 전략이 없이 공부하는 학생들은 아예 새롭게 받아들이고 외우고 있는 경우가 많았습니다.

🔍 좀 더 구체화해서 정리해봅시다. 환경과 관련된 글을 읽었을 때,

첫 번째, 소비 생활 문제에서 물질을 중요하게 생각하는 사람이라면 어떤 사고를 할까? 관점별로 용어를 분류하기 전에 스스로 추측해봅니다.

두 번째, 물질을 중요하게 생각하는 사람은 물질적 만족, 도구적 가치 등과 같은 단어를 사용하는 경우가 많다는 것을 인식합니다.

세 번째, 소비 생활과 관련된 글을 읽을 때 물질적 만족, 환경의 도구적 가치 중시와 단어가 나온다면 물질주의적 소비 생활에 대한 글이라는 것을 바로 파악하게 됩니다. 특정 관점의 내용임을 파악했다면 모두 같은 맥락의 내용이기에 다른 내용은 꼼꼼히 읽기보다 훑어가듯 빨리 읽어도 됩니다.

위에 실은 인간과 자연의 바람직한 관계에 대한 참고 자료를 보면 지속 가능성, 현세대와 미래 세대에 대한 이야기가 나옵니다. 이러한 교과서 자료를 통해서 인간과 자연의 바람직한 관계에 대해 강조하는 관점에서 쓰이는 특정 용어는 충분히 알 수 있습니다. 하지만 우리는 이성적 사고를 통해 '추측'하여 알 수도 있습니다. '인간'과 '물질'을 중시하는 관점에 비해 '친환경적'으로 '환경'을 좀 더 고려한다면 아무래도 '지속 가능성', '모두 고려' 이러한 용어를 사용하며 더불어 살아가는 방식으로 생활을 하려고 하지 않을까요?

실제로 사회 공부를 하다 보면 자신이 평소에 하는 생각과 비슷한 관점의 사고를 하는 사상가들이 있습니다. 그 사상가들의 생각은 자신의 생각과 비슷하기 때문에 물 흐르듯이 이해가 되고 특별히 외우지 않아도 그 사상가들이 특정 질문에 어떻게 대답할지 추측하는 것이 편합니다. 하지만 초반에 언급했듯이 사람들의 생각은 제각각입니다. 내가 그 사상가가 직접 된다!

나는 그 관점으로 사고하고 있는 사람이다! 라는 생각으로 접근하면 좋습니다. 그리고 이러한 생각 방식은 다양성이 늘어나는 현대 사회에서, 타인의 관점으로 생각할 수 있는 능력을 길러 주기에 훗날 본인의 삶에서 문제가 생겼을 때도 도움이 될 것이라고 믿습니다.

관점별로 키워드 정리하고 분류하기 3 : 과학 기술과 윤리

어떤 사람은 과학 기술의 목적이 자연을 탐구하여 객관적 진리를 발견하는 데 있으므로 과학 기술의 사회적 영향을 고려하거나 그 결과에 책임을 물을 필요가 없다고 주장하기도 한다. 다음 탐구를 통해 이러한 주장이 과연 옳은지, 과학 기술에 책임이 필요한 까닭은 무엇인지 생각해 보자.

**과학기술의
가치중립성
인정**

탐구 ① 다음 글을 읽고 물음에 답해 보자.

> 1942년 미국은 제2차 세계 대전을 하루빨리 끝내기 위해 '맨해튼 계획'을 세우고 원자 폭탄을 개발하였다. 이 계획의 책임자는 미국의 이론 물리학자 오펜하이머(Oppenheimer, R., 1904~1967)였다. 그는 살상 무기를 만드는 이 계획이 과연 옳은 일인지 고뇌하는 다른 학자들에게 "원자탄 연구란 얼마나 아름다운 물리학인가? 과학을 연구할 때에는 오직 재미만을 추구하라."라고 충고했다. 과학자들은 오직 과학 연구로만 원자탄 연구를 대하면 된다는 충고였다. 그의 말에 따라 연구자들은 원자탄 연구에 매진하였고, 결국 원자탄이 완성되었다.
> 1945년 미국은 일본의 히로시마와 나가사키에 원자탄을 투하하였고, 수많은 사상자와 폐허를 남겼다. ─ 이필렬 외, 《과학, 우리 시대의 교양》 수정 인용 ─

'맨해튼 계획'에 참여한 과학자들은 사회에 끼칠 영향과 책임을 고려하지 않고 원자 폭탄을 개발하여 많은 사람의 생명을 앗아가는 결과를 낳았다. 이처럼 과학 기술을 잘못된 방향으로 개발하고 활용하면 수많은 사람에게 피해를 줄 수 있다. 따라서 과학 기술의 개발과 활용에는 큰 책임이 따른다. 나아가 오늘날에는 과학 기술의 영향력이 점점 더 넓어지고 있으므로 과학 기술을 개발하고 활용하는 과정에는 그 영향력만큼이나 큰 책임이 필요하다. 이처럼 과학 기술은 인간 존엄성과 인권 향상을 위해 쓰여야 한다. 과학기술로 특정 이익이나 유용성만을 추구하여 인간을 과학 기술로부터 소외시키거나 비인간화시키지 않도록 유의해야 한다. 또한, 과학 기술은 인류의 복지 증진에 이바지해야 한다. 과학 기술로 빈곤을 해소하고 인류의 행복 증진에 힘쓸 때, 인류는 풍요롭고 인간다운 삶을 누릴 수 있을 것이다. 나아가 과학 기술은 현세대는 물론 미래 세대에 관한 책임까지 고려해야 한다. 지금 우리가 사용하는 과학 기술은 미래에 영향을 끼치므로 과학 기술은 현세대와 미래 세대의 요구를 함께 충족하는 방향으로 발전해야 한다.

**과학기술의
가치중립성
부정**

출처 : 미래엔 중학교 도덕 2 교과서

과학기술의 가치중립성 인정

과학을 연구할 때 오직 재미
과학자들은 오직 과학 연구로만

과학기술의 가치중립성 부정

과학 기술의 개발과 활용에는 큰 책임
인간 존엄성과 인권 향상
인류 복지 증진 이바지
현세대, 미래 세대에 관한 책임까지 고려

가치중립성이란 어떠한 특정 가치관이나 태도에 치우치지 않는 것을 의미합니다. 과학기술의 가치중립성을 인정한다는 것은 과학기술이 특정 가치관이나 태도에 치우치지 않는 것임을 인정한다는 것과 동의어이기 때문에 과학기술이 가치와 무관하며 사실적, 객관적 영역에 속한다고 보겠죠? 도덕 교과서에서는 '바람직한 과학기술의 활용방안'에 대한 내용을 통해 과학기술의 가치중립성 부정과 관련된 입장과 가까운 내용을 좀 더 강조하고 있으니 과학기술의 가치중립성 부정과 관련된 키워드 찾기를 해봅시다.

🔍 과학기술과 관련된 글을 읽었을 때,

첫 번째, 과학 기술과 인간에 대한 문제에서 과학 기술의 가치중립성을 부정하는 사람이라면 어떤 사고를 할까? 관점별로 용어를 분류하기 전에 스스로 추측해봅니다.

두 번째, 과학 기술의 가치중립성을 부정하는 사람은 인간 존엄성과 인권, 책임과 같은 단어를 사용하는 경우가 많다는 것을 인식합니다.

세 번째, 과학 기술과 인간에 대한 문제와 관련된 글을 읽을 때 큰 책임, 인간 존엄성과 같은 단어가 나온다면 과학 기술의 가치중립성을 부정하는 사고하는 관점의 글이라는 것을 바로 파악하게 됩니다. 특정 관점의 내용임을 파악했다면 모두 같은 맥락의 내용이기에 다른 내용은 꼼꼼히 읽기보다 훑어가듯 빨리 읽어도 됩니다.

여러 번 키워드 찾기를 함께 해보니 조금은 감이 잡히나요? 아무리 길고 어려운 글이라도 강조하려는 키워드는 존재하기 마련입니다.

　　문장을 다 읽고 외워서 이해하기보다는, 키워드를 중심으로 분류하고 각 관점에서만 특별히 자주 사용하는 용어의 특징을 이해하고 읽는 것이 훨씬 더 이해하기 쉽고, 객관식 시험에서 답이 되는 선지를 가려내기가 쉽습니다. 실제로 수능윤리도 같은 방식으로 문제를 풀이하면 됩니다. 학교에서 수업할 때는 실제로 시험 기간 전에 내용 복습을 시킬 때 교과서에 단원별로 중요한 키워드를 형광펜으로 밑줄을 긋게 하거나, 아예 제가 프린트로 정리해주었습니다. 이렇게 한 경우 평균 성적이 향상되기도 하였고, 시험공부 하기가 쉽고 시간이 단축되었다고 이야기하는 학생들이 많아서 꾸준히 이러한 키워드 정리 방식으로 수업 때 마무리 복습을 하고 있습니다. 교과서 예시를 보면서 키워드 정리를 함께 해보도록 합시다.

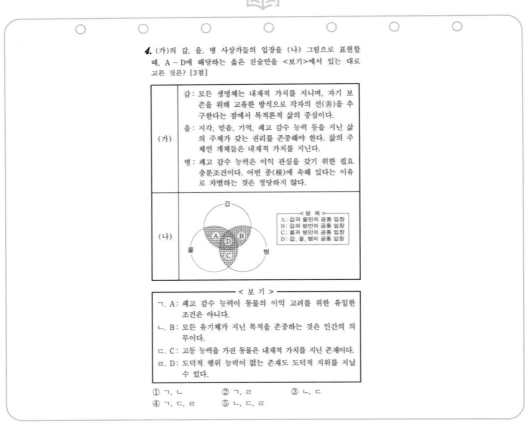

출처 : 2019년 생활과 윤리 3월 학력평가

앞부분에서 환경윤리에 관련된 중학교 내용에 대한 예시를 보여줬었죠? 위 문제는 고등학교 생활과 윤리 학력평가 문제입니다. 중학교와 다르게 수능 관련 문제라고 하니 어려울 것 같지만 그렇지 않습니다! 갑, 을, 병을 보았을 때 특징적으로 쓰고 있는 용어들이 보이죠? 그래도 잘 모르겠다면, 어떤 문장을 볼 때 우리가 평소에 잘 쓰지 않는 용어를 눈여겨보는 습관을 가져보세요.

갑(테일러)
내재적 가치
목적론적 삶의 중심

을(레건)
쾌고감수능력
삶의 주체가 갖는 권리
내재적 가치

병(싱어)
쾌고감수능력
이익 관심

키워드 분류를 통해 살펴보면 갑은 테일러(생명 중심주의), 을은 레건(동물 중심주의), 병은 싱어(동물 중심주의)입니다. 테일러는 모든 생명체는 고유의 선을 추구하는 목적론적 삶의 중심이라고 하였습니다. 레건은 지각, 믿음, 기억, 쾌고 감수 능력 등을 지닌 삶의 주체가 갖는 도덕적 권리를 인정하였습니다. 병은 쾌고 감수 능력을 지닌 존재의 이익 관심을 동등하게 고려한다고 보아 종 차별주의를 반대하였습니다. ㄴ은 테일러만의 입장, ㄷ은 C가 아니라 D에 해당하기에 답은 2번입니다.

싱어(동물 중심주의)

쾌고 감수능력 : 쾌락과 고통을 느낄 수 있는 쾌고 감수 능력을 지닌 모든 존재(인간+동물)를 도덕적 고려의 대상으로 삼아야 함.

이익평등고려의 원칙 : 쾌고감수능력을 지닌 존재의 이익 관심을 동등하게 고려해야 함. [인간과 동물을 동일하게 대우하는 것은 아님]

종 차별 주의 : 동물의 이익과 고통을 무시하거나 가볍게 여기는 것은 인종이 다르다고 차별하는 것이 잘못된 것과 같은 종 차별주의에 해당함.

레건(동물 중심주의)

삶의 주체 : 쾌고 감수 능력에 더해 자신의 정체성을 느끼고, 지각, 기억, 믿음 등을 지니고 있는 개체(인간+고등 포유동물)는 단순히 살아 있다는 의미를 넘어서 자신의 삶을 영위할 수 있는 능력을 지닌 행위자, 즉 '삶의 주체'이므로 인간을 위한 수단으로 취급해서는 안 된다.
의무론에 기초하여 내재적 가치를 지닌 존재를 수단으로만 대해서는 안 되며, 목적으로 대우해야 한다고 봄

테일러(생명 중심주의)

목적론적 삶의 중심 : 모든 생명체는 각기 고유한 방식으로 생존, 성장, 발전,번식이라는 선한 목적을 추구하는 '목적론적 삶의 중심'임.

생명체를 존중하기 위한 인간의 네 가지 의무 : 악행금지의 의무(불침해의 의무), 불간섭의 의무, 성실의 의무(신의의 의무), 보상적 정의의 의무

참고자료 : 출처 수능대비 기출문제집(이투스북)

12. 갑, 을의 입장으로 적절하지 <u>않은</u> 것은? [3점]

> 갑: 과학자는 자신의 연구 결과가 사회에 미치는 영향을 정확하게 예측할 수 없다. 과학자의 책임은 윤리적인 연구 과정을 거쳐 객관적인 지식을 얻어내는 것에 있으며, 연구 결과의 활용에 따른 사회적 책임은 실제 사용자에게 있다.
> 을: 과학자는 연구 대상의 선정부터 그 결과의 응용까지 자신의 가치관을 반영할 수밖에 없다. 과학자의 책임은 연구 과정에서 날조 또는 변조를 하지 않는 것뿐만 아니라 그 결과가 인류에게 미칠 영향도 고려하는 것에 있다.

① 갑: 과학자는 연구 결과 활용에 대한 책임에서 자유로워야 한다.
② 갑: 과학자는 연구 과정에서 도덕규범의 제약으로부터 벗어나야 한다.
③ 을: 과학자는 가치 판단을 토대로 연구 주제를 선정해야 한다.
④ 을: 과학자는 기술의 응용 결과에 대한 윤리적 성찰을 해야 한다.
⑤ 갑, 을: 과학자는 이론을 검증할 때 주관적 판단을 배제해야 한다.

출처 : 생활과 윤리 2020년 7월 학력평가

관점별로 키워드 정리하고 분류하기

갑	을
예측할 수 없다. **객관적인** 지식 사회적 책임은 실제 사용자	**가치관** 반영 인류에게 미칠 영향

키워드 분류를 통해 살펴보면 갑은 과학자의 내적책임은 있지만 외적책임이 없다고 보는 입장으로 가치 중립성 인정의 입장이고, 을은 내적 책임, 외적 책임이 모두 있다고 생각하는 가치 중립성 부정의 입장입니다. 정답은 2번이고, 옳은 답지가 되기 위해서 과학자는 연구 과정에서 '연구 윤리를 준수해야 한다'로 수정할 수 있습니다. 실제로 학교에서 수업을 할 때 키워드 중심으로 가르친 다음 수능 윤리 문제를 바로 풀게 하면 중학교 2학년 학생들도 별로 어렵게 생각하지 않고 80% 이상의 학생들이 바로 정답을 외칩니다. 이건 몇 년도 수능 문제였다, 모의고사 문제였다고 말하면 자신들이 중2임에도 수능 문제를 쉽게 풀었다는 사실에 스스로 뿌듯해합니다. 내신이든, 수능이든 공부하는 방식이 중요하다는 사실이 실감이 나죠?

위 문제 풀이를 돕기 위한 고등학교 생활과 윤리 참고자료

가치중립성

과학기술은 윤리적 평가로부터 자유로워야 함. 과학은 객관적 사실이므로 관련 연구에는 가치가 개입될 수 없음. 과학 연구는 사실 그 자체에 대한 기술과 설명이어야 함.

야스퍼스 : 기술이란 수단일 뿐이며, 그 자체는 선도 아니고 악도 아니다.

가치중립성 부정

과학기술의 활용에 비판적 성찰의 과정이 필요함. 과학기술의 연구 대상 선정 및 결과 활용 단계에서는 가치 개입이 불가피함. 과학 연구는 상황과 맥락을 반영하며 사회적 필요에 의해 이루어짐.

하이데거 : 과학기술을 가치 중립적인 것으로 인정할 때 우리는 무방비 상태로 과학 기술에 내맡겨진다.

참고자료 : 출처 수능대비 기출문제집(이투스북)

2. 만약 당신이 방향을 바꾸지 않는다면, 당신은 결국 지금 향하고 있는 곳으로 갈 것이다. 노자

1) 교육과정 흐름 알고, 1등급 방향 잡기

2015 도덕과 교육과정 내용을 통해 교과의 특성 이해하기

중학교 단계에서는 초등학교 단계에서 형성된 가치, 덕목 및 규범에 대한 이해 등을 심화하여 현대 사회의 다양한 도덕 문제에 대한 탐구와 삶에 대한 성찰과정을 통해 도덕적 정체성을 형성한다. 도덕과는 기본적으로 성실, 배려, 정의, 책임 등 21세기 한국인으로서 갖추어야하는 인성의 기본 요소를 핵심 가치로 설정하여 내면화하는 것을 일차 목표로 삼는다. 이를 토대로 자신의 삶의 의미를 자율적으로 찾아갈 수 있는 도덕적 탐구 및 윤리적 성찰, 실천 과정으로 이어지는 '도덕함'의 능력을 길러 도덕적인 인간과 정의로운 시민으로 살아갈 수 있도록 돕는 것을 추구한다. 가치 관계 확장법(자신과의 관계-타인과의 관계-사회.공동체와의 관계-자연.초월과의 관계)을 기본으로 내용을 구성함.

이 글은 도덕과 교육과정에서 강조하고 있는 부분의 내용만을 가져온 것입니다. 글을 읽다보면 중학교 도덕에서는 '가치에 대한 이해', '성찰', '실천'을 기본으로 강조하고 있다는 것을 알 수 있습니다. 가치는 사람들이 소중하게 생각하여 얻고자 노력하는 대상이며 성찰은 마음속으로 깊이 반성하여 살피는 것입니다. 맨 처음 1-1단원에서 용어들 살펴볼 때 이 용어들의 뜻에 대해 읽어봤죠? 다시 풀어서 이야기하면 사람들이 소중하게 생각하여 얻고자 노력하는 대상들에 대한 이해, 마음속으로 깊이 반성하여 살필 줄 아는 능력, 앎에서 이어지는 실천에 대해 강조하고 있는 것입니다. 교과 내용을 공부할 때 그냥 무턱대고 공부하면 안 됩니다. 인간의 삶과 밀접한 다양한 영역에서 발생하는 상황에 대한 성찰과 실천, 그 상황에 내포된 관점들 속의 가치를 공부할 것이라는 사실을 미리 숙지하세요. 그리고 삶과 밀접한 영역들에 도대체 무엇이 있나 교과서 목차를 통해 살펴보세요. 사람들이 소중하게 생각하려면 아무래도 삶에서 우리가 알고 있는 혹은 알 수 있는 대상들이어야겠죠? 그래서 삶과 밀접한 영역에 대해 살펴보라는 것입니다. 삶에 밀접한 영역이라는 말이 어떤 말인지 체감하지 못하는 경우를 위해 예를 들어 볼게요. 큰 변화는 아니라도 삶에 밀접한 영역이 시대의 흐름에 따라 변경되는 경우 내용이 변경됩니다. 가장 쉬운 예가 정보통신윤리입니다.

사이버공간에 대한 개념이 없었던 예전 세대를 지나 사이버공간 없이 삶을 논할 수 없는 현재 상황이 되었을 때 예전과 달리 정보 통신 윤리 단원이 교과서로 들어왔습니다. 암기해야 하는 귀찮은 과목이 아니라 사회에 나가기 전 일상생활의 현상들을 다양한 관점으로 보는 연습이라고 생각하면 좋을 것 같습니다. 그리고, 위에서 보다시피 **가치 관계 확장법**을 통해 내용을 구성했기 때문에 다음 단원으로 넘어갈수록 자신에서 주변으로, 즉, 삶의 영역에 대한 관점이 점차 확장되는 내용이 나올 것이라는 예측을 한 뒤, 공부하면 됩니다.

●

2015 사회과 교육과정 내용을 통해 교과의 특성 이해하기

사회과는 학생들이 사회생활에 필요한 지식과 기능을 익혀 이를 토대로 사회현상을 정확하게 인식하고, 민주사회 구성원에게 요구되는 가치와 태도를 지님으로써 민주 시민으로서의 자질을 갖추도록 하는 교과이다.
중학교에서는 학생들이 초등학교에서의 학습을 바탕으로 각 영역에서 중요시하는 지식을 과학적 절차에 의하여 발견·적용하고, 개인적·사회적 문제를 해결하는 능력을 길러 적극적인 공동체 구성원으로서의 자질을 함양하게 한다.

사회과 교육과정도 실천을 목표로 하는 도덕과 교육과정과 유사한 편입니다. '지식을 발견, 적용', '공동체 구성원으로서의 자질 함양'을 기본으로 봅니다. 하나 더 추가 팁을 주자면, 같은 주제가 있는 경우는 사회과(도덕, 사회) 학습 내용을 묶어서 하나의 거대한 마인드맵으로 만들면, 고등학교까지 이어질 수 있는 큰 그림 아래에서 체계적으로 공부할 수 있습니다. 예를 들어, 문화와 같은 주제로 학습을 할 때 문화와 관련된 여러 가지 특징에 대해 사회 교과에서 자세하게 설명하고, 도덕 교과도 어느 정도 내용이 나오기는 하지만 도덕은 주로 이 주제에 대해 어떤 가치관이 옳을 것인가에 다루기 때문에 문화라는 키워드를 중심으로 지식적 측면을 사회 교과서에서 자세하게 인식하고, 다양한 사고방식을 도덕과에서 살펴보면 좋습니다. 두 교과에서 문장 구성이 좀 다를 수는 있지만 같은 주제에서 사실적 측면, 교육에서 추구하고자 하는 방향의 큰 틀이 변하지는 않으니 사회 교과서 읽고-도덕 교과서로 마무리해서 같은 키워드로 맥락을 잡아 공부한다면 중학교 공부는 물론이고 고등학교 이후의 공부도 훨씬 쉬울 것입니다.

문화는 그 사회의 구성원이 환경에 적응해 가면서 형성한 것이다. 예를 들어, 인도의 힌두교도는 쇠고기를 먹지 않지만, 중동의 이슬람교도는 돼지고기를 먹지 않는다. 이러한 음식 문화의 차이는 각 문화권이 처한 환경과 관련이 있다. 인도에서 암소를 숭배하고 쇠고기를 금기시하는 것은 소규모 농경 체제에 소가 꼭 필요하였기 때문이다. 반면에 이슬람교도가 돼지고기를 금기시한 것은 이 지역의 건조한 기후와 유목 생활에 돼지 사육이 적합하지 않았기 때문이다. 이처럼 모든 문화는 각기 다른 환경에 각자의 방식으로 적응해 온 결과이므로 나름의 독특한 의미와 가치를 가지며 우열을 가릴 수 없는데, 이를 문화의 상대성이라고 한다. 다른 문화를 이해할 때는 그 문화 구성원의 입장과 관점에서 바라보고 이해해야 한다.

출처 : 미래엔 중학교 사회 1 교과서

문화가 생겨난 독특한 환경이나 역사적·사회적 상황 등을 이해하면서 다른 문화를 바라보는 관점을 '문화 상대주의'라고 한다. 이와 같은 입장에서는 각 문화에 담긴 고유한 뜻과 가치를 이해함으로써 문화의 다양성을 인정한다. 다문화 사회를 살아가는 우리는 문화 상대주의를 바탕으로 하여 서로 다른 문화를 인정하고 존중할 필요가 있다. 이러한 태도로 다른 문화를 대할 때 우리는 다양한 문화의 풍요로움을 누리며 사회 구성원 모두가 조화로운 삶을 살아갈 수 있다.

보편 규범에 근거한 타 문화와 자문화 성찰

우리는 서로 다른 문화를 인정하고 존중하며 함께 살아가야 한다. 하지만 모든 문화를 인정하고 존중할 수 있는 것은 아니다. 다음 기사를 읽고 생각해 보자.

> ○○국에서 어느 여성이 자신의 친오빠에게 명예 살인을 당했다. ○○국에서는 여성
> 의 성적 발언을 금기하는데, 이 여성이 인터넷을 통해 양성평등을 주장하며 보수적인 사
> 회 분위기와 금기에 저항했기 때문이었다. 그의 친오빠는 "가족의 명예를 지켜야 한다."라
> 고 말하며 동생을 살해한 것으로 알려졌다. ○○국에서는 명예 살인이 불법임에도 불구
> 하고 매년 천여 명이 넘는 여성들이 명예 살인으로 희생되고 있다.
>
> – 《YTN 뉴스》, 2016년 7월 19일 –

생각 **위의 명예 살인과 같은 문화를 존중할 수 없는 까닭은 무엇일까?**
우리는 위 기사의 명예 살인처럼 인간의 생명을 해치는 문화를 인정하거나 존중해서는 안 된다. 왜냐하면 명예 살인은 보편 규범에 어긋나는 문화이기 때문이다.

출처 : 미래엔 중학교 도덕 1 교과서

위에서 사회과 전체를 하나의 주제로 큰 마인드맵처럼 인식하면 좋다고 언급했었죠? 예시로 들었던 '문화'를 주제로 하는 사회 교과서와 도덕 교과서 본문 내용입니다. 문화의 상대성에 대해 똑같이 나와 있지만, 도덕이 가치와 관련이 깊고 이를 다루는 학문이기 때문에 보편 규범에 대한 부분이 추가되어 있습니다. 문화의 상대성에 대한 정의는 중복되니 사회 학습 시 한 번만 이해하고 정리하면 될 것이고, 도덕 교과서로 마무리할 때 '문화 상대주의적 관점을 통한 다양성의 존중도 필요하나, 보편 규범에 근거하여 각 나라의 문화를 바라보는 것이 인간으로서의 기본 도리이니 모든 것들을 존중할 수는 없구나'라는 내용으로 정리하면 되겠습니다. 그리고 추가 팁 알려드릴게요. 마인드맵 이야기가 나와서 말인데, 많은 내용을 정리할 때는 마인드맵으로 전체적인 내용을 한눈에 볼 수 있게 정리하면 정리할 때는 시간이 걸릴 수 있지만 잘 까먹지 않고, 복습할 때 편합니다. 사회과와 도덕과 내용을 한 번에 정리할 자신이 없더라도 한 단원의 전체 내용은 마인드맵으로 정리해보길 추천합니다.

2) 교과서 목차 흐름 알고, 1등급 방향 잡기

앞 단원부터 계속 강조하고 있지만, 사회 교과는 '용어'와 '관점'의 이해가 중요하기 때문에 사회 공부가 어렵다, 그 말이 그 말 같다, 모호하다고 느끼는 학생들의 경우 본인이 공부하는 내용이 어떤 단원에 속하는지 확인하여 '각 관점의 출발선과 틀이 무엇인지 아는 것'이 먼저 이루어져야 합니다. 단원에서 함께 고민하고자 하는 방향을 이해해야 다양한 관점들을 바르고 쉽게 이해할 수 있습니다.

교과서 목차

[도덕 1]

I. 자신과의 관계

  1. 도덕적인 삶 2. 도덕적 행동 3. 자아정체성 4. 삶의 목적 5. 행복한 삶

II. 타인과의 관계

  1. 가정 윤리 2. 우정 3. 성 윤리 4. 이웃생활

III. 사회. 공동체와의 관계

  1. 인간 존중 2. 문화 다양성 3. 세계 시민 윤리

[도덕 2]

I. 타인과의 관계

  1. 정보 통신 윤리 2. 평화적 갈등 해결 3. 폭력의 문제

II. 사회. 공동체와의 관계

  1. 도덕적 시민 2. 사회 정의 3. 북한 이해 4. 통일 윤리 의식

III. 자연. 초월과의 관계

  1. 자연관 2. 과학과 윤리 3. 삶의 소중함 4. 마음의 평화

위 목차를 보면 교육과정에서 살펴보았듯이 가치 관계 확장법으로 구성되었기 때문에 자신-타인-사회. 공동체-자연. 초월의 순서로 이루어져 있습니다. 다시 말해, 다양한 삶의 영역을 바라보는 시선을 나를 돌아보는 것에서 시작하여 점점 외부의 영역으로 확장하면서 보도록 하는 설명 방식임을 알 수 있습니다. 자신이 스스로 할 수 있는 것, 해야 하는 것부터 타인. 공동체와의 관계에서 할 수 있는 것, 해야 하는 것에 대한 내용이라는 것을 숙지하고 학습에 임한다면,

각 단원의 내용만 지엽적으로 이해하는 것보다 더 잘 이해할 수 있습니다. 자신과의 관계에서는 자아정체성, 행복한 삶 등 자신의 올바른 삶을 위해 스스로 노력할 수 있는 부분들에 대해 다루고 있습니다. 그런데 다음 단원을 보면 가정, 우정, 이웃, 성 모두 상대방이 있어야 존재할 수 있는 단어들이죠? 무작정 소단원별로 글을 읽기보다는 이러한 방식으로 미리 이해하고 글을 읽어나가는 것을 추천합니다. 사회. 공동체와의 관계는 1:1에서보다 넓어진 내용을 다룰 것으로 추측할 수 있는데 소단원을 보면 시민, 정의 등의 단어가 보이죠? 시민은 민주 사회의 구성원으로 권력 창출의 주체로서 권리와 의무를 가지며, 자발적이고 주체적으로 공공 정책 결정에 참여하는 사람이며, 정의는 각 개인에게 그의 몫을 주는 것'으로, 그리고 '동등한 자를 동등하게 취급하는 것'을 말합니다. 단원명을 통해 우리 사회 공동체의 바람직한 모습들, 구성 요소들에 대해 언급할 것임을 추측할 수 있겠네요. 그리고 시민과 정의에 대해 잘 모를지언정 대단원 목차만 보아도 사회. 공동체와의 관계이기 때문에 2인 이상의 사람이 모인 '공동체'에서 <필요한, 바람직한, 사람들이 소중하게 생각하는> 기준에 대해 다룰 것을 생각해 볼 수 있겠네요. 이러한 방식으로 교과서 목차를 먼저 훑어보면서 어떠한 내용을 공부할지 읽고 추측해본다면, 글을 읽다가 이해가 되지 않아서 전혀 다른 방향으로 생각하거나 잘못 이해할 확률이 줄어듭니다.

3) 학습 목표 흐름 알고, 1등급 방향 잡기

단원명 : 인간 존엄성과 인권은 왜 소중한가?
학습 목표 : 인간 존엄성과 인권의 뜻을 설명할 수 있다.
　　　　　인간 존엄성과 인권이 소중한 까닭을 제시할 수 있다.

여기서 '인간 존엄성'이란 인간이라면 누구나 소중한 존재로 대우받아야 한다는 뜻이다. 우리는 단지 인간이기 때문에 어떠한 상황에서든 자신의 존엄성을 인정받으며 다른 사람에게 존중받아야 하고, 마찬가지로 다른 사람을 존중해야 한다. 이러한 인간 존엄성은 인권을 통해 구체적으로 실현된다. '인권'은 모든 인간이 존엄하게 살아가는 데 필요한 권리이다. 우리가 인간답게 살기 위해서는 생명을 안전하게 유지할 권리뿐만 아니라, 다른 사람에게 피해를 주지 않는 범위에서 자유와 평등을 누릴 권리, 행복을 추구할 권리 등 다양한 권리를 보장받아야 한다. 인권은 우리가 인간이기에 가지는 도덕적 권리로, 누구도 함부로 빼앗을 수 없으며 스스로 포기할 수도 없는 권리이다.

인간 존엄성과 인권이 소중한 까닭
인간 존엄성과 인권은 모든 사람이 태어날 때부터 지니고 있는 소중한 가치이다. 그러나 우리는 이를 너무나 당연한 것으로 여기면서 그 소중함을 잊어버리고는 한다. 다음 그림을 살펴보면서 인간 존엄성과 인권이 소중한 까닭을 생각해 보자.

출처 : 미래엔 중학교 도덕 1 교과서

　　교과서에서 여러 쪽에 걸쳐 설명하고 있지만 실제로는 소중한 까닭의 핵심만 이해하면 다른 내용은 핵심의 이해를 돕는 부수적인 것에 불과합니다. 앞서 언급했던 키워드로 파악하는 방식을 사용해 봅시다. '인간이라면 누구나', '단지 인간이기 때문에'라는 부분이 핵심입니다. 소중한 까닭은 특별한 이유가 없습니다. 인간이라는 이유 자체가 인권이 소중한 까닭입니다. 인간이라면 누구나 소중한 존재로 대우를 받아야 한다는 것이 인간 존엄성의 의미입니다.

이처럼 인간 존엄성과 인권은 누구에게나 어떤 상황에서나 적용되어야 하는 보편적이고 절대적인 가치라는 점에서 소중하다. 인간 존엄성과 인권은 다른 어떤 것과도 비교할 수 없이 소중하며, 그 어떤 가치와도 바꿀 수 없다. 모든 사람은 성별, 종교, 인종 등과 관계없이 언제나 어디에서나 존엄한 존재로서 대우받으며 인간답게 살아가야 한다. 또한, 인간 존엄성과 인권은 더욱 바람직한 사회를 만드는 토대라는 점에서 소중하다. 인간 존엄성과 인권 보장에 부족한 부분이 없는지, 우리 자신은 물론 타인과 사회에 관한 책임감을 갖고 끊임없이 성찰해야 한다. 이러한 책임감과 성찰을 바탕으로 모든 사람의 인간다운 삶과 행복을 보장하는 사회를 만들어 갈 수 있다. 따라서 우리는 인간 존엄성과 인권의 소중함을 인식하고 이를 구현하면서, 모든 사람이 인간다운 삶을 살아갈 수 있는 더욱 바람직한 사회를 만들어 나가야 할 것이다.

출처 : 미래엔 중학교 도덕 1 교과서

단원명 : 왜 정의로운 사회를 추구하는가?
학습 목표 : 사회 정의와 정의로운 사회의 의미를 설명할 수 있다.
　　　　　정의로운 사회를 추구하는 까닭을 제시할 수 있다.

저에게는 꿈이 있습니다. 언젠가 이 나라가 모든 인간은 평등하게 태어났다는 것을 자명한 진실로 받아들이고, 그 진정한 의미를 굳게 믿고 살아가는 날이 오리라는 꿈입니다. 언젠가는 조지아의 붉은 언덕 위에 예전에 노예였던 부모의 자식과 그 노예의 주인이었던 부모의 자식들이 형제애의 식탁에 함께 둘러앉는 날이 오리라는 꿈입니다. 언젠가는 불의와 억압의 열기에 신음하던 저 황폐한 미시시피 주가 자유와 평등의 오아시스가 되리라는 꿈입니다. 나의 네 자녀가 피부색이 아니라 인격에 따라 평가받는 그런 나라에 살아가는 날이 오리라는 꿈입니다.

- 마틴 루서 킹, 〈나에게는 꿈이 있습니다〉 연설문 중에서 -

생각 킹 목사가 추구하는 사회는 어떤 모습이며, 이러한 사회를 추구한 까닭은 무엇일까?

우리는 위 기사의 명예 살인처럼 인간의 생명을 해치는 문화를 인정하거나 존중해서는 안 된다. 왜냐하면 위 연설의 주인공은 모든 구성원이 인종에 따라 차별당하지 않는 정의로운 사회를 실현하고자 노력하였다. 그가 이러한 노력을 기울인 까닭은 모든 구성원에게 인간다운 삶을 보장하기 위해서이다.

출처 : 미래엔 중학교 도덕 2 교과서

인권 단원에서 활용한 방식을 적용하여 함께 생각해 봅시다. 정의로운 사회를 추구하는 이유만 이해하면 다른 내용은 핵심의 이해를 돕는 부수적인 것에 불과합니다. 앞서 언급했던 키워드로 파악하는 방식을 사용해 봅시다. 위 본문을 보면 정의로운 사회를 추구하는 까닭에 관해서는 '모든 구성원에게 인간다운 삶을'이라는 부분이 핵심입니다. 앞서 함께 정리해 본 인권 단원과도 흐름이 이어지죠? 인간이라는 이유만으로 인간다운 삶을 보장하는 것은 당연하기 때문에 모든 구성원에게 인간다운 삶을 보장해야 하고, 이러한 노력은 정의로운 사회를 만든다고 이해하면 되겠죠? **이런 방식으로 공부를 하면 학습 목표만 보고도 '추측'을 해보고, '추측'이 맞는지 핵심 용어를 통해 '파악'하고, 교과서의 긴 본문들은 핵심 용어를 통해 '파악'한 내용에 관련된 사고의 흐름을 '확인'하는 방식으로 공부하게 됩니다.** 학습 목표는 어떤 과목이나 중요하지만, 이렇게 키워드 파악이 중요한 사회 교과목에서는 무엇보다 중요하다는 것 이해되었나요?

4) [고등생활 미리보기] :
통합사회, 수능 1등급 열차 올라타기

2-1, 2, 3 단원에서 교육과정, 교과서 목차, 학습 목표를 통해 이야기하고자 하는 것을 한 문장으로 요약하자면 '사회 교과를 공부할 때 전체적인 흐름과 틀을 인식하고 공부해야 한다'였습니다. 고등학교에 진학하면 어떻게 해야 할까요? 정답은 '중학교 때 연습했던 학습전략을 충실하게 적용하기.'입니다. 오히려 중학교 때는 이 학습전략을 사용하는 것이 연습 수준이었고 1학년 때 배우게 되는 고등학교 통합사회에서는 아예 집필진이 각 주제에 대한 관점을 하나의 흐름으로 통합했어요. 과목 이름도 벌써 통합사회죠! 통합사회 교육과정 내용을 통해 함께 흐름을 파악해봅시다.

---

2. 목표

통합사회는 사회과와 도덕과의 교육 목표를 바탕으로 통합 과목으로서 다음과 같은 구체적인 목표를 갖는다.

가. 시간적, 공간적, 사회적, 윤리적 관점을 통해 인간의 삶과 사회현상을 통합적으로 바라보는 능력을 기른다.

나. 인간과 자신의 삶, 이를 둘러싼 다양한 공간, 그리고 복합적인 사회 현상을 과거의 경험, 사실 자료와 다양한 가치 등을 고려하면서 탐구하고 성찰하는 능력을 기른다.

다. 일상생활과 사회에서 발생하는 다양한 문제에 대한 합리적인 해결 방안을 모색하고 이를 통해 공동체 구성원으로서 자신의 삶을 통합적인 관점에서 성찰하고 설계하는 능력을 기른다.

통합사회 교육과정의 핵심 내용을 통해 고등학교 통합사회에서도 **중학교와 마찬가지로 '가치에 대한 이해', '성찰', '실천'이 기본**이라는 것을 알 수 있습니다. 다른 점은 사회, 도덕으로 나누어져 있던 중학교 교과서와 교육과정이 통합사회에 와서 하나의 교과서에 정리되어 있습니다. 하지만 결국 기본적인 목표가 다르지 않기 때문에 어떤 주제의 단원에서 어떤 관점으로 가치를 다루는가에 대해 포인트를 잡으면 특별히 중학교 사회, 도덕 공부에서 벗어나는 내용이 많지 않습니다. 새로운 교과서의 새로운 내용이라기보다 중학교 내용과 같은 내용인데, 좀 더 자세하게 보는 정도입니다. 우선은, **같은 주제를 가진 단원의 성취기준을 통해 중학교 사회, 도덕이 고등학교 통합사회로 가면 어떤 흐름으로 이어지는지 살펴봅시다.**

#1. 문화를 보는 관점

❶ 고등학교 통합사회 성취기준

[3. 사회 변화와 공존] (7) 문화와 다양성

이 단원은 "다양한 문화권의 특징은 무엇이며, 문화 다양성을 어떻게 유지해야 할까?"라는 핵심 질문의 답을 찾아가는 과정으로, 이 단원에서는 문화의 형성과 교류를 통해 나타나는 다양한 문화권과 다문화 사회를 이해하기 위해서는 바람직한 문화 인식 태도가 필요함을 파악하고자 한다.

[10통사07-01]자연환경과 인문환경의 영향을 받아 형성된 다양한 문화권의 특징과 삶의 방식을 탐구한다.

[10통사07-02]문화 변동의 다양한 양상을 이해하고, 현대사회에서 전통문화가 갖는 의의를 파악한다.

[10통사07-03]문화적 차이에 대한 상대주의적 태도의 필요성을 이해하고, 보편 윤리의 차원에서 자문화와 타문화를 성찰한다.

[10통사07-04]다문화 사회에서 나타날 수 있는 갈등을 해결하기 위한 방안을 모색하고, 문화적 다양성을 존중하는 태도를 갖는다.

❷ 문화의 이해(중학교 사회 일반사회 부분)

교육과정 성취기준		평가기준
[9사(일사)02-01] 문화의 의미를 이해하고, 문화가 가지는 특징을 사례를 통해 분석한다.	상	문화의 의미를 이해하고, 사례를 통해 문화의 다양한 특징을 비교·분석할 수 있다.
	중	문화의 의미를 이해하고, 사례를 통해 문화의 특징을 설명할 수 있다.
	하	문화의 의미를 이해하고, 문화의 특징을 제시할 수 있다.
[9사(일사)02-02] 문화를 바라보는 여러 가지 태도를 비교하고, 다른 문화들을 이해하기 위한 바람직한 태도를 가진다.	상	문화를 바라보는 여러 가지 태도를 비교한 후, 다른 문화들을 이해하기 위한 바람직한 태도를 제시하고 그 이유를 설명할 수 있다.
	중	문화를 바라보는 여러 가지 태도를 이해하고, 다른 문화들을 이해하기 위한 바람직한 태도를 제시할 수 있다.
	하	문화를 바라보는 여러 가지 태도를 제시할 수 있다.
[9사(일사)02-03] 대중매체와 대중문화의 의미와 특징을 이해하고, 대중문화를 비판적으로 평가하는 태도를 가진다.	상	대중매체와 대중문화의 의미와 특징을 이해하고, 사례 분석을 통해 대중문화의 영향을 개인적·사회적 차원에서 비판적으로 평가할 수 있다.
	중	대중매체와 대중문화의 의미와 특징을 이해하고, 대중문화의 영향을 평가할 수 있다.
	하	대중매체와 대중문화의 의미와 특징을 설명할 수 있다.

❸ 다양한 세계, 다양한 문화 (중학교 사회: 지리부분)

교육과정 성취기준		평가기준
[9사(지리)04-01] 다양한 기준으로 문화지역을 구분해 보고, 지역별로 문화적 차이가 발생하는 이유를 지역의 자연환경, 경제·사회적 환경의 관점에서 파악한다.	상	다양한 기준으로 문화지역을 구분할 수 있으며, 지역별로 문화적 차이가 발생하는 이유를 지역의 자연환경, 경제·사회적 환경의 관점에서 분석하여 설명할 수 있다.
	중	다양한 기준으로 구분된 문화지역을 보고 지역별로 문화적 차이가 발생하는 이유를 설명할 수 있다.
	하	지역별로 문화적 차이가 발생하는 이유를 말할 수 있다.
[9사(지리)04-02] 지역 간 문화 접촉과 문화 전파에 따른 문화 변용의 사례를 조사하고, 세계화가 문화 변용에 미친 영향을 평가한다.	상	지역 간 문화 접촉과 문화 전파에 따라 문화 변용이 일어난 사례를 조사하여 설명하고, 세계화가 문화 변용에 미친 긍정적 영향과 부정적 영향에 대해 자신의 견해를 제시할 수 있다.
	중	지역 간 문화 접촉과 문화 전파에 따라 문화 변용이 일어난 사례를 조사하고, 세계화가 문화변용에 미친 영향을 설명할 수 있다.
	하	지역 간 문화 접촉과 문화 전파에 따라 문화 변용이 일어남을 말할 수 있다.
[9사(지리)04-03] 서로 다른 문화가 공존하는 지역과 갈등이 있는 지역을 비교하여, 그 차이가 발생하는 이유를 분석한다.	상	서로 다른 문화가 공존하는 지역과 갈등이 있는 다양한 지역 사례들을 조사하여 비교하고, 그 차이가 발생하는 이유를 분석하여 설명할 수 있다.
	중	서로 다른 문화가 공존하는 지역과 갈등이 있는 지역 사례를 제시할 수 있다.
	하	서로 다른 문화가 공존하는 지역과 갈등이 있는 지역이 있음을 말할 수 있다.

❹ 사회·공동체와의 관계(중학교 도덕)

교육과정 성취기준		평가기준
[9도03-02] 보편 규범과 문화 다양성의 관계를 이해하고, 이를 바탕으로 문화적 차이와 다름을 존중하는 등 다양성을 긍정하는 자세를 지닐 수 있다.	상	보편 규범과 문화 다양성의 관계를 설명할 수 있고, 문화적 차이와 다름을 존중하는 등 다양성을 긍정하며 적극적으로 수용하려는 자세를 지닐 수 있다.
	중	보편 규범과 문화 다양성의 관계를 파악할 수 있고, 문화적 차이와 다름을 존중하는 등 다양성을 긍정하는 자세를 지닐 수 있다.
	하	보편 규범과 문화 다양성의 관계를 생각해 볼 수 있고, 문화적 차이와 다름에 대한 긍정적인 점을 떠올려볼 수 있다.

#2. 인권을 바라보는 관점

❶ 고등학교 통합사회 성취기준

[2. 인간과 공동체] (4) 인권 보장과 헌법
이 단원은 "인권은 어떻게 확장되어 왔으며, 그 내용은 무엇인가?"라는 핵심 질문의 답을 찾아가는 과정으로, 이 단원에서는 근대 시민 혁명 이후 확립되고 확장되어 온 인권의 의미와 변화 향상을 파악하고 인권 보장을 위한 여러 가지 제도적 장치와 의식적 노력을 살펴ㄴ고자 한다.
[10통사04-01]근대 시민 혁명 등을 통해 확립되어 온 인권의 의미와 변화 양상을 이해하고, 현대 사회에서 주거, 안전, 환경 등 다양한 영역으로 인권이 확장되고 있는 사례를 조사한다.
[10통사04-02]인간 존엄성 실현과 인권 보장을 위한 헌법의 역할을 파악하고, 준법 의식과 시민참여의 필요성에 대해 탐구한다.
[10통사04-03]사회적 소수자 차별, 청소년의 노동권 등 국내 인권 문제와 인권지수를 통해 확인할 수 있는 세계 인권 문제의 양상을 조사하고, 이에 대한 해결 방안을 제시한다.

❷ 중학교 사회 성취기준

교육과정 성취기준		평가기준
[9사(일사)06-01] 인권 보장의 중요성을 이해하고, 우리나라 헌법에서 보장하고 있는 기본권의 종류, 기본권 제한의 내용과 한계를 탐구한다.	상	인권 보장의 중요성을 이해하고, 사례를 통해 우리나라 헌법에서 보장하고 있는 기본권의 종류, 기본권 제한의 내용과 한계를 분석할 수 있다.
	중	인권 보장의 중요성을 이해하고, 우리나라 헌법에서 보장하고 있는 기본권의 종류, 기본권 제한의 내용과 한계를 설명할 수 있다.
	하	인권 보장의 중요성을 이해하고, 우리나라 헌법에서 보장하고 있는 기본권의 종류를 제시할 수 있다.
[9사(일사)06-02] 일상생활에서 인권이 침해되는 사례를 분석하고, 국가기관에 의한 구제 방법을 조사한다.	상	일상생활에서 인권이 침해되는 사례를 찾아 분석하고, 해당 사례에 적합한 국가기관의 구제 방법을 조사하여 설명할 수 있다.
	중	일상생활에서 인권이 침해되는 사례와 국가기관에 의한 구제 방법을 조사하여 제시할 수 있다.
	하	일상생활에서 인권이 침해되는 사례를 제시할 수 있다.

❸ 중학교 도덕 성취기준

교육과정 성취기준		평가기준
[9도03-01] 인간 존엄성과 인권, 양성평등이 보편적 가치임을 도덕적 맥락에서 이해하고, 타인에 대한 사회적 편견을 통제하여 보편적 관점에서 모든 인간을 인권을 가진 존재로서 공감하고 배려할 수 있다.	상	인간 존엄성과 인권, 양성 평등의 도덕적 개념을 보편적 가치의 관점에서 설명하고, 타인에 대한 사회적 편견을 버리고 인권을 존중하는 방법을 구체적인 예를 들어 제시할 수 있다.
	중	인간 존엄성과 인권, 양성 평등의 도덕적 개념을 파악하고, 타인에 대한 사회적 편견을 버리기 위해 노력하고 인권을 존중하는 방법을 제시할 수 있다.
	하	인간 존엄성과 인권, 양성 평등의 생각해 보고, 타인에 대한 사회적 편견을 발견하고 인권을 존중하는 방법에 대해 고민해 볼 수 있다.

위 성취기준들을 살펴보면, 중학교 지리, 사회, 도덕에서 배웠던 문화에 대한 관점을 고등학교 통합사회에서 그대로 합쳐서 다루고 있음을 알 수 있죠? '통합' 사회라는 교과목명에 어울리게 사회 현상을 바라보는 다양한 관점을 주제별로 통합하여 정리한 것으로 보면 됩니다. 어떤 부분에 좀 더 초점을 맞춰서 현상을 바라보는가? 이것이 여러분들이 공부할 때 생각할 부분입니다. 실제로 각 분야의 전문가들이 모여서 대화하는 장면을 상상해보세요. 정치인은 정치에, 환경연구가는 환경에, 사회학자는 사회 현상에 강조점을 둡니다. 각각 같은 주제로 이야기를 하여도 자신이 중시하는 부분에 따라 바라보는 관점이 다르고, 그에 따른 생각이 달라서 하는 이야기가 다르겠죠? 고등학교에 가서도 크게 달라지지 않으니 겁내지 말고 중학교 때 공부했던 그대로 하면 됩니다. 수능 문제들도 크게 다르지 않습니다. 좀 더 답을 찾아가는 방식이 복잡해지고, 좀 더 어려운 단어를 써도 결국 핵심들은 같습니다. 교육과정을 통해 전체적인 틀을 보니 고등학교 공부도 별로 어렵지 않게 느껴지지 않나요?

3. 책 없는 방은 영혼 없는 육체와도 같다. 키케로

1) 1등급을 창조하는 통찰의 비법, 독서

제가 많은 분들의 질문에 해답을 드리는 것 같지만, 사실은 그렇지 않습니다. 다른 관점에서 한번 살펴보라고 말하는 것뿐이에요. 앞면만 보는 사람에게 "뒷면은 어때요?"라고 묻고, 이쪽만 보는 사람에게 "저쪽 면은 어때요?" 묻고, 윗면만 보는 사람에게 "아랫면은 어때요?" 하고 묻는 것뿐입니다. 이것을 총체적으로 본다고 합니다. 사물의 한 단면만 보는 것을 편견이라고 하고, 총체적으로 보는 것을 통찰력 또는 지혜라고 합니다.

출처 : 법륜 스님의 행복, 법륜

사회는 다른 과목에 비해 특히 **'성찰', '실천'**을 강조하고 있는 과목이기 때문에 사고력을 길러 삶을 통찰할 수 있는 능력은 교과 학습에 있어 꼭 필요한 능력입니다. 삶의 성찰을 위해 나를 돌아보고 우리를 돌아보려면 통찰력이 있을수록 좋겠죠? 우리는 경험을 통해 관점을 이해할 수 있는 통찰력을 얻게 되지만 한정적인 시간 속에서 모든 경험을 할 수 없기에 책을 통한 간접 경험과 사고력 기르기가 필요합니다. 독서를 통해 통찰력을 지니게 되면 다른 사고방식을 가진 이의 삶을 역지사지하는 능력이 높아지기 때문에, 다양한 사상가의 관점과 인간 삶의 모습 및 현상을 이해하기 편해집니다.

Q. 그렇지만 일반적인 현대인들의 현실적인 입장에서 보면 굳이 왜 고전을 읽어야 하는지를 이해하지 못할 수도 있을 것 같아요. 우리는 왜 고전을 읽어야 할까요?

보통 어떤 기계를 사면 사용설명서가 들어 있잖아요. 사실 우리는 읽기 귀찮고 불편하니까 설명서없이 그 기계를 사용하곤 해요. 친구한테 물어보는 등 다른 채널로 정보를 얻어도 그만이니까요. 하지만 설명서를 읽은 사람은 확실히 읽지 않은 사람보다 더 풍부하게 기계를 쓸 수 있을 겁니다.

저는 고전이 인류의 사용설명서같다고 봅니다. 고전이라는 설명서를 정확하게 읽으면 인간이 더 잘 살 수 있고, 사회가 더 좋은 방향으로 움직일 거라고 생각해요. 또, 우리가 지난 역사를 더 재밌게 이해하고, 삶을 즐길 수 있을 거예요. 거창하게 가지 않아도 내 삶의 어떤 문제를 고전으로 상당 부분 해결하거나 해소할 수 있어요.

참을성을 갖고 고전을 읽으면 언젠가 분명 그런 인생의 어려움을 극복하는 실마리를 발견하게 될 겁니다. 생각을 깊고 폭넓게 할 때만 느껴지는 지적인 즐거움도 흠뻑 향유할 수 있을 거고요.

출처 : '고전은 죽지 않는다' 서울대 교수가 말하는 인문학의 중요성
EO(Entrepreneurship & Opportunities), 김정원

청소년 추천도서 중 쉬운 책들도 읽기에 좋긴 하지만, 어렵다고 느껴질 수 있는 인문학 고전 추천도서들을 읽으면서 한번은 글 읽기에 대한 근육을 길러놓으세요! 위의 참고 자료를 보면, 인문 고전의 중요성을 이야기하고 있죠? 다른 과목보다 좀 더 직접적인 방식으로 인간의 삶을 조명하는 사회 교과이기 때문에 인문학 고전 읽기 등을 통해 글 읽기 근육을 기르면 사회과 교과서를 다른 또래 친구들에 비해 쉽게 느끼고, 글을 빠르게 이해할 수 있습니다.

중학교 1학년

1. 허균, <홍길동전> 김현양 옮김, 문학동네, 2010.
2. 김만중, <구운몽> 송성욱 옮김, 민음사, 2003.
3. 허난설헌, <허난설헌 시집> 허경진 편역, 평민사, 2008.
4. 노자, <노자> 최재목 옮김, 을유문화사, 2006.
5. 주희 엮음, <대학.중용> 김미영 옮김, 홍익출판사, 2005.
6. 사마천, <사기본기> 김원중 옮김, 민음사, 2010.
7. 나관중, <삼국지> 황석영 옮김, 창비, 2003.
8. 호메로스, <오딧세이아> 천병희 옮김, 숲, 2006.
9. 소포클레스, <오이디푸스 왕> 강대진 옮김, 민음사, 2009.
10. 플루타르코스, <플루타르크 영웅전> 이성규 옮김, 현대지성사, 2000.
11. 윌리엄 셰익스피어, <햄릿> 최종철 옮김, 민음사, 2001

중학교 2학년

1. 이이, <성학집요> 김태완 옮김, 청어람미디어, 2007.
2. 이순신, <난중일기> 노승석 옮김, 민음사, 2010.
3. 작자 미상, <춘향전> 송성욱 옮김, 민음사, 2004.
4. 박지원, <열하일기> 김혈조 옮김, 돌베개, 2009.
5. 장자, <장자> 김학주 옮김, 연암서가, 2010.
6. 사마천, <사기열전> 김원중 옮김, 민음사, 2007.
7. 구우, <전등 신화> 정용수 옮김, 지만지, 2008.
8. 헤로도토스, <역사> 천병희 옮김, 숲, 2009.
9. 플라톤, <국가.정체> 박종현 옮김, 서광사, 2005.
10. 푸블리우스 베르길리우스 마로, <아이네이스> 천병희 옮김, 숲, 2007.
11. 미겔 데 세르반테스, <돈키호테> 민용태 옮김, 창비, 2005.
12. 로트레아몽, <말도로르의 노래> 이동렬 옮김, 민음사, 1997.

중학교 3학년

1. 이익, <성호사설> 최석기 옮김, 한길사, 1999.
2. 박제가, <북학의> 박정주 옮김, 서해문집, 2003.
3. 김립, <김립 시선> 허경진 편역, 평민사, 2010.
4. 묵적, <묵자> 박재범 옮김, 홍익출판사, 1999.
5. 한비, <한비자> 김원중 옮김, 글항아리, 2010.
6. 시내암, <수호지> 이문열 옮김, 민음사, 1991.
7. 아리스토텔레스, <정치학> 천병희 옮김, 숲, 2009.
8. 단테 알리기에리, <신곡> 박상진 옮김, 민음사, 2007.
9. 요한 볼프강 폰 괴테, <파우스트> 이인웅 옮김, 문학동네, 2009.
10. 에드워드 기번, <로마제국 쇠망사>전6권, 윤수인 외 옮김, 민음사, 2008-2010.
11. 아르튀르 랭보, <지옥에서 보낸 한 철> 김현 옮김, 민음사, 2000.

고등학교 1학년

1. 류성룡, <징비록> 김홍식 옮김, 서해문집, 2003.
2. 정약용, <목민심서> 민족문화추진회 옮김, 솔, 1998.
3. 매창, <매창 시집> 허경진 편역, 평민사, 2007.
4. 순자, <순자> 김학주 옮김, 을유문화사, 2008.
5. 이백, <이백 시선> 이원섭 옮김, 현암사, 2003.
6. 오승은, <서유기> 임홍빈 옮김, 문학과 지성사. 2010.
7. 아리스토텔레스, <니코마코스 윤리학> 이창우, 김재홍, 강상진 옮김, 이제이북스, 2006.
8. 마르쿠스 툴리우스 키케로, <의무론> 허승일 옮김, 서광사, 2006.
9. 르네 데카르트, <방법서설> 이현복 옮김, 문예 출판사, 1997.
10. 조너선 스위프트, <걸리버 여행기> 신현철 옮김, 문학수첩, 2010.
11. 스탕달, <적과 흑> 이규식 옮김, 문학동네, 2009.
12. 제인 오스틴, <오만과 편견> 윤지관, 전승희 옮김, 민음사, 2003.
13. 존 버니언, <천로역정> 김창 옮김, 서해문집, 2006.
14. 빅토르 위고, <레미제라블> 방곤 옮김, 범우사, 1993.
15. 샤를 피에르 보들레르, <악의 꽃> 김붕구 옮김, 민음사, 2001.

출처 : 청소년을 위한 리딩으로 리드하라, 이지성

한때 고전 읽기 열풍을 불러오기도 했던 '리딩으로 리드하라'의 청소년용에서 발췌한 인문 고전 추천 목록입니다. (추천 목록은 중1~성인까지 있으니 관심이 있으면 목록 전체를 참고해 보세요) 학교 수업에서는 학생들이 그냥 책 읽기도 별로 좋아하지 않는데 외계어 수준으로 쓰여있는 인문 고전들을 읽자고 하면 거의 쓰러지려고 하더군요! 그래서 이 책을 읽는 여러분들에게 추천하기는 하지만 제가 만났던 친구들처럼 '전 진짜 못하겠어요. 이번 생에서는 포기할게요.'라는 말이 목 끝까지 올라온 경우는 다음 단원의 교과서 관련 도서들을 읽으세요. 그리고 요즈음 인문 고전 읽기 열풍에 편승하여 고전을 쉽게 풀어 쓴 책들이 많아요. 지나치게 어렵게 느껴진다면 그런 책을 가볍게 훑어보고 고전을 읽는 것을 추천합니다. 하지만 저 많은 책 중 단 한 권이라도 꼭 꼼꼼하게 읽어보길 바랍니다. 한 권도 어렵다면 한 단원 분량이라도요! '읽어서 뭐가 달라질까?, 시간 낭비야!'라고 느꼈던 마음이 읽은 후에 반드시 달라질 것이라고 믿어요. 교과서 글들이 너무너무 쉬워 보이는 마법이 펼쳐질 거예요.

2) 쉿! 비밀이야! 너희에게만 알려주는 추천도서

유명한 저자가 쓴 베스트셀러도 물론 좋지만 아래 추천도서들을 보면 현직 교사들이 쓴 책도 꽤 추천했습니다. 현직 교사들이 현장 경험을 반영하여 쓴 책이기 때문에 학생들을 위해서 더 현실적인 도움이 되는 편이라 추천하였으니 읽어보세요. 여기서 추천한 책 이외에도 책들이 꾸준히 나오고 있으니 책을 검색해서 볼 때, 다양한 현직 교사들이 집필한 책들을 검색하여 전체적으로 훑어보고 자신에게 도움이 될 만한 책을 골라서 읽어보는 것도 좋겠습니다.

도덕을 위한 철학 통조림
교과서에 있는 내용이 많이 나오는데, 삽화와 함께 대화체로 구성되어 있어 중학생이 읽기에 크게 어렵지 않습니다. 오히려 교과서보다 훨씬 재미있을 것입니다.

소피의 세계

소크라테스, 칸트 등 중학교 도덕 교과서부터 시작해서 수능윤리까지 계속 등장하는 유명한 철학자들의 이론을 소설로 재미있게 풀어놓은 책입니다.

도덕 수업, 책으로 묻고 윤리로 답하다

수업 관련 단원 글을 읽어보거나 시간적 여유가 되는 경우 이 책에서 추천하는 책을 직접 읽어보면 좋습니다.

영화보다 재미있는 인권 이야기, 불편해도 괜찮아

인권 관련 사례들을 재미있게, 편하게 접하면서 인권에 대한 이해를 도울 수 있습니다.

사회선생님도 궁금한 101가지 사회질문사전

사회과에서 다루고 있는 정치, 경제, 법, 사회, 문화 영역 곳곳에서 나올 수 있는 상상력 넘치는 101가지 질문에 답하는 책입니다. 실제로 수업 시간을 통해서 모았던 것들로 선생님들이 다시 분류하고 정리해서 더욱더 현실감이 넘쳐나는 책입니다.

40주제로 이해하는 윤리와 사상 개념사전

고등학교 '윤리와 사상' 교과서에 나오는 주요 개념들을 그 배경 지식과 더불어 쉽게 이해하도록 돕는 책입니다. 어렵게 느낄 수 있지만 읽어보면 의외로 재미를 느낄 수 있을 거예요.

생활 속의 응용 윤리

각 장의 구성은 도입부에 해당 장의 핵심적 논제를 암시하는 '영화 이야기', 해당 분야의 현안과 쟁점들을 간결하게 소개하는 본문 내용, 끝으로 토론의 주제가 될 만한 최근의 딜레마 사례들을 제시하는 형식으로 되어 있습니다. 토론의 주제 역시 '마스크 착용을 거부할 권리'나 '장애인 지하철 탑승 시위' 등으로, 우리 삶의 실질적 문제 중 비교적 최근의 사례들을 다루고 있는 책입니다. 중학생에게는 조금 어려울 수 있으나, 생소한 주제는 아니니 읽어보시기를 바랍니다.

마무리 글

학습전략에 대한 부분에 초점을 맞춰 글을 썼지만, 사회 교과 학습의 진정한 의미와 기쁨은 내 삶 및 타인의 삶에 관심을 가지고, 이를 통해 얻게 되는 인간에 대한 사랑과 나와 우리를 위한 성찰. 그리고 이 성찰을 통한 깨달음으로 인한 실천이라고 봅니다. 평소 내가 사는 이 세계 및 사람에 대한 진정한 관심이 있다면 자연스럽게 알고 싶어질 것이고, 알게 된 것들이 쌓이면 특별한 것들을 외우지 않아도 다른 이의 관점을 이해할 수 있게 될 것이며, 이러한 성숙한 사고가 누적되면 우리가 존경해마지않는 다양한 사상가들의 관점도 이해하게 될 것입니다. 그리고 이해의 폭이 넓어진 우리가 서로 배려하면서 사랑하면서 살 수 있겠죠? 사회 공부전략을 통해 성적이 오르는 것도 기쁘겠지만, 학생들이 내 삶을 사랑하고, 주변 사람들을 사랑하고 서로 진정한 공감과 관심을 통해 행복한 삶을 누릴 수 있게 되기를 진심으로 바랍니다. 아래에는 사람에 대한 따뜻한 마음을 생각해 볼 수 있어서 마음이 날카로워지려고 할 때 자주 읽는 법륜 스님의 행복과 이기주 작가의 말의 품격이라는 책에서 발췌한 내용을 실었습니다. 삶 속에서 주변을 진득하게 응시하여 단순한 지식뿐만이 아니라 진리를 알고, 자리이타(自利利他)로 함께 행복해질 줄 아는 진정한 사람이 되어 공부도 1등급, 인성도 1등급이 되기를 진심으로 기대합니다.

세상에는 남을 위하는 마음을 '이타심'이라고 해서 무조건 좋게 평가하지만, 남을 위해 애쓴다고 생각하면 나중에 반드시 보상심리가 생기고 원망하는 마음을 내게 됩니다.
따라서 희생보다 더 좋은 것은 '내가 너를 돕는 것이 나한테 좋다'는 마음가짐이에요. 이것을 '자리이타(自利利他)'라고 부릅니다. 자기를 이롭게 하는 '자리'와 남을 이롭게 하는 '이타'가 둘이 아니라는 뜻입니다.
꽃은 벌에게 꿀을 주고, 벌은 꽃가루를 옮겨 꽃이 열매를 맺게 해주잖아요. 이렇게 너도 좋고 나도 좋은 삶을 살아야 합니다. 희생이라는 생각 없이 남을 돕는 게 나에게도 좋을 때 함께 행복해지는 길을 가는 겁니다.

출처 : 법륜 스님의 행복, 법륜

나는 글을 써내려가는 과정에서 '좌우봉원(左右逢源)'이라는 말을 가슴에 아로새긴다. "주변에서 맞닥뜨리는 사건과 현상 모두가 학문 수양의 원천이 된다"라는 의미로 해석할 수 있다.
삼라만상 모두가 공부의 자원이다. 진리와 이치를 먼 데서 찾을 필요가 있을까 싶다. 주변을 진득하게 응시하면 어느 순간 진리에 도달하게 된다고, 나는 생각한다.
역지사지를 실천하려면 내가 서 있는 곳에서 잠시 벗어나 상대방이 처한 공간과 시간 속으로 걸어 들어가서 조금 다른 시선으로 문제를 바라봐야 한다. 기존의 관점을 내던져 '관점 전환'을 시도해야 한다.
물론 어려운 일이다. 삶은 그러한 것 투성이다. 그래도 시도는 해봐야 한다. 관점을 다른 방향으로 급격하게 바꾸는 건 쉽지 않으므로 관점의 중심을 이동해 비스듬히 기울여봄직하다.
그래야 육안이 아니라 심안을 부릅뜰 수 있다. 수치로 계량화할 수 없는 것을 포착할 수 있다.

출처 : 법륜 스님의 행복, 법륜

참고문헌&출처

Part 1 공부가 되는 R고리즘

자료출처

http://news.joins.com/article/19052009 유대인식 교육법 '하브루타'(중앙일보 2015.11.12)

http://21erick.org/bbs/board.php?bo_table=08_2_8&wr_id=7 학교교육의 위기극복, 두뇌기반 교육에서 길을 찾다(4) 교육을 바꾸는 사람들

http://www.emh.co.kr/content.pl?short_term_memory 인간의 기억: 단기기억. 이명헌 경영스쿨

http://gazisys.tistory.com/entry/%EB%B0%94%EC%B9%BC%EB%A1%9C%EB%A0%88%EC%95%84-%EC%B2%A0%ED%95%99-%EB%AC%B8%EC%A0%9C%EB%AA%A8%EC%9D%8C 바칼로레아 철학 문제모음

http://www.seehint.com/word.asp?no=12460 두뇌: 뇌의 구조(최낙언의 자료보관소)

https://ko.wikipedia.org/wiki/%EB%A7%88%EC%9D%B8%EB%93%9C%EB%A7%B5 마인드맵

https://ssam.teacherville.co.kr/vt@62 버블형 비주얼씽킹 활동 쌤동네

http://www.nocutnews.co.kr/news/4865896 아인슈타인의 메모는 얼마나 할까(노컷뉴스 2017. 10.25)

https://ko.wikipedia.org/wiki/%EB%8F%84%ED%8C%8C%EB%AF%BC 도파민

https://ko.wikipedia.org/wiki/%EC%84%B8%EB%A1%9C%ED%86%A0%EB%8B%8C 세로토닌

http://news.khan.co.kr/kh_news/khan_art_view.html?artid=201412112157515&code=610100 칭찬은 코끼리도 춤추게 한다(경향신문 2014. 12.11)

http://blog.naver.com/PostView.nhn?blogId=lemontea230&logNo=50158647568 맥클레랜드의 성취동기 이론

https://khpapsy.wordpress.com/2014/11/22/%EB%A1%9C%EC%A0%A0%ED%83%88-%ED%9A%A8%EA%B3%BC-2/ 로젠탈 효과

http://www.megastudy.net/mobile/m_2012/entinfo/brd/list.asp?pidx=5932&pgbn=3 고3 슬럼프 극복하기

https://ko.wikihow.com/%EA%B3%B5%EB%B6%80-%EC%8B%9C%EA%B0%84%ED%91%9C-%EB%A7%8C%EB%93%9C%EB%8A%94-%EB%B0%A9%EB%B2%95 공부시간표 만드는 방법

https://www.huffingtonpost.com/2014/11/18/brain-stress_n_6148470.html 스트레스가 뇌를 변화시키는 방법 (HUFFPOST 2014.11.18)

http://news.joins.com/article/20331573 공부의 신 3인이 말하는 여름방학 공부법 (중앙일보 2016.07.20)

http://news.joins.com/article/12644843 공신들의 한 끗 공부 습관(중앙일보 2013. 09.20)

http://news.chosun.com/site/data/html_dir/2013/01/16/2013011601741.html 자투리 시간 공부, 취미 생활에 적극 활용 (조선일보 2013.01.17)

https://gongsin.com/discuss/273366 나를 바꾸는 15분 자기점검법

https://brunch.co.kr/@typhoonk83/14 6가지 암기의 기술

http://raccoonenglish.tistory.com/2864 영어를 공부하는 5가지 방법

http://bhsmath.tistory.com/243 수학을 잘하는 학생의 특징

http://journals.sagepub.com/stoken/rbtfl/Z10jaVH/60XQM/full 효과적인 학습기술로 학생들의 학습 향상

http://news.chosun.com/site/data/html_dir/2007/03/25/2007032500530.html?rsMobile=false 집중력 높이려면 불편한 곳에서 공부하라

http://www.monews.co.kr/news/articleView.html?idxno=61872 사람의 뇌는 어떻게 정보를 처리할까?

http://www.hani.co.kr/arti/society/schooling/635684.html 공부 환경 바꿔주니 아이가 달라졌어요(한겨레신문 2014. 05. 05)

https://namu.wiki/w/%EB%B0%B1%EC%83%89%20%EC%86%8C%EC%9D%8C 백색소음

https://www.facebook.com/careercollege1/posts/350686558468328 뇌가 강해지는 비법

http://www.eduinnews.co.kr/news/articleView.html?idxno=5941 생각 공부가 진짜 공부다

http://www.sciencetimes.co.kr/?news=%EC%95%84%EC%9D%B4-%ED%95%99%EC%97%85%ED%83%9C%EB%8F%84-%EB%86%92%EC%9D%B4%EB%A0%A4%EB%A9%B4-039%EC%89%AC%EB%8A%94-%EC%8B%9C%EA%B0%84039-%ED%95%84%EC%88%98 아이 학업 태도 높이려면 '쉬는 시간' 필수(사이언스타임 2018. 01.17)

http://news.joins.com/article/4228113 잠 줄이면 성적 오를까?(중앙일보 2010.06.09)

http://news.joins.com/article/22107604 밤잠 첫 90분 수면의 질, 다음 날 생활의 질 좌우(중앙일보 2017.11.13)

http://jhealthmedia.joins.com/article/article_view.asp?pno=1352 학원 가는 것보다 충분한 수면이 학습에 도움(중앙일보 헬스미디어 2011.08.03)

https://www.voakorea.com/a/a-35-2005-07-08-voa9-91199364/1295789.html 잠과 기억력

http://danmee.chosun.com/site/data/html_dir/2008/11/03/2008110301641.html 잠을 많이 자면 똑똑해진다?(조선일보 2008.11.03)

http://octaminox.com/archives/18352영어 회화, 자격증 공부를 머리에 새는 수면법

http://www.yonhapnews.co.kr/bulletin/2016/08/23/0200000000AKR20160823136700017.HTML 공부하고 잠잔 뒤 복습이 학습 효과 가장 높아(연합뉴스 2016.08.24)

http://bc.kyobobook.co.kr/front/subscribe/detailCotents.ink?contents_no=1117 전문가가 추천하는 기억력 강화기술 톱 5!-공부의 기술

참고문헌

정동완, 문주호 <드디어 공부가 되기 시작했다>(2018) 우먼센스북스

황대연, 정동완, 문주호, 황호연 <옆집 아이 성적의 비밀, 건강에 있다>(2018) 서울문화사

야마구치 마유 <7번 읽기 공부법>(2015) 위즈덤하우스

윌리엄 너스 <심리학, 미루는 습관을 바꾸다>(2014) 갈매나무

강민호 <당신이 1인 기업이다>(2004) 아름다운 사회

김경섭, 김영순 <자녀 교육의 원칙>(2005) 21세기북스

심리학자 루이스 B. 스미스 <칭찬의 기적>(2011) 백만문화사

나카타니 아키히로 <자신을 위해 돈을 써라>(2000) 창해

김용택 <김용택의 참교육 이야기-사랑으로 되살아나는 교육을 꿈꾸다>(2013) 생각비행

아베 노보루 <기적의 아키타 공부법>(2009) 김영사

고영성, 신영준 <완벽한 공부법>(2017) 로크미디어

정민 <책벌레와 메모광>(2015) 문학동네

김주영 <꿈을 이루게 하는 101가지 성공노트>(2004) 백만문화사

파멜라 버틀러 <행복을 부르는 자기 대화법>(2016) 소울메이트

모기 겐이치로 <뇌가 기뻐하는 공부법>(2009) 이아소

이지성 <솔로몬 학습법>(2004) 규장

지인환 <나는 하나님의 영광을 위해 공부한다>(2004) 규장

KBS 공부하는 인간 제작팀 <공부하는 인간>(2013) 예담

김상균 <교육, 게임처럼 즐겨라>(2017) 홍릉과학출판사

요시다 다카요시가 <공부의 고수가 말하는 최강의 학습법>(2004) 지상사

로버트·미셸 루트번스타인 <생각의 탄생>(2007) 에코의서재

맥스웰 몰츠 <맥스웰 몰츠 성공의 법칙>(2010) 비즈니스북스

고봉익, 김승, 성기철 <습관 66일의 기적>(2010) 새앙뿔

신붕섭 <공부방법을 알면 성적이 보인다>(2002) 한언

키토 마사토 <기적의 혼자공부법: 혼자 공부해서 빨리 합격하는 공부의 기술>(2017) 반니라이프

후타쓰기 고조 <걷는 습관이 나를 바꾼다>(2006) 위즈덤하우스

에란 카츠 <슈퍼 기억력의 비밀>(2008) 민음인

리처드 탈러, 캐스 선스타인 공저 <넛지: 똑똑한 선택을 이끄는 힘>(2009) 리더스북

니시노 세이지 <스탠퍼드식 최고의 수면법>(2017) 북라이프

이시형 <공부하는 독종이 살아남는다>(2009) 중앙북스

존 레이티, 에릭 헤이거먼 <운동화 신은 뇌>(2009) 북섬

제임스 레바인 <병 없이 살려면 의자부터 끊어라>(2015) 위즈덤하우스

스탠리 코렌 <잠 도둑들>(1997) 황금가지

참고자료
장영숙 학위논문 '하브루타 소집단 주제 토론 과학 수업이 과학탐구능력 및 학업성취도에 미치는 효과'(2015)

김종백, 김준엽 공동연구 논문 '교사와 학생의 교사-학생 관계 지각이 학생의 수업 이해에 미치는 영향'(2014)

지은림, 김성숙 공동연구 논문 '초등학생과 중학생의 담임 교사와의 관계에 대한 인식 비교'(2004)

경기도교육청, 경기도교육연구원 '통계로 보는 교육정책'(2015)

한국청소년정책연구원 '2013년 아동, 청소년 인권조사'

문체부, 한국문화관광연구원 '2016 국민여가활동조사'

문화체육관광부, 한국출판문화산업진흥원 '2014년 전자책 독서실태 조사'

교육부 보도자료 '2015 개정 교육과정 총론 및 각론 확정 발표'(2015.09.23)

통계청 '2017 청소년 통계 조사'

통계청 '2015년 초중고 사교육비 조사'

여성가족부 '2016 청소년 유해매체 이용 및 유해 환경실태 조사'

한국청소년리더십센터 '리더십을 위한 6가지 실천과제'

KBS 수요기획팀의 <10분의 기적>

EBS 다큐프라임 <공부의 배신>

EBS 다큐프라임 <공부의 비밀>

EBS 다큐프라임 <학교체육, 미래를 만나다>

Part III 영어의 꽃길을 걷다_영어 완전학습법

참고문헌

2015 영어과 교육과정
YBM 중3 영어 교과서(https://www.ybmcloud.com/main.html)
중학 영어3800제 목차, 마더텅(https://www.toptutor.co.kr)
교육과정 평가원 기출문제
옥스퍼드 영한사전
분포고등학교(부산) 영어 내신기출문제

Part IV 수학의 고비를 넘다_수학 완전학습법

참고문헌

2015 수학과 교육과정
미래앤 미적분 교과서
천재학습백과 초등 수학 6-2
(https://terms.naver.com/entry.naver?docId=6542555&contentsParamInfo=navCategoryId%3D58734%26isList%3Dfalse&cid=58663&categoryId=58734)
교육과정평가원 수능 기출문제

Part V 과학 1등급 아인슈타인되기_과학 만점학습법

자료출처

네이버 지식백과-뉴턴 브루너의 나선형교육과정
네이버 지식백과 옴의 법칙 - 전기회로의 기본 법칙 물리산책, 이충기
네이버 지식백과 옴의 법칙 - 전기회로의 기본 법칙 물리산책, 이충기
네이버 지식백과 상대론과 E = mc2 - 상대론을 이해하자 물리산책, 곽영직 인용
Newton Highlight 53 E=mc2 : 현대 물리학의 기본 원리 - Newton Highlight 53
https://www.edunet.net/nedu/main/mainForm.do
http://www.edunet.net/nedu/html/studentGuide/html/edupolicy/stguide/stg_guide_04_02.html#none
https://hscredit.kr/mng/subject.do
https://www.jinhak.or.kr/subList/20000000271
http://www.kcue.or.kr/index.htm
https://www.moe.go.kr/main.do?s=moe
https://if-blog.tistory.com/8344
https://naeiledu.co.kr/27574
https://www.suneung.re.kr/boardCnts/list.do?boardID=1500234&m=0403&s=suneung&searchStr=

https://admission.snu.ac.kr/materials/guide_movie/admission_guide
http://snuarori.snu.ac.kr/0039129874/renew/main/main.php
http://www.kcue.or.kr/index.htm
https://www.ebsi.co.kr/ebs/ent/enta/retrieveExmSchedRng.ebs
https://www.edunet.net/nedu/main/mainForm.do
https://dtbook.edunet.net/viewCntl/dtIntro?in_div=nedu
http://www.nextplay.kr/news/articleView.html?idxno=827
https://naeiledu.co.kr/27574
https://brunch.co.kr/@googeo/58
https://if-blog.tistory.com/8344
https://www.localnaeil.com/News/View/646976?AreaId=1&pageidx=2
https://www.kofac.re.kr/cms/content/view/348

참고자료

https://www.jinhak.or.kr/
subList/20000000271
2015 선택 과목 안내서

new 학생부 종합전형 공통
평가요소 및 평가항목

EBS 예비 고1 입시자료집

수학과제 탐구

2023 서울대학교 대학 신입학생
입학전형 안내

2023 서울대학교 학생부
종합전형 안내

학생 진로 진학과 연계한 과목 선택 가이드북 인용
2023학년도 서울대학교 대학 신입학생 입학전형 안내 55쪽
2023학년도 서울대학교 전공 연계 교과이수 과목 안내 60쪽

참고문헌

문일호, 김성관, 정창우 <도덕1 교과서> 미래엔

문일호, 김성관, 정창우 <도덕2 교과서> 미래엔

<2015 도덕과 교육과정>(2015) 국가교육과정 정보센터

<2015 사회과 교육과정>(2015) 국가교육과정 정보센터

<2015 통합사회 교육과정>(2015) 국가교육과정 정보센터

김유라 <'문해력'을 키워주는 교육 절실>(2022) 르몽드디플로마티크

강유미 <kang 좋아서 하는 채널, 유미의 MBTI들>(2022) YouTube

이투스에듀 사회개발팀 <수능 기출의 바이블 '생활과 윤리'>(2022) 이투스북

김정원 <'고전은 죽지 않는다' 서울대 교수가 말하는 인문학의 중요성>(2020) EO(Entrepreneurship&Opportunities)

이지성 <청소년을 위한 리딩으로 리드하라>(2016) 생각학교

법륜 스님 <행복>(2020) 나무의 마음

이기주 <말의 품격>(2017) 황소북스

선생님을 돕는 에듀테크 '꿈구두 교육'
진로, 진학, 미래, 학습 분야 베스트셀러 추천도서

합격한 학생들의 학생부 엿보기

합격생들이 가장 많이한 활동
합격생들의 창체기록과 교과
세특 합격생들의 교과선택과
기록 워크북

선생님, 컨설턴트분들의 비밀 지도서

진로(직업), 진학(입시) 기반
활동 매뉴얼
공부실력 높이는 지도 전략
진학의 기초와 합격하는 입시
지도전략

고등학교 1, 2, 3학년 공부의 모든것

공부가 안된 이유 10가지 학년별
공부 끝내기
과목별, 점수대별 성적 올리기
내신, 모의고사 공부의 모든
전략

학생부와 성장의 꽃! 과제탐구

과제 탐구는 누구나, 어디서든
가능한 방법 제시
나만의 과제탐구 주제잡기
수행평가, 발표활동에서 뽐내기
전략과 차별화 세특작성

이제는 합격 수기다! 자소서 끝판왕

종합 전형의 합격 수기!
자소서로 종합전형 로드맵을
구성하라 따라만하면 나만의
자소서 완성! 모든계열의 활동
연결과 기록비법

면접끝 기본

면접 준비의 정석을 알려주는
기본편 이것 하나면 면접준비
혼자서도 할 수 있다!

면접끝 심화

특수대, 교대, 의대 MMI, 제시
문기반면접 제대로 준비할 수
있는 심화면접 준비서.
계열별 전문가의 예시답변 수록

중학 생활의 모든것!

중1 자유학기제 진로성장 전략
중2 평가가 시작! 성적올림 전략
중3 고입, 대입의 시작! 나의
입시 전략을 세우는 시간
고교 학점제 완벽 대비

영어 내신과 최저 전략서

영어에서 자주 틀리는 원인과
해법 헷갈리는 구문, 어휘,
어법 깨기
수행 평가, 수능 듣기, 독해의
약점 극복과 1등급 준비서

국어 내신과 최저 전략서

오답 빈도가 높은 국어 문제
분석과 솔루션으로 오답이 강
점으로 탈바꿈!
수행평가, 수능 국어의 핵심
개념 학습

수학 내신과 최저 전략서

수포자눈물닦아주기 프로젝트
왜 수학을 포기 하는 지 알고
극복! 수포자 유형별, 극복
전략, 점수 업로드!

교육학 수업의 바이블

교육학 교양과목을 즐겁게!
교육학과 실제교육의 연결스
토리 논술, 면접문항으로 활동
극대화 학생과 함께 토론하고
참여하는 수업 교재

소프트웨어 수업의 종합지침서

초, 중, 고를 잇는 SW, IT, AI
수업과 활동이 이 한 권으로
완성! 자기 주도로 준비 하는
솔루션 전략으로 특기자 전
형, 종합 전형 합격

인문, 사회, 자연, 공학, 의생명, 교육 편

A~Z 각 계열의 최고 바이블
계열 선택에서 과제연구, 세특
자소서, 최종 면접까지
학교생활의 끝판왕
계열합격 끝판왕

20대를 시작하는 너에게

새내기대학생 상황별 생활가
이드 20대는 처음이지? 21세
기 사회 생활트렌드 분석한 나
만의 자기계발서

교육너머 교육을 기획하는 사람들!

어떻게 살 것인가 : 성장 하지
않는 다면 결코 만족할 수 없을
것이다!
역량 성장과 도전을 위한 실전
가이드

AI 기반의 온라인 학생 컨설팅상담 프로그램
My Best 진로, 진학, 미래, 학습

슬기로운 고등학교 생활
고등계열성향검사

계열성향 검사로 나에게
맞는 계열 파악 나의 계열에
따른 직업, 학과 나의 계열에
따른 활동 전략

슬기로운 고등학교 생활
고교학점제 교과선택

나의 학생부 준비 점수 분석
점수별 학생부 보완 활동
전략 나의 계열별 학교 활동
솔루션

슬기로운 고등학교 생활
대학합격 공부

학년별, 점수대별 나만을 위한
공부코치 국영수, 사과 내신
준비의 모든것 국영수, 사과
수능준비의 모든것

슬기로운 고등학교 생활
대학합격 학생부

합격생들이 가장 많이한 활동
합격생들의 창체기록과 교과 세
특 합격생들의 교과선택과 기록
워크북

학종 탐구생활
학생부 로드맵

나의 학생부 준비 점수 분석
점수별 학생부 보완 활동전략
나의 계열별 학교 활동솔루션

학종 탐구생활
대학합격 과제탐구

과제탐구 준비도를 파악하라!
마베대로 따라하면, 과제탐
구 끝 워크시트를 채우며 작
성하는 코칭

학종 탐구생활
대학합격 면접

꼭 준비해야하는 반출20개
질문 학과별 기출 빅데이터
자료 답변 예시와 개인화하는
방법

꿈전략 입시진학컨설팅
대학합격수기

종합전형의 합격 수기!
자소서로 종합전형 로드맵을 구
성하라 챕터별로 따라 하면 나만
의 자소서 완성

꿈전략 입시진학컨설팅
독서 솔루션

나의 독서 능력분석과 향상전
략 진로 독서와 노벨상 수상자
의 딥다이브 독서법
3색줄 독서전략으로 심층독서

꿈전략 입시진학컨설팅
대학합격 대학&전형

현재 내신&모의고사 기반 입시
컨설팅 고 1, 2학년의 대학과 전
형 다지기 컨설팅 고3의 마지막
전략 완성 컨설팅

슬기로운 중학생활
중학계열성향검사
중학공부끝판왕

고교학점제 준비는 계열파악이
먼저! 계열별 학교활동 로드맵
과목별 공부접근법 방법 알기
플래너로 시간을 내가 관리

슬기로운 중학생활
고입&대입 가이드

고교 선택전략! 일반고 vs
특목고 나의 자존감, 회복
탄력성을 읽어라 각 학교의
특징과 준비 방법 익히기

슬기로운 중학생활
고입&대입 가이드

나의 리더십과 창의성 역량
지수를 파악 실행할수 있는
리더십 역량 계발 창체활동
역량을 키우는 방법

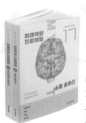

미래역량 진로체험
문제해결 솔루션
소통 솔루션

나의 문제 해결과 소통 역량
지수를 파악한다 세특의 핵심
문제해결력 키우기 소통역량
을 높이는 방법을 계발

미래역량 진로체험
프로젝트 솔루션
전략적 솔루션

나의 문제 해결과 소통 역량
지수를 파악한다 세특의 핵심
문제해결력 키우기 소통역량
을 높이는 방법을 계발

AI 기반의 온라인 학생 컨설팅상담 프로그램
고등학교 3개년 성장 플랜(연간 커리큘럼)

1학년

1학기

3월	4월	5월
1주 학기별 지도계획 안내 **3주** 계열검사 (마베1)	**1주** 계열검사 직업·학과구성(마베1) **3주** 학생부가이드 (마베2)	**1주** 학교알리미 학교 운영 계획서 기반·학생부 로드맵(마베2) **3주** 합격공부법 (마베3)
6월	7월	8월
1주 학교교육과정 기반교과선택(마베7) **3주** 학습플래너 (입시네비)	**1주** 독서 (마베4) **3주** 독서발표(마베4)	**1주** 과제탐구 (마베5) **3주** 과제탐구 주제 잡기·레퍼런스 정하기(마베5)

2학기

9월	10월	11월
1주 대학 및 전형 (1학년 1학기 기준) (마베6) **3주** 모의고사 약점 분석 (입시네비)	**1주** 합격 학생부 (마베8) **3주** 교과선택 (마베7)	**1주** 합격 공부법 (마베3) **3주** 학습플래너 (입시네비)
12월	1월	2월
1주 자소서(합격수기) (마베9) **3주** 자소서 써보기 (마베9)	**1주** 과제탐구 2학년 준비(마베5) **3주** 진로 독서 (마베4)	**1주** 대학 및 전형 (1학년 2학기 기준) (마베6) **3주** 모의고사 약점 분석(입시네비)

2학년

1학기

3월	4월	5월
1주 역량검사 (전략적사고)(마베19) **3주** 역량검사 (프로젝트)(마베18)	**1주** 대학 및 전형 - 1학년 2학기 기준 (마베6) **3주** 공부법 (마베3)	**1주** 학생부가이드 (마베2) **3주** 학습플래너 (입시네비)
6월	7월	8월
1주 교과선택 (마베7) **3주** 독서 (마베4)	**1주** 과제탐구 <키워드탐구하기> (마베5) **3주** 학습플래너 (입시네비)	**1주** 역량검사 (소통) (마베17) **3주** 역량검사 (문제해결)(마베16)

2학기

9월	10월	11월
1주 대학 및 전형 - 2학년 1학기 기준 (마베6) **3주** 모의고사 약점 분석(입시네비)	**1주** 교과선택 (마베7) **3주** 수시판단 (입시네비)	**1주** 공부법 (마베3) **3주** 합격 학생부 (마베8)
12월	1월	2월
1주 자소서(합격수기) (마베9) **3주** 자소서써보기, 학생부연계 (마베9)	**1주** 면접 경험 (마베10) **3주** 학습플래너 (입시네비)	**1주** 수시판단 (입시네비) **3주** 모의고사 약점 분석(입시네비)

3학년

1학기

3월	4월	5월
1주 역량검사 (창의성)(마베15) **3주** 역량검사 (리더십)(마베14)	**1주** 대학 및 전형 - 2학년 (2학기 기준) (마베6) **3주** 수시판단 (입시네비)	**1주** 학생부가이드 (마베2) **3주** 합격 학생부 (마베8)
6월	7월	8월
1주 과제탐구 <키워드추가, 탐구추가> (마베5) **3주** 과제탐구마무리 (마베5)	**1주** 자소서마무리 (마베9) **3주** 면접 이해 (마베10)	**1주** 자소서 (마베9) **3주** 수시판단 (입시네비)

2학기

9월	10월	11월
1주 모의고사 약점 분석(입시네비) **3주** 면접실습 (마베10)	**1주** 공부법 (마베3) **3주** 정시판단 (입시네비)	**1주** 면접 최종 (마베10) **3주** 정시판단 (입시네비)
12월		
1주 정시판단 (입시네비) **3주** 정시판단 (입시네비)		

* 학교와 학생의 요구에 따라, 제공되는 프로그램은 조정이 가능합니다.

MEMO

예비 고등학생 & 고등학생을 위한 **1등급 공부 끝판왕**

나만 알고 싶은 공부법!

초   판 1쇄 발행 2023년 7월 17일
초   판 2쇄 발행 2023년 9월   6일

기   획   정동완, 류승찬
지은이   황대연, 유정걸, 김홍식, 유희정, 박지은, 김해나
펴낸이   꿈구두
펴낸곳   꿈구두
디자인   Moi N-Design

출판등록   2019년 5월 16일, 제 2019-000010호
블로그   https://blog.naver.com/rbarnen0901
이메일   edu-atoz@naver.com
ISBN   979-11-91607-43-7